行政法 III

Administrative Law

行政组织法

（第五版）

〔日〕盐野宏／著
杨建顺／译

北京大学出版社
PEKING UNIVERSITY PRESS

著作权合同登记号　图字：01-2019-3055

图书在版编目（CIP）数据

行政法Ⅲ（第五版）行政组织法／（日）盐野宏著；杨建顺译．－－北京：北京大学出版社，2025．1．－－ISBN 978-7-301-35898-6

Ⅰ．D931.321

中国国家版本馆CIP数据核字第2025QW0433号

Gyoseiho Ⅲ Gyoseisoshikiho 5th Edition
Copyright © 2021 by Hiroshi Shiono
Simplified Chinese translation copyright © 2025 by Peking University Press
All rights reserved.

Original Japanese language edition published by Yuhikaku.
Simplified Chinese translation rights arranged with Yuhikaku,
through Hanhe International(HK) Co., Ltd.

书　　　名	行政法Ⅲ（第五版）行政组织法 XINGZHENGFA Ⅲ（DI-WU BAN） XINGZHENG ZUZHIFA
著作责任者	〔日〕盐野宏　著　杨建顺　译
责任编辑	陈晓洁
标准书号	ISBN 978-7-301-35898-6
出版发行	北京大学出版社
地　　　址	北京市海淀区成府路205号　100871
网　　　址	http://www.pup.cn　http://www.yandayuanzhao.com
电子邮箱	编辑部 yandayuanzhao@pup.cn　总编室 zpup@pup.cn
新浪微博	@北京大学出版社　@北大出版社燕大元照法律图书
电　　　话	邮购部 010-62752015　发行部 010-62750672　编辑部 010-62117788
印刷者	三河市北燕印装有限公司
经销者	新华书店
	650毫米×980毫米　16开本　26.5印张　640千字 2025年1月第1版　2025年1月第1次印刷
定　　　价	98.00元

未经许可，不得以任何方式复制或抄袭本书之部分或全部内容。
版权所有，侵权必究
举报电话：010-62752024　电子邮箱：fd@pup.cn
图书如有印装质量问题，请与出版部联系，电话：010-62756370

作者简介

盐野宏(しおの　ひろし,Shiono Hiroshi)
1931年生。
1956年毕业于东京大学法学部。
曾任东京大学法学部教授、成蹊大学法学部教授、东亚大学通信制大学院教授。
现东京大学名誉教授。

[**主要著作**]
《奥特·玛雅行政法学的构造》("行政法研究"第1卷),有斐阁,1962年版。
《公法与私法》("行政法研究"第2卷),有斐阁,1989年版。
《行政过程及其统制》("行政法研究"第3卷),有斐阁,1989年版。
《国家和地方公共团体》("行政法研究"第4卷),有斐阁,1990年版。
《行政组织法的诸问题》("行政法研究"第5卷),有斐阁,1991年版。
《广播法制的课题》("行政法研究"第6卷),有斐阁,1989年版。
《法治主义的诸形态》("行政法研究"第7卷),有斐阁,2001年版。
《行政法概念的诸形态》("行政法研究"第8卷),有斐阁,2011年版。
《国土开发》(现代法学全集),筑摩书房,1976年版。
《行政法Ⅰ(第六版)行政法总论》,有斐阁,2015年版。
《行政法Ⅱ(第六版)行政救济法》,有斐阁,2019年版。
《行政法Ⅲ(第五版)行政组织法》,有斐阁,2021年版。
《条解行政程序法》(合著),弘文堂,2000年版。
《演习行政法》(新版,合著),有斐阁,1989年版。

《行政法散步》(合著),有斐阁,1985年版。

《行政法Ⅰ》(繁体中文版),刘宗德、赖恒盈合译,台北月旦出版股份有限公司,1996年版。

《日本行政法论·行政法Ⅰ》《日本行政法论·行政法Ⅱ》(韩文版),徐元宇、吴世卓合译,韩国法文社,1996年版。

《行政法》(简体中文版),杨建顺译,姜明安审校,法律出版社1999年版。

《行政法Ⅰ(第四版)行政法总论》《行政法Ⅱ(第四版)行政救济法》《行政法Ⅲ(第三版)行政组织法》(简体中文版),杨建顺译,北京大学出版社2008年版。

《行政法Ⅰ(第六版)行政法总论》《行政法Ⅱ(第六版)行政救济法》《行政法Ⅲ(第五版)行政组织法》(简体中文版),杨建顺译,北京大学出版社2025年版。

译 者 简 介

杨建顺，1963年生，山东招远人，中国人民大学二级教授、博士生导师，比较行政法研究所所长，中国法学会行政法学研究会副会长，北京市法学会行政法学研究会副会长，日本国一桥大学法学博士。

[主要成果]

《日本行政法通论》，中国法制出版社1998年版。
《日本国会》（编著），华夏出版社2002年版。
《行政规制与权利保障》，中国人民大学出版社2007年版。
《行政强制法18讲》，中国法制出版社2011年版。
《行政法总论》（主编，第二版），北京大学出版社2016年版。
《权力的规则——建顺微思录（一）》，北京大学出版社2017年版。
《行政裁量的运作及其监督》，载《法学研究》2004年第1期。
《论行政评价机制与参与型行政》，载《北方法学》2007年第1期。
《计划行政的本质特征与政府职能定位》，载《中国人民大学学报》2007年第3期。
《论给付行政裁量的规制完善》，载《哈尔滨工业大学学报（社会科学版）》2014年第5期。
《中国行政规制的合理化》，载《国家检察官学院学报》2017年第3期。
《论土地征收的正当程序》，载《浙江社会科学》2019年第10期。
《行政法典化的容许性——基于行政法学体系的视角》，载《当代法学》2022年第3期。

翻译日本南博方作品：

《日本行政法》（合译），中国人民大学出版社1988年版。
《行政法》（第六版），中国人民大学出版社2009年版。

《行政法》(第六版·中文修订版),商务印书馆 2020 年版。
《行政诉讼中和解的法理(上)》,载《环球法律评论》2001 年第 1 期。
《行政诉讼中和解的法理(下)》,载《环球法律评论》2001 年第 4 期。

翻译日本盐野宏作品:
《行政法》(姜明安审校),法律出版社 1999 年版。
《行政法Ⅰ(第四版)行政法总论》《行政法Ⅱ(第四版)行政救济法》《行政法Ⅲ(第三版)行政组织法》,北京大学出版社 2008 年版。
《行政法Ⅰ(第六版)行政法总论》《行政法Ⅱ(第六版)行政救济法》《行政法Ⅲ(第五版)行政组织法》,北京大学出版社 2025 年版。

目　录

2025年三分册中文版译者说明 …………………………………（1）
写给中国读者的话 ………………………………………………（7）
新中文版三分册总序 ……………………………………………（9）
合订本中文版序言 ………………………………………………（11）
序言（第五版）……………………………………………………（13）
序言（第四版）……………………………………………………（15）
序言（第三版）……………………………………………………（17）
序言（第二版）……………………………………………………（19）
序言（初版）………………………………………………………（21）
文献简称与全称对照一览表 ……………………………………（23）

第四编　行政手段论

绪　论　行政手段论的概念 ……………………………………（1）
第一部　行政组织法 ……………………………………………（3）
序　章 ……………………………………………………………（3）
第一章　行政组织法的一般理论 ………………………………（4）
　第一节　行政组织法的特殊性质 ……………………………（4）
　第二节　行政机关——概念 …………………………………（16）
　第三节　行政机关通则 ………………………………………（24）
第二章　国家行政组织法 ………………………………………（46）
　引　言 …………………………………………………………（46）
　第一节　内　阁 ………………………………………………（48）
　第二节　在内阁统辖之下的行政机关 ………………………（57）

第三节 特别行政主体 ………………………………………（76）
   第四节 委任、委托 …………………………………………（104）
 第三章 地方自治法 ……………………………………………（110）
   引 言 …………………………………………………………（110）
   第一节 地方自治的基础 ……………………………………（111）
   第二节 地方公共团体的概念 ………………………………（122）
   第三节 地方公共团体的事务 ………………………………（137）
   第四节 地方公共团体的权能 ………………………………（145）
   第五节 地方公共团体的机关 ………………………………（167）
   第六节 居民的权利和义务 …………………………………（180）
   第七节 国家与地方公共团体的关系 ………………………（198）
   第八节 地方公共团体相互间的关系 ………………………（219）

第二部 公务员法 …………………………………………………（223）
 序 章 公务员法制的理念及其展开 …………………………（223）
 第一章 公务员法制的基本构造 ………………………………（229）
   第一节 公务员的概念及其种类 ……………………………（229）
   第二节 公务员法的法源 ……………………………………（236）
   第三节 人事行政机关 ………………………………………（239）
 第二章 勤务关系总论 …………………………………………（244）
   第一节 勤务关系的性质 ……………………………………（244）
   第二节 勤务关系的变动 ……………………………………（245）
 第三章 公务员的权利和义务 …………………………………（259）
   引 言 …………………………………………………………（259）
   第一节 公务员的权利 ………………………………………（259）
   第二节 公务员的义务 ………………………………………（271）
   第三节 公务员的责任 ………………………………………（291）

第三部 公物法 ……………………………………………………（302）
 第一章 公物法的概念 …………………………………………（302）
   引 言 …………………………………………………………（302）
   第一节 概括性公物的概念 …………………………………（303）

第二节　公物法的存在形式 ………………………………（304）
第二章　公物法通则 ……………………………………………（311）
　引　言 ………………………………………………………（311）
　第一节　公物的要素 ………………………………………（311）
　第二节　公物的种类 ………………………………………（313）
　第三节　公物和交易秩序 …………………………………（318）
　第四节　公物的成立及消灭 ………………………………（320）
　第五节　公物管理权 ………………………………………（323）
　第六节　公物的使用关系 …………………………………（337）
　补　论　公物法论的定位及界限 …………………………（347）

判例索引 …………………………………………………………（353）

事项索引 …………………………………………………………（359）

合订本中文版译后记 ……………………………………………（369）

三分册中文版译后记 ……………………………………………（371）

2025 年三分册中文版译后记 …………………………………（375）

行政法Ⅰ（第六版）行政法总论

2025年三分册中文版译者说明 …………………………………… (1)
写给中国读者的话 ………………………………………………… (7)
新中文版三分册总序 ……………………………………………… (9)
合订本中文版序言 ………………………………………………… (11)
序言(第六版) ……………………………………………………… (13)
序言(第五版) ……………………………………………………… (15)
序言(第四版) ……………………………………………………… (17)
序言(第三版) ……………………………………………………… (19)
序言(第二版) ……………………………………………………… (21)
序言(初版) ………………………………………………………… (23)
文献简称与全称对照一览表 ……………………………………… (25)

第一编　行政法的基础

第一章　行政与法的一般关系 ………………………………… (1)
　第一节　行政的概念与分类 …………………………………… (1)
　第二节　行政法的产生——古典模式 ………………………… (10)
第二章　日本行政法的基本构造 ……………………………… (20)
　第一节　问题所在 ……………………………………………… (20)
　第二节　公法、私法二元论及其有用性 ……………………… (21)
　第三节　行政法学的存在方式 ………………………………… (40)
第三章　行政法的法源 ………………………………………… (46)
　第一节　成文法源 ……………………………………………… (46)
　第二节　不成文法源 …………………………………………… (52)
　第三节　行政法的效力 ………………………………………… (54)
第四章　日本行政法的基本原理 ……………………………… (57)
　引　言 …………………………………………………………… (57)

第一节　依法律行政的原理 …………………………… (58)
第二节　行政监控体系的充实 ………………………… (67)
第三节　法的一般原理 ………………………………… (68)

第二编　行政过程论

绪　论　行政过程论的概要 ……………………………… (72)

第一部　行政的行为形式论 …………………………… (76)

第一章　行政立法——法规命令和行政规则 ………… (76)
引　言 ………………………………………………… (76)
第一节　法规命令 ……………………………………… (77)
第二节　行政规则 ……………………………………… (82)

第二章　行政行为 ……………………………………… (92)
第一节　行政行为的概念 ……………………………… (92)
第二节　行政行为与法的拘束 ………………………… (94)
第三节　行政行为的种类 ……………………………… (95)
第四节　行政行为与裁量 ……………………………… (102)
第五节　行政行为的效力 ……………………………… (115)
第六节　行政行为的瑕疵 ……………………………… (135)
第七节　行政行为与法律关系 ………………………… (140)
第八节　行政行为的附款 ……………………………… (149)

第三章　行政上的契约 ………………………………… (155)
第一节　问题所在 ……………………………………… (155)
第二节　行政上的契约之问题 ………………………… (157)

第四章　行政指导 ……………………………………… (166)
第一节　概　述 ………………………………………… (166)
第二节　行政指导与法的拘束 ………………………… (171)
第三节　行政指导与救济制度 ………………………… (174)

第五章　行政计划 ……………………………………… (177)
第一节　概　述 ………………………………………… (177)
第二节　计划与法的拘束 ……………………………… (179)

第三节　计划与救济制度 …………………………………………（180）

第二部　行政上的一般性制度 …………………………………（183）

第一章　行政上确保义务履行的制度 …………………………（183）
第一节　行政上确保义务履行的制度之类型 ……………………（183）
第二节　行政上的强制执行——概论 ……………………………（188）
第三节　行政代执行 ………………………………………………（193）
第四节　直接强制 …………………………………………………（196）
第五节　执　行　罚 ………………………………………………（197）
第六节　行政上的强制征收 ………………………………………（198）
第七节　其他确保义务履行的制度 ………………………………（199）
第八节　行　政　罚 ………………………………………………（205）

第二章　即时执行 ………………………………………………（209）
第一节　概　述 ……………………………………………………（209）
第二节　即时执行的问题 …………………………………………（210）

第三章　行政调查 ………………………………………………（213）
第一节　概　述 ……………………………………………………（213）
第二节　行政调查的问题 …………………………………………（214）

第四章　行政程序 ………………………………………………（220）
第一节　行政程序的含义与功能 …………………………………（220）
第二节　公正程序的基本内容 ……………………………………（222）
第三节　行政程序法的法源 ………………………………………（224）
第四节　《行政程序法》(1)——总论 ……………………………（231）
第五节　《行政程序法》(2)——处分程序 ………………………（239）
第六节　《行政程序法》(3)——行政指导程序 …………………（253）
第七节　《行政程序法》(4)——处分等的请求 …………………（256）
第八节　《行政程序法》(5)——备案程序 ………………………（258）
第九节　《行政程序法》(6)——命令、计划程序 ………………（259）
第十节　程序的瑕疵与处分的效力 ………………………………（264）

第五章　行政信息管理 …………………………………………（268）
引　言 ………………………………………………………………（268）
第一节　信息公开 …………………………………………………（269）

第二节　行政机关个人信息保护 …………………………（289）
　　第三节　补论——行政模式的变革 ………………………（300）
第三部　行政过程中的私人 ……………………………………（302）
第一章　行政过程中私人的地位 ………………………………（302）
　　第一节　问题所在 …………………………………………（302）
　　第二节　私人地位的各种形态 ……………………………（303）
第二章　行政过程中私人的行为 ………………………………（310）
　　第一节　私人的法行为与适用法规范 ……………………（310）
　　第二节　私人的行为与行政过程 …………………………（312）

判例索引 …………………………………………………………（317）

事项索引 …………………………………………………………（327）

合订本中文版译后记 ……………………………………………（335）

三分册中文版译后记 ……………………………………………（337）

2025 年三分册中文版译后记 ……………………………………（341）

行政法Ⅱ（第六版）行政救济法

2025年三分册中文版译者说明 …………………………………… (1)
写给中国读者的话 ………………………………………………… (7)
新中文版三分册总序 ……………………………………………… (9)
合订本中文版序言 ………………………………………………… (11)
序言（第六版） …………………………………………………… (13)
序言（第五版） …………………………………………………… (15)
序言（第四版） …………………………………………………… (17)
序言（第三版） …………………………………………………… (19)
序言（第二版） …………………………………………………… (21)
序言（初版） ……………………………………………………… (23)
文献简称与全称对照一览表 ……………………………………… (25)

第三编　行政救济论

绪　论　行政救济法的观念 ……………………………………… (1)
第一部　行政争讼法 ……………………………………………… (3)
序　章　行政争讼的观念 ………………………………………… (3)
第一章　行政过程中的行政争讼 ………………………………… (6)
　第一节　行政上的不服申诉——概述 ………………………… (6)
　第二节　行政不服审查法 ……………………………………… (10)
　第三节　行政审判 ……………………………………………… (35)
　第四节　行政过程中的其他行政争讼 ………………………… (43)
　第五节　苦情处理和行政监察员 ……………………………… (47)
第二章　行政事件诉讼 …………………………………………… (52)
　第一节　沿革 …………………………………………………… (52)
　第二节　《行政事件诉讼法》的特色 …………………………… (62)

目录

第三节 抗告诉讼——概述 …………………………………… (66)
第四节 撤销诉讼——基本构造 ………………………………… (67)
第五节 诉讼要件 ………………………………………………… (77)
第六节 撤销诉讼的审理 ………………………………………… (123)
第七节 诉讼的终结 ……………………………………………… (147)
第八节 撤销诉讼中的临时救济——执行停止制度 …………… (167)
第九节 无效确认诉讼（争点诉讼和当事人诉讼）——无效的行政
　　　　行为及其救济方法 …………………………………… (175)
第十节 不作为的违法确认诉讼 ………………………………… (187)
第十一节 义务赋课诉讼 ………………………………………… (191)
第十二节 中止诉讼 ……………………………………………… (204)
第十三节 法定外抗告诉讼 ……………………………………… (207)
第十四节 当事人诉讼 …………………………………………… (209)
第十五节 民众诉讼和机关诉讼 ………………………………… (220)
第十六节 裁判权的界限 ………………………………………… (231)

第二部 国家补偿法 …………………………………………… (238)
序　章　国家补偿的观念 ………………………………………… (238)
第一章　国家赔偿 ………………………………………………… (240)
　第一节 概　念 …………………………………………………… (240)
　第二节 《国家赔偿法》的定位及概要 ………………………… (245)
　第三节 与公权力的行使有关的赔偿责任——《国家赔偿法》
　　　　　第1条 ………………………………………………… (248)
　第四节 与营造物的设置管理有关的赔偿责任——《国家赔偿法》
　　　　　第2条 ………………………………………………… (277)
　第五节 赔偿责任者 ……………………………………………… (287)
　第六节 民法的适用 ……………………………………………… (294)
第二章　损失补偿 ………………………………………………… (298)
　第一节 概　念 …………………………………………………… (298)
　第二节 损失补偿的必要性 ……………………………………… (300)
　第三节 补偿的内容 ……………………………………………… (306)
　第四节 国家补偿的稀疏领域 …………………………………… (316)

判例索引 …………………………………………………（325）

事项索引 …………………………………………………（343）

合订本中文版译后记 ……………………………………（351）

三分册中文版译后记 ……………………………………（353）

2025年三分册中文版译后记 ……………………………（357）

2025年三分册中文版译者说明

2025年三分册中文版的翻译，确认遵循了之前"译者说明"所阐述的相关规则，并针对新的情况确立了若干新规则。

一、为增强文章的可读性，有时将原书正文中括号内的注释移作脚注，与原书中的尾注混合排列。个别情况下，由于括号内的注释内容和正文内容的关系极为密切，就将其作为正文直接叙述，或者保持原行文风格，采取正文中括号内注释方式。

二、关于文章排序数码，按照中国现行通用的规范，一律统一为"编、（部）、章、节、（款）、一、……（一）……1.……（1）……"。

三、原文中有时在一处连标数注，为了便于参阅，按照中国现行通用的规范，全部并为一个注释，分段表示。

四、全简称对照一览表的表格化。《文献简称与全称对照一览表》，日文版中没有表格，为增强其对应直观性，根据日文版提供的信息绘制了表格；日文版中书名的简称没有用书名号，为了避免误读误解误用，特地添加了书名号。此外，部分在书中大量出现简称的文献，也将其纳入一览表。

五、强调几点特别翻译规则。精准理解、翻译日文专业书籍，需要扎实的专业基础，同时也需要多多积累一些特殊词的用法，鉴别其意思是否发生了改变。最基础的工作就是对照日文原著逐字逐句斟酌，以求翻译表述最大限度地忠实于原文，在可能的限度内修正某些翻译上的不当表述，做到用心体会，尽可能完美地理解把握。对翻译表述的修正，贯彻确认、承继和发展的方法论，遵循了以下原则：

（一）若干概念的特殊处理

『ジュリスト』，译为《法学者》——以区别于中国的《法学家》。

「情報」，译为"信息"——以与中国信息公开法制中的概念相对应。

「住民」，译为"居民"——是与「国民」相对应的概念，主要用于地方自治层面。

「弁償」，译为"赔偿"，与「賠償」通用。

(二)相关特殊词语翻译的斟酌完善

考虑到同是汉字国家的日本，有些词的用法与中国不同，翻译过程中对某些特殊词语采取了尽可能采用日文原术语表述的原则。对于更好地理解日本行政法的制度经验和研究成果来说，这实是斟酌后的更优选择。

例如，将「行政事件」译为"行政事件"，对或译为"行政案件"或译为"行政事件"的做法进行了统一；将「行政事件訴訟」译为"行政事件诉讼"，而不再译为"行政案件诉讼"；但并未采取将「事件」一律改译为"事件"的做法，而是依然使用"案件"来表述某具体案件名，如「マクリーン事件」译为"马库林案件"，「神戸全税関事件」译为"神户全税关案件"，等等。

又如，将「台帳」译为"台账"，消除了是"台账"还是"底账"的翻译困惑；将「整備」译为"整备"，用以表示「整理整頓」和「整序」这两个概念之和的同义词"整顿完备"；如《信息公开法》确立"開示制度を中心に定め"的"开示制度"所示，使用"开示"，回归本位，与"公开"并用；等等。

对某些保留使用日文词语可能不太好理解的重要概念，则采取了括注说明乃至添附原文对照的形式，如事情判决(特别情况下的驳回判决)；上乘条例(「上乗せ条例」，严于法令的条例)和横溢条例(「横出し条例」，超出法令的条例)；等等。

涉及法规范名称等专用语表述的，则充分发挥日本行政法上专业术语精准表意的优势，尽可能回归日译汉的原点，能使用日文原汉字排列的，就不予以重新排列组合。例如，将『行政事件訴訟法』由原来的《行政案件诉讼法》改译为《行政事件诉讼法》；『公文書管理法』有《公文书管理法》《公文管理法》和《公文件管理法》等译法，皆将其统一为《公文书管理法》；但并未对法规方面一律采取改译的做法，即对于某些已约定俗成的法规范名称等专用语的翻译表述，不强求回归日文原表述，尊重并坚持"习惯约束原则"，如『行政手続法』，尊重既有译法，依然译为《行政程序法》。

此外，修正了之前将「届出」或译为"登记"或译为"申报"的做法，统一引入"备案"用于对应「届出」，个别情况下根据需要保留"登记"；将「差止めの訴え」译为"中止诉讼"或者"中止之诉"，而没有采用所谓"禁止诉讼"或者"停止诉讼"的概念。

(三)版本和页码等相关内容的衔接调整

日文版三分册最新版的出版时间不同，分别为2015年、2019年和2021年，前后相差六年，这给相关内容的表述和衔接调整带来挑战。为了确保相关表述的一致性、衔接信息的准确性和有效性，在翻译过程中根据需要采取了灵活应对措施。

1. 目录内容的调适。日文版三分册在每册前的目录部分，除列出各自的目录外，还列出了其他两册的目录。由于出版时间不同，所列其他分册的目录有的并非其最新版目录。考虑到三分册相互之间进行索引的有效性，翻译时将之前版本的目录全部改换为最新版目录。

2. 脚注页码的调适。日文版三分册的括注和尾注中都有涉及其他分册的内链接引用，而出版时间的差异决定了所链接的其他分册的页码中的内容不一定是其最新版的内容。考虑到2025年三分册中文版同时出版，为方便读者查对引用，将脚注(包括日文版中的括注和尾注)相关内容的页码调整为各分册最新版所对应的页码。在中文版脚注中，首先是尽可能查找准确对应的页码予以标示，其次是针对个别情况进行特殊处理。例如，由于最晚出版的《行政法Ⅲ(第五版)行政组织法》修改幅度较大，之前版本的不少内容被删除了，无法找到与较早出版的《行政法Ⅰ(第六版)行政法总论》《行政法Ⅱ(第六版)行政救济法》注释中所标示页码准确对应的页码，在这种情况下，就采取参见对应的相关篇章节题目的标示方法。这样处理，有些表述形式发生了改变，但其内容仍忠实于原文，确保了"内链接"的准确性和有效性，更方便读者查阅。为了节约篇幅，一律将著者信息省略为"盐野著"，且未加"杨建顺译"和"北京大学出版社2025年版"等相关信息，以楷体进行区别。

有的注释所标示页面内容恰好对应小标题，为增强注释的提示性，就在标示页码后添加小标题。例如，参见盐野著:《行政法Ⅱ(第六版)行政救济法》,第 78 页"起诉期间"。

有的注释所标示的是之前版本中的内容,在其最新版中无法找到恰好对应的内容(这种情形是极个别的),就保留原注释内容,并添加出版社和出版时间等信息。例如,盐野著:《行政法Ⅱ(第五版补订版)行政救济法》,有斐阁,2013 年版,第 13 页脚注(1)。

3. 注释和索引页码的调适。在日文版三分册中,有的事项所在页码与其尾注所在页码相差很多,而翻译成中文后,由于将尾注改为脚注,有时候会导致页码变动,出现将原正文和尾注两者内容并入同一页的情形。针对这种极个别情况,为了防止出现无效页码标示,进行了变通处理:将原注释、判例索引和事项索引所标示的两个页码(一个指向正文,一个指向尾注)合并为一个页码。为了使这种标示更接近原版意思,在相应页码后面添加了扩展符"—"(原来有扩展符的,保持原样不动)。

六、判例部分引用的简称及其全称如下(日文版皆用简称;中文版大多用简称,亦有用全称的情形,如《劳动判例》《讼务月报》《判例时报》和《判例时代》用全称而不是简称;此外,《行政案件裁判例集》对应的简称有《行集》和《行裁例集》,这里一并予以列出,但这套书中皆使用《行裁例集》):

《民录》——《大审院民事判决录》

《刑录》——《大审院刑事判决录》

《民集》——《最高法院民事判例集》

《刑集》——《最高法院刑事判例集》

《高民集》——《高等法院民事判例集》

《高刑集》——《高等法院刑事判例集》

《下民集》——《下级法院民事判例集》

《下刑集》——《下级法院刑事判例集》

《行集》——《行政案件裁判例集》

《行裁例集》——《行政案件裁判例集》

《劳例》——《劳动判例》

《讼月》——《讼务月报》

《劳民集》——《劳动关系民事裁判例集》

《判时》——《判例时报》
《判夕》——《判例时代》(判例タイムズ)
《判自》——《判例地方自治》
《集民》——《裁判集民事》

七、判决或者决定的简称及其全称如下(日文版大多用简称,亦有用全称的情形;中文版皆用全称。判例索引中有省略,如省略"最判""最决"等信息,进行了统一归类处理):

最　判——最高法院判决

最　决——最高法院决定

最大判——最高法院大法庭判决

最大决——最高法院大法庭决定

最小判——最高法院小法庭判决

最小决——最高法院小法庭决定

高　判——高等法院判决

高　决——高等法院决定

地　判——地方法院判决

地　决——地方法院决定

行　判——行政法院判决

八、年代的对应

明治元年＝1868年

大正元年＝1912年

昭和元年＝1926年

平成元年＝1989年

令和元年＝2019年

写给中国读者的话

承蒙杨建顺教授的特别厚意和尽力,拙著《行政法Ⅰ(第六版)行政法总论》(2015年版)、《行政法Ⅱ(第六版)行政救济法》(2019年版)和《行政法Ⅲ(第五版)行政组织法》(2021年版)的简体中文版将由北京大学出版社出版,这对我来说是无上的荣光,也是意外的幸福。

在中国,作为日本行政法概说书,南博方所著《行政法》(第六版)已由杨建顺教授翻译出版。拙著《行政法》(Ⅰ、Ⅱ、Ⅲ)同样是由杨教授翻译,根据我的理解,它们是作为展示其后日本行政法及行政法学之展开的一例而被选中的。此次翻译的三册教科书,基本构造维持了前著,其主要对象是以《行政不服审查法》的修订为代表的作用法、救济法、组织法、公务员法、公物法等各领域法制度的修改,以及判例和学说的展开。

日本的行政法学以欧洲尤其是德国法为模范,形成了以美浓部达吉著《日本行政法》(上卷,1936年版;下卷,1940年版)为代表的行政法学体系。在《日本国宪法》之下,美浓部行政法学一直具有强大的影响力。但是,随着行政法学将比较法的视野扩展至法国法、英国法、美国法,同时着眼于日本行政实务的现实存在方式,日本行政模式的特色得以明确。

在现代社会,随着国际交流的推进,外国行政法的比较研究越来越重要。这一点对于日本和中国来说也是完全适用的。不过,在日本和中国的比较行政法研究中,具有特征性的是法令用语及学问上的概念。也就是说,在日本法上,虽然也存在像"スポーツ"一样用英语发音的片假名来表现的情形(比如《スポーツ基本法》),但是,法令用语几乎全部是汉字和平假名。学问上的概念,通例也是以汉字来表现。因此,法令用语及学问上的概念在日本和中国相同时,有必要检讨以下问题:其作为法概念是否同义,也就是说,是"同语、同义",还是"同语、异义",进而也包括"异语、同义"情形的存在。

像这样的事情,是日本进行欧美诸国的行政法之比较研究中所不曾存在的既有难度又饶有趣味的问题,我认为,这一点也适合于中国的行政法学。

我期待拙著能够进一步激发中国和日本的行政法研究者相互的学术好奇心。

日本东京大学名誉教授

盐野宏

2021年6月

新中文版三分册总序

我的行政法教科书,在日本已经历了数次改版。在中国,其最新版再次由杨建顺教授翻译成中文,即将付诸出版,这对我来说是非常荣幸的事情,也是无比喜悦的事情。

这次被翻译成中文的我的行政法教科书,在基本上维持了以往的体系的同时,全面跟踪反映了近年来日本行政法的制度和理论方面的诸多改革和发展。在日本,就行政法总论部分而言,相继制定了《关于行政机关保存、持有的信息的公开的法律》(1999年)、《关于行政机关保存、持有的个人信息的保护的法律》(2003年),并且也进行了《行政程序法》的修正(2005年);在行政救济法部分,对《行政事件诉讼法》进行了重要的修正(2004年),国会也正在审议《行政不服审查法》的全面修正法案;从行政组织法部分来看,进行了有关行政组织的大幅度的制度改革,包括中央省厅的改革,地方分权的促进,独立行政法人法制、国立大学法人法制的整备等,为此也制定了诸多法律。在成为这次简体中文版之源的日文版中,除添加关于前述重要法令的论述之外,还从总体上关注了之后的学说、判例的展开,并对其进行了跟踪研究。

我衷心希望这套书的出版能够为促进日本和中国的学术交流有所贡献。

为将我的行政法教科书翻译成中文,杨建顺教授再度付出辛劳,在此表示深深的谢意。

盐野宏
2008年7月

合订本中文版序言

我的日本行政法教科书《行政法》第一、二、三册被翻译成中文,作为"早稻田大学·日本法学丛书"之一出版,我感到非常荣幸和高兴。

这套书是以我在东京大学法学部讲授行政法课程时的授课教案为基础写成的。第一册论述了行政法的基本原理和行政过程,第二册论述了行政救济,第三册论述了行政组织。

我认为,行政法是实现宪法价值的技术法。因此,这套书所要解决的基本问题是,在实现法治国的、民主的宪法所具有的诸价值的过程中,行政法和民事法、刑事法相比较具有什么特色及需要何种特别的法技术。在这种意义上,希望读者能够在一定程度上掌握宪法、民法和刑法等基础性法律知识。

在新宪法下,日本以实现民主主义和法治主义为目的,一直致力于近代法制度的创立和完善。这套书也试图在这一基本方向上对行政法的诸制度进行理论上的归纳整理。在整理过程中,通过对行政过程进行更加动态的、综合的考察,注意对以前的行政法学不曾论及的一系列问题展开论述,即立于行政过程论的方法。这是这套书的特色之一。

在日本,虽然行政制度上的近代化已在相当程度上展开,但是,行政的现实形态中依然存在透明性及公正性不充分的地方,并且也保留了中央集权的实际状态。因此,为了改革这种状况,近年来,日本开展了《行政程序法》《信息公开法》的制定和完善及地方分权的推进等运动,并且也开始了对公务员制度改革的探讨。在这套书中,虽然也将行政程序法作为论述对象,但是,由于现阶段信息公开、地方分权、公务员制度改革等依然处在由国会及审议会等探讨的过程中,故不能展开深入的论述。希望读者也能对日本的这些新动向予以关注。

衷心祝愿日本和中国的学术交流今后取得飞跃发展。在学术交流过程中,若这套书对中国行政法学者有一定的帮助,作为作者,我感到无上的荣幸。

盐野宏

1998 年初夏

序言(第五版)

《行政法Ⅲ》(第四版)自刊行以来已经过去八年。在这期间,《国家行政组织法》《地方自治法》《国家公务员法》《地方公务员法》等,关于行政组织法的通则性法典本身并没有根本性修改,一直延续下来了。此外,关于公物法制,也没有进行通则性法典的制定。但是,针对规制改革、公私协动等所表现出来的近年来的动向,在作为行政手段论的行政组织法上,制定法也一直在以各种各样的形式进行应对。在此过程中,在立法、执行的任何阶段,以法解释之名,实务推进,学说也与之应对,处于行政组织法论得以展开的状况。与第一册"行政法总论"和第二册"行政救济法"进行比较的话,本书的裁判例是比较少,但是,必须注意的是,这件事情并不是否定行政组织法论之存在理由的要素。

在改订的过程中,接续第二册(第六版),此次也得到了有斐阁书籍编辑部佐藤文子女士的特别关照,在此表示深厚的谢意!虽然正处于新冠疫情时期,但有斐阁的诸位朋友依然坚持推进改订工作,完成了刊发的任务,在这里再次向诸位表示感谢!

盐野宏

2020 年 11 月

序言(第四版)

《行政法Ⅲ》(第三版)刊行后,已经过去了六年半的时间。在这期间,给日本从前的行政系统带来改变的规制缓和、民间化、地方分权的潮流,在作为本书之对象的行政组织法的领域,也给制定法和学说带来了各种各样的影响。虽然政治过程稍微增加了纷乱的程度,也存在并不一定达至可以描绘确定性状况的领域,但是,本书对这些立法及学说在注意其与第二次世界大战后改革的关系的基础上进行考察,同时也锐意用心于自己学说的补强。进而,专决、代决,职务命令,业务上过失致死伤罪,由地方议会作出权利放弃议决等,在从前并不一定充分地由司法判断所涉及的领域,也出现了裁判判决,这也是此次改订之际受到注目的地方。

法修改频繁,行政法教科书的改订是伴随着修改条款的检点等的费劲的工作,此次也是一样,所有编辑工作都得到有斐阁高桥均先生和奥贯清先生的支持。在此表示深厚的谢意!

盐野宏
2012 年 9 月

序言(第三版)

《行政法Ⅲ》(第二版)刊行后,已经过去了五年多的时间。在这期间,行政组织法研究的重点之一,就是中央省厅改革立法、地方分权相关法令的理论性分析的深化。本书也是从这样的角度,试图追踪学说的动向,并对自己学说进行补充和完善。此外,国立大学法人法、地方独立行政法人法等重要的新的改革立法在行政组织法的各个领域出现,本书对这些制度改革进行了分析探讨。进而,对于有关外国人的公务员就任能力的最高法院判决等,在梳理有关从前的探讨课题的判例和学说方面下了功夫。

对于实定法教科书的改版修订来说,确保用语及表述方法等的统一性,检点个别法令的改废及条文的移动等,有别于撰写新的教科书的艰苦工作成为必要。此次依然得到有斐阁的奥贯清先生和副岛嘉博先生的鼎力支持,在此表示衷心的谢忱。

盐野宏
2006年3月

序言(第二版)

此间,为了实现中央省厅改革和地方分权,相关法律进行了大幅度制定和改废。此外,关于公务员法制、公物法制,也因为这些改革的关系而得以相应整备。

总之,关于行政组织法的重要的改革立法,为本书的改版提供了机会。改版修订工作的中心是将伴随着新的立法的信息编入本书,而本书的理论性框架及构成本身则不予变更。此外,对于学说、判例的动向,也予以了适当的考虑。

在改版修订过程中,得到了有斐阁奥贯清先生的鼎力支持。借此机会,向先生表示衷心的谢忱。

盐野宏
2000 年 12 月

序言(初版)

　　本书是笔者的《行政法》第一册和《行政法》第二册的续集。所涉及范围是广义的行政组织法,具体地说,是行政组织法(一般理论、国家行政组织法、地方自治法)、公务员法和公物法。

　　相关法规非常多,但为了避免页数增加,在叙述过程中,尽量避免直接引用法条文及单列附表等,注意在简单地归纳其宗旨上下功夫。因此,我希望诸位读者能够将六法置于身旁,以随时直接查阅本书中所参照的相关条文及附表。

　　我的行政法教科书,自第一册开始,以第三册完结。

　　本书的出版,得到西尾道美女士一如既往的巨大支持。有关校正,同样有烦加藤和男先生之劳。对二位深表谢忱。

　　我执笔的行政法教科书的计划,之所以能够如此顺利地完成,主要是因为自1989年《行政法第一部讲义案》(上下册)出版以来,有斐阁副岛嘉博先生一直给予支持。在此,向先生致以谢意。

盐野宏
1995年9月初

文献简称与全称对照一览表

序号	简称*	全称及相关信息
01	盐野著:《行政法Ⅰ(第六版)行政法总论》	盐野宏著,杨建顺译:《行政法Ⅰ(第六版)行政法总论》,北京大学出版社2025年版
02	盐野著:《行政法Ⅱ(第六版)行政救济法》	盐野宏著,杨建顺译:《行政法Ⅱ(第六版)行政救济法》,北京大学出版社2025年版
03	盐野著:《行政法Ⅲ(第五版)行政组织法》**	盐野宏著,杨建顺译:《行政法Ⅲ(第五版)行政组织法》,北京大学出版社2025年版
一、共通的教科书		
04	宇贺著:《行政法概说Ⅲ》	宇贺克也著:《行政法概说Ⅲ》(第五版),有斐阁,2019年版
05	田中著:《行政法》(上)	田中二郎著:《新编行政法》(上卷)(全订第二版),弘文堂,1974年版
06	田中著:《行政法》(中)	田中二郎著:《新编行政法》(中卷)(全订第二版),弘文堂,1976年版
07	藤田著:《行政组织法》	藤田宙靖著:《行政组织法》,有斐阁,2005年版
08	美浓部著:《日本行政法》(上)	美浓部达吉著:《日本行政法》(上卷),有斐阁,1936年版
09	美浓部著:《日本行政法》(下)	美浓部达吉著:《日本行政法》(下卷),有斐阁,1940年版
10	柳濑著:《行政法教科书》	柳濑良干著:《行政法教科书》(再订版),有斐阁,1969年版

* 本栏中的简称基本上是本书中直接引用的形态。——译者注

** 日文版中仅对"盐野宏行政法教科书三部曲"第一册和第二册进行了缩略语标示,第一册标示为"本書Ⅰ",第二册标示为"本書Ⅱ",并未对第三册进行缩略语标示。考虑到这三册通用的规则,为避免阅读过程中产生困惑,这里补充了第三册的缩略语,并各个简称分别补充了相对应的信息。——译者注

（续表）

序号	简称	全称及相关信息
二、行政组织法		
11	《行政法讲座》(第4卷)	田中二郎、原龙之助、柳濑良干编：《行政法讲座》(第4卷·行政组织)，有斐阁，1965年版
12	《行政法大系7》	雄川一郎、盐野宏、园部逸夫编：《现代行政法大系7·行政组织》，有斐阁，1985年版
13	佐藤著：《行政组织法》	佐藤功著：《行政组织法》(新版、增补)，有斐阁，1985年版
三、地方自治法		
14	阿部等编：《地方自治大系1》	阿部照哉、佐藤幸治、园部逸夫、畑博行、村上义弘编：《地方自治大系1》，嵯峨野书院，1989年版
15	阿部等编：《地方自治大系2》	阿部照哉、佐藤幸治、园部逸夫、畑博行、村上义弘编：《地方自治大系2》，嵯峨野书院，1993年版
16	宇贺著：《地方自治法》	宇贺克也著：《地方自治法概说》(第八版)，有斐阁，2019年版
17	《行政法大系8》	雄川一郎、盐野宏、园部逸夫编：《现代行政法大系8·地方自治》，有斐阁，1984年版
18	俵著：《地方自治法》	俵静夫著：《地方自治法》，有斐阁，1965年版
19	《地方自治、地方分权》	小早川光郎、小幡纯子编：《新地方自治、地方分权》，有斐阁，2000年版
20	松本著：《要说地方自治法》	松本英昭著：《要说地方自治法》(第十次改订版)，行政，2018年版
21	松本著：《逐条地方自治法》	松本英昭著：《逐条地方自治法》(新版第九次改订新版)，学阳书房，2017年版
四、公务员法		
22	鹈饲著：《公务员法》	鹈饲信成著：《公务员法》(新版)，有斐阁，1980年版
23	《逐条国家公务员法》	森园幸男、吉田幸三、尾西雅博编：《逐条国家公务员法》，学阳书房，2015年版

(续表)

序号	简称	全称及相关信息
24	桥本著:《逐条地方公务员法》	桥本勇著:《逐条地方公务员法》(新版第五次改订版),学阳书房,2020年版
25	《行政法大系9》	雄川一郎、盐野宏、园部逸夫编:《现代行政法大系第九卷·公务员、公物》,有斐阁,1984年版
26	《行政法大系10》	雄川一郎、盐野宏、园部逸夫编:《现代行政法大系第十卷·财政》,有斐阁,1984年版
27	菅野著:《劳动法》	菅野和夫著:《劳动法》(第十二版),弘文堂,2019年版
五、公物法		
28	河川法研究会编著:《河川法解说》	河川法研究会编著:《改订版河川法解说》,大成出版社,2006年版
29	原著:《公物营造物法》	原龙之助著:《公物营造物法》(新版),有斐阁,1974年版
六、判例百选等		
30	《行政判例百选Ⅰ》	宇贺克也、交告尚史、山本隆司编:《行政判例百选Ⅰ》(第七版),有斐阁,2017年版
31	《行政判例百选Ⅱ》	宇贺克也、交告尚史、山本隆司编:《行政判例百选Ⅱ》(第七版),有斐阁,2017年版
32	《公务员判例百选》	盐野宏、菅野和夫、田中舘照橘编:《公务员判例百选》,有斐阁,1986年版
33	《地方自治判例百选》	矶部力、小幡纯子、齐藤诚编:《地方自治判例百选》(第四版),有斐阁,2013年版
34	《行政法的新构想Ⅰ》	矶部力、小早川光郎、芝池义一编:《行政法的新构想Ⅰ行政法的基础理论》,有斐阁,2011年版
35	《行政法的争点》	高木光、宇贺克也编:《行政法的争点》,有斐阁,2014年版
36	《法律用语辞典》	法令用语研究会编:《法律用语辞典》(第四版),2012年版
七、纪念论文集等		
37	《芦部古稀》(上)	《现代立宪主义的展开》(芦部信喜先生古稀祝贺)(上册),有斐阁,1993年版

（续表）

序号	简称	全称及相关信息
38	《芦部古稀》（下）	《现代立宪主义的展开》（芦部信喜先生古稀祝贺）（下册），有斐阁，1993年版
39	《阿部古稀》	《面向行政法学的未来》（阿部泰隆先生古稀纪念），有斐阁，2012年版
40	《石川古稀》	《经济社会与法的作用》（石川正先生古稀纪念论文集），商事法务，2012年版
41	《雄川献呈》（上）	《行政法的诸问题》（雄川一郎先生献呈论集）（上册），有斐阁，1990年版
42	《雄川献呈》（中）	《行政法的诸问题》（雄川一郎先生献呈论集）（中册），有斐阁，1990年版
43	《雄川献呈》（下）	《行政法的诸问题》（雄川一郎先生献呈论集）（下册），有斐阁，1990年版
44	《金子古稀》（上）	《公法学的法与政策》（金子宏先生古稀祝贺）（上册），有斐阁，2000年版
45	《金子古稀》（下）	《公法学的法与政策》（金子宏先生古稀祝贺）（下册），有斐阁，2000年版
46	《兼子古稀》	《分权时代与自治体法学》（兼子仁先生古稀纪念），劲草书房，2007年版
47	《菅野古稀》	《公法的思想和制度》（菅野喜八郎先生古稀纪念论文集），信山出版社，1999年版
48	《北村还历》	《自治立法权的再发现》（北村喜宣先生还历纪念论文集），第一法规，2020年版
49	《小高古稀》	《现代的行政纷争》（小高刚先生古稀祝贺），成文堂，2004年
50	《盐野古稀》（上）	《行政法的发展与变革》（上册）（盐野宏先生古稀纪念），有斐阁，2001年版
51	《盐野古稀》（下）	《行政法的发展与变革》（下册）（盐野宏先生古稀纪念），有斐阁，2001年版
52	《芝池古稀》	《行政法理论的探究》（芝池义一先生古稀纪念），有斐阁，2016年版
53	《杉村古稀》（上）	《公法学研究》（杉村章三郎先生古稀纪念）（上册），有斐阁，1974年版

(续表)

序号	简称	全称及相关信息
54	《杉村古稀》(下)	《公法学研究》(杉村章三郎先生古稀纪念)(下册),有斐阁,1974年版
55	《铃木古稀》	《自治体政策法务的理论与各课题实践》(铃木庸夫先生古稀纪念),第一法规,2017年版
56	《成田退官纪念》	《国际化时代的行政与法》(成田赖明先生退官纪念),良书普及会,1993年版
57	《西埜、中川、海老泽喜寿》	《行政程序、行政救济法的展开》(西埜章、中川义朗、海老泽俊郎先生喜寿纪念),信山社,2019年版
58	《水野古稀》	《行政与国民的权利》(水野武夫先生古稀纪念论文集),法律文化社,2011年版
59	《南古稀》	《行政法与法的支配》(南博方先生古稀纪念),有斐阁,1999年版
60	《室井还历》	《现代行政法的理论》(室井力先生还历纪念论集),法律文化社,1991年版
61	《室井古稀》	《公共性的法构造》(室井力先生古稀纪念论文集,劲草书房,2004年版

第四编　行政手段论

绪　论　行政手段论的概念

行政法学的主要课题,是对与国家及地方公共团体等行政主体的行政作用有关的法现象进行考察,以及对因该法现象的结果,偶尔给私人带来不利的救济方法进行考察。① 但是,行政主体本身是观念性的存在,不可能自己行动。特别是在现代社会,国家及地方公共团体必须拥有庞大且复杂的组织,通过其组织的构成单位即行政机关而行动。例如,关于国家的税金赋课征收的组织,有作为财务省的外局而设立的国税厅,在其下设有国税局、税务署,并分别设有国税厅长官、国税局长和税务署长。在规制行政领域,道路交通的取缔作用是都道府县的行政,而现实上掌握这一行政的,是都道府县的公安委员会及被置于其管理下的警视厅、警察总部和警察署,其中又分别设有警视总监、警察总部长和警察署长。通常情况下,给付行政领域的社会福祉行政,在国家层面由厚生劳动省所掌管,在府县层面由民生部(例示)承担,进而,第一线的具体事务则由福祉事务所负责实施。

不过,这些行政机关依然是观念性的,行政要作为现实的行动体现出来,需要有具体人的和物的手段。人的手段如国家公务员、地方公务员。而关于物的手段,既有道路、公园等人工创造的,也有河川、海滨等虽是自然存在的,但却被用于公共行政目的的手段。

在这里,行政手段论,是指对这些行政主体的组织的存在方式,人的、

---

① 盐野著:《行政法Ⅰ(第六版)行政法总论》;盐野著:《行政法Ⅱ(第六版)行政救济法》。

物的手段的存在方式的考察进行综合把握的理论,只有明确了与这种行政手段相关的法现象,行政法一般理论才算完成了其任务。①

可以将所有有关行政手段的法统称为广义的行政组织法。进而从讲学的角度细分的话,以行政主体的组织的存在方式为考察对象的是行政组织法(狭义的),以人的手段为考察对象的是公务员法,以物的手段为考察对象的是公物法。②

此外,在以前日本的行政法学中,地方公共团体的活动及其组织,总体上是作为行政领域的活动及组织来处理的。在这种意义上,《地方自治法》也曾经是行政组织法的一部分。但是,在《日本国宪法》之下,鉴于地方公共团体是在宪法上具有直接根据的立法权的主体,不应将其理解为单纯的行政承担主体,而应该理解为具有一种统治团体的法地位的主体。在这种意义上,《地方自治法》超出了这里所说的行政组织法的范围。不过,从整体上把握行政过程论③及行政救济论④中的地方公共团体的行政作用时,将包括立法作用在内的地方公共团体的活动及其组织也视为整体,置于视野之中,这样才更加便利。所以,本书将《地方自治法》的基本构造作为考察的对象。⑤

---

① 关于如何划定行政法及行政法学的范围和对象,存在各种各样的见解。关于行政法的总论和分论的关系,也依然不存在定论。我从很早以前就对将行政作用分为不同类型,分别进行考察的行政法分论的存在理由持有疑问,即使是行政法教科书,也是以行政过程论、行政救济论、行政手段论(广义上的行政组织论)来完成的[关于行政法学的对象和范围,参见盐野宏著:《行政作用法论》(1972年)、《行政法的对象和范围》(1980年),载盐野著:《公法与私法》,第197页以下、第237页以下]。

② 关于行政组织法(广义)的范围,也不存在定论。特别是对于公物法的把握,有各种各样的见解。在这一领域,我认为是可以非常随意地决定的,但是,本书的构成,基本上和田中著《行政法》(中)相同。此外,"行政手段"这个术语,之前在佐佐木惣一的著作《日本行政法论总论》(1924年版,第132页以下)中作为"行政的手段"而出现,不过,在那里,提出了"人的手段"和"物的手段",而行政组织法则被作为另外的项目。

③ 盐野著:《行政法Ⅰ(第六版)行政法总论》。

④ 盐野著:《行政法Ⅱ(第六版)行政救济法》。

⑤ 行政组织法、公务员法和公物法,各自具有其固有的法原理和法制度。但是,必须注意的是,行政组织法、公务员法和公物法还具有在盐野著《行政法Ⅰ(第六版)行政法总论》及《行政法Ⅱ(第六版)行政救济法》中所考察的行政法的基础理论、行政过程论、行政救济论的应用之意义,反过来说,就是作为提供素材的场面也是具有意义的。

第一部　行政组织法

序　章

现行法上,关于行政组织法的个别法得以大量制定,而针对全部行政组织的通则性法典并不存在。并且,关于该领域的判例之积累也比较匮乏。但是,这件事情并不意味着对行政组织法进行法规范解释的检讨或者立法论的检讨是不需要的。现实中,即便在明治宪法之下,行政法学上也曾设置了对行政组织的存在方式本身进行检讨的场所①,在官制大权被否定了的《日本国宪法》之下,一般是将行政组织法视为行政法学的构成要素之一。②

在此期间,各种各样的法概念得以展开。将这些概念与行政过程论、行政救济论进行比较可以发现,与道具概念并列,作为开发概念来使用的比重更大,不得不承认从前的行政组织法论的特色正存在于此。③ 但是,可以预测到,在行政组织法中,开发概念的道具概念化,被立法权、司法权等的动向所左右的成分很大。由于社会情势的变革,行政组织法论由法教条所支配的领域将会更加广泛。④

---

① 例如,美浓部著:《日本行政法》(上),第二编"行政组织法",第361页以下。
② 田中著:《行政法》(中);柳濑著:《行政法教科书》;杉村敏正著:《全订行政法讲义总论》(上卷),1981年版。
③ 关于法概念的不同种类,参见盐野宏著:《行政法概念的诸形态》,载盐野著:《行政法概念的诸形态》,2011年版,第5页以下。
④ 关于现代行政组织法的存在方式,松户浩著:《行政组织法的课题》,载《行政法研究》第20号,2017年,第129页以下,就"行政主体""行政主体间的关系"和"行政主体内部的问题"这三点进行了适切的分析。

第一章 行政组织法的一般理论

第一节 行政组织法的特殊性质

一、概述——行政主体和行政组织法

行政组织法①是规范行政机关的法。而该行政机关则是以其所归属行政主体的存在为前提的。因此,考察行政组织法时,有必要对行政主体的概念及其和行政组织法的关系进行概略的考察。

(一)行政主体和行政过程论、行政救济论

"行政主体"这一用语,我在前两册书中一直在使用。② 但是,关于何为行政主体的问题,却并没有予以特别的定义。即在某种意义上,是将其作为不言自明的概念为前提来使用的。在具体的解释论中,基于如下情况,也基本上没有提出何为行政主体的问题:

1. 在行政过程论中,行政主体和私人的法关系之特色成为研究对象,所以,没有必要对行政主体具体有哪些种类进行讨论。

2. 在行政争讼法中,虽然当对撤销诉讼等的处分性的检讨产生是否属于"公权力的行使"的问题时,会随之产生一方当事人主体的法性质的疑问,即行政主体性成为需要探讨的问题。但是,该行为是否属于公权力的行使,具体地说,不是由该法主体的性质决定的,而是由该行为的根据法是否赋予其公权力性决定的。所以,即使在行政主体的典型即国家的行为中,也存在没有被赋予公权力性的行为;此外,像律师会那样本来属于社会领域的

---

① 狭义的行政组织法。以下在本章中皆同。
② 盐野著:《行政法Ⅰ(第六版)行政法总论》,第10页、第302页;盐野著:《行政法Ⅱ(第六版)行政救济法》,第1页。

团体,根据《律师法》,其对所属律师的惩戒却被赋予了作为公权力的法性质。① 如果是公法上的当事人诉讼,有时可能出现一方当事人是不是行政主体成为判定基准的情况,但是,这在现实中成为问题的事例尚不存在。

3. 关于是否适用《国家赔偿法》第 1 条的问题,其关键不是该行为人是不是公共团体的公务员,而是和行政争讼法相同,取决于该行为的根据规定。不过,像学校教育中的事故那种情况,则不是由根据法决定的,而完全由其是不是国立学校或者公立学校,即该学校是否从属于行政主体来决定的。不过,这与《国家赔偿法》第 1 条扩大适用的结果也有关系,而在这种情况下,依据《国家赔偿法》第 1 条,还是依据《民法》上的不法行为规范,对其结果并没有多大的影响。② 对于《国家赔偿法》第 2 条的适用来说,是否属于公共团体即这里所说的行政主体所设置、管理的营造物,成为其前提。但是,基于《民法》上土地工作物的瑕疵责任的情况,与基于营造物瑕疵的责任的情况,在实体法上的要件方面并不存在重大差异,而像道路或者河川那样,该营造物的性质本身对于责任要件的判断则成为重大问题。③

(二)行政主体和行政组织法论

针对这种状况,在行政组织法论中,存在无法如此简单地作出结论的情况。在这种情况下,主要有如下四个问题:

1. 确定行政组织法范围的问题。即如果像在开头所述那样,认为行政组织法是关于行政主体的组织的法,那么,只要行政主体不确定,行政组织法的范围就不能确定。

2. 与前一问题的宗旨相同,如果认为存在普遍适用于行政组织的一般原理的话,从该一般原理的适用范围这一角度看,也存在具有实际意义的某组织是不是行政主体的问题。

3. 由于某组织是行政主体的缘故,有时也存在采取特别的法措施的情形。例如,关于信息公开法制的适用对象法人,除国家及地方公共团体以外,在作出应当选定怎样的法人的判断之际,该法人的行政主体性便成为需要考虑的要素。④

---

① 《律师法》第 56 条以下。
② 关于以上内容,参见盐野著:《行政法Ⅱ(第六版)行政救济法》,第 255 页以下。
③ 参见盐野著:《行政法Ⅱ(第六版)行政救济法》,第 280 页以下。
④ 盐野著:《行政法Ⅲ(第五版)行政组织法》,第 76 页以下"特别行政主体"。

4. 行政主体具有独立的法人资格。然而,称这些行政主体相互间的关系是独立的法人资格的关系,是否能够和一般的法律关系一样来适用同样的实体法、程序法,则可能成为论争的对象。

正像从以上内容可以推测的那样,在这里的问题意识,实质上是除当然属于行政主体的国家和地方公共团体以外,是否还有其他行政主体?如果有的话,该行政主体有哪些?这些行政主体和国家、地方公共团体的关系如何?换言之,这并不是要完全放弃国家、地方公共团体等概念而展开行政主体论。因此,下面我们将在对这些问题所在予以明确的基础上,首先考察当然地被赋予行政主体性质的国家、地方公共团体的行政组织,然后再考察成为行政主体论对象的其他特殊法人等。①

二、组织规范和法律根据

这里所说的组织规范,是指使某自然人行为的效果归属于国家、地方公共团体等行政主体的规范。② 具体地说,此种规范以有关行政机关设立的规定及该机关所掌管事务的规定为核心,进而包括规定行政机关关系的规范。③

关于行政和法律的关系,呈现出各种不同的情况。其中之一是在和根据规范的关系上,在日本行政法中,侵害保留原则从很早以前就被认为是适当的。正像该原则所明确的那样,该原则关心的是行政主体是否侵害了私人的自由和财产。并且,据此具体地引导出行政主体要侵害私人的自由和财产必须具有法律的根据这一原则。④ 严格地界定,似乎可以

---

① 关于一般行政主体论,包括相关参考文献在内,参见北岛周作著:《行政上的主体与行政法》,2018年版,有包括英国行政法上的应对在内的详细的研究。关于行政主体与行政机关的关系,森田宽二著:《行政机关和内阁府》,2000年版,第95页以下,有详细的分析。此外,冈田雅夫著:《行政法的基础概念与行政法解释学——以行政主体概念为线索》,载《公法研究》第67号,2005年,第90页以下(第106页),认为"成为作为法解释学的行政法学的对象的行政法,不是关于行政主体的作用的法,而是关于行政机关的认定权的行使的法",从而否定了行政主体概念的有用性。由于这一点与行政法、行政法学的定义相关联,所以,在此不予展开讨论。但是,在该论文中,关于国家、地方公共团体的组织维持作用的法律上的规定,被编入行政法(第104页以下),所以,我认为,论著也是作为论述这种意义的行政法的范围,肯定了在行政组织法上论述行政主体的余地。对于行政主体的讨论,此外参见盐野著:《行政法Ⅲ(第五版)行政组织法》,第103页以下。

② 盐野著:《行政法Ⅰ(第六版)行政法总论》,第61页。

③ 关于行政机关概念的详细内容,参见盐野著:《行政法Ⅲ(第五版)行政组织法》,第16页。

④ 盐野著:《行政法Ⅰ(第六版)行政法总论》,第58页以下。

认为侵害保留原则仅限于这些主张。至于将行政主体所进行的事务具体分配给哪些行政机关，以及该行政机关的具体组织应如何构成，即规定组织规范的核心内容(以下简称"组织规范")的形式，和侵害保留原则在逻辑上也可以被认为没有关系。因此，必须重新对组织规范在国法上的形式展开探讨，由于宪法所依据的理论学说不同，有时其存在方式也会出现不同。

(一)明治宪法和组织规范

在立宪君主制之下，组织规范的制定被保留给君主权，这种理解是普遍性的。① 在当时的日本法之下，组织规范的制定属于天皇大权。明治宪法第10条规定："天皇规定行政各部门的官制及文武官员的薪金，并任免文武官员。"其中关于文武官的任官大权和关于官制的大权，被统称为官制大权。② 另外，实施具体行为的则是具体的行政机关。并且，在该行政机关的行为属于公权力行使的情况下，有关该机关的规定，不仅是行政主体内部的事务分配的问题，而且，从基于侵害保留原则的法治主义的原则来看，也存在将相关规定视为法规的余地。这种行政组织的敕令主义被认为是官制大权和法治主义这两种相反要求相互妥协的产物。即"关于担任和人民之间具有法律上的交涉的职务的国家机关，由于使人民承担将该机关的行为视为国家行为并服从其权威的义务，故有关该机关的规定具有法规的性质，所以，在法律上需要以敕令向一般人民公布。如果与人民之间没有直接的法律上的关系，仅限于内部从事庶务、进行调查、回答咨询等职务的话，则并不一定要以敕令向一般人民公布；既可以首先发布敕令，然后予以设置；也可以不必等待敕令而直接予以设置。采取其中哪种方法是自由的，并不是必须依据其中某种方法进行"③。

(二)《日本国宪法》和组织规范

与此相对，《日本国宪法》上没有官制大权的观念，这是不言而喻的。不过，从这件事并不能立即推导出单义性的结论。④

---

① 关于德国的事例，参见 Walter Rudolf, Verwaltungsorganisation, in Erichsens, Allgemeines Verwaltungsrecht, 11. A.,1998. S. 786。
② 美浓部著:《日本行政法》(上)，第362页。
③ 美浓部著:《日本行政法》(上)，第367页以下。
④ 参见高桥信行著:《行政组织编成权》，载《行政法的争点》，第168页以下。

1. 学说的状况

关于组织规范的制定权者,存在如下学说的对立。①

(1)法治主义说

有的观点认为,一旦官制大权后退,法治主义则相应扩大其范围,即关于在与国民的关系上表明国家意思的行政机关,应该适用法律主义。② 虽然敕令和法律存在区别,但是,以法治主义为基础的逻辑构造和明治宪法时代的理论是共通的。

(2)法规概念扩张说

如果仅限于将官制大权的消灭理解为法治主义范围的扩大,则存在对《日本国宪法》下的民主主义原理的欠缺考虑之问题。因此,出现了以《日本国宪法》的民主主义为基础,主张组织规范原则上也需要法律,换言之,视组织规范的制定为法律事项的见解。有的观点认为,《日本国宪法》第41条所说的立法此时并不限于以前意义上的法规,组织规范也是法律事项。③ 这可以称为法规概念扩张说。但是,当主张组织规范也是法规时,对于组织规范为什么成为法规的论据,却没有予以明确④,并且这种主张还存在能否将现行组织规范的存在方式作为整体进行统一归纳的问题。⑤

(3)民主性统治构造说

不是以宪法的个别条文或者法规概念为根据,而是以宪法规定的国会最高机关性(第41条)所体现的国会中心主义为根据,此见解称为民主性统治构造说。⑥ 我认为应该支持这种观点。这是因为,对于行政作用法层面上的法律保留,仅以侵害保留理论来处理已经不适当了,还应该

---

① 关于学说的详细情况,参见稻叶馨著:《行政组织编成权论》(1991年),载稻叶著:《行政组织的法理论》,1994年版,第245页以下(初版1991年)。不过,那里所述各种学说和本书以下的分类不同。

② 柳濑著:《行政法教科书》,第30页;杉村敏正著:《全订行政法讲义总论》(上卷),1969年版,第78页。

③ 《注释日本国宪法》(下卷),1988年版,第839页以下(樋口阳一);伊藤正己著:《宪法》(第三版),1995年版,第421页,被理解为同样的旨趣。

④ 宫泽俊义著(芦部信喜补订):《全订日本国宪法》,1978年版,第343页,认为直接或者间接地拘束国民,对国民赋课负担的也包括在法规之中。但是,却没有论及"间接"的意思。

⑤ 盐野著:《行政法Ⅲ(第五版)行政组织法》,第12页。

⑥ 其具体部分的逻辑构造存在差异。参见佐藤著:《行政组织法》,第141页;室井力著:《行政组织与法》,载室井著:《行政的民主性统制和行政法》,1989年版,第54页;小早川光郎著:《组织规定和立法形式》,载《芦部古稀》(下),第474页。

考虑日本的民主性统治构造。① 这一道理,也是行政组织的构成原理之内在要求。

这也就是说,此处的问题是行政组织形成权的所在,但是,并不存在因为是"行政"的组织,故行政部门具有其形成权的逻辑上的要求。在这种意义上,明治宪法中的官制大权也是宪法层面上的选择,天皇主权曾经是其正当化的支撑。与此相对,在《日本国宪法》下,对明治宪法上的官制大权的废止,不仅仅是法治主义范围的扩大,而且也意味着行政组织形成权的变动。这样来理解,才是求实的态度。

这里还必须注意的是,明治宪法曾经规定了官制大权和任官大权两种权力(第10条)。与此相对,在《日本国宪法》下,关于与任官大权相对应的事项,规定基于国民主权的原理,选任公务员的最终根据在于国民(第15条),并且规定公务员制的基准由法律规定(第73条第4项)。《日本国宪法》没有直接设置关于行政组织形成权的所在及其行使形式的规定,但是,将以前的任官大权所发生的这种民主主义的变化解释为也当然地涉及行政组织形成权,才是自然的。②

此外,在具体的行政作用直接地规范国民的权利义务的场合,需要有法律根据,而在该作用中,行政机关得以法定[行政作用法的机关概念③],故而以下法律的规范范围成为问题的,不仅限于作为处分者的行政机关,而且是关于包括行政活动全体的行政组织体的部分,具体来说就是国家行政组织法上的行政机关(事务分配的行政机关概念④)。

2. 组织规范的现状

关于国家行政组织,制定了《内阁法》《内阁府设置法》《国家行政组织法》和各省设置法等。此外,关于地方公共团体的行政组织,《地方自治法》就基本的组织设置了规定,同时规定了行政组织的条例主义(第158条)。

对此,就国家行政组织而言,可进一步详细地作如下分析:

---

① 盐野著:《行政法Ⅰ(第六版)行政法总论》,第58页以下。
② 关于行政组织和法律的关系,作为对日本的学说状况绵密地进行分析的研究,具有参考意义的是松户浩著:《行政组织与法律的关系——我国学说的检讨》(上)至(下),载《自治研究》第78卷第1号、第4号,2002年。
③ 盐野著:《行政法Ⅲ(第五版)行政组织法》,第17页。
④ 盐野著:《行政法Ⅲ(第五版)行政组织法》,第17页。

(1)《国家行政组织法》及各省设置法本来就规定府、省、委员会、厅的设置及其所掌管事务以法律规定①,同时还规定,作为各省的内部部局而设置的官房、局、科等组织,其中官房、局的设置及其所掌管事务的范围也以法律规定[科(包括室)的设置及其所掌管事务的范围以政令规定]。进而,关于审议会等机关,也规定其设置要以法律规定。②

　　(2)对于这种行政组织法律主义的所谓彻底状态,从很早以前,行政部门就基于组织规制弹性化的要求,提出有必要予以缓和的主张,昭和58年(1983年)进行了《国家行政组织法》及各省设置法的修改。其结果是,在现行法下,府、省、委员会、厅的设置及其所掌管事务的范围由法律规定,而关于内部部局,官房、局及部则成为政令事项③(关于科及准同于科的室,依然和以前一样,以政令规定)。此外,审议会等,除由法律设置以外,依据政令设置也成为可能。④ 以上的主义,在以尝试对国家行政组织法制进行大幅度修改的《中央省厅等改革基本法》⑤为代表的尔后的行政改革法制之下,也基本上没有变化。

　　(3)在各省厅,基于设置法律及设置政令的规定,以及为实施法律和政令,由省令(对于总理府所属机关,则是总理府令)来制定组织规则,如《总务省组织规则》(平成13年1月6日,总务省令第1号)。但是,在这一阶段,仅限于对调查官、企划官等特别的职位及其所掌管事务予以规定,或者对处于政令"室"下位的所谓省令"室"予以规定。关于更加具体的部分,有各省、各厅的长官所规定的关于内部组织的训令,如《总务省内部部局组织规程》(平成13年1月6日,总务省训令第3号)。不过,在这里,也仅限于对科长助理、理事官、主干等特别的职位及其所掌管事务予以规定。关于总厅内组织的最小单位的系(相当于中国的股或者小组——译者注),以局长甚至科长规定的内部规则,才能够明确其所掌管事务。⑥

---

① 《国家行政组织法》第3条。
② 关于这一立法宗旨,参见佐藤著:《行政组织法》,第104页以下。
③ 《国家行政组织法》第7条第1款、第2款、第5款。
④ 《国家行政组织法》第8条、第8条之二。关于以上的立法经过,参见增岛俊之著:《国家行政组织法修改的意义》,载《自治研究》第60卷第2号、第3号,1984年。
⑤ 盐野著:《行政法Ⅲ(第五版)行政组织法》,第47页。
⑥ 例如,《关于行政管理局的系等的设置的规程》,平成13年1月6日,行政管理局长通知。

(4)如上所述,组织规范的全体呈现出法律→政令→省令→训令、通知这样的阶层性构成。在该限度内,与通常的法令构造类似。不过,必须注意的是,组织规范的内容只不过是行政机关的设置及其事务的分工掌管而已,所以,不存在法规命令中委任命令和执行命令的区别。① 在这种情况下,虽然形式上也存在可以将上位规范和下位规范的关系看作委任的部分(《国家行政组织法》和各省组织令。不过,这里还存在是将其看作委任还是决定形式的指定的争论问题),但是,一般地说,下位规范对于上位规范,具有将组织细分化的作用,这也与通常的执行命令和上位法律的关系具有本质的不同。也就是说,将大的单位分割为更加小的单位,是组织规范的上下关系的内容,所以,将其关系称为细目规范是适当的。此外,作为法规命令的省令和训令在本质上是不同的,所以,在那里不存在联结关系;与此相对,在组织规范中则当然地以联结关系为前提,上述内容有时在规定上也得以明确。② 这样看,也不存在行政立法的分类中法规命令和行政规则的区别。③

(5)在内阁官房、内阁府,存在采取与《国家行政组织法》上涉及从设置法到通知这种阶段性构成不同的方式的场合。例如,《内阁法》第12条第2款就内阁官房的掌管事务作出了规定,将其内容与《国家行政组织法》的该当内容进行比较的话,范围是极其广泛的。关于为了具体化的组织,也存在将《中央省厅等改革基本法》作为设置根据的事例,如行政改革推进本部的设置(内阁会议决定④)→行政改革推进本部事务局的设置(规则、内阁总理大臣决定⑤)→全世代型社会保障检讨会议的召开(内阁总理大臣裁决⑥)→全世代型社会保障检讨会议检讨室的设置(规则、内阁总理大臣决定⑦)这种方式,进而,关于一亿总活跃推进室,则仅规定了关于设置的规则(内阁总理大臣决定⑧)。此外,《内阁府设置法》就内阁

---

① 盐野著:《行政法Ⅰ(第六版)行政法总论》,第78页。
② 《财务省组织规程》第571条规定:"除本省令规定的以外,关于事务分工掌管及其他组织的细目……各局长……规定。"
③ 盐野著:《行政法Ⅰ(第六版)行政法总论》,第76页。
④ 平成25年1月29日。
⑤ 平成25年。
⑥ 令和元年9月18日。
⑦ 令和元年9月18日。
⑧ 平成27年10月13日。

府的掌管事务作出了规定(第4条),在其事务的范围内,作为组织的地方分权改革推进本部由内阁会议决定①设置,地方分权改革推进室由内阁府训令②设置。

3. 探讨

前面所考察的《国家行政组织法》上的组织规范的现状,姑且可以说与法治主义说、法规概念扩张说、民主性统治构造说的任一种学说都是相对应的。但是,仔细地分析,可以指出如下几点:

(1)无论采取哪种学说,都没有否定细目规范的制定。但是,作为范畴的法规制定权本来是国会的权限,若采用将其权限委任给下位的形式这种法治主义说、法规概念扩张说,就无法有机地说明组织规范中从法律到最下位规范的连续性关系。

组织规程(省令)以下的形式,并没有采取作为其各自的上位规范的细目规范的委任形式,这表明:行政权不是国会委任的,而是作为自己的组织形成权的内部事项予以规定的,这种共识得以成立。这种现行的行政组织形成权的存在方式,以法规概念扩张说来说明是有困难的。与此相对,只要依据民主性统治构造说,国会的关注强度便基于国会自己作出的规定,这是最为基本的,关于系、室的设置及事务分工掌管,可以视为在国会的关注范围之外,并且,这也不会构成国会的义务违反。③

(2)关于组织规范与法律根据,在日本,现实中成为问题的是:在以下位的形式制定组织规范(细目规范)为当然前提的基础上,应以法律的形式规定至什么程度?此时,是否存在宪法上的界限?反过来说,无论法律规定至何种程度,都不会产生立法权对行政权侵害这种意义上的宪法违反问题吗?

即使在一般的委任立法中,日本法也没有就这一点提出具体的判断基准。抽象地说,应根据行政权和法律的法规创造力的关系来判断。换

---

① 平成25年3月8日。

② 平成25年1月11日。

③ 参见以下第(2)点。认为昭和58年(1983年)的弹性化措施不适合于民主主义的理念而予以批判是可能的。不过,必须注意的是,1983年修改前的制度可以说广泛地规定了法律事项的范围,这也可以说是战后民主主义的体现。的确,1983年对《国家行政组织法》的修改,从民主主义的理念来看,是一种倒退。但是,从行政组织法的独特性的角度来看,并不能因此说是君主主义的行政组织法原理的复活。

言之,国会委任其法规制定权,不得采取实质上要通过行政权才能形成私人的权利和义务的形式。① 与此相对,从组织规范的现状来看,并没有形成如此形态的金字塔体系。在这种意义上,如果基于法规概念扩张说的话,也可以说现状是违反宪法的。但是,关于国会所拥有的行政组织形成权,能否论述在这种意义上的宪法上的界限,则成为需要探讨的问题。即主要的问题不是私人的自由及财产对国家权力特别是行政权的防御,而是行政组织的民主性控制问题。这样一来,即使抽象地制定以法律确定规范界限的基准,也都是困难的。换言之,重要的是行政组织形成权被保留给国会,关于该权力如何行使,国会只要以民主性程序来规定即可。我认为,这种立论似乎也是可能的。当然,鉴于放弃其保留权是宪法所不承认的,关于行政组织的基本构造(府、省、厅、委员会的设置及事务分工掌管的规定)和内部部局的基本构成单位(官房、局、部、科、室),是应该依据法律的规定以政令规定的。所以,可以解释为现行法制就是限度。②

另外,关于设置于内阁官房、内阁府的本部、室等③,鉴于内阁官房、内阁府中室等的设置方式与当时的政权、内阁的施策密切相关,是具有省厅横向贯穿性质的组织,对其无限制的扩大之讨论另当别论④,单就跟《国家行政组织法》上的一般组织规范在同一层级上进行讨论,似乎被认为是不适切的。

(3)这样一来,一旦通过下位规范规定的范围大幅度地增加,关于其权限行使的控制必要性也就成为需要探讨的问题。相关问题在一般的委

---

① 盐野著:《行政法Ⅰ(第六版)行政法总论》,第79页。
② 佐藤著:《行政组织法》,第141页,鉴于根据《日本国宪法》第66条第1款、第74条,国务大臣分别主管分担某种行政事务,认为至少省级应该以法律规定。与此相对,小早川光郎著:《组织规定和立法形式》,载《芦部古稀》(下),第474页,则认为"什么是行政的任务,什么不是行政的任务",应该根据法律确定。但是,以前者的见解不能把握行政委员会这一现代的重要组织原理;而后者的见解,则存在如何理解《总务省设置法》关于该省所掌管事务"不属于其他行政机关所掌管的事务"的规定的问题(该法第4条第1款第96项)。假定认为这是违宪的,要适应复杂多变的行政需要,也必须设置与此相同的概括性所掌管事务的范畴。

在美国,当初人们认为,在宪法上,行政组织编成权被授予联邦议会,但是,实际上其详细内容却是由总统所规定的。关于其历史性过程,参见间田穆著:《美国的行政组织编成权限序说》,载《室井古历》,第268页以下。在德国,在制度性保留理论之下,人们对组织规范和法律根据的问题展开了论述。关于这一点,参见大桥洋一著:《制度性保留理论的构造分析》,载《金子古稀》(下),第239页以下。

③ 参见盐野著:《行政法Ⅲ(第五版)行政组织法》,第11页第(5)点。
④ 盐野著:《行政法Ⅲ(第五版)行政组织法》,第41页。

任立法中也同样产生,即关于与国民的权利、利益相关的法规是否超出了委任的范围,其控制的方法主要是通过司法程序进行。① 与此相对,在这里所关心的问题是,是否形成了为公正、有效地推行根据法律赋予府、省等所掌管事务所必需的内部组织,因而对该组织进行控制的主体是国会,并且,目前的方法是确切地收集信息等保障。向国会报告组织状况的制度(《国家行政组织法》第 25 条),我认为正是对应此要求的举措。②

三、组织规范的特殊性质

关于组织规范,其裁判规范的性质成为需要研讨的问题,"一般地说,行政组织法以法律(或者)条例的形式来规定,并不直接意味着关于行政组织内部关系的法解释上的疑义及纠纷,当然地应该接受司法审查"③。行政争讼中的机关争讼的观念④,可以说正是此种教条性制度的体现。但是,难道真的可以一般地剥夺组织规范的裁判规范性质吗?下面将指出此问题的要点:

(一)在围绕组织规范的纠纷仅限于行政主体内部的情况下,其处理作为机关诉讼来对待。例如,关于某种行业中的个人信息保护是 A 省还是 B 省所掌管事务的问题,在两个省之间发生权限争议的情况下,在现行法下,只要不存在有关机关诉讼的特别规定,就不能向法院起诉以解决问题。在国家的高级领导阶层,对于这种情况,一般试图通过内阁总理大臣的权限疑义的裁定来解决。⑤

此外,省、厅间的权限争议或者局和局间的权限争议,的确不能在法院解决,但是,在该纠纷中的当事人主张完全是法律性争论,并且,时常由于其立论的说服力较强而可以解决纠纷。在这种意义上,与称为法的概念定义也有关系,如果将重点置于解决纠纷时当事人的主张方式的话,则可以认为:组织法确实是法。

---

① 盐野著:《行政法Ⅰ(第六版)行政法总论》,第 79 页以下。
② 通过平成 17 年的修改,在《行政程序法》中规定了关于行政立法制定程序的意见公募程序(该法第六章),但是,关于行政组织的行政立法被排除出适用范围(该法第 4 条第 4 款第 1 项)。盐野著:《行政法Ⅰ(第六版)行政法总论》,第 261 页。
③ 田中著:《行政法》(中),第 15 页。
④ 盐野著:《行政法Ⅱ(第六版)行政救济法》,第 219 页以下。
⑤ 《内阁法》第 7 条。

(二)但是,组织规范在和国民的关系上具有外部效果的事例绝不是少数。具有行使行政处分权限的行政厅作出土地管辖的规定是组织规范,而对某处分合法性的控制当然也涉及该行政厅是否具有土地管辖权,当其欠缺该权限时,作为无权限的行政行为,便产生无效的问题。例如,关于小石川税务署的管辖区域,即使本乡税务署征了税,小石川税务署长以本乡税务署长为被告向法院提起诉讼是不被承认的。① 但是,在私人方面,以本乡税务署长的更正处分违反土地管辖的规定,属于无权限为理由,则可以提起更正处分的撤销诉讼,甚至可以提起无效确认诉讼。

此外,行政指导必须在其所掌管事务的范围内进行。② 从行政指导的性质来看,因其超出范围而在裁判上引起争议的比较少。但是,也并不是说不存在作为裁判规范而发挥作用的情况。在和行政指导的关系上,内阁总理大臣的职务权限的范围成为裁判上问题的事例,有所谓洛基路德案件。③ 进而,在关于公务员的业务上过失致死伤罪的适用之际,组织规范规定的所掌管事务的范围及内容也被赋予了意义。④

(三)与上面主要考察的关于行政机关的设置及其掌管事务的组织规范不同,有关行政主体内部的行政机关相互关系(监督关系、协议关系、咨询关系等)的规范,也构成组织规范的一部分。这些规范有时作为行政官厅法通则上的法理⑤而存在,但也存在像协议程序⑥、咨询程序⑦那样在行政作用法中予以规定的情形。

在这种情况下,当纠纷仅存在于行政机关相互之间时,该纠纷原则上被作为内部性纠纷来处理。

但是,违反组织规范有时与私人的权利和利益也有关系。此时,组织规范往往也作为裁判规范而发挥作用。例如,关于咨询程序及协议的瑕

---

① 参见前述(一)。
② 《行政程序法》第2条第6项、第32条。盐野著:《行政法Ⅰ(第六版)行政法总论》,第171页。
③ 此外,参见盐野著:《行政法Ⅲ(第五版)行政组织法》,第50页。
④ 盐野著:《行政法Ⅲ(第五版)行政组织法》,第296页。
⑤ 盐野著:《行政法Ⅲ(第五版)行政组织法》,第24页。
⑥ 《河川法》第35条。
⑦ 《电波法》第99条之十一。

疵,有时则构成处分的违法。①

（四）行政主体间的规范也可以作为行政组织关系纳入组织规范,但是,并不能当然地否定其裁判规范性。国家和地方公共团体的纠纷,在许多情况下是以国家对地方公共团体自治权侵害的形式出现的,所以,此时的地方公共团体可以以自己的权利被侵害为理由而利用裁判程序。② 国家和公库、公团等特殊法人之间的纠纷也是一样,其是否也可以一般地作为机关关系的一种类型来把握,则是必须进行探讨的问题。③

（五）从以上所考察的内容来看,在组织规范中存在不能成为裁判规范的情形这种意义上,可以反映出这些组织规范相对于一般的行政作用法的特色。但是,并不能因此而断定组织规范本来就不是裁判规范,而是需要对之予以个别审查。

第二节 行政机关——概念

一、两种行政机关

由于行政组织法是规范行政机关的存在方式及其相互关系的法,所以,行政机关是行政组织法上的基础概念之一。

关于如何构成这一概念,以及如何规定其单位,虽然说并不存在普遍性的规则,但是,大体说来可以分为如下两大类型：

其一,以行政机关和私人的关系即外部关系为基准来把握的行政机关。在这种情况下也存在各种各样的方法,作为其中之一可以考虑的是,将行使行政作用法上的颁发执照、许可等对外权限的机关作为核心的行政机关来定位,而将辅助这些机关的机关等,配置于其周围。从分类基准来看,这是行政作用法的机关概念,从其形态上也可以说是放射性机关概念。

---

① 在判断协议程序、咨询程序的外部效果时,也有必要对程序中存在基于法律委任的情况和不基于法律委任的情况分别予以考虑［参见小早川光郎著：《组织规定和立法形式》,载《芦部古稀》（下）,第497页以下；小早川光郎著：《行政内部程序和外部法关系》,载兼子仁、矾部力编：《程序法的行政法学的理论》,1995年版,第106页以下］。

② 盐野著：《行政法Ⅲ（第五版）行政组织法》,第218页。

③ 盐野著：《行政法Ⅲ（第五版）行政组织法》,第100页以下。

其二，不管行政机关的行动是否直接针对私人，以其所承担的事务（例如，外交、财政、通信等）为单位来把握的类型。所以，从分类基准来看，这是事务分配性机关概念。此时，某种事务还可以进一步细分，从最大的事务单位至最小的事务单位，顺次产生概括性关系，因此，从其形态来看，在与前述放射性机关概念相对应的意义上，这可以称为概括性机关概念。

这两种行政机关概念，是分别在不同的观点下形成的。另外，在制定法上也存在并不一定得以明确区分的情形。因此，下面我们将对各个行政机关概念予以分析，然后就两者的关系作若干说明。[①]

二、行政作用法的机关概念——基于行政官厅法理的机关概念

（一）含义

行政作用法的机关概念，是在明治宪法时代的日本行政法学中展开的概念，置于其核心的是作为国家行政机关的行政官厅。所谓行政官厅，是指关于行政"被赋予决定国家意思，并能够将其向人民表示之权能的国家机关"。[②] 以此为中心，在其周围配置辅助机关（内部部局）、咨询机关、执行机关。[③] 在这一点上，可以说行政作用法的机关概念是外部关系上的概念，同时也是极其形式性的范畴。之所以说是形式性的，是因为其并不关心行政官厅作出意思决定的内部过程。

行政作用法的机关概念，是与行政法学的构成相关的，并且，以前在明治宪法下，并不存在就该概念予以规定的特别法律。不过，不仅行政诉讼法、个别作用法，而且各省官制通则（敕令）也为这一理论提供了支撑的素材。[④]

在《日本国宪法》之下，在有关国家行政组织的制定法层面，这样的行政机关概念没有得以明确。应该说，规定国家行政组织基本框架的《国

[①] 关于这两种行政机关概念，从前，稻叶馨著：《行政组织的法理论》，1994年版，第259页以下（初版1991年）。关于其后的学说状况，参见木藤茂著：《行政机关与行政厅》，载《行政法的争点》，第172页以下。

[②] 美浓部著：《日本行政法》（上），第373页。

[③] 即便在《日本国宪法》之下，田中著：《行政法》（中），第29页以下；柳濑著：《行政法教科书》，第31页以下，基本上也采取了这种观点。

[④] 参见稻叶馨著：《行政组织的法理论》，1994年版，第218页以下。不过，松户浩著：《行政官厅理论》，载《法学》第81卷第6号，2018年，第279页以下，行政作用法的机关概念，被整理归入于官制通则之前出现。

家行政组织法》采用了事务分配性机关概念。① 但是,在规范与私人关系的个别作用法中,通常依然设置以行政官厅的机关概念为前提的规定。例如,《国税通则法》第 24 条规定:"税务署长,……基于其调查,更正与该申报书有关的课税标准等或者税额等。"在这种情况下,税务署长确实是将国家所拥有的租税债权(反过来讲,是纳税人所承担的租税债务)予以确定,属于行政官厅法理中的行政官厅。税务署长以外的税务职员则是辅助机关。根据《电波法》第 4 条的规定,拟开设广播电台等无线电台者,"必须获得总务大臣(颁发)的营业执照"。在这种情况下,总务大臣在决定发给营业执照这一国家意思并向外部表示这种意义上,属于行政官厅。此时,总务大臣必须向电波监理审议会咨询,该审议会在与行政官厅的关系上则属于咨询机关。

实际上,在行政过程论②及行政救济论③中,经常使用行政厅这一概念④,但是,从组织法上来看,只要是国家的机关,就是与行政官厅相对应的。在行政作用法领域中,即使现在,通常也是以行政官厅概念来把握行政机关的。

进而,关于地方公共团体的组织,《地方自治法》规定了基本的组织原理。在这里必须注意的是,地方公共团体的组织法和《国家行政组织法》不同,其中存在可以视为基于行政官厅的机关概念来架构的情形,即并非行政官厅的机关概念在制定法上根本没有得到体现。具体说来,在《地方自治法》上,存在执行机关的观念⑤,其中除知事、市町村长以外,还包括委员会或者委员。这里面虽然也存在像监查委员那样基本上是承担内部性事务的情形,但是,无论如何,在这里,是以决定并向外部表示该地方公共团体意思的机关为基础性单位的,而没有采取以事务为单位的概括性机关概念。进而,伴随行政官厅概念的辅助机关的观念在《地方自治法》上得以从正面采用,其包括副知事以下的职员(第 161 条、第 175 条)。

---

① 盐野著:《行政法Ⅲ(第五版)行政组织法》,第 17 页。
② 盐野著:《行政法Ⅰ(第六版)行政法总论》。
③ 盐野著:《行政法Ⅱ(第六版)行政救济法》。
④ 例如,盐野著:《行政法Ⅰ(第六版)行政法总论》,第 92 页、第 108 页,第 193 页;盐野著:《行政法Ⅱ(第六版)行政救济法》,第 6 页、第 70 页、第 157 页。
⑤ 盐野著:《行政法Ⅲ(第五版)行政组织法》,第 173 页"执行机关"。

(二)作用

在明治宪法时代构成的行政官厅概念及以其为核心的行政官厅法理,着眼于对行政机关外部行使权限的单位。这与以法治国乃至法治主义为基础的当时的行政法学说所关心的问题是相对应的。也就是说,在这里,重点在于对国家权力的行使进行法的控制。鉴于在作用法、救济法中活动的单位是被作为行政官厅(以及在行使实力时是执行机关)来把握的,在行政组织法领域中原封不动地进行投影便是自然的了。立足于这种见解的行政官厅法理,完全是将由行政官厅以外的组织来行使行政官厅所行使的基于法律所赋予的权限,特别是作为法的行为形式而发布行政行为的权限的容许性及其法的存在方式,作为问题来研究的。① 这反映了行政法的一般理论是以作为法的行为形式的行政行为为中心而构成这一现实。

当然,从行政官厅意思决定的实际形成过程来看,即使建立如此的行政机关概念,也并不是说大臣或者署长包揽整个过程。通常大部分过程由辅助机关进行。有的情况下,只不过是由行政官厅盖章,甚至连盖章也是由辅助机关进行(专决)。② 在这种意义上,行政官厅概念是在一种虚构(fiction)的基础上成立的。进而,行政官厅法上的机关概念,由于是以国家意思从法律上对外部表示的情形为基础的,所以,不属于法的行为形式的行政指导等在组织法上应该如何把握的问题,不是目前所关心的事项。③ 这也可以说,行政官厅上的行政机关概念,是作用法领域中的市民性法治国概念在组织法上的体现。

关于行政官厅的机关概念,存在如上所述的界限。不过,必须注意的是,在该概念之下所构成的行政官厅法理,虽然至今尚没有得以制度化,但是,它却支配着行政实务,有时甚至在法院的判决中也得以从内容上被采用,在这种意义上,其具有作为实定法而发挥作用的一面。

---

① 详细情况,参见盐野著:《行政法Ⅲ(第五版)行政组织法》,第25页以下。
② 盐野著:《行政法Ⅲ(第五版)行政组织法》,第29页。
③ 关于行政指导中的行政机关概念,参见盐野著:《行政法Ⅲ(第五版)行政组织法》,第23页。

三、事务分配性机关概念——基于《国家行政组织法》的行政机关概念

（一）含义

事务分配性机关概念也是作为理论模式而具有意义。在现行法制下，这也是被《国家行政组织法》①所采用的制定法上的行政机关概念。《国组法》是规定内阁统辖下的内阁府以外的行政机关的组织基准的法律（第1条）。该法规定，省、委员会及厅是国家的行政机关（第3条）。这些行政机关是以其所处理事务为单位而构成的，这从如下规定可以清楚地看出，"省，作为在内阁统辖之下……掌管行政事务的机关而设置，委员会及厅，在省之中，作为其外局而设置"（第3条第3款）。与此相对应，在基于《国组法》而制定的各省设置法（如《法务省设置法》《财务省设置法》等）之中，都列举了各省所掌管的事务。不过，委员会的机关概念性质是不同的。②《内阁府设置法》③所规定的行政机关，也被理解为是依据事务分配性机关概念来架构的。④

在《国组法》上被称为行政机关的，如前所述，被限定于省、委员会及厅，而设置于省等内部的机关，如官房、局、部、科、室等，在法律上是内部部局（第7条）。但是，基于这一点并不能认为《国组法》的宗旨在于否定除此以外的组织的行政机关性。从这一点来看，《国组法》预定设置的附属机关⑤、地方支分部局（第9条）、内部部局，也分别是以事务为单位的行政机关，可以认为其和省处于包容关系。于是，若要表示最为单纯的包容关系的话，则是省→局→科→系。进而，最小的单位是职位。《国组法》也是以职位的观念为前提的。⑥ 在行政官厅法理中被作为行政官厅典型的各省大臣，在事务分配性机关概念之下，则被作为各省的首长来定位。⑦

---

① 昭和23年法律第120号。以下简称为《国组法》。
② 盐野著：《行政法Ⅲ（第五版）行政组织法》，第61页。
③ 平成11年法律第89号。以下简称《内府法》。
④ 参见《内府法》第5条。稻叶馨著：《行政组织的再编和设置法、所掌管事务以及权限规定》，载《法学者》第1161号，1999年，第117页，亦采取了同样观点。
⑤ 《国组法》第8条、第8条之二、第8条之三。
⑥ 《国组法》第18条第3款、第4款、第20条。此外，参见《国家公务员法》第2条。
⑦ 《国组法》第5条。

《地方自治法》也并不是完全不存在事务分配性机关概念,在称为"保健所、警察署及其他行政机关"(第 156 条第 1 款)情况下的行政机关,被解释为是属于事务分配性机关概念的。

(二)作用

事务分配性机关概念所关心的问题不在于该机关的对外行为,而是将行政主体所进行的公行政全部置于视野之中,着眼于这些事务是如何有秩序地分配给各个行政机关的。例如,就环境行政而言,既有自然环境保护的问题,又有都市环境的问题。因此,政府要合理地推行这些事务,便需要环境行政的系统化。此外,实际上保护环境,不应该限定于以前那种国家意思对外部行使的禁止、命令、许可等手段,而应该利用行政上的契约、计划的制定、行政指导等多种多样的行政的行为形式来实施环境行政。事务分配性机关概念,将政府所承担的这些行政课题或者行政事务,不分外部关系或内部关系,作为整体来把握,所关心的是这些事务被分配给什么机关。并且,在与外部的关系上,以法的行为形式为中心的行政官厅法理无法准确把握的计划、行政指导等行政的行为形式,在概括性机关概念中,这些行为形式可以作为不限于对法的行为形式的单纯补充来定位。换言之,在行政官厅法理中,在与行政官厅的关系上来把握的辅助机关、咨询机关等,也成为具有独自存在意义的机关。

总而言之,与行政官厅法的机关概念曾经是虚构(fiction)的相对,可以说,事务分配性机关概念更加符合现实的认识并表现了从事行政活动的组织的存在方式。

四、两种机关概念的关系

行政作用法的机关概念和事务分配性机关概念,两者是观点各不相同的概念,在现行法下,两者并存这件事本身并不是人们批判的对象。不过,我认为,在行政法的解释或者立法中,有必要将这两种行政机关概念的区别及关系予以厘清。从这种见解出发,兼作总结,这里特指出如下几点:

(一)两种行政机关概念,作为分类基准,可以分别作为对外性权限行使的单位和事务分配的单位来进行区分。从作用上看,可以说,行政官厅法上的机关概念是更具法律性的概念,而事务分配性机关概念则是更具行政政策性的概念。

(二)那么,是不是说这两种概念是作为毫无关系的不同概念而存在于实定法之中呢? 并非如此。也就是说,在具体的行政法上的关系中,只要看一下行政作用法就可以大致特别确定行政官厅。许多法律都具体地指定了具有决定国家意思并向外部表示权限的机关,即行政官厅。例如,《出入国管理及难民认定法》设置了外国人滞留期间更新的制度,并明确规定,此时具有许可权限的是法务大臣(第21条第3款)。但是,法务大臣是什么? 从行政官厅法理中并不能推导出对此的回答。这里所说的法务大臣,通过基于事务分配性机关概念的《国组法》及《法务省设置法》,才能够在法律上得以特定。此外,在由复数的省负责实施的法律的场合,出现了在法律的本则中仅规定"主务大臣",或者在杂则中个别地规定主务大臣①,或者将其规定委任给政令②的事例,结果是根据《国组法》,主务大臣被同样规定的事实没有改变。

行政官厅法理中辅助机关的观念③也是一样,具体而言,也不得不使用《国组法》所规定的行政机关概念。

在这种意义上,现行法制上的行政官厅概念不是自足性的存在,具有依存于基于事务分配性机关概念的制定法的《内府法》《国组法》及各省设置法的一面。这也表明若没有《国组法》,行政官厅法通则④在现实中便不能发挥作用。

(三)关于个别作用法上没有根据的(或者不需要法律根据的)对外权限的行使,例如,有关补助金的交付决定,被解释为限于行政官厅的事项性权限的范围,现在这也是由各省设置法所规定的。

(四)《行政不服审查法》的"处分厅""最上级行政厅"的观念⑤,被解释为是以行政官厅法上的下级、上级官厅关系为前提的。此时,上级、下级的关系,通过《国组法》的系统(大臣→支分部局的首长)来判断。

(五)行政作用法的领域也不是以行政官厅的机关概念来统一的。制定法有时为了谋求行政官厅行使权限的公正,对"和相关行政机关首长

---

① 《消费生活用制品安全法》第54条、《关于特定商交易的法律》第67条。
② 《外汇及外国贸易法》第69条之二。
③ 盐野著:《行政法Ⅲ(第五版)行政组织法》,第35页。
④ 盐野著:《行政法Ⅲ(第五版)行政组织法》,第24页。
⑤ 盐野著:《行政法Ⅱ(第六版)行政救济法》,第15页。

的协议"①作出了规定,这种情况下的"行政机关首长"的概念,是以《国组法》为前提的。行政作用法上,有时就事务分配性机关相互间的协力设置了规定。② 此外,《行政程序法》是规范和国民的关系中的行政程序,即对外行政活动的法律,所以,基本上是根据行政官厅概念来设置规定的。但是,关于事实行为且是行政官厅以外的机关进行的行政指导,则使用了《国组法》上的机关概念。③

(六)即使在组织法的层面,也存在像《地方自治法》那样使用行政官厅的机关概念和事务分配性机关概念两种意义上的概念的事例。④

(七)在像信息公开法那样涉及组织法和作用法两方面的法律中,有时以《国组法》上的行政机关概念对全体进行统一规范。当然,即使在这种情况下,关于具体的对外权限(例如,行政文件的公开、不公开的决定)的行使,规定由"行政机关首长"进行,这实质上采取了和行政官厅法理同样的处理。

(八)如上面所考察的,立法当局并没有在理论归纳整理的基础上从制定法上严格地区分使用这两种概念。此外,关于两者的关系,制定法上没有进行整理。在这种意义上,似乎也存在立法技术上的问题。不过,关于行政机关的概念,至少在分类上有两种概念且各自发挥不同的作用,而实定法上却并没有将二者完全区分开来。我认为,这样来认识,不仅对理解行政组织法是必要的,而且对理解行政作用法也是必要的。⑤

---

① 《河川法》第35条、《自然环境保全法》第43条。
② 《出入国管理及难民认定法》第61条之八。
③ 《行政程序法》第2条第5项。当然,该项所说的行政机关,包括:(1)立足于事务分配性机关概念的《国组法》上的机关;(2)基于行政官厅法理的《地方自治法》上的机关。
④ 盐野著:《行政法Ⅲ(第五版)行政组织法》,第18页、第19页。
⑤ 在本书中将两种行政机关概念作为功能性分类来把握,而有的学说则试图从理论上进行统一把握(参见木藤茂著:《围绕两种"行政机关"概念与行政责任的相互关系的一点考察》,载《行政法研究》第2号,2013年,第37页以下)。作为其事例之一,长富祐一郎著:《行政机关概念的采用(四)》,载《自治研究》第39卷第12号,1963年,第75页以下,试图统一地从理论上把握行政组织法(基于事务分配性机关概念)和行政实体法(基于行政作用法的机关概念),将行政组织体分为第一次机关和第二次机关。这是令人感兴趣的研究,并且也具有启发性。但是,本来这两种行政机关概念的构思是不同的,并且立法实务中也是采取权宜性对策,所以,我认为,在现行法制下,勉强进行统一性把握,反而会妨碍正确理解。

此外,森田宽二著:《行政机关和内阁府》,第57页以下,在对本书中的两种行政(转下页)

(九)有时人们作如下说明:行政官厅的机关概念源于德国法,事务分配性机关概念源于美国法。① 明治宪法时代的日本行政法学以德国行政法学为典范,行政组织法也是一样,同时也适用于行政官厅法理的形成。但是,德国行政法学中的行政机关概念,也并不是以日本所说的行政官厅的观念来进行首尾一贯的架构的。另外,《国家行政组织法》是美国占领期制定的法律,当时可以说受到了美国法的重大影响。但是,必须注意的是,日本明治时期的行政法学也并不是完全不知道事务分配性机关这个概念的。②

第三节 行政机关通则

一、引言

行政机关,无论根据哪种模式,都是行政主体现实上推行行政时的单位。因此,在行政组织法论上,这些机关的存在方式及相互的关系,便成为需要探讨的问题。此时,行政作用法的机关概念和事务分配性机关概念,既有共通的内容,又各自具有独自的问题意识。特别是在行政官厅的机关概念之下所构成的行政官厅法理,确实是以有关行政官厅相互间的关系的基本原则为内容的。③ 因此,下面我们将首先考察在行政官厅法理之下形成的所谓行政官厅法通则,然后探讨在事务分

(接上页)机关概念进行批判性分析之后,指出,现行《国家行政组织法》上的行政机关的概念,是着眼于"具有作为在内阁的统辖之下的组织的事务之本源性、准本源性的承受体资格的名义"而构成的概念,而讲学上的行政机关的概念,是着眼于"具有作为行政主体的事务的最终性的承受体资格的名义"而构成的概念。本书中的两种行政机关概念,如正文中所阐述,虽然在理论上是可能的概念,但是,从概念构成的过程来看的话,那是以行政官厅法理和《国组法》为前提进行理论化的概念。所以,这种概念并不具有将作为上位概念的行政机关概念毫无遗漏地进行二分化并加以整理的性质。在这种意义上,与森田论文关于行政机关的概念构成存在不同之处。

① 佐藤著:《行政组织法》,第45页以下、第54页以下;长富祐一郎著:《行政机关概念的采用(一)》,载《自治研究》第39卷第2号,1963年,第55页以下。
② 关于以上的内容,稻叶馨著:《行政组织的法理论》,1994年版,第206页以下;小林博志著:《行政组织和行政诉讼》,2000年版,第1页以下,都有详细的叙述。
③ 代表事例,有美浓部著:《日本行政法》(上),第373页以下。包括学说史在内的详细情况,参见稻叶馨著:《行政组织的法理论》,1994年版,第206页以下。

配性机关概念之下的行政机关关系中应该注意的几个问题。①

此外,在现行法上,并非已经制定了作为行政官厅法通则的法典,并且,关于其内容也并不是没有争议。但是,行政实务基本上是依据这些原则而运作的。而且,我们必须注意到,即使在稀有出现的判例中,也存在可以看出其与行政官厅法通则有关的方面。

二、行政机关关系(1)——于行政官厅法通则中

(一)行政官厅的概念

行政官厅,是指决定国家意思并向外部表示的行政机关。在这种情况下,以前是将国家作为形式意义来考虑的,所以,当包括地方公共团体的意思时,约定使用"行政厅"这一用语,和行政作用法上的"行政厅"的用语方法不一样。但是,下面有关行政官厅的论述,是对一般行政厅都适用的。具体地说,有如下问题要点:

1. 关于行政官厅的概念,以前曾经有过是否对其承认法人资格的概念论争②,而现在这种论争却被作为没有实际利益的问题,很少有人再予以争论。

2. 行政官厅通常为大臣等独任制(也称为单独制)。不过,即使在明治宪法时代,也曾存在土地收用委员会那样的合议制的行政官厅。战后,通过行政委员会③制度,合议制的行政官厅得以广泛采用。

3. 在具体情况下特定行政官厅,即将作用法上的行政厅适用于《国组法》或者《地方自治法》的机关。④ 例如,基于《电波法》颁发广播电台执照这一国家意思的决定权者是总务大臣(该法第12条),该总务大臣由《国组法》及《总务省设置法》所特别规定。此外,与基于《都市计划法》的地域地区有关的都市计划决定原则上由市町村作出(该法第15条),而市町村的概念是基于《地方自治法》的规定来确定的,在该市町村中作出《都市

---

① 还有一种方法,是根据事务分配性机关概念,统一地对行政机关的关系进行整理的方法(佐藤著:《行政组织法》,第227页以下;远藤文夫著:《行政机关相互的关系》,载《行政法大系7》,第159页以下,也作了同样宗旨的解释)。但是,两种行政机关概念的观点各不相同,即使在机关相互的关系中,也存在不能完全相重合的部分,所以,在本书中暂且区分为两种概念,分别进行了叙述。

② 参见佐藤著:《行政组织法》,第49页以下。

③ 盐野著:《行政法Ⅲ(第五版)行政组织法》,第63页。

④ 盐野著:《行政法Ⅲ(第五版)行政组织法》,第22页。

计划法》上的地域地区决定的,则是《地方自治法》上规定为执行机关的市町村长。

(二)权限的边界

行政官厅的权限范围,当有关权限的行使存在法律的根据时,限于该根据法律所规定事项的范围。即使在不需要作用法上的法律根据的情况下,也必须是组织规范规定的所掌管事务的范围内。其所掌管事务的范围,在国家层面,以各省设置法规定;在地方公共团体层面,由《地方自治法》及条例规定。

所以,无论认为体育的振兴在教育行政上是多么重要的措施,财务大臣也不能对此作出补助金的交付决定。此外,关于大臣,虽然说一般不会产生土地管辖的观念,但是,如税务署长等,有时其权限所涉及的范围受到限定。关于行政官厅法理,有人指出其分为对人的权限边界和形式性权限边界(省令形式的行为只限于大臣)。违反这些划定权限边界的规范的行为,在行政行为的情况下,则构成主体的瑕疵。当这是民法上的行为时,则产生无权利根据的问题。

(三)权限的代理和委任

行政官厅的权限,特别是侵害性处分权限,根据法律保留的原则,是根据法律被赋予的,所以,该权限由行政官厅自己行使,是依法律行政的原则所要求的。但是,由于实际上的必要性,有时该权限也让他人行使。以让他人行使该权限为目的的法技术,有称为权限的代理的方法和称为委任的方法两种。此外,实际上使用称为专决、代决的手段的情况也较多。

1. 代理

关于代理,《民法》上有规定(第99条以下),这些规定在行政官厅法理中也被作为一般性规定而使用。此时与在《民法》上一样,分为授权代理和法定代理。并且,法定代理又分为两种,即在具备一定要件(例如行政官厅发生事故时,或者欠缺时)的情况下通过称为指定的行为而产生的指定代理①;满足了法定要件便当然地产生代理关系的狭义的法定代理②。这种情况下所说的事故,除疾病外,海外出差是实务上的典型

---

① 有时指定是事先进行的。参见《内阁法》第9条、第10条,《地方自治法》第152条第2款、第3款。

② 参见《地方自治法》第152条第1款。

事例。

代理人的行为具有作为被代理人的行为的效果,这一点,授权代理和法定代理等任何一种代理都是一样的。但是,有必要注意如下几点:

(1)关于与法律根据的关系,狭义的法定代理在概念上是以有法律规定为前提的。就指定代理而言,虽然说有时也存在法律的规定(前述),但是,在实务上,即使没有特别的法律根据也被承认。其制度性根据,在于代理的指定行为属于任命权。①

关于授权代理,不需要法律根据(通说)。这是因为,被代理官厅依然有指挥监督权②,责任归属于被代理官厅,所以,被解释为不会与授予了权限的法律之宗旨构成从正面的对立。③

成为代理官厅的,通常是辅助机关,但是,从概念上讲并不限于此。不过,关于公权力的行使,只要没有明文规定的根据,一般认为限定于《国组法》《地方自治法》等所规定的形式性意义的行政机关。

(2)关于代理权的范围,授权代理在授权时便予以明确。与此相对,法定代理的代理权范围是否涉及被代理官厅权限的全部,则成为需要探讨的问题。在极端的情况下,有内阁总理大臣海外访问期间(这在实务上最多),临时的内阁总理大臣能否行使众议院解散权或者各大臣罢免权的问题。此外,还有甲大臣外出期间,作为其代理的乙大臣能否更替事务次官的问题。对此,一般的做法是根据是不是一身专属性的权限来进行判断,但是,具体的情况下什么是一身专属性的权限,有时却是令人怀疑的。并且,随着通信媒体的发达,是否每次外出都有必要设置临时代理,也成为需要探讨的问题。关于授权代理,在实质上也是一样,例如,关于一身专属性的行为是否可以通过授权的形式来实施,成为需要探讨的问题。

(3)在进行代理的情况下,和在《民法》上一样,原则上要表示是代理(显名主义)。关于表见代理的法制度的适用,我认为,从与依法律行政的原理的关系来看,该制度不能适用于行政官厅法理作为通常前提的公权力的行使情况。在特别需要对相对人予以信赖保护的情况下,我认

---

① 参见菊井康郎著:《权限的委任代理》,载《行政法讲座》(第4卷),第144页。
② 盐野著:《行政法Ⅲ(第五版)行政组织法》,第34页。
③ 相反的见解,参见菊井康郎著:《权限的委任代理》,载《行政法讲座》(第4卷),第143页,重视辅助机关本来不能行使行政厅的权限这一点。

为,依据国家补偿的法理才是适当的。

2. 委任

对于行政组织法上的委任,有必要注意其具有和《民法》上的法技术的不同之处。

(1)在《民法》上,委任"是指当事人的一方将进行法律行为委托给相对方"。此时,通常是伴随着代理权的。在不伴随代理权的情况下,受委任者负有为了委任者而以自己的名义取得权利移转的义务。并且,受委任者和委任者之间,一方产生善管注意义务,另一方产生报酬请求权等,当事人之间产生派生性、持续性法律关系。①

与此相对,在行政官厅法理上的权限的委任中,根据这种规定,采取了该权限从委任官厅移至受委任官厅这种法律构成。换言之,伴随代理权的委任,在行政官厅法理中是不存在的。所以,就行政行为而言,在实施该行政行为的权限由甲官厅委任给乙的情况下,处分厅是乙,而不是作为委任厅的甲官厅。在这一点上,与代理中法律效果归属于被代理官厅是不同的。

从前,这个问题有时被置于和撤销诉讼中的被告适格的关联上来论述②,但是,根据修改后的《行政事件诉讼法》,被告是该行政厅所属的国家或者公共团体③,所以,在这种关系上,其便不能成为实务上的论点了。不过,行政厅出现在诉讼上的程序中的场面,在《行政事件诉讼法》上得以保留,所以,这个问题并非完全不存在。④

(2)在委任的情况下,如上所述,由于是变更法律上的处分权限,所以需要法律根据(通说)。

(3)法律规定的委任的相对人,通常是辅助机关。⑤

此外,委任有时也对《国组法》及《地方自治法》等规定的形式性的行政组织以外的组织体进行。但是,以前这不是在行政官厅法理中,而是在对私人的委任行政中来论述的。所以,本书也采取这种方法。⑥

---

① 《民法》第643条以下。
② 关于事例,参见最高法院判决,昭和54年7月20日,载《判例时报》第943号,第46页。
③ 《行政事件诉讼法》第11条。盐野著:《行政法Ⅱ(第六版)行政救济法》,第76页。
④ 参见《行政事件诉讼法》第11条第5款、第23条、第23条之二。
⑤ 《电波法》第104条之三。
⑥ 盐野著:《行政法Ⅲ(第五版)行政组织法》,第104页以下。

3. 专决、代决

在行政上的事务处理中，一般实施的有称为专决、代决的方式。这种方式不是由具有权限的行政厅（行政官厅、受任官厅）自己作出决定，而是由该官厅的辅助机关作出决定，对作为相对方的私人等，则以具有权限的行政厅（例如，在作用法上处分厅是大臣的话，则是大臣）之名义表示出来。

专决和代决，被作为同义来使用的情形也是存在的①，不过，专决是指预先指定决定一定事项的辅助机关令其实施的方式，而代决是指行政厅存在事故的场合承认由辅助机关行使一定权限的情形，这样进行整理归纳是实务的做法。并且，裁决后的处理也不同。在这一点上，专决和代决存在不同之处。②

以下揭示应当留意的几点。

(1) 专决、代决，是在从文书的处理这种观点出发的规定（名称因府省的不同而各异）中进行规定的，从形式上看，属于《关于公文书等管理的法律》及基于该法第 10 条由各省规定的行政文书管理规则的系列，但专决、代决制度不是文书管理本身，而是关于特定的事案之处理方法的，故而从内容上看，与公文书管理法的守备范围不具有直接关系。因此，不能说这些专决、代决规程具有法律根据，具体的专决处理、代决处理也不能说是具有法律根据的。从形式上看也是一样，在府省的层级采取训令的形式，是内部性规范。

(2) 关于专决、代决的法的性质，有授权代理说和辅助执行说的对立。不过，无论根据哪种学说，都不需要有法律根据，与相对方相对应的名义，不是专决、代决权者，而是本来具有权限者的名义，因为承认这种实务上的处理，所以说这不是具有实益的讨论。对于代决来说，规定上使用"代理"的术语，并且裁决文书中书写"代"字，但是，无论哪一种代理者都被限定为辅助机关，本来就没有采取显名主义（《民法》第 99 条）的原

---

① 参见《法律用语辞典》；最高法院判决，昭和 51 年 5 月 6 日，载《刑集》第 30 卷第 4 号，第 591 页。

② 关于从前的事例，参见山内一夫著：《关于结算文书》(1958 年)，载山内著：《行政法论考》，1965 年版，第 182 页以下。近年来也有将这两种方式区分开来加以规定的事例。参见《厚生劳动省文书裁决规程》（训令）第 4 条、第 12 条。在地方行政中也是一样，专决、代决得以广泛实施，其内部性根据与国家层面相同，是以规程的形式来规定的。参见《横滨市事务裁决规程》。

则,代决权者一般被视为直接下位者。从这些方面来看,关于代决,与代理相比,被认为将其视为辅助执行的一种形态更好些。

(3)因为专决、代决是关于行政机关内部的权限行使之分配的方式,故而在行政官厅法理具有直接关系的行政处分的效力论中,难以成为考虑的对象。也就是说,在行政处分的撤销诉讼中,该处分客观上适法与否的判定是主要课题,故而行政机关的哪个职员实质上作出了决定,不会成为问题。在这种意义上,由于原则上不具有外部效果,所以,在行政诉讼的场合成为问题的事例不怎么能看到(撤销诉讼的被告,在修改后的《行诉法》中,是该行政厅所属的国家或者地方公共团体)。作为假定的讨论,在专决处分中,该专决权者的动机之恣意性受到追问的场合,可以考虑的是构成裁量权的滥用与否这种形式的案件,不过现实的事例并不存在。但是,在民事、刑事的裁判过程中,有时候专决也会成为法的讨论之对象。以下,列举具体事例。

(4)在国家赔偿请求(第1条)诉讼中,过失的认定是对该当公权力之行使的公务员个人来进行的,所以公权力的行使之瑕疵,被聚焦于专决处分者,而对具有法律上的权限者则是作为监督权的行使之瑕疵问题来处理。① 但是,《国家赔偿法》上的过失之认定,与该公务员个人的过失相比,更将重点移至组织性过失②,专决作为其自身出现的余地很狭窄。无论是哪种场合,专决这种制度本身被视为问题的情形是不存在的。并且,在居民诉讼中,通过专决来进行的财务行为是违法的情况下,对于作出专决的人进行的违法行为的过失责任,由知事、市町村长承担对于作出专决的职员的监督之懈怠的责任,这是判例的立场。③

(5)从刑事事件的裁判事例之中,浮现出了专决、代决的实态,行政组织法上的问题得以提起。其一是最高法院昭和51年5月6日判决(载《刑集》第30卷第4号,第591页)有印公文书等伪造案件。该案件是关于被视为科长之专决事项的印鉴证明书发行,不是由被委任了专决的科长,而是由辅助职员制作发行的行为成为问题的案件,最高法院认为,"在遵守为向该人的授权提供基础的一定的基本性的条件之限度内,可以说

---

① 参见大阪高等法院判决,令和元年10月29日,载《工资与社会保障》第1751号,第25页。
② 参见盐野著:《行政法Ⅱ(第六版)行政救济法》,第270页。
③ 最高法院判决,平成3年12月20日,载《民集》第45卷第9号,第1455页;《地方自治判例百选》第77案件。

是具有该权限的人",承认了不是从形式上被委任了专决的职员的辅助职员进行专决处理。

在不是本来的专决权者的辅助职员作出的行为这一点上是相同的,在专决处分之际,即便是在欠缺关于法定的处分权者的名义的场合,也承认该行为适法性的事例,有东京高等法院平成20年7月15日判决①(三菱扶桑案件)。该案是关于基于《道路运送车辆法》②的大臣之报告要求,现实中承担报告要求的,不是根据内部规定而被委任了专决的科长,而是室长,并且,对相对方不公开名义[权限者(大臣)],根据条款也未明示的案件。关于前者(由辅助职员作出决定),东京高等法院引用了前述最高法院昭和51年判决予以承认,对于没有明确名义、根据条款的事情也是一样,对于该案,"鉴于无论以谁的眼光来看,都是基于车辆法的报告要求,这件事情是明白的",报告要求不是要式行为而无法以担当部局与企业的关系来跟一般的行政与私人的场合同列论述,以及事情的紧急性等理由,认为以相关的样态之报告要求,不应当视为不当(最高法院对于该案的上告作出了不予受理决定)。

如上所述的法院的判断,可以说是与专决处理、代决处理的实际运用相一致的(刑法学说也服从之③)。但是,该案的报告要求该当行政官厅法理直接地发挥作用的定型性成分,尽管是内部性规定,对于专决、代决制度得以准备了的该案,只要没有将作为该报告要求之主体的大臣之名义告知相对方,作为行政行为的效力便不会具有,这样理解才符合逻辑规律。因此,像高等法院判决那样,对实际上的必要性、行政上的惯行等予以考虑,将该案报告要求作为专决处理来承认,也就是承认了相对于行政官厅法理原则的例外之例外,将带来专决、代决制度本身的空洞化。在这种意义上,在解释论的次元,并且以司法判断的形式来追认现状的行政形态的做法,是不适切的。我认为,倒不如说,这是在认为不属于报告要求的基础上,应当静待今后的立法府、行政府之应对的事案。

---

① 载《判例时报》第2028号,第145页。
② 第63条之四第1款。
③ 参见安井哲章著:《裁判评释》,载《判例评论》第610号,第31页以下;小野上真也著:《判例评释》,载《法律时报》第82卷第3号,第125页。不过,小野上评释指出了该案中报告义务者将报告要求误解为行政指导的场合的问题。

(6)专决、代决,不仅限于关于行政行为乃至行政契约的事项,而且也广泛地涉及事实行为。对象也不仅限于外部关系,而且也涉及省间关系、省内关系等。并且,专决权者也包括副大臣、事务次官、局长、科长,进而是室长等多种多样,其选定的基准,可以窥见是根据事情的重要性而有所不同,在明确性方面是匮乏的。不过,在那里,并非完全没有基准,例如,关于与国民的权利义务相关的事项(法规命令的制定、行政处分、行政契约),被认为即便是该当专决的职位,也会存在诸如大臣政务官不适当这样的一定的边界。①

(7)专决、代决制度超越了行政官厅概念的范围,这是很早以前就被指出的地方②,倒不如说应当作为事务分配性机关概念的运用问题,来讨论专决、代决的制度性课题。不过,这也是没有充分推进的地方。③

(四)行政官厅的相互关系

1. 上下关系

行政作用法上作为行政官厅而指定的大多是大臣。而大臣以外的行政机关在法律上被赋予行政官厅地位的也有不少。例如,税务署长根据《国税通则法》具有租税的更正处分等的决定权限(第 24 条以下),所以,税务署长具有行政官厅地位。另外,税务署长根据《国组法》及《财务省设置法》,在与国税局长及大臣的关系上,被作为下级的职位来定位。《国组法》本身虽然并没有就行政机关明确规定上级、下级的区别,但是,该法第 14 条规定了各大臣的训令权,该训令本来是作为行政官厅法理中上级官厅对下级官厅的命令权的内容来理解的。所以,从某种意义上说,《国组法》是以行政组织中的等级制度为前提的,这也是当然的事情。此外,本来在作用法上没有被赋予固有权限的辅助机关,通过委任也成为行政官厅。但是,在这种情况下,由于还存在本来作为辅助机关的地位,在该限度内,便产生了上级、下级行政官厅关系。行政官厅法理的重要内容之一,就是这种上级官厅和下级官厅的关系。对这种关系可作如下理解:

---

① 参见盐野著:《行政法Ⅲ(第五版)行政组织法》,第 62 页。
② 也包括文献介绍在内,参见远藤文夫著:《专决、代决和代理的关系再考》,载《自治研究》第 73 卷第 4 号,1997 年,第 3 页以下。
③ 参见西尾胜著:《行政学》(新版),2001 年版,第 188 页以下、第 306 页以下。

（1）上级、下级行政官厅的关系,被作为指挥监督关系来归纳。关于其内容,可以列举的有监视权、许可认可权、指挥权、撤销和停止权。

（2）监视权,可以认为是以行政机关为对象的调查权。

（3）许可认可权,在行政主体和私人之间可以见到。在行政官厅的关系中也是一样,上级行政官厅对下级行政官厅的许可认可权的观念,被作为监督权的内容来把握。在和私人的关系上,对其违法可以进行撤销诉讼。与此相对,而在行政机关相互的关系上,只要没有特别的法律根据,就不存在不服申诉的途径。

（4）指挥权(训令权①),从内容来说,就是命令。这既有以个别具体的处分形式进行的情形;也有针对同种事项,以一般指示形式进行的情形。其具体的内容各种各样,也包含裁量基准、解释基准。② 这也是上级机关对下级机关发布的,所以,作为行政机关相互的关系,即使下级行政官厅不服,也不承认其作为机关提起诉讼。不过,占据行政机关地位的是公务员,对该公务员来说具有作为职务命令的性质,因而,是否承认该公务员不服从违法的职务命令,成为需要探讨的问题。③ 此外,关于训令权的形式,行政官厅法理不存在特别的关心。口头的训示、以书面进行的通牒、公示等被作为事例列举。④

（5）关于指挥权的另外的范畴,还有上级行政官厅对下级行政官厅作出的处分是否具有撤销权、代执行权的问题。一般解释为,虽然具有撤销权,但是,却不具有代执行权。之所以说不具有代执行权,是因为下级行政机关的权限是法律上的权限,如果上级行政机关代执行这种权限,无异于剥夺下级行政机关的法律上的权限。所以,要行使代执行权,人们认为需要有法律的特别根据。对于这一点是没有异议的。与此相对,关于撤销权却存在争议。一方面,消极说认为,和代执行权的情况一样,若承认撤销权,便构成对法律上的权限分配的破坏,违反依法律行政的原理;另一方面,积极说的理由是,下级行政机关一度行使了法律上所赋予的权限,上级行政机关是从其监督权者的角度对此行使撤销权的,并不像代执行那样将下级行政机关的权限完全剥夺。此外,也许还有一个理由,即如

---

① 美浓部著:《日本行政法》(上),第389页。
② 关于裁量基准、解释基准,参见盐野著:《行政法Ⅰ(第六版)行政法总论》,第85页以下。
③ 盐野著:《行政法Ⅲ(第五版)行政组织法》,第275页。
④ 美浓部著:《日本行政法》(上卷),第391页。

果没有这种程度的权限,便不能称其为具有指挥监督权。这种观点和行政过程论中将上级官厅放入具有行政行为的撤销权者的行列的通说是相对应的。①

2. 委任、代理关系

受委任官厅、代理官厅本来是下级行政机关时,即使成立委任关系、代理关系,也适用行政官厅法理。所以,在这种情况下,存在指挥命令的关系。②

与此相对,本来不具有上级、下级关系的情况,则成为需要探讨的问题。就代理而言,通说认为,《民法》的观点在这里也得以类推适用,被代理人的指挥监督权发挥作用。当然,法定代理的情况被认为不存在指挥监督关系。这可以作如下理解:在适用法定代理时,属于被代理官厅真正欠缺;而鉴于近来电子通信技术的发展,可以认为外出等情况下有时指挥监督权也发挥作用。在委任的情况下,由于权限完全转移,所以,委任厅和受委任厅之间不产生监督关系。③

3. 对等官厅关系

在对等的情况下,行政官厅通常是各自独立地行使权限。但是,从确保行政的统一、整合性的观点来看,存在如下问题:

---

① 参见盐野著:《行政法Ⅰ(第六版)行政法总论》,第143页以下。
② 菊井康郎著:《权限的委任代理》,载《行政法讲座》(第4卷),第136页。田中著:《行政法》(中),第36页。
③ 菊井康郎著:《权限的委任代理》,载《行政法讲座》(第4卷),第136页;柳濑著:《行政法教科书》,第33页。
关于这一点,必须注意的是,在市长将公有财产的管理权限正式委任给吏员的情况下所提起的居民诉讼中,关于市长的损害赔偿责任,最高法院指出:"首长……只要在法令上本来具有实施前述财务会计行为的权限,在前述财务会计行为适当与否成为问题的该代位请求居民诉讼中,就应该解释为属于该法第242条之二第1款第4项所说'该职员'。……首长担负应该阻止前述吏员实施财务会计上的违法行为的指挥监督上的义务,因故意或者过失,而没有阻止前述吏员实施财务会计上的违法行为时",应承担居民诉讼上的损害赔偿责任(最高法院判决,平成5年2月16日,载《民集》第47卷第3号,第1687页。关于委任和指挥监督的关系,同宗旨的有最高法院判决,昭和62年4月10日,载《民集》第41卷第3号,第239页)。最高法院似乎认为,在权限的委任时,委任厅对受委任厅的指挥监督权也当然地被保留,如果不是这样的话,则最高法院采取了和以前的行政官厅法理不同的见解。不过,最高法院并没有明确和行政官厅法理的关系,只是笼统地说权限的"法令上本来的"持有者,所以,是否采取了反对行政官厅法通则上通说的立场,是不明确的。此外,由于该案是对作为辅助职员的吏员的委任,即使在行政官厅法理中,也是作为委任厅的市长具有指挥监督权的事例,可以理解为,判决并没有采取和行政官厅法理不同的理解。

（1）当有关对等官厅之间的权限发生积极的或者消极的权限争议时，由上级行政官厅予以裁决。大臣相互间的权限争议，由内阁总理大臣裁决（《内阁法》第7条）。

（2）与此相对，国家意思是一个整体，但是，有时候却由多个行政官厅共同来行使。其中又有各种情形。其一是多个行政官厅共同进行意思决定的情形。① 在这种情况下，需要有各行政官厅的意思一致。其二，意思决定本身只有一个官厅具有权限，但是，在行使该权限时，需要和其他官厅进行协议的情形。关于协议，存在是否需要意思一致的问题，这应该根据个别法的制度来判断。②

（3）如果对方是私人，在许可的情况下，由于是行政机关相互之间的问题，所以有时也使用"协议"这一用语。③

（五）行政官厅法理中的其他机关

在行政官厅法理中，行政官厅为核心性行政机关，其他机关都是在和行政官厅的关系上来论述的。这些机关有辅助机关、咨询机关和执行机关。

1. 辅助机关

辅助机关，顾名思义是辅助行政官厅的机关。至于具体地说哪些机关属于辅助机关，由于行政官厅法不具有独自的制定法，所以，在这里也是借用《国组法》上的"机关"。各省的大臣政务官、事务次官、局长、科长等即是（第17条以下）。在地方公共团体的情况下，《地方自治法》本身基于行政官厅法理建立了辅助机关的概念。副知事、副市町村长，会计管理者，出纳员职员，专门委员等即是（第161条以下）。

2. 咨询机关

咨询机关，是在行政官厅进行意思决定时，从专业的角度或者为了保证其决定的公正性，在这种意义上干预意思决定的机关。咨询机关通常是合议制的会议体。制定法上有《国组法》中的审议会（该法第8条，通

---

① 例如，《石油管道线事业法》第5条、第41条，规定了经济产业大臣和国土交通大臣共同作出意思决定的情形。

② 针对这种情况的《行政程序法》上的规制，参见盐野著：《行政法Ⅰ（第六版）行政法总论》，第203页。

③ 关于"协议"，另外参见山内一夫著：《关于官厅间的协议》，载山内著：《新行政法论考》，1979年版，第170页以下。

常称为"第八条机关",《内府法》第37条第2款也有同样的规定),《地方自治法》中的附属机关(该法第138条之四第3款),都属于这种机关形态。

3. 执行机关

与行政官厅本身是着眼于法行为的概念相对,着眼于实力行使之契机的则是执行机关的观念。这种意义上的执行机关和《地方自治法》(第二编第七章)中的是不同的。承担行政上的强制执行及进行即时执行的主体,都属于执行机关。行政调查中进入现场检查、进行临场检查的,也可以包括在内。

关于执行机关的范围,有将其限定于接受行政官厅之命者的观点①和不论是否接受行政官厅之命的观点②两种。前者的观点更加忠实于行政官厅法理,但是,必须注意的是,在制定法上,有时也承认不必等待行政官厅之命而实施实力的情况。③

(六)行政官厅法理的界限

现在的行政实务依据行政官厅法理及基于该法理的行政官厅法通则而进行,并且,法院也基本上以此为前提。在这种意义上,行政官厅法通则的普遍适用力较强。但是,在客观地把握现代行政组织时,必须注意的是,以行政官厅概念为核心而组建起来的行政官厅法通则,也存在界限。这些界限有如下几点:

1. 行政官厅法理从形式上把握法的国家意思决定(其典型即是行政行为)的所在,以此为核心,从法的角度来归纳整理行政机关的存在方式。所以,有的机关作为承担行政的机关而发挥重要的功能,却没有被该法理置于其视野之中。像调整性机关及统计调查性机关那样,掌管内部性事务的机关当然不包括在内。即使立于外部关系的机关,在行政官厅法通则上有的也没有从正面得以论述。被排除出狭义的执行机关概念的实施即时执行的机关即是。此外,进行行政指导的机关、承担任意调查的机关也是如此。在这种意义上,必须注意的是,行政官厅法上的行政机关,从

---

① 田中著:《行政法》(中),第30页。
② 柳濑良干著:《行政机关、行政官厅》,载《行政法讲座》(第4卷),第6页。
③ 《出入国管理及难民认定法》第39条的入国警备官,《警察官职务执行法》第6条的警察官。

其范围来看,本来就具有一定的界限。

2. 这种限定,源于如下事实:行政官厅法理将本来的关心置于行政作用法,在和作用法所产生问题的关联上来探讨行政组织的法理。在这种意义上,可以说这也是行政法学本身所具有的界限。但是,即使将关心限定于外部法关系,也不能把握承担行政指导、信息提供等活动的机关,这不能不说是行政官厅法理的界限。

3. 行政官厅法是和行政现实的意思形成过程切割开来的形式性的法。行政作用法理如果限于抽象性的行政主体与私人之间关系的分析和整理的话,仅此就足够了。但是,行政统制不是单纯的结果统制,随着对行政过程统制的展开,与行政官厅和辅助机关这种机关概念相比,综合地把握行政官厅和辅助机关的观点成为必要。这一点在国家赔偿的情况下更加明显,即不是作为决定权者的具体行政官厅的审理过程,而是将行政官厅、辅助机关作为整体来把握时的组织的过失,成为需要探讨的问题。①

4. 即使是行政机关相互的关系,如果在行政组织内部完结的话,也难以成为考察有关行政的法关系的行政法学的对象。不过,在以行政组织为对象的情况下,则存在严加区别外部法和内部法究竟是否适当的问题。即使在和外部的法关系没有直接关联性的情况下,作为行政组织的分类来把握,也可以使作为整体的行政组织的存在方式更加明确,至少可以使作为行政机关的行政官厅的特色更加明确。

为了克服上述那样的行政官厅法理的诸问题,可以采取从根本上重新认识行政官厅法理的方法。但是,从前述考察可以看出,行政官厅法通则本身,是具有首尾一贯的问题意识和明确构造的,并且,作为实定法而扎根于行政实务之中。因此,在本书中,出于便利的考虑,一方面维持行政官厅法通则,而另一方面,关于其界限,则通过另一种行政机关概念,即事务分配性机关(概括性机关概念)的操作来予以补充。

三、行政机关关系(2)——于《国组法》上

在采取事务分配性机关概念的行政机关中,其机关的种类、机关相互的关系成为需要探讨的问题。后者,即关于行政机关相互的关系,类推适用

---

① 盐野著:《行政法Ⅱ(第六版)行政救济法》,第271页以下。

行政官厅法通则的情形较多,因此,下面将以这种机关概念中呈现出的特色为中心,以《国组法》为例来进行考察(《内府法》上的行政机关也相同)。

(一)行政机关的概念

在事务分配性行政机关的概念中,不存在行政官厅法理意义上的核心性行政机关。不过,具有最为重要意义的是概括性行政机关的最大单位,在现行《国组法》上是省,在其内部,顺次包括了厅、局、部、科、系、职(作为外局的委员会,具有特别的地位)。这些具有就事务分配的存在方式的范围予以界定的意义。

(二)行政机关相互的关系——于事务分配性机关概念中

事务分配性机关相互之间,也可以看到在行政官厅法通则中所看到的指挥监督、委任、代理的关系。但是,在这里并不限于此,而且还可以将共助关系、调整关系、评价和监察关系、管理关系等适合于行政的内部组织的关系置于视野之内。下面将分别阐述。

1. 指挥监督关系

在行政官厅法通则中,其本身并不能确定机关相互之间的上下关系。① 这是在以机关之间存在上下关系为前提的基础上,试图明确此时的指挥监督关系的内容。与此相对,概括性机关中的概括性关系,其本身体现了机关之间的上下层级。

鉴于这一点,《国组法》设置了有关作为各省的长官的各大臣的指挥监督的规定(该法第 10 条、第 14 条)。这样,《国组法》仅明文规定了大臣的监督权,但是,这并不否定更加小的概括性关系中也存在上级行政机关的指挥监督关系。②

关于国家行政组织的运用规范,第一顺位是《国组法》所列出的条款得以适用,但由于《国组法》所列的哪一条的内容都匮乏,故而关于指挥监督权行使的内容,被解释为是以行政官厅法通则的类推为前提的。不过,鉴于《国组法》的规定方法,与行政官厅法理相比,更加广泛地预定了由上位的行政机关对下位的行政机关的指挥监督,其方法也被解释为包含了尚未达至发动训令权的行政机关内(这种情况下是上下关系)的要

---

① 盐野著:《行政法Ⅲ(第五版)行政组织法》,第 21 页。
② 佐藤著:《行政组织法》,第 241 页以下。

求、指导、信息提供等各种各样的手段。① 此外,该法第14条对为了命令、指示的各省大臣等的训令或者通知的发出权限作出了规定,这里的训令,是被作为命令的形式来理解的,所以,与行政官厅法理中所说的训令的意思不同。有必要注意的是,包括通知在内,训令、通知的用语方法在学说和行政实务中都是不统一的。②

2. 委任、代理关系

关于与外部的法关系相关联的委任、代理关系,行政官厅法通则是适当的法理基础,而勉强论述在概括性机关概念之下的与外部关系相关联的委任、代理关系,则是没有意义的。③

不过,有时委任、代理的问题是行政官厅法通则难以覆盖的。

其一是从观念上可以设定将概括性机关的事务本身委任给其他概括性机关。制定法上,也是在明确地意识到这种行政机关概念的基础上设置了委任的规定,如《国家公务员法》第21条。

其二是关于行政官厅法通则的对象之外的内部关系的事务处理及非权力性事实行为,也可以考虑委任、代理这种手法。在这种情况下,在制定法上,存在以将事实行为包含其中的旨趣来使用"代行"这个用语的情

---

① 作为从该观点出发,对指挥监督权限的新的分类进行尝试的成果,滨西隆男著:《关于行政机关的指挥监督权限与公务员的服务的备忘录(二·完)》,载《自治研究》第88卷第5号,2012年,第50页以下、第54页以下,具有参考价值。

② 关于训令、通知的用语方法,进行详细而严密的分析的成果,有平冈久著:《训令、通知》(1985年),载平冈著:《行政立法与行政基准》,1995年版,第143页以下。

③ 在事务分配性机关概念之下,存在将委任更加柔和地加以解释的见解[田中著:《行政法》(中),第39页]。但是,由于论者本身将根据法令对大臣的权限予以规定的排除在外,所以在事务分配性机关概念之下,并不是从逻辑上进行了在对外关系中的委任的弹性化。应该说,问题在于,不存在根据作用法律的权限指定的情况下,行政机关要采取行动时,例如,对于科长级别的行政机关进行没有法令根据的行政指导时,行政组织法有何意义。必须注意的是,这在行政官厅法理中本来是难以把握的事项,同时,这不是首长本来具有的行政指导权限的委任问题,而是内部性事务分配上的问题。并且,这一点不是根据行政官厅法理所能把握的,而是根据事务分配性机关概念方才能够把握的,这是至关重要的。在这一点上,在将田中说称为"新思考"的基础上,试图将问题在"委任"这一范畴中处理的观点[藤田著:《行政组织法》(初版),1994年版,第60页以下],是有疑问的。对于本书所指出的这个问题,藤田著:《行政组织法》(初版),1994年版,第73页,在将"新思考"这个术语改成"新的观点"的基础上,进行了如下说明:列举田中说,是将其作为有关"权限分配的存在方式"的观点的一种模式。不过,在那里,还剩下了成为"代表权限的委任"的问题设定,我认为,田中说的意义在于其使得那种框架成为不必要。

形①,而"代理职务"这种规定②,也并非将对象限定在了法律行为,因此可以说两者并未严密地区分开来。

关于这些情况的法根据、法效果,可以准同于行政官厅法通则的处理。但是,关于行政实务上被广泛实施的专决、代决,在行政官厅法理的框架内进行处理是不适切的。③

3. 共助关系

委任、代理也是实现行政机关相互协力的手段之一。关于更加柔性的方法,有共助这种方法。共助,是对等或者相互独立的行政机关相互协力的总称④,而作为制定法上的用语,除共助⑤外,还有协力⑥、相互支援⑦等。此外,行政机关相互间的信息提供⑧,实质上也被包括在其中。

4. 调整关系

行政官厅法理以行政官厅相互之间的个别权限监督和相互关系为主要的关心对象。但是,在考察现代国家中的行政活动的存在方式时,如何维持作为整体的行政统合性?或者说,根据什么样的组织方法对行政机关相互的应对进行调整?这些成为极其重要的问题。行政组织中的调整的观念,在外国法制、明治宪法时代也有论述。⑨

调整的观念,被认为在明治宪法下已经可以发现其原型⑩,而在行政法学中,并不是作为裁判规范的道具概念,而是被当作了"问题发现性的概念"。⑪但是,正如已经考察的那样,这是现行法律所采用的概念,围绕实务上"调整"的解释论交织展开,当然也是能够预测到的。在其解释之际,宪法论也有包含,行政法的一般原则也可能会被提出。在这种意义上,在日本现行法上,机关争讼法定主义是妥当的,因此,围绕调整的诉讼

---

① 《国组法》第16条第3款。
② 《地方自治法》第152条第1款。
③ 参见盐野著:《行政法Ⅲ(第五版)行政组织法》,第29页以下。
④ 远藤文夫著:《行政机关相互的关系》,载《行政法大系7》,第181页。
⑤ 《海上保安厅法》第三章题名。
⑥ 《警察法》第59条、《消防组织法》第42条。
⑦ 《消防组织法》第39条。
⑧ 《关于行政机关保存、持有的个人信息的保护的法律》第8条第2款第3项。
⑨ 牧原出著:《行政改革与调整的系统》,2009年版,便是对关于调整的原则的内外状况及战后日本的"调整"之动向,绵密地进行考察的专题著作。
⑩ 牧原出著:《行政改革与调整的系统》,2009年版,第132页。
⑪ 藤田著:《行政组织法》,第106页。在田中的《行政法》(中),这个概念并未出现。

是难以出现的,而作为讨论的方法,则会是作为裁判规范的"法的一般原则"之应用、"文理解释"或者"目的论解释"之应用,所以,"调整概念"是行政组织法论上重要的研究对象。①

制度上有两个方面令人注目。

其一是对于以调整本身为其主要事务的行政机关,设置了内阁官房、内阁府。② 进而,在内阁府,预定了也要设置与综合调整相关的特命担当大臣。③ 该特命担当大臣,也拥有对相关行政机关进行劝告的权力。④

其二是在各省之间的调整(也称为省间调整、政策调整)。对于这一点,《国组法》第15条规定,关于政策,当有必要谋求行政机关相互的调整之时,各省大臣等可以"在明确其必要性的基础上,对相关行政机关的首长,请求必要的资料的提出及说明",或者"对该相关行政机关的政策陈述意见"。

关于调整,在1998年《中央省厅等改革基本法》中,揭示了国家的行政机关之间的调整之活性化、顺畅化(该法第4条第5项),作为其关联法的《内阁法》(第12条)、《内府法》(第4条第1款)、《国组法》(第2条第2款、第5条第2款)等都与之对应设置了相关规定。其后,作为政策调整的具体性执行的指针,制定了《政策调整系统的运用指针》(内阁会议决定⑤)。但是,现实中,此期间的重要政策课题大多集中于内阁官房及内阁府,为了使作为内阁的战略性应对成为可能,关于内阁的重要政策,内阁官房、内阁府专注于政策的方向确定,各省成为中心来使得政策实现成为可能,以《国组法》为代表的关联法(平成27年《关于为了强化内阁重要政策的综合调整等功能而对〈国家行政组织法〉等进行部分修

---

① 参见上田健介著:《从宪法学看国家的行政组织中的企划、立案和综合调整》,载《法律时报》第92卷第11号,2020年,第130页以下;木藤茂著:《从行政法学看国家的行政组织中的企划、立案和综合调整——对上田报告的评议》,载《法律时报》第92卷第12号,2020年,第114页以下;上田健介著:《对木藤评议的再应答》,载《法律时报》第92卷第12号,2020年,第118页以下。关于平成26年《学校教育法》及《国立大学法人法》的修改,参见中西又三著:《学校教育法、国立大学法人法部分修改法(平成26年法律第88号)的问题点》,载《法学新报》第121卷第9·10号,2015年,第381页以下;渡名喜庸安著:《国立大学改革的展开与课题》,载晴山一穗等编著:《官僚制改革的行政法理论》,2020年版,第87页以下。
② 《内阁法》第12条第2款,《内府法》第4条第1款、第2款。
③ 《内府法》第9条。
④ 《内府法》第12条第2款以下。
⑤ 平成12年5月30日。

改的法律》)得以制定。① 以下,按照调整的种类分别揭示具体事例。

(1)由内阁官房进行的综合调整

内阁官房,掌管为内阁的重要政策提供基本方针的企划和立案及综合调整的相关事务。② 在前述平成 27 年法律(以下简称《重新审视法》)中,虽然展示了内阁官房的业务重新审视方针,可是,其后也会看到内阁官房中综合调整业务的追加。

具体事例:数字市场竞争本部的设置(内阁会议决定,令和元年 9 月 27 日)

1)设置目的→数字市场的评价及竞争政策的企划、立案、与相关机关的综合调整。2)构成→内阁官房长官(本部长)、经济再生担当大臣、内阁府特命担当大臣(消费者及食品安全)、公正交易委员会事务担当内阁府特命担当大臣、总务大臣、经济产业大臣等。3)数字市场竞争会议设置(本部决定)→内阁官房长官、经济再生担当大臣、公正交易委员会委员长等及有识者(议长指名)。4)工作组(竞争会议决定、成员竞争会议议长指名)。5)事务处理→获得相关机关的协力,内阁官房、数字市场竞争本部事务局(内阁会议决定、内阁总理大臣决定等)。

(2)由内阁府进行的综合调整

内阁府,本来就是预设了关于综合调整的事务担当而设置的。在《重新审视法》中,规定了内阁官房综合调整业务的一部分向内阁府的移管。

具体事例:知识产权战略本部的设置(《知识产权基本法》第 24 条、第 31 条)

1)所掌管事务→推进计划的制作、实施的推进,知识产权的创造等的施策之综合调整。2)构成→内阁总理大臣(本部长)、全部的国务大臣、有识者(总理大臣指名)。3)调查权→对于相关行政机关等进行资料提出等的协力要求。4)事务处理→知识产权推进事务局(内阁府)③。

---

① 关于前述平成 27 年法律,参见中司光纪、新井智广著:《法令解说》,载《当代的法令》第 1999 号,2016 年,第 4 页以下(在该文中,称为《内阁官房、内阁府重新认识法》);木藤茂著:《由各省进行综合调整与行政组织法上的诸问题》(上)至(下),载《自治研究》第 92 卷第 6 号、第 7 号,2016 年;等等。

② 《内阁法》第 12 条第 2 款第 2 项。

③ 《知识产权基本法》第 31 条,《内府法》第 4 条第 1 款第 6 号、第 40 条、第 40 条之三。关于其他的事例,参见中司光纪、新井智广著:《法令解说》,载《当代的法令》第 1999 号,2016 年,第 13 页以下。

（3）由省厅等进行的综合调整

《重新审视法》规定了内阁府将其所掌管事务向省厅等的移管。

具体事例：自杀对策事务向厚生劳动省的移管

1）自杀对策大纲的制作、推进。① 2）自杀综合对策会议的设置。②3）对策会议的掌管事务→大纲案的制作、相关行政机关相互的调整。4）构成→会长,厚生劳动大臣;委员,从厚生劳动大臣以外的国务大臣之中,经厚生劳动大臣申请、由内阁总理大臣指定。③ 5）干事,从相关行政机关的职员之中、由厚生劳动大臣任命。

根据《重新审视法》进行的《国家行政组织法》修改,各省大臣被规定为基于内阁会议决定的基本方针来掌理综合调整事务。④ 具体事例,有关于儿童虐待防止对策的业务之基本方针（内阁会议决定⑤,综合调整由厚生劳动省进行）,关于外国人才接收环境之整备业务的基本方针（内阁会议决定⑥,综合调整由法务省进行）等。

（4）相关阁僚会议的召开

在综合调整事务的推行过程之外,有时候会召开包括官房长官在内的相关阁僚会议,干预综合调整业务的推行。

例如,关于儿童虐待防止对策的相关阁僚会议,决定了《面向儿童虐待防止对策之强化的紧急综合对策》⑦,厚生劳动省、关于儿童虐待防止对策的相关府省厅联络会议当日予以接受,经历了这样的过程（第三回联络会议议事概要）。其后,前述联络会议决定了《儿童虐待防止对策体制综合强化计划》⑧,包括此计划在内,相关阁僚会议⑨决定了《关于儿童虐待防止对策的根本性强化》。

此外,关于法务省进行综合调整的外国人才的接收环境之整备也是

---

① 《厚生劳动省设置法》第4条第1款第89号之三。
② 《自杀对策基本法》第23条第1款、《厚生劳动省设置法》第16条之二(特别的机关)。
③ 《自杀对策基本法》第24条。
④ 《国组法》第5条第2款。
⑤ 平成28年3月29日。
⑥ 平成30年7月24日。
⑦ 平成30年7月20日。
⑧ 平成30年12月18日。
⑨ 平成31年3月19日。

一样,相关阁僚会议①与为了外国人才的接受、共生的综合性应对策略检讨会②这两个会议并行,进行了综合性对应策略的审议。也就是说,前述检讨会所制定的综合性应对策略③,在相关阁僚会议④上获得了同意。

在综合调整业务向各省移转中,也结成了与内阁(官房)的关系,作为行政组织的存在方式而需要予以关注(会议资料在互联网上予以公开)。

5. 评价和监察关系

为了适切地实施行政活动,对于该行为的合法、违法、适当、不当的监查、检查、监察等,是不可或缺的,并且,关于其有效性等的评价得以进行,也是重要的。关于这一点,首先,作为宪法上的机关的会计检查院,一直按照正确性、合规性、经济性、效率性和有效性这五个基准,进行检查(《会计检查院法》第 20 条)。其次,在通常的行政组织内部也是一样,各省各厅一直分别实施内部性监查。

进而,总务省的所掌管事务被规定为:1) 对各府省的政策进行统一性、综合性的评价;2) 对各行政机关的业务实施状况的评价、监视(监察)。⑤ 其中,前一种事务与所谓"政策评价"相对应,后一种事务与"行政监察"相对应。包括会计检查院的检查功能在内,这些评价、监查功能的充实,一方面使得各种判断、效果等呈现出差异性,另一方面则构成了规范事务分配性行政机关的相互关系的重要的制度。⑥

6. 管理关系

负责行政管理的行政机关,虽然不被行政官厅法的行政机关概念所包含,但是,在现代行政组织上具有重要地位。其也属于通过管理这种方法以实现作为整体的行政调整的机关。内阁法制局、总务省、人事院等即是这种类型的行政机关。财务省也从财务管理这方面掌管这种事务。

(三)事务分配性机关概念的课题

事务分配性机关概念,并不像行政官厅的机关概念那样,是从法解释学的角度来构成的。但是,概括性机关概念,对于切实地认识现在的国家

---

① 平成 30 年 7 月 24 日内阁会议口头同意,内阁官房及法务省处理庶务。
② 平成 30 年 8 月 31 日法务大臣决定。
③ 平成 30 年 12 月 20 日。
④ 平成 30 年 12 月 25 日。
⑤ 《总务省设置法》第 4 条第 1 款第 10—12 项。
⑥ 关于政策评价法制,参见宇贺克也著:《政策评价的法制度》,2002 年版。

行政组织的存在方式,被认为是适切的。进而添加如下几点:

1. 行政法学对有关行政程序的关心,主要在于和私人的关系上的所谓外部程序,而不涉及纯粹的内部程序(如禀议制①)等。② 但是,即使在这种意义上的行政程序之中,要将其作为整体来把握,仅靠行政官厅法理也是不充分的。的确,即使在行政官厅法理中,通常的程序由行政官厅和辅助机关这两个机关来处理也是可能的,进而,由咨询机关进行的咨询程序也可以置于视野之内。但是,听证程序中听证的主持人,则不能仅作为和行政官厅的关系中的辅助机关来定位。如果这样做,将成为阻碍日本听证程序合理发展的要因。③ 此外,将《行政不服审查法》上的审理员作为行政官厅法上的辅助机关来定位,比照审查请求程序来看,是存在困难的。④

2. 事务分配性机关概念,可以将根据行政官厅法理无法把握的,或者说难以把握的行政组织上的问题置于视野之内。各种课题,即事务分配、调整、管理的具体存在方式如何,应该通过行政学及其他相关学科来探究。在这种意义上,填充概括性机关概念内容的工作,有的超出了行政法学的范围。但是,最低限度必须注意的是,关于《内府法》《国组法》及各省设置法上所看到的确实是法律上的制度,如果不知道概括性机关概念,则难以正确地予以理解。另外,还必须注意的是,一旦对各种各样的行政机关进行了事务分配,并进一步分配了调整功能、管理功能的话,关于该概念是什么、其范围如何的问题,和在外部法中的讨论一样,在行政内部也将作为一种规范的问题而成为讨论的对象。

---

① 西尾胜著:《行政学》(新版),2001年版,第302页以下。
② 盐野著:《行政法Ⅰ(第六版)行政法总论》,第220页。
③ 关于行政组织法和行政程序法的关系,参见小早川光郎著:《行政组织法和行政程序法》,载《公法研究》第50号,1988年,第164页以下。
④ 参见盐野著:《行政法Ⅱ(第六版)行政救济法》,第22页。

第二章 国家行政组织法

引　言

在本章中,以前章所考察的有关行政组织法的基础概念为前提,考察日本的国家行政组织的具体存在方式。在进入个别制度的说明之前,指出如下几点:

一、在《日本国宪法》之下,行政权属于内阁(第65条)。并且,除具有宪法上独立行政机关地位的会计检查院①以外,其他所有的行政机关都处于内阁的管辖之下。以作为内阁首长的内阁总理大臣为代表的内阁的组织、对国会的责任、内阁的职务等,除宪法上设置了非常详细的规定以外,均以《内阁法》规定。与此相对,关于宪法也预定了的"行政各部"的存在方式,宪法本身并没有设置任何规定。本来,从前的《国组法》曾经具有个别行政机关的框架法性的定位,但是,在该法中,关于行政组织的基本原理,只不过稍微提示了所掌管事务范围的明确性、系统性构成和一体性而已。然而,在平成10年中央省厅等的改革中,制定了《中央省厅等改革基本法》。这部法中规定了内阁的功能强化、省的编制构成方针等,确立了国家行政组织的基本存在方式。②并且,为了与该基本法的宗旨相一致,进行了《内阁法》《国组法》的修改,《内阁府设置法》(《内府法》)的制定等工

---

① 《日本国宪法》第90条、《会计检查院法》第1条。

② 关于日本战后的行政组织法的变迁(不过,不是全部,截至昭和58年修改),佐藤的《行政组织法》中有详细论述。在行政改革的过程中,在《行政改革会议报告》之后制定了《中央省厅等改革基本法》(平成10年),修改了《内阁法》(平成11年,以下皆同),制定了《内府法》,修改了《国组法》,制定了各省厅设置法及《独立行政法人通则法》《个别独立法人设立法》,行政组织发生了大幅度的变更。其主要内容是,内阁功能的强化、国家的行政组织、事务事业运营的减量、效率化等。不过,这种变更是否能够成为逼迫战后的国家行政组织的法解释学进行根本性变革的动力,则存在不能立即作出判断的因素。本书姑且采取了以从前的叙述为基本,同时将行政组织法论上应当注意的问题进行添加的方法。关于平成10年中央省厅改革的理论性分析,参见浜川清著:《行政改革与官僚制》,载《岩波讲座·现代的法1》,1997年版,第227(转下页)

作。进而,新制定了各省设置法等(以下将这些改革统称为"平成10年中央省厅改革")。这样,日本的国家行政组织的框架,便由《中央省厅等改革基本法》《内阁法》《内府法》《国组法》和各省设置法所形成。

二、前述行政组织法关联法的作用分担如下:首先,《中央省厅等改革基本法》规定中央省厅改革的基本理念、基本方针及其他基本事项,同时,设置中央省厅等改革推进总部。所以,关于推进总部的设置以外的具体性事项,由《内阁法》及其他法律来规定。顾名思义,《中央省厅等改革基本法》具有基本法的性质。该法律虽然是平成10年中央省厅改革之际制定的,但是,除推进总部的设置期间为施行后3年以外,并没有时限性规定。① 《内阁法》,除规定关于内阁的组织运营的基本原则(连带责任、分担管理)②之外,还就作为辅助部局的内阁官房的组织予以规定。《内府法》规定内阁府的任务、所掌管事务及组织。《国组法》规定内阁府以外的国家的行政机关的组织的基准,是所谓国家的行政机关的共通法。

(接上页)页以下;稻叶馨著:《"行政"的任务、功能与国家行政组织改革》,载《公法研究》第62号,2000年,第31页;《法学者》第1161号——《特集·行政改革的理念、现状、展望》所收入的各论文。对于中央省厅等改革关联法的介绍,参见《法学者》第1166号,1999年,第51页以下所刊载的中央省厅等改革推进总部事务局《中央省厅等改革关联法》;行政组织研究会(矶部力、稻叶馨、今村都南雄、小早川光郎、三边夏雄、藤田宙靖、森田朗)的《中央省厅等改革关联法律的理论性检讨》(一)至(四),载《自治研究》第76卷第9—12号,2000年;等等。此外,关于中央省厅改革关联法令,松田隆利、山本庸幸监修:《中央省厅改革法规集》,1999年版,一并收入了《行政改革会议最终报告》《关于中央省厅等改革的大纲》《关于中央省厅等改革的方针》,因而具有便利性。进而,也谈及平成10年中央省厅改革后的后中央省厅等改革,并作为平成民主的一环而对平成的行政组织改革进行通观的成果,有荻野徹著:《行政组织法的整备》,载《行政法研究》第30号,2019年,第139页以下。

① 《中央省厅等改革基本法》,和其他的基本法一样,并未采取时限法的形式,但是,鉴于其本来具有根据平成9年的行政改革会议最终报告的宗旨推进诸措施(该法第1条)这种限定性的性质,与被写入该法的具体性措施得以实施之后的行政组织的改革立法的关系,并不一定明确。邮政民营化关联诸法,包括由基本法所提示并实现了的邮政公社关联法的废止在内,基本法的关联条款(该法第33条)得以保留,而且,在公正交易委员会从总务省所管移交由内阁府所管之际,也没有进行基本法的修改(该法别表第三)。当初的《中央省厅等改革基本法》所规定的事项,被解释为是基于措施已经采取完毕这种理解的。即使这样,所保留的条文被原封不动地置之不理,容易招致误解,也存在是否应当进行关联基本法条款的修改的问题。但是,无论如何,《邮政民营化法》等,与基本法所提示的具体性的行政组织不同的其后的行政组织立法,并不是违宪、无效的。即使姑且不谈基本法这种形式本身的问题性,仅就那些尤其是被政治性考虑所左右,并且具有设立一定组织这种措施法性质的行政组织立法来说,我认为,基本法方式并不一定是适切的。此外,参见盐野宏著:《关于基本法》,载盐野著:《行政法概念的诸形态》,第41页以下。

② 《内阁法》第1条第3款、第3条第1款。

关于在该法律中预定了设置的个别的省、委员会,《总务省设置法》《经济产业省设置法》等各省设置法则设置了规定。有时个别行政作用法之中规定要以设置法来规定。例如,公正交易委员会即是其例。这种各省设置法,与《内府法》相同,就该省的任务、所掌管事务、组织进行规定。

三、这些行政组织法,由关于行政机关的组织本身的规定和关于该机关的任务及所掌管事务的规定两部分内容构成,对于在内阁的统辖之下的行政机关来说,这是完结性的。所以,不属于《内阁法》以下的《内府法》《国组法》的系统的国家行政机关是不存在的,超越行政组织法列举的所掌管事务的范围的行政活动,便不归属于国家。当然,关于委员会等行政机关,在设置法上将其具体的行政组织的设置委任给另外的法律,关于所掌管事务也是一样,设置了基于法律(包括基于法律的命令在内)来处理所属事务的条文,所以其不是自我完结的。

不过,对人事院来说,从其职务的性质出发,将其置于内阁的所辖之下,而将其设置的根据置于《国家公务员法》(第3—25条)。

四、《日本国宪法》第65条涉及一般行政权。另外,宪法保障地方自治,地方公共团体进行的行政,是该地方公共团体的行政,而不是国家的行政。所以,地方公共团体的行政机关不属于内阁管辖下的行政机关。

五、国家的行政,原则上由《内府法》《国组法》上的行政机关来推行。但是,必须注意的是,在实际中,许多部分是由法人资格与国家不同的团体来实施的。这些团体包括独立行政法人、特殊法人、认可法人、指定法人等,对这些都需要进行个别的探讨。

六、下面,我们将首先对内阁,主要就与行政法相关联的部分予以重点探讨;其次概略阐述包括人事院在内的《国组法》上的行政组织。关于在这些形式性意义上的国家行政组织以外承担国家行政的独立行政法人等,也就有关主要问题予以考察。

第一节 内　　阁

一、内阁的组织及权能

内阁是在宪法上具有直接根据的宪法上的机关,掌握行政权。[①] 内

---

① 《日本国宪法》第65条。

阁的组织及职务,由宪法及《内阁法》规定。其概要如下:

(一)内阁是由内阁总理大臣及其他国务大臣组成的合议体。内阁总理大臣基于国会的提名议决,由天皇任命。国务大臣由内阁总理大臣任免。

(二)内阁的职务,除《日本国宪法》第73条所列举的以外,还有宪法本身规定的国会临时会的召集(第53条)、参议院的紧急集会的请求(第54条第2款)、最高法院长官的提名(第6条第2款)、最高法院法官的任命(第79条第1款)、下级法院法官的任命(第80条);《内阁法》规定的对行政各部门的指挥监督的方针(第6条)、权限疑义的裁定(第7条)、伴随中止权的处置(第8条等);以及个别法令规定的重要人事,如会计检查院的检查官①、人事院的人事官②、内阁法制局长官③、大臣政务官④,主要计划的决定,如环境基本计划⑤、《国土利用计划法》上的全国计划⑥、未所属地域的编入⑦。此外,有的法令规定,各大臣不管案件如何都可以召开内阁会议⑧,在法律上的决定权者作出决定时,应该经过内阁会议的决定。⑨

(三)内阁的权能,除属于实质上的立法作用的作用(政令的制定)、在纠纷的裁定这一点上类似于裁判作用的作用(权限疑义的裁定)之外,还包括控除性意义上的种种行政作用。关于本来属于立法权、司法权事项以外的事项,在什么情况下应该经过内阁的议决的问题,宪法上和理论上都没有定论。

(四)关于内阁会议的运作,没有特别的规定,被委任给惯例。决定(这分为内阁会议决定和内阁会议谅解)需要全会一致,这是实际的惯例,通说也以内阁的连带责任⑩为根据对此予以支持。在理论上,对于某

---

① 《会计检查院法》第4条。
② 《国家公务员法》第5条。
③ 《内阁法制局设置法》第2条。
④ 《国组法》第17条第5款。
⑤ 《环境基本法》第15条第3款。
⑥ 《国土利用计划法》第5条第2款。
⑦ 《地方自治法》第7条之二第1款。
⑧ 《内阁法》第4条第3款。
⑨ 《湖沼水质保全特别措施法》第3条第5款。
⑩ 《日本国宪法》第66条第3款。

种案件,即使内阁只是以多数决作出了决定,在其执行时,阁员也要团结一致处理相关问题。假定众议院以该决定为理由作出了不信任议决,可以考虑内阁总辞职或者解散众议院,以承担连带责任。不过,某政策如果是基于多数决制定的,而国会追究内阁内部的不一致责任,则要区别政策的决定和执行,便存在实际上的困难。

(五)不是由全体阁僚,而是就一定的业务所构成的"相关阁僚会议"得以召开。这不是法令上的制度,其决定的法的效果也并不明朗,但是,作为发挥相关省厅综合调整功能的会议而受到注目。①

二、内阁总理大臣的权限

内阁总理大臣具有三种地位:既是内阁的首长,同时,还是有关内阁府的事项的主任大臣、内阁直属部局的行政事务的主任大臣。由此来看,内阁总理大臣具有诸种权限。

(一)作为内阁首长的内阁总理大臣②,除主持内阁会议,同时具有对关于重要政策的基本性方针等的案件的动议权③外,还具有国务大臣的任免权④,将议案⑤提交国会的提出权,将一般国务、外交关系向国会报告的报告权,对行政各部门的指挥监督权⑥,权限疑义的裁定权⑦,中止权⑧。

在这种内阁总理大臣的职务权限中,与行政组织法一般理论有关的是对行政各部门的指挥监督权。这一点,宪法并没有对有关其行使的方法设置特别的规定。但是,《内阁法》规定要基于交付内阁会议决定的方针来进行(第6条)。与此相对,在所谓洛基路德案件中,最高法院指出:指挥监督权的行使,"虽然需要有交付内阁会议决定的方针的存在,但即使在不存在交付内阁会议决定的方针的情况下",比照内阁总理大臣的前述权限,"为了及时地适应流动的、多样的行政需要,内阁总理大臣至少在不违反内阁所明确表示的意思的限度内,具有对行政各部门随时就其

---

① 盐野著:《行政法Ⅲ(第五版)行政组织法》,第43页。
② 《日本国宪法》第66条、《内阁法》第2条第1款。
③ 《内阁法》第4条第2款。
④ 《日本国宪法》第68条。
⑤ 关于是否包括法律案在内的问题存在争议,而通说承认内阁的法律案提出权。
⑥ 《日本国宪法》第72条、《内阁法》第5条、第6条。
⑦ 《内阁法》第7条。
⑧ 《内阁法》第8条。

所掌管事务给予在一定方向上处理的指导、建议等指示的权限"。①

该最高法院的判决显示,内阁总理大臣除《日本国宪法》规定的指挥监督权(第72条)以外,还具有给予指导、建议等指示的权限。立足于这种观点的学说已经存在了。②

但是,对于这样的观点,是有疑问的。首先,无论是指挥监督,还是指导、建议性的指示,这些都是与行政的行为形式有关的,也就是说,必须在进行指挥监督、指导、建议的行政机关所掌管事务的范围之内。可是,由于《日本国宪法》并没有规定内阁总理大臣所掌管事务涉及行政事务的全部,也没有将内阁设为这样的机关(第65条),内阁总理大臣对行政各部门的指挥监督权是代表内阁而行使,也是从这种观点来理解的。所以,只要内阁总理大臣固有的所掌管事务不涉及行政事务全部,那么,不代表内阁,即不以内阁的意思为媒介,不区分指挥监督、指导、建议,内阁总理大臣便不能行动。换言之,该行为便不归属于国家。

其次,虽然说并不一定明确,但是,可以看出,最高法院认为指示即使没有基于内阁会议的方针也可以作出的根据是,在指挥监督对应行政处分、指示对应行政指导这种认识之下,在这里类推适用了有关行政指导的行政法一般理论。关于这一点,在行政指导之中,也必须是所掌管事务的范围论先行,这已经指出过了。③ 在这之上,还必须注意的是,行政处分和行政指导的二分论,本来也是着眼于行政主体和私人之间而建立起来的理论。此外,指挥监督权的内容,如果也涉及处分的撤销,则另当别论,而只要停留在命令的限度内,就难以发现与指示的质的差异。在一般的关系中,是否服从行政指导是相对人任意决定的,不得以不服从行政指导为理由,对相对人进行不利对待。④ 与此相对,内阁总理大臣可以任意地罢免国务大臣。⑤ 在这种意义上,指挥监督权要求存在交付内阁会议决定的方针,而认为指示可以随时作出的意义则是匮乏的。反过来说,如果指示可以随时作出的话,会带来使设置以内阁会议为前提的指挥监督

---

① 最高法院大法庭判决,平成7年2月22日,载《刑集》第49卷第2号,第1页;《行政判例百选Ⅰ》第19案件。在该判决中还附有补充意见、意见。参见该百选中的高桥明男解说。
② 参见菊井康郎著:《我国内阁制的展开》,载《公法研究》第49号,1987年,第40页以下。
③ 盐野著:《行政法Ⅰ(第六版)行政法总论》,第171页。
④ 《行政程序法》第32条第2款。
⑤ 《日本国宪法》第68条。

制度失去意义的结果。

从以上诸点来看,认为内阁总理大臣的职务权限,在基于交付内阁会议而制定的方针的指挥监督权之外,还有指导、建议等指示权的观点,作为现行法的解释,被认为是不适当的。多数说采取反对这种解释的见解。①

当然,在现实中存在内阁总理大臣不基于交付内阁会议决定的方针而行动的实际情况,这是不能否定的。如果认为这被作为行使正规的指挥监督权的代替物而运用(或者按照最高法院的解释,将来反复运用),那就是违反宪法和《内阁法》的。但是,在内阁会议之外,内阁总理大臣作为合议体内阁的组成人员(首长),和其他大臣一样向所管辖大臣披露其见解,是得到承认的,并且,关于建议也是一样。在内阁总理大臣的指示中,也存在可以作为这种权限来把握的情形,但是,无论如何,那也不应该理解为脱离内阁会议的内阁总理大臣的职务权限,并且,假设以和内阁会议相脱离的形式作出了指示,也将被解释为不归属于国家的行为。②

(二)内阁总理大臣具有内阁府的首长的地位,对于与内阁府相关的事项,其便是主任大臣。③ 从这一点来看,内阁总理大臣具有和《国组法》上如后所述各省大臣相同的权限。此外,在行政作用法上,有赋予内阁总理大臣以具体处分权限的情况④,其被作为行政官厅法通则中的行政官

---

① 参见冈田信弘著:《内阁总理大臣的地位、权限、功能》,载《公法研究》第62号,2000年,第74页以下;野中俊彦、中村睦男、高桥和之、高见胜利著:《宪法Ⅱ》(第五版),2012年版,第191页。

② 关于中部电力浜冈原子能发电所的全面停止要求,人们对其经过提出了疑问。关于这件事情,国会中的质问趣意书之政府答辩认为:"……虽然不是基于直接的法律之根据,……但是营内阁总理大臣作出了应当停止全号机运转的判断,由掌管有关发电用原子能设施的海江田经济产业大臣作出了此次的要求"(内阁众质第177第261号,众议院网站主页)。这样,便可以进行如下判断:不是总理大臣直接对电气事业者进行了行政指导,进行行政指导,毕竟是所管辖大臣。于是,问题在于"判断"的意义,跟平成7年最高法院大法庭判决的"指示"是同义词,还是只不过是所管辖大臣之行动的开端,这一点并不明确,可以说是微妙的表现形式。

鉴于对总理大臣指导力的关心不断增加,看起来没有内阁会议之方针(对此亦有解释上的幅度)先行首相的"指示",便频繁地作出,通过令人想起行政指导的概念操作来使其正当化,认为在现行《日本国宪法》之下是不能被承认的,这就是本书的立场。

③ 《内府法》第6条。

④ 《金融商品交易法》第29条以下、第52条以下,《关于公益社团法人及公益财团法人的认定等的法律》第3条、第4条、第29条等。

厅来定位,也和其他大臣相同。

(三)《内阁法》似乎就所有的行政事务都设想了设置主任大臣的问题。① 并且,制定法上也规定,有关内阁直属的辅助部局所承担行政事务的主任大臣为内阁总理大臣。② 因此,内阁总理大臣对于与内阁府相关的事项以外的事项,也具有作为主任大臣的职务权限。

三、内阁辅助部局

关于辅助内阁推行职务的机关,有《内阁法》第 12 条以下规定的内阁官房、《内阁法制局设置法》设置的内阁法制局、《国家安全保障会议设置法》设置的国家安全保障会议、内阁府、复兴厅。

(一)对于内阁官房,《内阁法》设置了关于其设置、业务内容的规定。制定当初(昭和 22 年法律第 5 号),曾经仅规定,"内阁官房,掌管内阁会议事项的整理及其他内阁的庶务"(该法第 11 条第 2 款)。其后,通过昭和 32 年的修改,规定为"掌管内阁会议事项的整理及其他内阁的庶务,关于与内阁会议相关的重要事项的综合调整和其他行政各部的施策及其统一保持上必要的综合调整,以及关于内阁的重要政策的信息之收集调查的事务"(该法第 12 条第 2 款)。该条款,作为平成 10 年中央省厅改革的一环,在现行《内阁法》第 12 条第 2 款第 1 项至第 5 项,内阁官房所掌管的调整事务得以更加具体的列举。进而,国家公务员法制、行政机关法制也归内阁官房所掌管(该法第 12 条第 2 款第 7 项至第 14 项),内阁官房的事务之范围扩大了(此外,前述《重新审视法》也没有触及内阁官房的事务之范围)。

为了确保内阁官房所掌管事务的推行,设置了内阁危机管理监(该法第 15 条)、国家安全保障局(该法第 17 条)、内阁人事局(该法第 21 条)等组织,内阁官房已经从当初的庶务担当变为完全不同的组织了。

此外,内阁总理大臣作为内阁官房的主任大臣,被赋予了命令制定发出权,而在该命令中,只要没有法律的委任,便不得设置罚则、义务赋课规定(该法第 26 条),在这一点上,被解释为是以事务分配性机关概念和作

---

① 林修三著:《内阁的组织与运作》,载《行政法讲座》(第 4 卷),第 37 页。
② 关于与内阁官房有关的事务,《内阁法》第 26 条;关于与内阁法制局有关的事务,《内阁法制局设置法》第 7 条;关于与安全保障会议有关的事项,《安全保障会议设置法》第 13 条。

用法性机关概念的区别为前提的。

（二）安全保障会议进行有关国防的重要事项及有关重大紧急事项对策的重要事项的审议。① 其成员是内阁总理大臣(议长)及按照事项的不同所规定的国务大臣(该法第4条、第5条)。

（三）内阁府，是根据《内府法》而设置于内阁的行政机关(第2条)，其任务是协助处理有关内阁重要政策的内阁事务。从内容来看，主要是为了谋求措施和政策的统一所需要的企划、立案和综合调整。② 其所协助的对象是内阁官房。③ 关于重要政策，列举了17项，包括关于短期及中长期的经济运营的事项，关于为了谋求科学技术的综合性、计划性振兴的基本政策的事项等。④ 进而，除此之外，由内阁会议决定的重要政策也成为其所掌管事务的对象。⑤ 内阁府也作为另外担当行政事务的行政机关而设置。⑥

（四）从设置于内阁这种意义来讲，不是内阁辅助部局，但是，关于担当辅佐和支援内阁的行政机关，有总务省。⑦

（五）内阁法制局掌管有关政府提出的法律案、政令的审查立案及法律问题，向内阁等陈述意见等。⑧ 必须注意的是，除对以《日本国宪法》第9条为代表的宪法解释发挥重要作用外，有的行政法规的解释作为公定解释在实际上的普遍适用力也很大。⑨

（六）人事院也被列举为内阁辅助部局，这是通例。⑩ 对人事院，不适用对属于内阁统辖的国家行政机关予以规定的《国组法》⑪，《内阁法》第12条第4款规定："除内阁官房以外，根据另外的法律规定，可以在内阁

---

① 《国家安全保障会议设置法》第1条。
② 参见《内府法》第4条第1款、第2款。
③ 《内府法》第3条第2款、第3款。
④ 《内府法》第4条第1款第1—30项。
⑤ 《内府法》第4条第2款。
⑥ 关于这一点，与内府府的组织特色一起，参见盐野著：《行政法Ⅲ(第五版)行政组织法》，第57页以下。
⑦ 《中央省厅等改革基本法》第15条、别表第二第17条、《总务省设置法》第3条。
⑧ 《内阁法制局设置法》第3条。
⑨ 盐野著：《行政法Ⅰ(第六版)行政法总论》，第51页以下。
⑩ 田中著：《行政法》(中)，第67页；佐藤著：《行政组织法》，第323页；林修三著：《内阁的组织与运作》，载《行政法讲座》(第4卷)，第48页。
⑪ 《国家公务员法》第4条第4款。

设置必要的机关,以辅助内阁的事务。"由此看来,在形式上,可以将人事院和内阁官房一样解释为内阁辅助部局。的确,人事院所进行的是国家的人事行政,在该限度内,属于内阁的管辖范围。但是,基于确保人事行政的政治中立性的要求,特地规定不适用规范属于内阁管辖之下的行政机关的《国组法》,由此可以说,将人事院和在内阁之下辅佐内阁的内阁官房置于同一范畴,是有疑问的。①

(七)复兴厅,在东日本大震灾复兴方面辅助内阁,同时具有对相关地方公共团体实施支援的实施厅的性质。② 复兴厅,除至令和13年被废止③,由内阁总理大臣担任首长,作为辅助内阁总理大臣的职位而设置复兴大臣之外④,作为组织构成原理,揭示了弹力性应对,与内阁府及其他国家的行政机关的调整、联携。⑤ 所以,不仅是设置场所,而且关于设置理由,都具有与府、省之外局的不同要素,虽然被赋予"厅"的名称,但是,其并非作为设置于府、省的外局之"厅",而是作为与府、省并列的"厅"来定位。⑥

(八)即使是内阁的职务,预算的制作由财务省掌管,主任大臣为财务大臣;恩赦的决定作为法务省所掌管事项,由法务大臣担任主任大臣。所以说,并不是内阁的职务全部都由内阁辅助部局来进行。

四、主任大臣

内阁由内阁总理大臣和其他国务大臣构成(《日本国宪法》第66条),而《内阁法》将这些国务大臣之中分担管理行政事务的大臣作为主任大臣来定位(第3条)。这种主任大臣,在《日本国宪法》第74条上,被规定为法律及政令的署名大臣,而在《国组法》上,作为各省首长的各省大臣,则被规定为《内阁法》上所说的主任大臣(第5条,就内阁府而言,则是总理大臣)。

这种分担管理行政事务的主任大臣的观念,在将国家担当的事务分

---

① 关于人事院,参见盐野著:《行政法Ⅲ(第五版)行政组织法》,第241页。
② 《复兴厅设置法》第2条、第4条。
③ 《复兴厅设置法》第21条。
④ 《复兴厅设置法》第6条、第8条。
⑤ 《复兴厅设置法》第5条。
⑥ 关于作为府、省之外局的"厅",参见盐野著:《行政法Ⅲ(第五版)行政组织法》,第67页。

配给复数的组织(内阁府及各省)及作为最高责任人而设置国务大臣(在内阁府的情况下,是总理大臣)的限度内,可以说是议院内阁制度之下的一种国家行政组织原理。

不过,如果说除此之外还有什么含义的话,从文中的句子来看,并不是明确的,而且,在行政组织法上也并未充分地展开讨论。鉴于这种情况,姑且指出如下几点。①

(一)与平成10年中央省厅改革相关联,关于主任大臣的分担管理,可以看出,在分担管理原则的名义之下展开了讨论。② 在该原则下,狭义上,将内阁理解为其自身仅仅具有"统括"各省大臣分担管理的行政权的行使的权能,并且理解为《日本国宪法》第74条的规定得以援用。此时,被认为立足于狭义说的行政实务、内阁法制局见解、通说的根据并未得以明确,所以,虽然应当将其理解为思考的模式,但是,无论如何,该问题是,现实上内阁是作为担当"统辖"以外事务的机关而得以整理的。

(二)就分担管理和行政机关概念的关系而言,主任大臣并不是当然地具有作为行政官厅法上的行政官厅的地位,而是要取得该地位,需要有个别行政作用法作为媒介。③

(三)分担管理,根据观点的不同,可能呈现出闭锁性的组织构成。这种组织构成如果以纯粹的形式予以展开的话,那么当然可以预测到其将导致所谓割据主义的弊端。特别是在现代社会,在推行行政管理之际,相互的调整将成为重要的课题,所以,分担管理的规定尚不够强固,不足以阻止为了该课题而进行的制度整备,现实上也实现了。④

(四)关于分担管理的射程,存在着该行政实务推行之际的责任范围的问题。换言之,主任所分担管理的事务,如果予以单纯化的话,那就是

---

① 松户浩著:《制定法上的事务分配单位的变容及其意义——所谓"分担管理原则"的影响》,载《广岛法学》第31卷第1号,2007年,第118页以下,第2号,2007年,第140页以下,与《内阁法》第3条使用了"主任大臣"这个概念相对,《国家行政组织法》第5条将作为行政机关首长的各省大臣作为主任大臣来把握,指出了该情形的问题性。包括《内阁法》第3条是否以《日本国宪法》第74条为前提这一点在内,制定法并未就构成分担管理原则的要素进行整理了的形态予以提示,在这件事情上存在插入不同观点的余地。

② 行政组织研究会著:《中央省厅等改革关联法律的理论性检讨(一)》,载《自治研究》第76卷第9号,2000年,第11页以下;藤田著:《行政组织法》,第124页以下。

③ 盐野著:《行政法Ⅲ(第五版)行政组织法》,第21页。

④ 盐野著:《行政法Ⅲ(第五版)行政组织法》,第41页。

可以分为企划、立案、执行、纠正（无论是依职权纠正，还是通过不服审查）。分担管理并未达到被严格解释为始终都应该由同一主任大臣来行使的程度，内阁官房也被认为具有立案功能。① 进而，关于与违法执行等相关的纠正措施，通过裁判过程进行的纠正，与分担管理并无抵触，这是当然的事情。此外，在《行政不服审查法》中，除上级行政厅以外，可以根据法律而规定审查厅，现实中，社会保险审查会等即是其例，这并不是违反分担管理的。对于这一点，是没有异议的。与此相对，关于是否可以在行政系统内部设置具有横断性、综合性裁决权的不服审查机关，则作为未解决的问题被保留了下来。具体而言，关于横断性行政救济机关仅限于答复、劝告、措施要求的情形，已经在国家地方系争处理委员会②，信息公开、个人信息保护审查会③中看到了其事例。关于这样的横断性机关，设置与私人的关系上的综合性行政审判，甚至可以考虑对其赋予具有对外性法效果的裁决权。这种综合性行政审判和裁决权，是否侵害了作为整体的主任大臣的分担管理，便构成了需要探讨的问题。鉴于分担管理本身本来并不是能够作为坚固的制度而存在的，从行政系统内部的纷争处理在现代行政中的必要性来看，我认为，并不能直接产生违宪问题。此外，在这种情况下，也可以考虑赋予对主管大臣的起诉权等措施。④

第二节　在内阁统辖之下的行政机关

一、引言

《国组法》以规定在内阁统辖之下的、内阁府以外的行政机关的组织

---

① 《内阁法》第12条第2款。
② 盐野著：《行政法Ⅲ（第五版）行政组织法》，第213页。
③ 盐野著：《行政法Ⅰ（第六版）行政法总论》，第284页。
④ 稻叶馨著："'行政'的任务、功能与国家行政组织改革"，载《公法研究》第62号，2000年，第37页以下，在将宪法上预定了这种制度这样的理解作为前提的基础上，认为"分担管理"制在一定的范围内可以成为立法政策的问题。其一定的范围，主要可以考虑的是各省间调整、横断性管理实务。关于个别处分，虽然没有积极谈及，但是，也指出了在不服审查制度上存在例外的情形，这一点正如正文中所谈及的。进而，这个问题被认为是使得作为个别法上所赋予行政厅的权限（换言之即责任的所在）变得不明确的系统是否具有合理性的问题，而不是其内容不一定是明确的"分担管理原则"的问题。

基准为目的(第1条)。关于内阁府的组织,另外由《内府法》规定。这里所说的"统辖",是作为法令上"上级行政机关对若干个下级行政机关进行的综合调整、指挥监督"而使用的(《法律用语辞典》)。

《国组法》的意义在于,其作为日本法第一次有意识地采用了概括性机关概念①,但是,并不限于这一点。在行政官厅法通则的具体适用时,必须根据《国组法》及基于该法的省、委员会、厅等的设置法来进行②,在这种意义上,该法也发挥着极为重要的作用。此外,内阁府是作为强化内阁功能的一环而新设的机关,成为其设置基础的《内府法》,在国家行政组织法上占有重要的地位。

下面,我们将简要介绍内阁府的组织性特色,进而对《国组法》的具体制度加以检讨(此外,《国组法》上的组织的基准,在平成11年的修改中也没有被变更)。

二、内阁府

内阁府,在平成10年中央省厅改革之际,是作为强化内阁功能的一环而新设的机关,在组织上,也具有这方面的特色。

(一)内阁府是内阁统辖之下的行政机关(《国组法》第1条)。一方面,内阁府设置于内阁(《内府法》第2条),和内阁官房、内阁法制局、安全保障会议等一起,被作为内阁辅助部局(机关)来定位。③ 此时,这些内阁辅助部局通常并不称为内阁统辖之下的行政机关。于是,作为概念上的问题,便产生了如下问题,即在内阁府设置前后,统辖的意义是否发生了变异的问题。④ 或者说,是否可以进行如下归纳整理?即内阁府本来就具有作为内阁辅助部局的性质和作为在内阁统辖之下的行政机关的性质这种两面性⑤,《国组法》第1条的规定是针对后一种属性的。当然,即

---

① 盐野著:《行政法Ⅲ(第五版)行政组织法》,第20页。
② 盐野著:《行政法Ⅲ(第五版)行政组织法》,第21页以下。
③ 盐野著:《行政法Ⅲ(第五版)行政组织法》,第53页。
④ 森田宽二著:《行政机关和内阁府》,第5页以下,将"在内阁统辖之下"的意思理解为,"对于从形态上和内阁隔离开来而设置的组织,那是为了明示具有和内阁一定的关系及处于其统治这种行为之下的表现",进而认为,通过平成11年《国组法》的修改,行政机关概念发生了变迁。
⑤ 参见稻叶馨著:《行政组织的再别与设置法、所掌管事务及权限规定》,载《法学者》第1161号,第114页以下。

使采取这样的理解,也依然存在如何将在统辖之下和设置于内阁这两者联系起来的问题。

总之,内阁府的性质,包括内阁府的辅助部局和掌管一定行政事务的行政机关这两种功能。在这里,关于后者的问题,成为考察的对象[一并也论及作为内阁辅助机关的内阁府所具有的特征性的机关。后述第(五)部分]。

(二)内阁府所掌管的,涉及皇室、国家的治安之确保等全部,而其主要任务是与作为内阁府的首长的"内阁总理大臣担当相适应的行政事务"①。至于具体而言哪些事务才属于这里所说的"事务"的问题,应当个别地作出评价。不过,可以肯定的是,在与这一点的关联上,将从前被规定为总理府所掌管的"其他不属于行政机关所掌管的事务"配置给了总务省②,而不是内阁府。

(三)与《国组法》不同,《内府法》不是规定组织的基准,而是规定所设置的组织本身。在这种意义上,不是相对于《国组法》,而是被用来跟各省设置法相对比。另外,审议会、外局、内部部局等的组织的基准,几乎沿袭了《国组法》的有关规定,所以,关于这方面的问题,留在《国组法》的相关部分去叙述。不过,审议会、特别的机关等《国组法》所预定机关的特色在于,在内阁府,不仅用于通常的行政事务,而且用于作为内阁府的主要任务的综合调整。

(四)关于内阁府之组织上的特色之一,有特命担当大臣的职位,不是限定于内阁辅助事务,而是也设置于分担管理事务。③ 实务上也存在其他省的大臣兼务的情形。

(五)在《内府法》所设置的机关中,有"关于重要政策的会议"。这是作为"为了谋求有关内阁的重要政策在行政各部门的措施上的统一,有助于所需要的企划、立案及综合调整,而以内阁总理大臣或者内阁官房长官为其首长,由其掌管适合于经相关大臣及具有学识经验者等的合议来处理的事务的机关"(《内府法》第 18 条第 1 款),设置于内阁府。经济财政咨询会议、综合科学技术革新会议、国家战略特别区

---

① 《中央省厅等改革基本法》第 10 条、《内府法》第 3 条第 2 款。
② 盐野著:《行政法Ⅲ(第五版)行政组织法》,第 13 页脚注②。
③ 《内府法》第 9 条以下。

域咨询会议、中央防灾会议、男女共同参与策划会议,就属于这种机关。① 所以,这些会议作为内阁的辅助部局而属于内阁府。

从国家行政组织法论上,可以指出如下几点:首先,会议的主要掌管事务是,针对内阁总理大臣等的咨询,就所规定的重要政策事项进行调查审议(第 19 条、第 26 条等),姑且不论其审议事项的轻重之不同,在该限度内,与后面考察的政策建议型审议会②没有什么不同。其次,在该会议中,议长是内阁总理大臣或者是官房长官,在这一点上,与使这两者区别开来的通常的审议会不同(以下称为自问方式)。关于这一点,有人认为,其由来于"明确行政责任的观点"③,而从确保行政责任明确性的观点来看,可以说,在接受回答的基础上,咨询者(例如大臣)在真挚地进行检讨的基础上作出该政治性、行政性决断,会使得责任的所在更加明确。所以,可以说,自问方式的采用,不是以行政责任的明确化这种官僚制度为前提的行政组织法层面的问题,的确是当时的内阁为了推行政策的便利而设立的内阁辅助机关(自问方式在会议之中,由于咨询者陈述意见,直接地对审议行使影响力,都是从制度上得以确保了的,所以,大臣以外的学识经验者也是从与咨询者基本上持有相同政策者中选任,这与被认为广泛征求民间意见的审议会的成员构成是不同的)。在这种意义上,即使内阁交替了,委员的构成也是相同的,这样便缺乏合理性,所以,特别是关于委员的任期,我认为依然存在进一步研究的必要。④

(六)鉴于新发生的重要施策,由于政权的不同而是可变的,并且,超越既存省厅之范围的情形较多,故而将其规定为由内阁府掌管的较多,并且,在此基础上,添加了事务内容的多种多样性。现实中,成立之初曾经是 5 名的特命担当大臣,现在(2012 年 7 月)增为 9 名,职员也按照从各省厅的并任之比例有所增加。维持这样的状态的话,具有损害作为一个组织体之合理性、效率性运营之虞,所以有必要使包含事务之存废在内的

---

① 《内府法》第 18 条。
② 参见盐野著:《行政法Ⅲ(第五版)行政组织法》,第 71 页。
③ 行政组织研究会著:《中央省厅等改革关联法律的理论性检讨(二)》《自治研究》第 76 卷第 10 号,2000 年,第 30 页。
④ 经济财政咨询会议、综合科学技术革新会议,都实行议员任期制(分别为 2 年、3 年)。《内府法》第 23 条、第 31 条。

检讨及对省厅的移管措施等更加容易进行。作为其对应策略之一例,根据前述《重新审视法》,关于犯罪受害者等施策的事务、关于自杀对策之推进的事务等若干事务,进行了从内阁府本府向各省移管①,但并不是根本性的改革。

三、省

《国组法》上最大的概括性单位是该法第 3 条规定的省。包括我们将在下一项阐述的委员会和厅,总称为"第三条机关"。现在所设置的省的具体名称等,都在《国组法》别表中所列举。关于省的问题,有必要注意如下几点:

(一)虽说同样是第三条机关,对省与委员会和厅的规定是不同的。省和内阁府一起被置于内阁的统辖之下,而委员会和厅则作为其外局而设立(第 3 条第 3 款)。省的首长是各省大臣(第 5 条第 1 款),而委员会和厅的首长分别是委员长或者长官(由大臣兼任的情形,在《国组法》上是不存在的,只有内阁府的外局)。

(二)省和省的区别,主要在于其所掌管事务的不同。关于作为整体的行政事务应如何分配给数省的问题,宪法没有作任何规定。此外,在制定法以外,也不存在从逻辑上推导出的组织法上的原理。这是应该适应时代的要求,从政策上予以决定的事项。②

(三)作为省的首长的大臣,在组织法上,根据《国组法》,被赋予各种各样的权限。即事务的统管及职员服务的统辖和监督(该法第 10 条),法律及法令案的提出(该法第 11 条),省令的制定(该法第 12 条),告示、训令、通知的发布(该法第 14 条),有关所谓省间调整③的资料的提出要求等(该法第 15 条),对于与大臣所进行的综合调整相关的相关行政机关的首长的资料要求、劝告,关于内阁总理大臣根据指挥监督权

---

① 光纪、新井智广著:《法令解说》,载《当代的法令》第 1999 号,2016 年,第 16 页以下。
② 《中央省厅等改革基本法》关于组成新的省的基本方针,列举了综合性、概括性的原则,按照目的、价值体系的不同分别组成的原则,均衡的原则(该法第 4 条第 2 项第 1—3 号)。但是,我认为,这三个原则并不一定能够协调地成立,并且,各个原则也不能说是具有普遍适用性的原则。现实中的省的存在方式,由于 1 府 12 省厅这种从政治上决定了的原则,也并不一定成为按照这种基本方针来架构的制度设计。
③ 参见盐野著:《行政法Ⅲ(第五版)行政组织法》,第 41 页。

作出的措施的意见提出(该法第 15 条之二)等。其中,职员服务的统辖和监督及通知等的发出,并不一定是大臣固有的权限。①

(四)在各省中,作为特别的职位,设置副大臣及大臣政务官若干人(2~5 人),来处理政务。副大臣在大臣不在的情况下代行其职务(该法第 16 条、第 17 条)。大臣政务官,协助大臣,参加特定的政务及企划之策划,处理政务(该法第 17 条第 3 款)。在内阁府也是一样,设置副大臣(3 人)和大臣政务官(3 人)(《内府法》第 13 条、第 14 条)。事务次官的职位按照原样(一省一人)保留下来了。②

(五)省,由委员会、厅等外局及内部部局、审议会等、地方支分部局组成。这些机关将在后面阐述。

(六)如下面所具体揭示的那样,即便是关于省本身,对于其数量、事务的分配方式,都没有行政组织上的原则。此外,关于作为内阁府、省的外局设置怎样的委员会、厅,作为附属机关设置怎样的审议会等,也是一样,这些都具有被委任给了各个时期的特别应对的浓厚色彩。这种情况,即便在平成 10 年中央省厅改革中也是一样。③

四、委员会、厅

委员会和厅,与省一起,被称为《国组法》的第三条机关,但是,却不像省那样被置于内阁的直接统辖之下,而是作为省的外局来定位的(《国组法》第 3 条)。在《内府法》上,同样存在作为外局的委员会和厅的观念(第 49 条第 1 款)。内阁府的委员会和厅,有时候由国务大臣担任其首长(《内府法》第 49 条第 2 款)。

---

① 盐野著:《行政法Ⅲ(第五版)行政组织法》,第 35 页。
② 副大臣、大臣政务官等特别的职位,是以实现对于从前的官僚支配的政治主导这种旨趣,在平成 11 年的《国组法》修改和《内府法》制定之际所导入的制度。不过,这个部分与其他新的制度不同,它是根据行政改革会议报告而制定的《中央省厅等改革基本法》中没有包含的,是基于政党间的政策合意而形成的。这是具有给政治和行政的关系带来本质性变化的可能性的。有必要关注其今后的运用。此外,也是逼迫人们对关于行政的中立的日本的理解进行再检讨的制度。在这种意义上,这也是最应当注意现实之动向的制度(参见毛利透著:《内阁和行政各部门联络的存在方式》,载《公法研究》第 62 号,2000 年,第 80 页)。
③ 与此相对,山本隆司著:《行政的主体》,载《行政法的新构想Ⅰ》,第 193 页以下,以作为行政组织之基本原理的民主的正统化为机轴,从作为宪法原理的法治国家原理、权力分立原理出发,对降低其水准的要素进行整理,具有启迪作用。但是,需要注意的是,这好像并非作为法道具观念而提示的,并且,组织编成本身具有被政治性、官僚性利害所左右的因素。

在《中央省厅等改革基本法》上,委员会和厅主要是被作为担当有关政策实施的功能的机关来规定的(第16条第4款)。关于这一原则,该法本身预测了例外(第14条第4款第1项、第2项),但是,假设委员会和厅都被作为政策实施的机关而使用,其各种的设置理由也是不同的,所以,将两者在行政组织法论上同样对待,是不妥当的。下面将区分委员会和厅,并分别进行论述。

(一)委员会

关于委员会,除从用语上可以明确其为合议制机关以外,《国组法》上并没有明确的定义规定。这可以通过《国组法》上作为其前提的学术上的行政委员会设立之历史来说明。①

在明治宪法下,也存在合议制的行政机关,对此,已经从行政官厅法理的角度进行了简单的说明。即"像收用审查会、海员审查会、行政法院那样,其权限类似于法院,特别注重公平和独立的机关,采用了合议制的组织"②。并且,在规定行政官厅组织的基本问题的各省官制中,也不曾存在有关合议制机关的规定。

与此相对,从第二次世界大战结束后不久开始,基于美国的占领政策,根据个别的法令,从中央到地方,设立了数量众多的具有委员会之共通名称的合议制机关,并且,这些并不是回答行政官厅的咨询的机关,而是作为承担国家意思决定职务的行政机关而出现的。关于初期的委员会,有1945年的农地委员会,1946年的劳动委员会,1947年的统计委员会,1948年的公安委员会、证券交易委员会。学说以"委员会行政"或者"行政委员会"的形式将这些作为分析的对象。③

在制定《国家行政组织法》时,将这些行政委员会中属于国家机关的予以区分整理,作为和府、省、厅相同的行政机关的一种类型来把握,赋予其制度上的地位。所以,以这种历史性经过为背景,在日本《国家行政组织法》上作为一般的制度而出现的委员会,其前提包含如下两个要素。

第一,委员会本身是决定国家意思并向外部表示的机关。在这一点

---

① 参见盐野宏著:《关于行政委员会制度——在日本的扎根程度》(2004年),载盐野著:《行政法概念的诸形态》,第447页以下。
② 美浓部著:《日本行政法》(上),第381页。
③ 其代表事例,参见东京大学社会科学研究所编:《行政委员会》,1951年版。

上,与内阁府、省是基于概括性机关概念而成立的相对(厅也是一样),委员会却可以基于行政官厅法理来理解。委员会,根据个别作用法被赋予对外的权限,此时,成为行政厅的,与省、厅的情况下是作为其首长的大臣相对,在委员会的情况下,是委员会本身。并且,在省中的内部部局,在委员会中被作为《国组法》上的事务局来定位(第7条第7款),这也适合于作为行政官厅法理上所说的辅助机关来理解。当然,并不能因此说其是可以运用行政官厅法理来综合地理解委员会的组织。必须注意的是,特别是在和审判功能的关系上,可以说存在职能分离的问题等行政委员会所特有的组织问题。①

第二,委员的任免方法、任期、资格要件,适用和一般公务员不同的规范。不过,委员也并不是当然地成为特别职公务员,而应该根据个别委员会设置法的规定而定。②

对于具有如上所述组织特征的委员会,此外,还有如下几点需要注意:

1. 关于委员会掌管什么样的行政事务的问题,《内府法》和《国组法》都没有作出任何规定。此外,关于什么样的行政事务适合于委员会制度的问题,也不存在单一的基准。例如,战后,在导入委员会制度的初期,可以想象,人们强烈地意识到了(在破除官僚制意义上的)行政民主化(这一点,被置于地方公共团体中的委员会尤其显著)。③ 与此相对,《内府法》及现行《国组法》上的委员会,不是从行政民主化的角度,而是可以从履行职务中的政治中立性的确保(国家公安委员会)、专门技术性判断的必要(公正交易委员会、原子能规制委员会)、复数当事人的利害调整(中央劳动委员会、公害等调整委员会)、准司法性程序(行政审判程序)的必要(公安审查委员会)等方面来说明其设置根据。④ 当然,这些复数的设置根据并不一定是相互排斥的。

2. 委员会的独立性得以普遍认识,并且,在制定法上,该宗旨也通

---

① 盐野著:《行政法Ⅱ(第六版)行政救济法》,第38—39页。
② 《国家公务员法》第2条。
③ 东京大学社会科学研究所编:《行政委员会》,1951年,第5页(鹈饲信成);盐野宏著:《关于行政委员会制度——在日本的扎根程度》(2004年),载盐野著:《行政法概念的诸形态》,第457页以下。
④ 参见佐藤著:《行政组织法》,第213页;宇贺著:《行政法概说Ⅲ》,第193页。

过包括身份保障规定在内的委员的任免方法①及关于其职权行使的独立性的规定所体现。② 此外，在委员会的设置法中，以该委员会基于内阁总理大臣或者大臣"所管辖"③这种形式，来表现其独立性强度的情形较多。

在这种情况下，内阁的独立性是最具争议的问题。在这里主要存在如下两个问题：其一是承认独立性的实质性正当化的根据何在？其二是这些实质性正当化的根据和宪法上行政权属于内阁的规定是什么关系？就前者而言，在前述 1 中所指出的现行委员会的设置根据，分别或多或少地被赋予了对内阁进而对其他组织的独立性的正当化理由。当然，不能否认的是，存在行政委员会的独立性（专门性）之要求与内阁的政治、行政责任的对立尖锐化的局面。其中一例是，根据《原子能灾害对策特别措施法》规定的原子能灾害对策本部本部长（内阁总理大臣）对相关指定行政机关的指示权之范围。一般说来，原子能规制委员会也被视为指示权的对象（与之相对应的独立性受到制约），另外，该法第 20 条第 3 款则规定："本部长的指示，不以原子能规制委员会关于属于其所掌管的事务、完全基于技术性及专门性的见解，为了确保原子能设施的安全而应当作出判断的内容相关的事项为对象"。

问题在于后者，即这些实质性正当化根据在和宪法的关系上应如何评价。关于这一点，不仅学说上，而且在实务上也成为争论的对象，各种见解都可能成立。鉴于《日本国宪法》第 65 条的宗旨和第 66 条第 3 款相呼应，在于使行政通过国会而服从由国民进行的民主性控制，我认为，创造该行政作用的国会本身作出不适合让内阁来承担责任的判断结果，具有将其不置于内阁的指挥监督之下的裁量权。即使这样理解，也并不违反《日本国宪法》所采用的民主性统治构造。④ 当然，该裁量权的行使存在一定的界限，该界限是基于上述委员会的设置根据来判断的。可以

---

① 《垄断禁止法》第 29 条以下。
② 《垄断禁止法》第 28 条、《公害等调整委员会设置法》第 5 条、《原子能规制委员会设置法》第 5 条。
③ 《垄断禁止法》第 27 条、《劳动组合法》第 19 条之二第 1 款。
④ 曾我部真裕著：《关于公正交易委员会的合宪性》，载《石川古稀》，第 7 页以下，对关于这个问题的学说之动向进行整理，从"长期性的公益之确保"的观点出发，为公正交易委员会的合宪性提供了基础。

说,应该高度地保障政治中立性的事项、行政审判等,都属于此。关于除此以外的事项,只能进行个别的判断。① 例如,关于广播行政,特别是广播用频率数的分配、广播事业的许可监督,委任给完全独立于政府的机关,可以说正是保障广播自由的宪法所要求的。②

3. 必须注意的是,行政委员会在这样的独立性得以保障的同时,却不拥有法律案提出权③,不能对财务省直接进行预算要求④,具有对内阁府、省的从属性。

4. 委员会在战后改革中得以大量设置。但是,在独立后的行政改革潮流中,许多委员会被废止了(其代表事例是 1951 年基于政令咨询委员会的答复所采取的措施)。其中虽然也有基于该行政事务本身的终结而终结的(财产处理),但是,大多经历了被改组为作为咨询机关及审查机关的审议会⑤,或者干脆被废止的经过。

在这种意义上,可以说,在《日本国宪法》之下,从美国导入的行政委员会制度的扎根程度有些是极其肤浅的。关于这件事情,可以考虑有各

---

① 政府的见解认为,赋予公正交易委员会以独立性,不违反宪法。其理由是,因为内阁对公正交易委员会的人事、财务、会计等可以行使一定的监督权,所以,通过这些权限,并且在该权限内,对国会负责任(佐藤著:《行政组织法》,第 280 页)。此外,有的学说宗旨与此相同[包括其他见解在内,有关学说的详细情况,参见山内一夫著:《宪法第 65 条与行政委员会》(1957 年),载《行政法论考》,1965 年,第 105 页以下]。但是,这种见解并不一定具有说服力。在内阁握有人事、预算这一点上,至少从形式上看对最高法院来说也是一样的。此外,就任命后而言,从委员会委员的身份保障的规定来看,内阁的责任是极其消极的。如果要在积极的意义上履行责任,就有必要将委员的任期规定为一年这样极短的期限。如果是通过预算使其服从当时的政权的意向,便会产生对职权行使独立性的侵犯的问题。此外,还有的见解强调以美国为模式的行政委员会的历史性质(佐藤著:《行政组织法》,第 276 页)。但是,日本并不存在像美国那样的以议会、法院、总统的关系为前提的历史性情况。

此外,关于行政委员会,其准立法功能、准司法功能与立法权、司法权的关系,也成为宪法论上的问题。关于这一点,在日本,并没有像对内阁的独立性那样成为人们普遍关注的问题,其原因可以考虑如下两点,即委任立法被比较缓和地予以承认;关于实质性证据的法则,《垄断禁止法》等也设置了该法则与宪法的调整规定[参见盐野著:《行政法Ⅰ(第六版)行政法总论》,第 79 页以下;盐野著:《行政法Ⅱ(第六版)行政救济法》,第 38 页以下;盐野宏著:《关于行政委员会制度——在日本的扎根程度》(2004 年),载盐野著:《行政法概念的诸形态》,第 61 页以下]。

② 参见盐野宏著:《广播事业和行政介入》(1970 年)、《日本的广播新秩序的诸原理》(1988 年),载盐野著:《广播法制的课题》,第 83 页、第 373 页。

③ 参见《内府法》第 7 条第 2 款、《国组法》第 11 条。

④ 参见《财政法》第 20 条。

⑤ 盐野著:《行政法Ⅲ(第五版)行政组织法》,第 71 页。

种原因,值得注目的是,行政委员会制度的导入,是被作为在美国不曾设想的行政民主化来把握的,行政委员会制度,在日本,在作为广泛的行政事务的处理方式之一这种定位的意义上,与基于社会性、经济性的必要性而历史地诞生了的美国不同,是一种脱离历史的政策性存在。① 但是,反过来又可以说,这一点也揭示了伴随着日本的行政模式的变革,从政策性见地出发,委员会方式得到了修正。新设置的组织,除 2012 年的原子能规制委员会(前述)之外,作为悬案事例,还有人权委员会。②

5. 关于具有准立法性功能和准司法性功能的行政机关,立于《内府法》《国组法》的适用之外的,有《国家公务员法》上的机关人事院和宪法上的机关会计检查院。其中的人事院,存在与前面关于委员会所阐述的问题相同的问题,关于其具体的构成、权限等,将在与公务员法的关系部分来论述。③

6. 在委员会中可以设置事务局,其内部组织准用省的内部组织的有关规定。在这一点上,与后述实施厅不同(《国组法》第 7 条第 7 款)。

7. 在上述作为"第三条机关"的委员会之外,还有具有"委员会"(例如,食品安全委员会)之名的行政机关,这些是被作为附属机关来定位的。

(二)厅

具有"厅"这个名称的国家的行政机关,在行政组织法上有不同的种类。

1. 一般说来,厅跟委员会相同,是被作为《国组法》上的外局来定位的④,但其组织构造及设置理由则与委员会完全不同。设置于内阁府的厅,分别在《内府法》第 64 条的图表、《国组法》别表第一中被揭示。此外,内阁中设置了复兴厅,该厅的设置理由、组织构成原理皆不同。

关于厅,相关法规范除规定其为外局以外,没有进行任何定义。此外,厅也不是学术上已经存在的观念。因此,厅的设立只能等待立法实务

---

① 从这种角度出发来考察日本的行政委员会制度的历史发展的研究成果,参见盐野宏著:《关于行政委员会制度——在日本的扎根程度》(2004 年),载盐野著:《行政法概念的诸形态》,第 447 页以下。作为立足于行政学的角度进行的对日本的行政委员会制度的综合性研究,伊藤正次著:《日本型行政委员会制度的形成》,2003 年版,具有参考价值。

② 参见法务省人权拥护局著:《人权拥护的 60 年》,2011 年版,第 25 页以下。

③ 盐野著:《行政法Ⅲ(第五版)行政组织法》,第 241 页以下。

④ 《内府法》第 49 条、《国组法》第 3 条。

上的谅解。不过,一般认为,在承担行政事务的单位为局等内部部局显得过大的情况下,应当设置厅。① 所以,作为厅的设置理由,有的法规范列举了关于政策实施的功能的推行②,而这只是其理由之一,尚不能称之为设立厅的原则。③

从组织构成原理来看,厅与行政委员会不同,而与府及省相同,是概括性行政机关。

2. 在《国家行政组织法》上,在外局之外,作为附属机关的一种,另行规定了"特别机关",其中有检察厅、警察厅等,是具有"厅"之名称的组织体。④

3. 关于设置于内阁府的机关,有宫内厅。从前,曾被作为总理府的外局来定位,而在现行《内府法》中,不属于前述 1 和 2 中的任何一种情形,仅有规定,组织的具体存在方式根据《宫内厅法》的规定而定。⑤ 在成为其基础的《行政改革会议最终报告》[Ⅱ4(3)②ウ]以及《关于中央省厅等改革的大纲》(Ⅱ第一、十一)中,也是除规定"特别机关"之外,并未添加任何修饰语予以说明。于是,根据《内府法》,《宫内厅法》第 1 条规定:"在内阁府中,作为属于内阁总理大臣之管理的机关,设置宫内厅。"当然,称为"管理"的这个法令用语,在行政组织法令上,被解释为"表示具有比'所辖'的场合能够更加深入地进行的关系"(《法律用语辞典》),而在内容上并不一定是明确的。⑥

---

① 参见田中著:《行政法》(中),第 63 页;佐藤著:《行政组织法》,第 209 页。
② 《中央省厅等改革基本法》第 16 条第 4 款。
③ 由厅承担政策实施功能,由来于平成 10 年中央省厅改革中作为中央省厅的构成的设想之一的企划立案功能和实施功能的分离论(参见稻叶馨著:《"行政"的任务、功能与国家行政组织改革》,载《公法研究》第 62 号,2000 年,第 44 页)。关于行政机关所发挥的功能的两种分类,也是一种着眼点,但是,从两种功能的重叠性性质、相互干涉性性质来看,在具体的组织改革之际,可以认为其并未成为一贯的组织构成原理。实际上也是这样,行政作用法上的许认可等规制权限的具体行使可以认为是实施功能,但被保留给大臣的情况较多。关于政策评价也是一样,企划与实施的分离是困难的。在《国组法》上确立实施厅的观念,关于实施厅,另外规范其内部组织的构成,而其内容不过是将科的设置等规定为省令事项之类而已(《国组法》第 7 条第 6 款、第 20 条第 4 款、第 21 条第 5 款)。
④ 盐野著:《行政法Ⅲ(第五版)行政组织法》,第 70 页。
⑤ 《内府法》第 48 条。
⑥ 园部逸夫著:《皇室法概论》(复刻版),2016 年版,第 91 页,关于现行法制上宫内厅被认为既不是外局也不是内部部局这件事情,指出:"应该可以认为,存在从确保皇室的政治中立性的观点出发,对内阁中的宫内厅进行的考虑"。(转下页)

五、内部部局

作为最大的概括性行政机关的府、省,其内部可以细分为更加小的行政机关。将《国组法》所规定的单位按从大到小的顺序排列为:官房、局、部、科、室。《国组法》虽然没有将这些作为行政机关给予明确的定位,但是,并不能因此而认为排除了这些组织的行政机关性。《内府法》的内部部局(第17条以下)也被解释为同样的意义。

必须注意如下几点:

(一)《国组法》规定,这些内部部局的设置及其所掌管事务的范围,以政令规定。①

(二)关于在府及省中应设置什么样的局、部、科等的问题,并不存在特别的组织法上的原理或者原则,而是根据与该府、省所掌管事务的关联适当地予以规定。

(三)如果探讨《国组法》上的行政机关的最小单位,那就是职。这一点,从《内府法》《国组法》关于内部部局的职而例举局长、科长等的规定就可以清楚地看出。② 在行政官厅法通则中,由于以行政官厅为核心,所以,没有必要特别着眼于职这一单位,职的观念完全是作为官吏法中的概念而存在的。与此相对,概括性机关概念本身并不具有对行政机关具体行动时由在什么职上的人(职员)来承担作出规定的规范。另外,在概括性机关概念之下,国家的行为并没有限定于以行政官厅法理为前提的法的行为形式。无论是行政指导,还是服务的给付,在概括性机关概念中,同样都是重要的行政机关的事务。因此,具体实施该事务情况下的最小单位职,也进入了行政组织法考察的视野。

(接上页)

作为表示主任大臣与厅的关系而使用"管理"这个用语的事例,除此之外还有:对于作为国土交通省之外局的海上保安厅,国土交通大臣的"管理"(《海上保安厅法》第1条第1款);对于作为内阁府之外局的国家公安委员会之特别机关的警察厅,国家公安委员会的管理(《警察法》第5条第4款、第17条)。关于其内容,则是有议论的地方。参见警察制度研究会编:《全订版警察法解说》,2004年版,第76页以下、第164页。作为法令用语,并不一定是已经固定下来的概念。在与主任大臣的关系上,没有使用"管理"之术语的厅很多,如金融厅、消防厅等。这是期待法制当局予以整理的地方。

① 包括更加详细的规定在内,参见盐野著:《行政法Ⅲ(第五版)行政组织法》,第9页以下。
② 《内府法》第17条第5款、《国组法》第21条。

六、附属机关(审议会等、设施等机关、特别的机关)

(一)概述

关于包括其内部部局、地方分支部局在内的《国组法》上的第三条机关实际上进行什么业务的问题,并没有特别的规定。所以,只要是该第三条机关所掌管事务,无论是规制行政,还是给付行政,由该内部部局来实施都是可能的。但是,一般地说,内部部局适合于实施规划立案、调整、规制等业务,而作为服务的提供及研究等的组织,则是不适合的。因此,有时在第三条机关中附带设置与内部部局不同的机关,这称为附属机关。《国组法》虽然没有使用这一名称(《地方自治法》第138条之四则使用了这个术语),但是,实质上将属于这种机关的组织分为审议会等(该法第8条)、设施等机关(该法第8条之二)和特别的机关(该法第8条之三)三种形态,并分别予以规定。《内府法》也是一样。①

其中的审议会等,有国民生活审议会、税制调查会、电波监理审议会、社会保险审查会等。②

关于设施等机关,可以列举的有法务省的监狱、内阁府的经济社会综合研究所、文部科学省的国立学校(不过,由于国立大学被法人化了,所以,现在其不是设施等机关)、农水省的动物检疫所,也有被作为独立行政法人化的对象的。

关于特别的机关,要进行积极的规定是困难的,它是指除第三条机关及其内部部局、审议会等、设施等机关以外的行政机关的总称。具体地说,除检察厅、警察厅以外,日本学术会议、日本学士院、日本艺术院等,都属于这种机关。

关于以上的附属机关,一般地说,必须注意如下几点:

1. 关于附属机关的设置,如对于审议会等及设施等机关,可以以政令设置,而对于特别的机关则是以法律事项设置③。

2. 关于内部部局处理什么业务,或者说设置附属机关令其实施什么业务,并不存在特别的规则。但是,从《国组法》的规范方法来看,至少可

---

① 《内府法》第37条、第39条、第40条。
② 详细情况,盐野著:《行政法Ⅲ(第五版)行政组织法》,第70页以下。
③ 《国组法》第8条之三、《内府法》第40条第2款。

以认为其宗旨在于,审议会等合议制的机关只能作为附属机关而设置,此外,第8条之二所例举的诸设施,似乎也不能作为内部部局来设置。

实际上,在国家行政的层面,被作为给付行政来把握的主要部分,是由设施等机关来实施的。并且,在与这件事情的关系上,在附属机关之中,也存在适合于实行独立行政法人化的情形。

3. 关于附属机关和本府、本省大臣的关系,换言之,关于指挥监督的关系,虽然可以谈附属机关对于本府、本省大臣的相对独立性,但这种相对独立性不宜一概而论,因附属机关的种类和业务的内容不同而不同。

4. 使日本行政具有特色的,是审议会的适用。这不是单纯的量的问题,而是对行政过程论、行政组织法论双方提出了各种各样的问题,所以,以下单列一项,以指出其主要问题。

(二)审议会

《内府法》第37条、《国组法》第8条,在"审议会等"这一范畴之下,设想了合议制的机关,以掌管适合于由具有调查审议、不服审查及其他学识经验者等合议处理的事务。由此来看,审议会等姑且可以分为三种类型:

第一,基于调查审议的结果,进行一定的政策或者法案等的提案、劝告等的会议体,被赋予审议会这一名称的较多(社会保障审议会,科学技术、学术审议会,众议院选举区划定审议会),也有称为调查会的(地方制度调查会),还有称为委员会的(司法考试委员会、食品安全委员会)。在这里,从与其他审议会相区别的意义上,将这些会议体命名为"政策建议型审议会"(2020年2月至7月的新型冠状病毒感染症对策专家会议,是从医学的见地出发进行助言等的组织,虽然其调查审议的幅度狭窄,但也可以视为审议会的一例)。一般地说,被认为是政府的遮羞布而成为争论对象的正是这类审议会。

第二,属于对行政处分的不服审查的会议体,法令上被赋予审查会这一名称的情形较多(社会保险审查会、关税等不服审查会、信息公开审查会),也有在审议会这一名称之下承担不服审查任务的会议体(电波监理审议会)。在这里,称这种合议制机关为"不服审查型审议会"。此外,在这种审议会中,有的其决定本身作为国家意思向外部表示,具有法的效果,即具有行政官厅法理中的行政官厅资格(社会保险审查会)。

第三,有的审议会在行政立法的制定及公共收费,甚至在作出许可、检定等个别处分等时,接受主务大臣的咨询而进行审议议决(电波监理审议会、运输审议会、食品安全委员会),就纠纷处理进行斡旋、调解、仲裁的(中央建设工事纷争审查会)。在这里,将这些会议体称为"案件处理型审议会"。此外,即使是这种审议会,也有被赋予行政官厅资格的(司法考试委员会①,公认会计师、监查审查会②)。

下面,我们将在上述三种类型的审议会总称的意义上使用审议会这一用语。关于行政官厅性审议会,其与《国组法》第3条的行政委员会的异同成为需要研究的问题,这一点将在后面探讨。

此外,一个审议会,并不是排他性地分属于前述三种类型的审议会中的某一种。例如,食品安全委员会属于第一种和第二种类型,电波监理审议会则既属于第二种类型,亦属于第三种类型。

下面列举应该注意的几点:

1. 审议会的构成要素,一是合议制的机关,二是其成员是具有学识经验者等(有时也包括国会议员③)。此外,虽然说法律上没有明确规定,但是,可以说法律预定了比较短的任期。一般地说,这是因为,审议会的设置理由在于,将通常的国家意思决定过程或者官僚组织中难以获得的知识、经验导入决定过程。

关于审议会委员的资格要件,只规定"学识经验者"的情况较多,也有以特定社会成员的代表者来充当审议会委员的事例。例如,中央社会保险医疗协议会——健康保险等的保险人及被保险人、事业主、船舶所有人的代表者,医师、牙科医师、药剂师的代表者;地方财政审议会——在委员5人之中,包括都道府县知事及都道府县议会议长的联合组织共同推荐的人(1人),同样是市长及市议会议长共同推荐的人(1人),同样是町村长及町村议会议长共同推荐的人(1人)。不过,这种情况下,在法律上,该利益代表委员不受个别关系组织的机关决定的拘束,在这一点上,和学识经验者相同。即使是学识经验者,也有以消费者代表、经营者代表的资格被选任为委员的情形,有时也会采取领会个别关系组织的意图的行动。

---

① 《司法考试法》第12条第2款第1项。
② 《公认会计师法》第13条、第13条之二。
③ 《地方制度调查会设置法》第6条第1款、《检察厅法》第23条第4款。

2. 审议会的意见的拘束力成为争论的对象。对此,有必要进行个别考察。

一般地说,就针对咨询的政策提案型审议会意见而言,政府不会受其法的拘束。不过,应该说,既然就法律所规定事项进行了咨询,就应该尊重该咨询意见,这是当然的道理。假定不服从该提案、劝告等的时候,对提出咨询的有关国家机关等来说,便产生对不服从予以说明的义务。此外,在审议会针对咨询实施了完备的程序和形式答复的场合,即便该答复内容并不符合咨询机关之意,由于审议会是在履行其职务,因此,咨询机关不具有不予受理的余地。

就不服审查型审议会而言,在其决定直接作为国家意思向外部表示的情况下,不存在内部意义上的拘束力问题的余地。与此相对,关于在这种审议会中对于个别的处分的不服申诉,按照大臣等的咨询(付诸审议)进行调查审议的会议体(关于对关税的确定等的处分,关税等不服审查会;关于《电波法》上的处分,电波监理审议会),只要该审议会对事实关系进行了调查审议,其决定的拘束力就较强。首先,至少可以说,在必要的咨询(付诸审议)事项这种意义上,欠缺咨询(付诸审议)的裁决、决定是违法的。① 在此基础上,是否受审议会议决内容拘束的问题,应该根据个别的法律制度来判断,不能一概而论。有时法律也存在就此予以规定的事例,如根据《检察厅法》,法务大臣认为检察官适格审查会的议决适当的,应该采取一定的措施。② 不是这种情况的,则成为需要探讨的问题。例如,该咨询(付诸审议)的宗旨在于,在裁决厅等判断的时候,可以考虑采取这样的构造:征求外部的学识经验者的意见,并参考该意见,以自己的责任作出裁决。关税等不服审查会和公认会计师、监查审查会的调查审议,被解释为属于此类。与此相对,当审议会本身的调查程序以行政审判程序进行的时候,则存在解释为裁决厅较多受该议决拘束的余地。关于《电波法》上的异议申诉付诸电波监理审议会的审议,在电波监理审议会中采取了行政审判程序,总务大臣必须根据该议决作出决定。进而,关于电波监理审议会认定的事实,实质性证据法则发挥作用,因而,应该认为,总务大臣也受电波监理审议会议决的内容上的拘束。

---

① 东京地方法院决定,昭和40年4月22日,载《行裁例集》第16卷第4号,第708页。
② 该法第23条第3款。

在案件处理型审议会中,当该审议会掌管斡旋、调解、仲裁时,不产生拘束力的问题。此外,在审议会被赋予自己进行行政处分的权限的情况下,也不产生拘束力的问题。通常的案件处理型审议会,接受行政厅的咨询后才进行调查审议,所以,当行政厅没有经过其审议,或者作出了和审议会的议决内容不同的处分时,该处分是否违法成为争议的问题。关于这一点,最高法院一方面按照有关审议会的各种制定法的制度进行判断,指出当欠缺必要的咨询时,处分是违法的;另一方面却否定了答复内容的严格的拘束力。① 但是,像广播电台的执照那样,宪法解释上特别要求在赋予执照时的政治性公正度的情况下,我认为,可以解释为,审议会(电波监理审议会)的议决较强地拘束行政厅(总务大臣)。②

此外,根据行政官厅法理进行分类,关于合议体的议决成为行政厅的意思决定前提条件的情况,有时作为和咨询机构并列的参与机关来进行归纳整理。③ 但是,关于什么样的机关属于参与机关的问题,并不存在形式性基准,前提条件的意义也是多义性的,所以,即使在行政官厅法理中,在咨询机关之外确立参与机关这种范畴也是不适当的。

3. 关于审议会的存在方式,主要是政策提案型审议会的委员人选方法、运作方法,被视为一般性问题,进而其存废成为讨论的对象。但是,在政策的企划、立案之际,许多情况下要求以通常的行政组织无法予以满足的专门性,并且,在利害复杂地纠缠在一起的现代社会中,有必要从诸多方面收集信息,汇集各界各阶层的意见,相互地进行探讨。为此,可以认为,审议会提供了适切的场所。关于近年来的好例子,有食品安全委员会。

从前,对于审议会,之所以有时进行消极性评价,这是因为,正如"政府的遮羞布"这种表现所体现的那样,在审议会委员的人选上存在问题,审议过程不是公开的。但是,关于这些问题,通过信息公开法等的整备是可以改

---

① 最高法院判决,昭和50年5月29日,载《民集》第29卷第5号,第662页;《行政判例百选Ⅰ》第118案件。最高法院判决,昭和46年1月22日,载《民集》第25卷第1号,第45页;《行政判例百选Ⅰ》第113案件。最高法院判决,昭和31年11月27日,载《民集》第10卷第11号,第1468页;《行政判例百选Ⅱ》(第四版)第128案件。

② 参见《电波法》第99条之十一、第99条之十二。

③ 田中著:《行政法》(中),第30页。

善的,所以,在现阶段,应该考虑审议会的合理性活用的问题。①

4. 关于不服审查型审议会和案件处理型审议会,其与作为《国组法》第三条机关的委员会的异同,成为需要研究的问题。作为《国家行政组织法》上的形式,两者是完全不同的。但是,从作用方面来看,不服审查型审议会,在其决定原封不动地成为国家意思的情况下,与处理不服申诉的委员会并无不同,即使规定了将决定权保留给大臣,在该保留完全限于形式上的规定时,也是一样的。在案件处理型审议会中,审议会表示国家意思时,从作用上看,和第3条所说的委员会相同。此外,该议决的拘束力越强,越是在实质上可以作出同样的结论。在这种意义上,在创设合议制机关时,第三条机关和第八条机关*的区分基准成为需要探讨的问题。② 关于这一点,虽然从制定法上不能发现明确的基准,但是,可以列举的标准有第三条机关原则上具有固有的事务局。当然,审议会中也有设置固有的事务局的情形(信息公开法、食品安全基本法)。事务局职员的任免权,委员会的情况下属于委员会,与此相对,审议会的情况下,则属于作为该审议会所在的府省的首长的大臣。③ 为了强化合议性的机关的活动,从实质上确保其对于省的独立性,使其拥有固有的事务局,进而赋予该合议体以职员的人事权,是合理的。并且,在该合议体的权限并不是单纯的不服审查,而是对国民采取综合性的措施的情况下,与之相适应的强力的事务局便成为必要。由此可见,这样的合议体,不是作为审议会,而是作为委员会来定位,才是《国组法》的旨趣。

5. 《国组法》上的审议会和行政官厅法上的咨询机关,在组织形态和功能作用方面有诸多类似之处,不过,由于审议会包含具有作为行政官厅的功能的情形,所以,审议会的范围更广泛一些。

6. 此外,与政策提案型审议会具有相同功能的会议体得以大量设

---

① 在这一点上,《中央省厅等改革基本法》(第30条)对关于政策的企划、立案或者政策的实施的事项的审议会等,揭示了原则上废止的方针,这是不适当的。这一方针,如果是采取政策的企划、立案原则上不是由行政部门,而是由国会(政党)来全面担当这一前提的话,则另当别论,但是,我认为,其前提本身就是不适当的。

* 即《国组法》第8条规定的审议会等合议制机关。——译者注

② 关于证券交易监视委员会的设立之际的第三条机关和第八条机关选择的具体性研究,参见齐藤诚著:《证券交易委员会、管窥》,载《筑波法政》第18号(其一),1995年,第303页以下。

③ 《国家公务员法》第55条也承认例外。

置。一般被称为大臣(也包括总理大臣)、局长等的私人咨询机关(有识者会议、研究会、恳谈会、调查会等,其名称各式各样),就是这种合议体。必须注意的是,在将外部的知识、经验导入官僚组织这种意义上,这些私人咨询机关与形式性的审议会相比,实质上发挥着更大的作用。关于这些会议体,在《国组法》的组织规范中没有其存在的根据,所以,无法将其作为《国组法》上的行政机关来定位。与这件事情相关联,这些合议体的成员,也并不是作为《国家公务员法》上的公务员(非常勤职员)而采取任命行为的。所以,国家和这些会议体的构成员的关系,不是雇用契约关系(包括公务员关系),可以将其理解为,以就某特定的政策课题陈述意见、发挥作用为内容的委任契约。所以,假设以报告书等的名目将意见集约的结果予以公布,那也不具有作为合议体的行政机关的意思这种意义。不过,现实中,由于这种会议体的成员的权威性和专门性,使得相关意见具有与审议会答复同样的政治性、社会性效果这种实体作用,并且这种倾向越来越显著。从《国组法》的原则出发,这是难以说明的现象。即便承认其存在的必要性,也必须在谋求会议的透明性方面下功夫。①

第三节 特别行政主体

一、引言

在现代社会里,我们的生活几乎全部依赖于他人所提供的服务。此时,这些服务,特别是生活所必需的服务由谁提供的问题,在法律上并不是当然地决定了的。稍微具体地说,某种服务,是应该由国家提供,或者是应该由地方公共团体提供,还是应该由私人企业提供,法律上并没有被当然地作出规定。不过,在这种情况下,也存在所谓直观性的国家事务,例如,外交、军事等即是这种事务。

关于除这些直观性的事务以外的服务提供主体,在法律上,从概念中推导出官、公、私的区别,是困难的。一方面,《日本国宪法》对国民保障

---

① 《关于国家和地方协议的场所的法律》所规定的"协议的场所",并未作为内阁、内阁府、各省厅等任何一类国家行政组织的附属机关来定位。"协议的场所"之运营的实质性功能,被认为包含了类似于审议会的功能,所以,有必要作为国家、地方的协同行政组织,置于行政组织法的视野。此外,参见盐野著:《行政法Ⅲ(第五版)行政组织法》,第167页。

了作为人权的营业自由和私有财产制度,可以认为,服务也基本上是由市场来提供的。但是,另一方面,宪法对国家规定了考虑使国民均等地享受社会生活上的基本服务的义务。当然,即使在这种情况下,谁是该服务的提供主体,从法律上也不能推导出。这里存在立法者的范围广泛的选择余地。

在以前德国的公企业特许理论中及在导入该理论的日本,曾存在某种事业的经营权由国家垄断的思想,关于需要国家投资的电气、煤气、铁道等,在作为后起资本主义国家的德国及日本,这些也和军事、警察、教育相并列,被认为是国家性事务。但是,随着资本的积累,这些事务一律由国家实施的实质性理由也越来越淡薄,因此,在理论性积累较浅的日本,存在先于德国而脱离公企业特许理论的情况。① 这暂且不论,与这种教条主义的问题不同,尚存在由谁来承担某种服务的选择问题。作为这种选择的结果,在日本,制定法上存在各种各样的组织形态。一方面,这与第二次世界大战后日本的经济依然较多地依赖于国家,基于福祉国家观的许多服务期待由国家和公共团体提供有关。此外,在现代社会,存在将稳定的供给作为一种公益而要求的服务,关于这种服务,是不能完全委任给市场原理的。另一方面,基于《内府法》《国组法》上的国家的行政组织的减量、效率化的要求,可以考虑将府、省的一部分部门分离出来,作为与民法、商法上的法人不同的法人,令其实施事业。这样一来,基于各种各样的理由,出现了各种不同经营形态的组织,试图从行政组织法上的见地出发对其予以分类,便成为当然的要求,进而,关于国家及地方公共团体这样的行政主体和这些经营组织的关系,产生了试图探讨其法意义的关心,这也是当然的事情了。

这种问题意识,在战前已经存在了。从当时的理论状况来看,围绕该问题的争论即是所谓公法人、私法人的区别。② 随着公法、私法之区别的相对化,公法人、私法人的区别之争论,现在可以认为已经被克服了。在这种公法人、私法人的范畴之外,存在制定法上接受和通常的民法、商法上的法人不同处理的法人,这也是事实。从行政组织法的观点来看,存在

---

① 参见山田幸男著:《公企业法》,1957年版,第58页以下。
② 关于公法人、私法人的争论,参见盐野宏著:《公法、私法概念的展开》(1976年),载盐野著:《公法与私法》,第90页以下。

如何归纳整理这些法人的课题。① 对此,行政组织法上依然难以发现通说性的观点。在本书中,将在分为如下三种类型的前提下展开考察:与国家及地方公共团体等所谓普通行政主体不同的、在制定法上特别作为行政主体而赋予其地位,故服从特别规范的特别行政主体;根据制定法被委任给行政权限的法人(委任行政);基于公益上的必要而服从制定法上的规范的行政主体。由于最后一种与行政组织没有直接的关系,所以,将其排除出以下的考察范围,在本节中,只论述其中的特别行政主体。

二、特别行政主体的概念

在这里,特别行政主体并不是法令用语,即使作为学术上的用语,也并不是已经成熟了的术语。在本书中,试图将这一术语作为国家及地方公共团体等在宪法上具有行政主体地位的法人以外的、特别行政主体在制定法上被作为承担行政任务的组织而定位的主体的总称。在这种意义上,与以前的公法人的概念构成动因是共通的,但是,由于本书中不使用公法和私法这组概念,而进一步明确了是行政组织法论上的概念,直截了当地使用行政主体这一用语,在和以是行政主体为当然前提的国家、地方公共团体相对比的意义上,附加了"特别"这个词。②

关于什么属于这里所说的特别行政主体的问题,并不存在制定法上的一般性规定。以前,在进行公法人、私法人的概念争议时,人们曾经认

---

① 关于素描明治时期以来的行政法上的法人论的展开过程的研究,参见盐野宏著:《行政法学上的法人论的变迁》(2002年),载盐野著:《行政法概念的诸形态》,第405页以下。

② 在明治宪法下,关于讲学上的分类,参照德国法,除地方公共团体之外,还列举了公共组合、具有法人资格的营造物[参见美浓部著:《日本行政法》(上),第478页以下。此外,在那里,作为法人的营造物被视为公的财团]。在《日本国宪法》之下,有时也作为公共团体的类型而列举营造物法人、公共组合等(参见柳濑著《行政法教科书》,第48页以下。市原昌三郎著:《行政法讲义》(改订版),1994年版,第374页以下,使用了公法上的社团法人、公法上的财团法人的术语)。这些分类,被认为都和美浓部一样,本来是以公法上的社团、公法上的财团、具有法人资格的公法上的营造物这种德国行政组织法的概念为范式的。在德国,即使在现在,仍然是行政组织法论上的基础概念,并且,这种三分类也是在制定法上明确地使用了的实定法的概念(参见《德国联邦行政程序法》第1条)。与此相对,日本的制定法上并没有明确地使用公法上的社团或者财团的概念,而是在特殊法人、独立行政法人的范畴之下,设立了各种各样的法人。学说也与此相对应,脱离了德国法性或者民法性分类,出现了如正文所示的、从行政主体论的见地出发来探讨问题的倾向。不过,并不能直接认为,社团、营造物、财团这种范畴,作为个别行政主体的分析视角,完全失去了其意义[关于与国立大学法人的关系,盐野著:《行政法Ⅲ(第五版)行政组织法》,第87页]。

为:"与公法人是为了国家的目的而存在的法人相对,私法人是为了私人的目的而存在的法人"。"国家目的,不是单纯的公益目的这种意思,而是意味着由国家赋予的目的"。"本来是为了国家的目的,但国家并不是自己来推行自己的事务,而是设立法人,使其作为该法人的目的来推行该事务"。①

以如此的国家目的和私人目的之二分来归纳整理所有的法人,是以国家和社会的对立为前提的公法和私法二分论的所谓逻辑性归结。与此相对,若以国家和社会的复杂的相互关系为前提的话,我认为,也可以设想一种不同的法人资格,即虽然由国家赋予其存在目的,但其业务本身不属于分担推行国家事务。因此,要成为行政主体,有必要予以进一步限定,也就是说,以对社会有用的业务存在为前提,在将其规定为国家事务(行政事务)的基础上,为了推行该业务而由国家设立的法人,称为特别行政主体。②

下面将对以相关见解来看被解释为具有行政主体性的法人,按照类别分别进行论述。③ 此外,关于成为行政主体性争论的对象的法人,有认可法人、指定法人,因此也论及这些法人。

三、独立行政法人

在这里,独立行政法人,是指基于《独立行政法人通则法》④(以下简称《独通法》)及个别的独立行政法人设立法(例如,关于国立科学博物馆的《独立行政法人国立科学博物馆法》,关于国立研究开发法人土木研究所的《国立研究开发法人土木研究所法》等。以下一般地简称为"独行设立法")而设立的法人。所以,这是制定法上的概念,而不是讲学上所论述的同名的法人。⑤ 下面,将主要指出从行政主体论的见地出发所看到

---

① 美浓部著:《日本行政法》(上),第467页。
② 参见盐野宏著:《关于特殊法人的一点考察》(1975年),载盐野著:《行政组织法的诸问题》,第21页。
③ 关于本书的"行政主体"之观念,其范围及概念本身,都是在行政组织法论上具有争议的。参见山本隆司著:《行政组织中的法人》,载《盐野古稀》(上),第849页以下、第865页以下;北岛周作著:《行政上的主体与行政法》,2018年版,第57页以下。
④ 平成11年法律第103号。该法修改于平成22年、平成26年。
⑤ 讲学上,作为与本书的特别行政主体相对应的概念而使用独立行政法人这个词的事例,有田中著:《行政法》(中),第187页以下;佐藤著:《行政组织法》,第224页以下。

的制定法上的独立行政法人制度的特色和问题。①

（一）独立行政法人的概念和种类

关于独立行政法人，《独通法》设置了定义规定。根据该规定，作为概念上当然的事情，是根据个别的独立法人法而设立的法人。在此基础之上，从内容上看，是指其事务、事业从公共上的见地来看确实是应该供给的，是没有必要由国家自己（这里的国家，被解释为国家这种法人资格的主体）直接来实施的，委托给民间的主体是具有不被实施的危险的，或者是有必要由一个主体独占来实施的，以有效率地、有效果地实施该事业为目的的法人（《独通法》第2条）。

独立行政法人，当初曾经分为其干部、职员具有国家公务员身份的特定独立行政法人和不具有公务员身份的独立行政法人两种类型，而在平成26年修改法中，被进行了重新分类，分为中期目标管理法人、国立研究开发法人和行政执行法人三种类型。② 其中，"研究开发""行政执行"虽然是抽象性的概念，却揭示了法人的业务内容。与此相对，"中期目标管理"却没有触及业务内容本身。其内容通过具体的设立法人法来揭示③，实际上也是一样，消费者保护（国民生活中心）、国际交流（国际交流基金）、博物馆（国立科学博物馆）、医疗（国立病院机构）、年金（农业者年金基金）、基础整备（中小企业基础整备机构）、资源开发（水资源机构）等，在业务的内容方面不具有共通性。此外，国立研究开发法人也导入了中长期目标、计划的设定等机制，所以，在三种类型的独立行政法人之中，可以说行政执行法人是具有异质之要素的法人（国立公文件馆、造币局、统计中心等）。这一点使得独立行政法人法制与公务员法制、行政作用法制的关系具有意义。④

（二）独立行政法人的行政主体性

《独通法》及"独行设立法"并没有明文规定"独立行政法人是行政主

---

① 关于独立行政法人的法的问题，包括参考文献的参照在内，山本隆司著:《独立行政法人》，载《法学者》第1161号，第127页以下，是有益的。
② 该法第2条第2—4款。
③ 《独通法》第1条。
④ 关于个别独立行政法人的资料，有行政管理研究中心著:《独立行政法人、特殊法人总览》，令和元年版。

体"。在这种意义上,独立行政法人的行政主体性并不是一义性地明确。但是,从独立行政法人的概念[参见前述(一)]来看,可以认为,相关法规范在将这些业务作为行政事务来把握的基础上,将其委任给了独立行政法人。法人的名称是独立"行政"法人,这确实揭示了这种意思。其他也是一样,作为独立行政法人之一的行政执行法人的干部和职员被赋予了《国家公务员法》上的国家公务员的身份(该法第51条),关于国家公务员的要素,列举了"从事国家的事务"[①],由此,可以将行政执行法人解释为担当国家的业务(立法、司法被当然地控除了,所以是行政事务)的行政主体。行政执行法人以外的行政法人的职员不具有公务员的身份,但是,行政执行法人的业务是行政事务,说其他独立行政法人的业务不是行政事务,则是不切实际的。并且,为了令其确实地实施该业务,政府可以出资(该法第8条第2款),其干部不问种类都被设置了与主务大臣的任命的关系(该法第20条)。这些都可以帮助人们推宪承认该业务的推行是政府活动的一部分。综上所述,可以将独立行政法人作为行政组织法论上的行政主体来定位。

(三)国家对独立行政法人的介入

对于独立行政法人,国家在组织、人事、财务、业务等方面具有介入权。独立行政法人是行政主体,这是该介入权的正当化依据。另外,限于以其业务的有效率地、有效果地运用,国家介入更有必要是对其服务。在这一点上,《独通法》规定了独立行政法人业务运营中的自主性的考虑义务(该法第3条第3款),同时,当初对于业务介入,将其限定在违法行为的纠正要求上,这可以理解为尊重独立行政法人的自主性的规定。不过,与此同时,不是将其规定为纠正命令,而是限定于行政指导的范畴,这被认为从法治主义的观点来看是欠缺妥当性的,在修改法人的分类等重新审视制度之际,在严格规定了违法行为之要件的基础上,通过导入主务大臣的违法行为等纠正命令(该法第35条之三),导入对该条的命令违反对领导职员进行过失罚款(20万日元以下)的制度(该法第71条第1款第6项),采取了应对的措施(对于行政执行法人,监督命令。该法第35条之十二)。此外,由主务大臣进行的中期目标的设定,基于该中期目标的设定而由独立行政法人进行的中期计划的制定及由该大臣认可、评价委员会进行的实绩的评价、劝告的

[①] 盐野著:《行政法Ⅲ(第五版)行政组织法》,第235页。

制度,虽然被期待能够促进独立行政法人的活性化,但是,当这些制度欠缺弹力性时,就会产生相反的效果。总之,独立行政法人制度多具所谓实验性的要素,有必要注意其今后的运用。

(四)独立行政法人中领导职员的身份

对构成行政主体的领导职员赋予什么身份,在行政组织法上经常成为需要研究的问题。关于这一点,从前并未对特殊法人等具有与国家不同法人资格的法人领导职员赋予国家公务员的地位。与此相对,修改《独通法》对行政执行法人的领导职员赋予了公务员的身份(该法第51条)。对在具有与国家不同的法人资格的法人中工作的人,赋予公务员的身份,在逻辑上并未被否定,而且,无论从比较法的角度来看,还是从历史上来看,都不是没有先例的。① 不过,在现阶段,日本法赋予公务员的身份的旨趣相当不明确,结果是,与其说根据逻辑性归结,倒不如说是以独立行政法人制度的顺利实现为目标。行政执行法人以外的独立行政法人的领导职员,不是公务员法上的公务员。

(五)法典化的意义

与从前只是极其特别地设置特殊法人等相对,首次制定了与国家、地方公共团体以外的行政主体相关的通则性法典,这在日本的行政组织法上,具有划时代性的意义。当然,必须注意如下几点:

1. 虽然《独通法》上没有明确规定,但是,该法制本身本来是作为行政功能的减量化政策、企划和实施的分离这种政策课题的手段而得以制定的。② 所以,具体而言,独立行政法人问题,是作为从《国组法》上的设施等机关向独立行政法人的转移来把握的。可是,即使在特殊法人之中,对于具有行政主体的地位的③,既然制定了《独通法》,那么,向独

---

① 在德国,作为联邦官吏的身份,对以联邦本身以外的联邦直属的公法上的社团、营造物、财团为勤务主体的人,也予以承认(盐野著:《行政组织法的诸问题》,第255页以下)。在美国,对狭义的政府关系法人的约半数,也适用关于适用于一般联邦行政机关的公务员的法令[宇贺克也著:《美国的政府关系法人》,载《金子古稀》(下),第212页]。在日本也是一样,在当初的《国家公务员法》之下,公团职员被规定为特别职的国家公务员(参见鹿儿岛重治等著:《逐条国家公务员法》,1988年版,第51页以下)。

② 《行政改革会议最终报告》Ⅳ2(2)。

③ 盐野著:《行政法Ⅲ(第五版)行政组织法》,第91页。作为信息公开法制度上的对象法人的特殊法人,也可以作为具有行政主体性的法人来考虑。关于这一点,参见第100页。

立行政法人的转移便成为其课题。对于某种类型的认可法人来说,也是一样。

2. 通则性法制的整备,其意义在于确保国家以外的行政主体的组织构造具有透明性,同时也防止对应行政需要而轻易设立法人(这已成为现实)。但是,与此同时,这也是对多样的业务适用统一性的规范。通则法的僵硬性适用,有时反而会阻碍该法人的活性化。① 关于这一点,《独通法》的宗旨被解释为在于将其委任给个别的"独行设立法"。不过,只要是在进行了充分考虑的基础上,也可以考虑导入适用《独通法》以外的行政主体的观念(国立大学法人就是其一例)。

3. 将政府的一定部门作为行政主体予以法人化,并不能够直接带来行政功能的减量化及其效率性运用。这样看来,迄今为止的特殊法人、认可法人的簇生自然会受到欢迎。问题不是法人化这件事情本身,而在于法人的组织、财务、运营的内容。

四、国立大学法人

从前,在日本,国立大学曾经被作为《国组法》上的行政机关来定位(《国组法》第 8 条之二的设施等机关)。作为行政改革的一环,关于国立大学,也出现了基于《独通法》的独立行政法人化的问题。可是,鉴于作为教育研究机关的大学的特色,新制定了《国立大学法人法》(以下简称《国大法人法》),从前的各个国立大学,作为设置了通过该法所规定的程序而设立的国立大学法人的大学,获得了其法的地位。②

关于国立大学法人及设置国立大学法人的国立大学,在《日本国宪

---

① 关于《独通法》,从理论的见地出发对独立行政法人制度本身提示疑问的见解,有山本隆司著:《行政的主体》,载《行政法的新构想Ⅰ》,第 106 页以下。

② 关于《国大法人法》的制定过程,大崎仁著:《国立大学法人的形成》,2011 年版,与资料一起,详细地记述了轨迹。关于《国大法人法》的基本性问题,参见盐野宏著:《关于国立大学法人》(2006 年),载盐野著:《行政法概念的诸形态》,第 420 页以下;市桥克哉著:《国立大学的法人化》,载《公法研究》第 68 号,2006 年,第 160 页以下;中村睦男著:《国立大学的法人化与大学的自治》,载《北海学园大学法学研究》第 43 卷第 3·4 号,2008 年,第 523 页以下;德本广孝著:《学问、考试与行政学》,2011 年版,第 30 页以下。关于平成 26 年的《学校教育法》及《国大法人法》的修改,参见中西又三著:《学校教育法、国立大学法人法部分修改法(平成 26 年法律第 88 号)的问题》,载《法学新报》第 121 卷第 9·10 号,2015 年,第 381 页以下;渡名喜庸安著:《国立大学改革的展开与课题》,载晴山一穗等编著:《官僚制改革的行政法理论》,2020 年版,第 87 页以下。

法》第23条所规定的学术的自由的观点之下,从大学法出发进行考察成为研究重点,但是,在下面,将主要从行政法的见地出发,就在法人法之下的国立大学法人指出其问题所在。

(一)国立大学法人(法)的概念

《国大法人法》和《独通法》,从形式上说,不是立于特别法和一般法的关系,所以,国立大学法人不是独立行政法人的亚种。此外,关于业务运营也是一样,在《独通法》上的对自主性的考虑(第3条第3款)的基础上,《国大法人法》还揭示了作为国家的义务的对教育研究的特性的考虑(第3条)。但是,有必要注意的是,《国大法人法》在对业务的公共性、透明性、自主性等的基本原则,评价制度、财务会计制度和违反行为的纠正制度等《独通法》的主要规定予以准用的同时(第35条),还导入了中期计划、中期目标、职员的非公务员化等《独通法》上的重要的制度。

总而言之,国立大学法人(法)无论在形式上还是在理念上都是与独立行政法人(《独通法》)不同的,从法的结构来看,包含共通的内容,因而应当对其运用予以相应的注意。

(二)国立大学法人的行政主体性

将国立大学法人区别于独立行政法人,是对教育研究这种业务的特殊性进行考虑的结果,而不是因为对该行政主体性产生了疑问。《国大法人法》在对独立行政法人的业务运营的原则予以准用的基础上,还规定了对于其特殊性的国家的考虑义务。进而,关于与国立大学相关的信息公开、个人信息保护法制,和独立行政法人一起,适用《关于独立行政法人等保存、持有的信息的公开的法律》(别表第一)、《关于独立行政法人等保存、持有的个人信息的保护的法律》(别表)。从上述内容来看,对于国立大学法人也一样,被解释为可以承认其行政主体性。

当然,这件事情,在行政作用法、行政救济法上如何对待,并不是当然地决定了的,这与国家、地方公共团体、独立行政法人的情况相同。不过,关于这一点,对于从前的国立大学的作用,也由于判例学说得以展开,可以指出在《国大法人法》之下存在如下解释论性问题。

1. 关于国立大学法人中的职员的地位,《国大法人法》只不过是在将学长规定为任命权者之外①,还设定了所谓"看作公务员"的规定(该法第19条)、关于由从前的职员团体向工会移转的过渡性规定(《工会法》的适用等)而已(该法附则第8条)。这也是在个别非特定独立行政法人法②的规范方法中所看到的现象。所以,职员不接受《国家公务员法》的适用,与个别国立大学法人之间处于通常的雇用契约法关系。③ 此外,职员的人事系统从前是作为文部科学省人事来处理的,在《国大法人法》之下,被作为国立大学法人之间及文部科学省(包括关联设施在内)之间的交流人事来进行了。④

2. 关于国立大学法人和学生的关系,《国大法人法》完全没有触及。从前也是一样,不曾有明确的规范,而将国公立大学对于学生的放学处分、退学处分看作《行政事件诉讼法》上的处分,是确立了的判决。⑤ 此时,关于承认处分性的根据,或者是基于特别权力关系论,或者是基于《行政不服审查法》第4条所规定的学生这种制定法的解释论(该条文本身是由来于特别权力关系论的⑥),并不是明确的。在平成16年的行政事件诉讼制度的修改之际,《行政不服审查法》第4条的规定被原封不动地保留了下来。可是,该条文以国立、公立的学校为前提,对于国立大学法人及公立大学法人设立的学校,并不是当然地得以适用,作为对此加以补充的特别权力关系论,并不具有从前那样的通用力,对国立大学的作用承认处分性的领域除此之外并不存在(对学生的学费也没有特别的规定,所以,全部根据民事法规范的规定来处理。此外,关于职员,参见前述1的内容),等等,鉴于这些情况,学生与国立大学法人的关系,被解释为与

---

① 《国大法人法》第35条、《独通法》第26条。
② 参见盐野著:《行政法Ⅲ(第五版)行政组织法》,第70页。
③ 包括政策论在内,关于详细情况,参见晴山一穗著:《围绕国立大学的非公务员化的法的问题》,载《室井古稀》,第23页以下。
④ 作为对其实态及国立大学职员的晋升和能力开发的实态研究,包括文献参照在内,渡边惠子著:《国立大学职员的人事系统》,2018年版,具有参考价值。
⑤ 最高法院判决,昭和29年7月30日,载《民集》第8卷第7号,第1501页;《行政判例百选Ⅰ》(第四版)第24案件。最高法院判决,平成8年3月8日,载《民集》第50卷第3号,第469页;《行政判例百选Ⅰ》第81案件。
⑥ 参见田中二真次、加藤泰守著:《行政不服审查法解说》(补正版),1971年版,第55页以下。

一般的学校法人设立的大学处于同样的在学契约关系之中。① 当然,从公法和私法的二分论来看,还存在将这种关系视为公法上的关系还是视为私法上的关系的问题。即使在将其视为公法关系的情况下,也并不能将《会计法》适用于法人所享有的金钱债权(例如学费),其他也不存在可以发现实体公法关系的特殊性的地方。

3. 从前,关于国立、公立学校的教育作用,适用《国家赔偿法》第 1 条及第 2 条,曾经是判例的趋势②,《国大法人法》及相关法令对这一点并没有特别触及,而是将《国家赔偿法》的适用委任给了解释。一般地说,在日本,除公权力性明确,对于该作用的行为规范与民事作用的情况明确不同的情况之外,适用《国家赔偿法》与适用《民法》上的不法行为法,其要件、效果都相对化了。③ 因此,关于国立大学法人的作用,在与《国家赔偿法》第 1 条的关系上,特地谋求其扩大性适用的实际上的考虑和理论性要求,被解释为似乎都不存在了。④

关于《国家赔偿法》第 2 条的适用也是一样,该条的"公共营造物"中也包含作为行政主体的所谓营造物法人,所以,与独立行政法人相同,也可以考虑,将国立大学法人、公立大学法人作为该条所说的公共营造物而适用该条的规定。当然,在这方面,以立法的形式加以归纳整理,才是适切的。

(三)国立大学法人的组织性特色

与《独通法》及"独行设立法"将干部以外的内部组织等让渡给各个法人来规定相对,《国大法人法》将与大学的意思决定相关的主要机关予以法定。

---

① 东京高等法院判决,平成 19 年 3 月 29 日,载《判例时报》第 1979 号,第 70 页,在视为在学契约的基础上,认为是具有有偿双务契约之性质的无名契约。
② 盐野著:《行政法Ⅱ(第六版)行政救济法》,第 253 页、第 289 页。
③ 盐野著:《行政法Ⅱ(第六版)行政救济法》,第 255 页以下、第 279 页。
④ 东京地方法院判决,平成 21 年 3 月 24 日,载《判例时报》第 2041 号,第 64 页,着眼于国家赔偿法制中国立大学的从前的处理,国立大学法人的业务之继续性、业务之承继(《国立大学法人法》附则第 9 条),认为职员的活动该当公权力的行使。这是对从前的处理无反省地适用于变革后的国立大学法人的判决。适用《国家赔偿法》第 1 条,也难以发现保护加害教员不被受害者直接的赔偿请求所伤害的合理性。参见盐野著:《行政法Ⅱ(第六版)行政救济法》,第 275 页以下。

也就是说,对决定经营、教育研究的重要事项的干部会(学长、理事①),审议有关经营的重要事项的经营协议会(学长、提名理事、职员、校外有识者②),审议有关教育研究的重要事项的教育研究评议会(学长、提名理事、教育研究机关的代表者③),规定了义务性设置。

进而规定,大学的最终性意思决定,收敛于学长权限的同时(不过,关于重要事项,须经干部会的审议),在该学长的选考之际,任命权本身由文部科学大臣拥有,但是,这要基于设置于该国立大学法人中的学长选考会议的选考所进行的大学法人的申请作出决定。以上述考察为前提,指出如下几点:

1. 关于国立大学的组织的特别规范,从认为自己的意思形成过程应当基于大学的自己决定这种大学的自治论的角度来看,似乎欠缺适当性。不过,国立大学的改革讨论之一,被置于从前的大学意思形成过程的闭塞性,所以,存在从法上确保外部性的必要,通过法人化而要求经营和教育研究的关系之整理等,由此可以发现将组织的基本原理予以法定化的正当化根据。④

2. 《国大法人法》并不是国立大学中有关教育研究的自我完结性的法典。大学中的研究教育作用的实体性规范,是《学校教育法》所规定的。并且,学部、研究科等这些教育研究的基本性单位,学长、副学长、学部长等的干部职位、作为重要事项审议机关的教授会,也在《学校教育法》上有规定。在这种意义上,可以说《国大法人法》是在以《学校教育法》为前提的基础上,对国立大学法人设置了特有的规定的法。

3. 与《独通法》一样,《国大法人法》也对其组织类型没有设置特别的规定。因此,从以前的公法人的分类学来看这个问题的话,可以看出,其属于营造物法人。⑤ 换言之,没有采取像在德国所见到的那样,以

---

① 《国大法人法》第10条以下。
② 《国大法人法》第20条。
③ 《国大法人法》第21条。
④ 平成26年修改法,通过将经营协议会委员的校外委员规定为过半数等措施,进而推进了该倾向,对于这种做法,有人从大学自治的观点出发提出了异论。参见中西又三著:《学校教育法、国立大学法人法部分修改法(平成26年法律第88号)的问题》,载《法学新报》第121卷第9·10号,2015年,第431页、第435页以下、渡名喜庸安著:《国立大学改革的展开与课题》,载晴山一穗等编著:《官僚制改革的行政法理论》,2020年版,第102页以下。
⑤ 参见美浓部著:《日本行政法》(上),第482页以下。

教员、一般的职员、学生为构成员的社会性法制。当然,这并不能完全排除关于大学的意思形成的大学构成员的观念,在现行的《国大法人法》之下也是一样,设置了作为教员的代表机关的教育研究评议会。进而,今后在大学法人的运营之际,如何活用社团性实质,成为今后的课题。①

4. 从与大学相关的组织这一点出发所看到的国立大学法人与学校法人的不同之一,有《国大法人法》将理事长和学长进行一元性构成(第11条)。这种规定方法的原因之一被解释为,作为伴随着法人化的经营上的课题和作为大学本来业务的研究教育上的课题综合地进行判断的地位,设定了学长这个职位。同时,有必要留意的是,该学长的选考之际,采用排除外部的政治性意思介入的程序。②

5. 与前述内容相关联,学长在与外部的关系上代表国立大学法人的同时,在与内部的关系上是最终的意思决定权者。所以,大学的自治,是在与关于学长的权限行使的外部关系上得以讨论的,而在与内部的教员、内部机关(教授会、教育研究评议会)的关系上,则是以各个教员或者机关的学术自由的问题展开讨论的。在平成26年的《学校教育法》修改中,将包括国立大学在内的大学之教授会规定为意见提出机关,关于其对象,揭示了学生的入学、毕业等,而关于教员人事,则没有触及(该法第93条)。但是,鉴于学问的自由、大学的自治之历史性发展过程,这种现象被认为并不排除在个别国立大学,将教员人事作为教授会的审议事项。③ 对于个别大学的相关措施,在以其违法为理由而国家介入的情况下,可以考虑,作为对国立大学法人的违法介入而成为诉讼的对象[参见后述(四)]。

(四)国家对于国立大学法人的介入

国立大学的法人化,是以从宪法所规定的学术的自由推导出的大学的自治为前提的。不过,由于被法人化了,在对来自公权力的侵害的防御这种意义上的大学的自治,直接作为国家与法人化了的大学之间的关系体现出来(与此不同,大学学长与教授会、教员的关系中的学术自由的保

---

① 参见盐野著:《行政法概念的诸形态》,第432页以下。
② 参见盐野宏著:《学长选考制度》(2005年),载盐野著:《行政法概念的诸形态》,第441页以下。
③ 参见中西又三著:《学校教育法、国立大学法人法部分修改法(平成26年法律第88号)的问题》,载《法学新报》第121卷第9·10号,2015年,第416页。

障问题,则会表面化)。换言之,对于国立大学法人的国家的介入问题,必须始终从大学自治的观点出发来进行探讨。

关于国家对于国立大学(法人)的介入,《国大法人法》在《独通法》上的国家的自主性考虑义务①的基础上(该法第35条),规定对教育研究的特性予以恒常性考虑(该法第3条)。进而,关于学长的任免程序、中期目标制定程序、评价程序,呈现出对大学的自主性的考虑(该法第12条、第30条第3款)。此外,即使针对违法行为,也仅限于纠正要求(该法第34条之十)。

综上所述,《国大法人法》规定了比对独立行政法人更高的、对国立大学法人的自主性的考虑义务,即提高了对大学的自治的考虑。不过,本来,与立足于政策性见地的一般独立行政法人的自主性的尊重相比,其历史性基础完全不同,且受到宪法上的保障的大学自治的考虑,在同样的平面上论述其厚薄这件事情本身也存在问题。具体地说,中期目标、大学评价这种机制虽然不能说直接地产生违宪的问题,但是,其本来是否适合于大学,则是今后应当认真推进检讨的问题。②

五、《独立行政法人通则法》准用法人

与《国立大学法人法》相同,关于不是《独通法》上的法人,却被准用该法的规定,并被准备了中期目标、中期计划等的策划制定及关于这些的主务大臣的监督等的法人,有大学共同利用机关法人(《国立大学法人法》)、日本司法支援中心(《综合法律支援法》)。这些《独通法》准用法人,作为《总务省设置法》上的所掌管事务的对象,与独立行政法人被同等对待③,这些法人的法的性质,也可以准同于独立行政法人来进行整理[此外,日本私立学校振兴、共济事业团,其助成业务也被准用《独通法》(《日本私立学校振兴、共济事业团法》),但在《总务省设置法》上,其则是被作为特殊法人来进行整理的]。

---

① 盐野著:《行政法Ⅲ(第五版)行政组织法》,第80页。
② 关于德国对大学的国家干预进行的详细分析,有德本广孝著:《学问、考试与行政法学》,2011年版。关于基于国家的介入的国立大学法人与国家的纷争的司法性解决,参见盐野著:《行政法Ⅲ(第五版)行政组织法》,第103页以下。
③ 《总务省设置法》第4条第1款第7项、第8项。

六、特殊法人

(一)特殊法人的概念

"特殊法人"这个词有各种不同的用法,而以从前成为行政管理厅的审查、监查对象的法人为对象的行政实务上的用语,无论是在立法实务上还是在学说上,都已经形成定论。也就是说,《行政管理厅设置法》第2条第4项之二曾经将"关于应该根据法律直接设立的法人或者根据特别的法律以特别的设立行为而设立的法人的新设,目的的变更及其他该法律规定的制度的修改、废止的审查"规定为所掌管事务,这些成为审查对象的法人,一直被称为特殊法人。[①] 以这样的用语方法为前提,学说也开始论述特殊法人了。[②]

如前所述,特殊法人的概念,只是着眼于法人设立的程序,在这种限度内,形式上分界是极其明确的。换言之,该区分与特殊法人担当的任务没有关系,因而要将其规定为特殊法人,必须存在不适合于将该任务的推行委任给市场原理的某种状况。但是,具体的特殊法人,并不当然地在公益性上凌驾于被委任给市场原理的法人。从公益的程度来看,作为特殊法人之一的日本中央赛马会和作为纯粹的股份有限公司的电力公司哪个优先的问题是需要进一步探讨的。其业务具有明显公益性的日本银行,也不是这里所说的特殊法人。

此外,在法人的设立方面经历了如下历程:应对采取同样手法的独立行政法人的概念在制定法上采用这种状况,在《总务省设置法》上,将独立行政法人、《独通法》准用法人从有关特殊法人的规定对象中排除出去[③],对

[①] 盐野宏著:《关于特殊法人的一点考察》(1975年),载盐野著:《行政组织法的诸问题》,第5页以下。行政管理厅的该所掌管事务被总务厅、总务省所承继(《总务省设置法》第4条第1款第9项)。

[②] 参见盐野著:《行政组织法的诸问题》,第5页以下;田中著:《行政法》(中),第191页,第200页以下;舟田正之著:《特殊法人论》,载《行政法大系7》,第245页以下。
即使形式上符合前述定义,但是,在个别法上,关于不作为总务厅审查对象的法人,设置了被民间法人化了的特殊法人这种范畴。这些特殊法人,是在行政改革的过程中,从特殊法人的自立化政策出发,在废止该法人的事业独占的同时,废止由国家等的出资等,采取自主性的干部选任等的措施的法人(参见总务厅行政管理局:《特殊法人总览》,平成12年版,第645页以下。例如,农林中央金库、日本消防检定协会)。

[③] 该法第4条第1款第9项。

作为审查对象的法人设置另外的条款。①

（二）特殊法人和行政主体性——政府关系特殊法人

特殊法人，是作为国家及地方公共团体与私人自治的社会中的团体的中间组织而存在的。或者可以说这是国家和社会相对化的现象之一。但是，这在法律上如何定位，见解是不一致的。

有的观点将这些一律视为实质上构成国家一部分的政府的有关机关。此时，这种与政府有关的机关的观念，认为该机关虽然形式上不是国家行政组织的一部分，但是，从其设立的程序及业务的性质来看，实质上构成其一部分，这被认为是以特殊法人具有一种作为行政主体的性质为前提的。

但是，关于设立程序的特别规定，即使能够表明政府对该法人所承担业务关心的程度，却不能当然地认为其宗旨在于将该事务规定为行政事务。此外，已经在公法人论中存在过否定以前的特殊公司（现在，作为股份有限公司的特殊法人）的公法人性的见解。② 在这种意义上，要从制定法上读取在将某种业务规定为行政事务的基础上，设立作为其承担主体的法人的宗旨，我认为，不仅需要设立行为的特殊性，而且有必要着眼于国家对该法人出资的方式及对组织构成的介入的存在方式。如果立于这种见解的话，特殊法人不是当然地成为行政主体，而应该说附加了前述限定的特殊法人才获得作为行政主体的法地位。政府关系特殊法人就是具有这种意义上的行政主体性的特殊法人。③

前面所考察的政府关系特殊法人，就像独立行政法人一样，在制定法上并未得以明确定义。此外，关于政府关系特殊法人，除前述《总务省设置法》④之外，也并不存在通则性规定。不过，关于被民间化了的特殊法人，有《关于根据特别的法律而设立的民间法人之运营的指导监督基准》⑤，各主管大臣根据该基准而进行指导监督。

---

① 该法第4条第1款第8项，《总务省组织令》第5条第7项、第8项。
② 美浓部著：《日本行政法》（上），第470页。
③ 关于以上内容的详细情况，参见盐野著：《行政组织法的诸问题》，第20页以下。包括批判性学说在内，北岛周作著：《行政上的主体与行政法》，2018年版，第49页以下。
④ 该法第4条第1款第9号。
⑤ 平成14年4月26日，内阁会议决定。

(三)特殊法人的整理、合理化

第二次世界大战后,一方面适应国家功能的扩大,另一方面适应灵活运用业务的必要性,设立了许多特殊法人。但是,这种无原则的扩大倾向,从前就成为行政改革的对象,特别是第二次临时行政调查会以来,人们提出了其整理合理化的要求。

在平成10年中央省厅改革之际,这也成为一个焦点。在《中央省厅等改革基本法》中,规定了要基于基本法的旨趣,推进整理、合理化(该法第42条)。根据该规定,制定了《特殊法人等改革基本法》(平成13年),关于其具体化的举措,有《特殊法人等整理合理化计划的内阁会议决定》①,改革从如下两个方面得以推进:其一是事业的废止、整理缩小、合理化等事业的侧面;其二是废止、民营化、向独立行政法人的移转等经营形态的侧面。②

与特殊法人的经营形态相关的整理、合理化,可以说是在一定的范围内对迄今为止的在解释论层面的行政主体性讨论添加了立法性整理。也就是说,被独立行政法人化了的法人,如前所述,被赋予了作为行政主体的地位。此外,作为特殊公司而得以存续或者设立的法人,则正好相反,可以看出不将其作为行政主体来对待的旨趣。并且,独立行政法人也是一样,仅从其设立程序来看,形式上是特殊法人。

与此相对,关于若干的未整理法人及采取股份有限公司方式以外的组织形态的法人,被认为依然需要个别地斟酌其行政主体性。

七、认可法人、指定法人

(一)认可法人

1. 概念

在行政实务上,一般地说,即使民间等的关系人成为发起人而自主设立的法人,"由于其业务的公共性等理由,关于其设立,基于特别的法律,主务大臣的认可成为要件的",广泛地称为认可法人(《法律用语辞

---

① 平成13年12月19日。

② 特殊法人,在前述内阁会议决定时为77个,而到了2020年,减为33个。其中,也有冲绳科学技术大学院大学学园等新设立的,而更多的是根据整理、合理化计划,被规定为独立行政法人、公益财团等的民间法人、废止法人。

典》)。具体地说,有日本红十字社、日本商工会议所、存款保险机构等。此外,从本书的见解来看,属于公共组合(后述)的各种共济组合(国家公务员等共济组合等),在定义上也是认可法人。

这些认可法人,有的是在行政改革的过程中由于特殊法人的设立受到限制,为了避免该制约而设立的。此时,特别是法定了政府的出资、对组织机构的干预的认可法人,和政府关系特殊法人实质上是相同的,所以存在应当如何看待这种现象的问题。① 关于这一点,已经在公法人论的时代,对于某法人的主务官厅的设立认可,被作为对于私法人设立行为的监督作用,不过是补充其效力的意思表示而已(讲学上的认可)。此外,也有人认为,认可本身是国家自己决定其设立的,是具有创设性效果的形成行为。② 从这种观点来看的话,对现在的认可法人,也可以谈论公法人性或者行政主体性。但是,在现行法上,关于对法人的认可,采取这种二分论是存在困难的。在这种意义上,应该说,认可法人在形式上是民间设立的法人,欠缺行政主体性(不过,属于公共组合的则另当别论。后述)。当然,在认可法人之中,如果在设立行为以外存在与政府关系特殊法人共通要素的话,被认为可以对两者设置共通的特别的规范。此时,依然存在将该认可法人一般地作为行政主体来认识,还是作为对应该法的规制的特别的主体来考虑的问题。③

在行政改革的过程中,认可法人也被整理、合理化,被从运营的透明化之观点出发作为检讨的对象。其结果是成为根据改革基本法而推进的改革的对象,有的已转变为独立行政法人(和平祈念事业特别基金→独立行政法人和平祈念事业特别基金;汽车事故对策中心→独立行政法人汽车事故对策机构;等等)。这些可以说是将作为行政主体的地位予以明确化了的情形。另外,也有保持了从前的认可法人不变的事例(日本银行、日本红十字社等),而关于设立、定款,则在维持了主管大臣之认可制度的同时,以对主管大臣的指导监督规定统一性的基准(指导监督基准)来确定法人的类型,即行政实务上规定了"特别民间法人"及"特别法人",将

---

① 此外,认可法人和特殊法人不同,是其新设等并未成为审查对象的法人。但是,关于其一部分(资本金的二分之一以上由国家出资的法人,进行与国家的补助有关的业务的法人)的业务,被列举为总务省的调查对象(《总务省设置法》第4条第1款第13项第3号)。
② 美浓部著:《日本行政法》(上),第474页。
③ 盐野著:《行政法Ⅲ(第五版)行政组织法》,第100页以下。

这些作为与认可法人不同的两种类型来整理。① 从行政主体论的见地出发的话,这些法人也不被承认行政主体性,这种原则并无变化。

2. 业务

认可法人的业务,在设立法中加以规定,其中存在研修、广告等与民法上的公益财团、公益社团的事业类似的业务,也包含检定,资格的赋予、剥夺等行政作用法上通常被解释为该当公权力的行使的业务(存在于特别民间法人、特别法人的双方),所以,其法的性质进而是该认可法人的行政主体性成为问题。

关于这一点,在个别法中存在如下事例,即对于认可法人所进行的检查、登记、检定等,规定作为对主管大臣的行政上的不服申诉的审查请求,同时主管大臣被规定为"看作"《行政不服审查法》上的上级行政厅。② 此外,《行政事件诉讼法》也设定了作出处分的行政厅不属于国家或者公共团体的场合(该法第 11 条第 2 款)。

从以上构造来看,立法机关(国会)将对个别认可法人等规定的登记(登记的拒绝、撤销)、检定(检定的拒绝、撤销)等一定的行为,视为国家

---

① 作为成为指导监督基准之适用对象的法人,行政实务上采取"特别民间法人"和"特别法人"这两种类型。

"特别民间法人",是指成为《关于根据特别的法律而设立的民间法人之运营的指导监督基准》(内阁会议决定,平成 14 年 4 月 26 日。平成 18 年 8 月 15 日《部分修改国家公务员退职津贴法等的法律》)的对象的法人,亦即"对于民间的一定事务,从公共上的见地出发,以至少确保一个确实予以实施的法人为目的,根据特别的法律,对设立数进行限定而设立,国家不任命干部,并且,没有国家或者与之准同的组织之出资的民间法人"。

"特别法人",是指成为《关于根据特别的法律而设立的法人之运营的指导监督基准》(内阁会议决定,平成 18 年 8 月 15 日)的对象的法人,具体来说,该基准规定了以下对象:(1)根据法律,规定了实施国家之事务的法人;(2)关于该法人实施的事务,具有基于《行政不服审查法》或者设立根据法对于国家的审查请求、异议申诉的制度的法人;(3)实施与来自国家的补助金等国具有密切关系之业务的法人;(4)被规定为国家能够担保与该法人的借贷等相关债务之保证的法人。

行政实务上,特别民间法人、特别法人,被作为与认可法人不同的类型来整理。参见总务省行政评价局:《关于根据特别的法律而设立的民间法人等之指导监督的行政评价、监视结果报告书》(平成 25 年 12 月);行政管理研究中心:《关于承担公共作用的法人的调查研究报告书》(平成 30 年 3 月)。不过,前述的概念规定未触及关于法人的设立、定款的认可制度,现实中,在特别民间法人、特别法人的设立根据法中,对设立或者定款采用认可制度,因此将这两种类型从讲学上的认可法人讨论之对象中排除出去,这件事情是存在疑问的。

② 《高压瓦斯保安法》第 77 条、《行政文书师法》第 6 条之三、《司法文书师法》第 12 条等。

应当实施的事务,在将该事务作为公权力的行使来把握的基础上,可以看作不是将具体的权限行使赋予了《国组法》上的行政机关,而是直接赋予了认可法人。不过,由于认可法人没有《国组法》上的上级行政厅,因此,原封不动地适用的话,便会欠缺简易迅速的救济制度,鉴于此,在开设审查请求之途径的同时,关于被告适格,可以看作是的确设想了这样的制度之存在而得以制定的。所以,有人认为,该认可法人在其业务推行的一部分中存在发动行政处分权限的情形,而作为法人全体,可以说却并未被视为《国组法》上的行政主体。①

此外,国家的事务之推行,在日本的宪法体制之下,分为立法、司法、行政,这三权以外的作用是不存在的,立足于这一前提的话,作为认可法人的作用的登记(除名)、检定等公权力的行使,被解释为委任行政。②

(二)指定法人

"指定法人"这个术语是行政实务上的用语。一般地说,作为基于特别的法律进行特定业务的法人,指定法人被理解为由行政厅指定的民法上的法人(并不一定将自然人排除出指定的对象)。此时,指定特定的业务,有该业务是行政事务却让民间进行的情形[行政事务代行型指定法人(进行考试、检查等的情形较多③)。进行行政处分的指定法人,有《建筑基准法》上进行建筑确认的指定确认检查机关。④ 关于对公物的管理、运

---

① 将围绕撤销诉讼的被告的学说、立法、司法的动向作为行政上的主体之多样化的一种场面,详细地进行分析的论考,有北岛周作著:《行政上的主体与行政法》,2018年版,第242页以下。

平成16年《行政事件诉讼法》修改前(第11条第2款制定前)的事案,东京高等法院判决,平成11年3月31日,载《判例时报》第1680号,第63页,关于司法文书师联合会对司法文书师的登记撤销行为(《司法文书师法》第6条之八第1款),认为"不是国家或者公共团体者的行为,在没有特别的规定(例如,《律师法》第62条)限度内,不能说是行政处分",根据审查请求的规定(该法第6条之十、第6条之五第1款),认为"本来不是行政厅的被控诉人(司法文书师联合会)不可能成为行政厅,其行为也不能成为行政行为"。而在《行政事件诉讼法》第11条第2款明确规定了的现阶段,从制度全体的结构解释的角度来看,不是能够作出正文前述那样的解释吗? 包括该件最高法院判决在内,关于国家、公共团体等典型行政主体以外的法主体与《行政事件诉讼法》的关系,作为对立法过程、司法过程的双方加以检讨的成果,北岛周作著:《行政上的主体与行政法》,2018年版,第243页以下。

② 盐野著:《行政法Ⅲ(第五版)行政组织法》,第104页。

③ 《净化槽法》第43条第4款。

④ 《建筑基准法》第77条之十八。

营进行制定的事例,有《关于中部国际空港的设置及管理的法律》第 4 条],为了顺利地实现某种行政作用法的目的而使其进行启发性活动等的情形[行政事务辅助型指定法人(全国交通安全活动推进中心①)],以及为了顺利地推进某种公益性民间活动而使其进行的情形[民间活动助成型指定法人(广播节目中心②)]。这些情形中的任何一种指定法人本身都是通过民法的程序设立的民法上的法人,所以,也就不存在定款等的认可制。在这种意义上,与认可法人不同,没有论述行政组织法上的行政主体性的余地。此外,行政事务辅助型、民间活动助成型这两种指定法人的类型,可以作为民间活动活用型来把握,其业务本身和行政没有直接关系。因此,在指定法人之中,与行政组织法具有关联性的是行政事务代行型。也就是说,行政事务代行型指定法人这个范畴,是以将该指定法人的行为的效果归属于国家为要素而构成的法人,所以,行政事务代行型法人与国家的基本性关系,指定的法的性质,组织性介入的存在方式,作用性介入的存在方式,从与行政作用法上不同的角度成为问题。此时,关于具体的介入的存在方式,个别法的规定是极其多样化的,并且,在个别行政领域也可能存在不同,所以,尚未达到提示统一性的法的制度的阶段。不过,着眼于这种法人的行为的效果归属于国家这一点的话,我认为可以将行政事务代行型指定法人与国家的基本性关系视为委任行政。③ 关于委任行政的具体问题,我们将专设一节进行考察。④

关于指定法人也是一样,虽然在法律层级没有共通的规定,但是,从确保行政的透明性、效率性、严格性的见地出发,存在《关于对根据国家的指定而实施特定事务、事业的法人相关的规制进行新设审查及国家介入

---

① 《道路交通法》第 108 条之三十二。
② 《广播法》第 53 条。
③ 关于指定法人的观念、分类等,参见盐野宏著:《关于指定法人的一点考察》(1993 年),载盐野著:《法治主义的诸形态》。对于指定法人之中的指定机关等的行政事务代行型的分析,以下文献都很详细,并且富有启发性;露木康浩著:《关于委托制度和指定机关制度的一点考察》,载《警察学论集》第 42 卷第 12 号,1989 年,第 40 页以下;米丸恒治著:《指定法人等的实态及其问题》,载米丸著:《由私人实施的行政》,1999 年版,第 311 页以下;米丸恒治著:《以指定机关实施行政的法律问题》,载米丸著:《由私人实施的行政》,1999 年版,第 325 页以下。此外,金子正史著:《关于指定确认检查机关的法的问题之诸形态》(2005 年),载金子著:《城镇建设行政诉讼》,第 259 页以下,提示了更加具体的论点,颇有意思。
④ 盐野著:《行政法Ⅲ(第五版)行政组织法》,第 104 页以下。

等的透明化、合理化的基准》①。

八、公共组合

公共组合,以前被列举为公法人的典型,被作为公共社团法人来整理。② 其中的农业团体、森林组合等,战后被改组为协同组合,而现在一般还作为公共组合来定位的有水害预防组合、土地改良区、土地区划整理组合等。此外,战后还设立了推行社会保险事业的健康保险组合、地方公务员共济组合等,这些也被纳入公共组合。而医师会、药剂师会等,虽然以前也曾经被作为公共组合来说明,但是,这些与职业有关的组合,战后没有了法的规制,失去了作为公共组合的性质。在这种意义上,公共组合已不具有以前那样在实际上的比重,但是,依然可以说是提供了论述行政主体性的材料。

关于公共组合共通的特色,可以列举出如下几点:③
(一)采取强制加入制。④
(二)对于设立、解散,有国家意思的介入。⑤
(三)有国家监督。⑥
(四)对业务推行赋予公权力。⑦
(五)承认经费的强制征收。⑧

关于以上特色,并不一定是这里作为公共组合列举的法人所具有的排他性特色。在日本法上,即使是民法上的法人,要成为公益社团法人及公益财团法人,也都必须获得行政厅的许可⑨,经常承认对进行公共事业的私人企业的有关业务的国家监督,甚至有的还涉及解任董事

---

① 平成18年8月15日,内阁会议决定。
② 参见美浓部著:《日本行政法》(上),第633页以下。
③ 参见安本典夫著:《公共组合》,载《行政法大系7》,第287页以下;日暮直子著:《公共组合》,载藤山雅行、村田齐志编:《新·裁判实务大系(25)行政争讼》(改订版),2012年版,第131页以下。
④ 《土地区划整理法》第25条、《健康保险法》第13条、《农业灾害补偿法》第16条。
⑤ 《土地区划整理法》第14条、第45条第2款、《健康保险法》第15条、第26条。
⑥ 《土地区划整理法》第125条、《健康保险法》第29条以下。
⑦ 换地处分权限——《土地区划整理法》第103条,资格的确认权限——《健康保险法》第39条,实力的行使——《水防法》第21条。
⑧ 《土地区划整理法》第40条以下、《农业灾害补偿法》第87条之二。
⑨ 《关于公益社团法人及公益财团法人的认定等的法律》第4条。

命令。① 这些特色并不一定能够成为公共组合的行政主体性的根据支撑。

但是，关于强制加入及对事业执行的公权力性的赋予，被认为意味着是相关法规范对这些组合赋予了行政主体性。即强制加入是对结社自由的重大侵害，组合本身是行政主体，这是提供承认例外措施的相关法规范的正当化根据的最大根据之一。进而，关于包括经费的强制征收在内的事业执行方法的公权力性的赋予，是该法人所拥有的较大特权，该特权的赋予，通过接受该特权的法主体是行政主体而得以正当化。②

九、地方公社、地方独立行政法人

（一）地方公社

和国家的特殊法人相对应的，在地方公共团体层面，制定法上存在有"地方公社"这一共通名称的法人组织，如基于《地方住宅供给公社法》的地方住宅供给公社，基于《地方道路公社法》的地方道路公社，基于《关于公有地的扩大推进的法律》的土地开发公社。这些法人组织，是根据各自的法律，通过特别的程序，由地方公共团体所设立的，所以，只有作为设立者的地方公共团体才能成为出资者。在这一点上，这些地方公社和地方公共团体之间存在与政府关系特殊法人和国家之间的关系相同的关系。在这种意义上，可以将其视为行政主体。

（二）地方独立行政法人

伴随着在国家层面作为特殊法人改革的一环而创设了独立行政法人

---

① 《保险业法》（平成 7 年法律第 105 号）第 6 章"监督"。
② 医师会等有关职业的公共组合，第二次世界大战后被废止了，但是，同样是有关职业的团体，适用法的规制的有律师会、辩理师会、司法文书师会、公认会计师协会、行政文书师会等。这些采取了强制加入制，关于入会、退会等的措施，被赋予了公权力性（《律师法》第 8 条、第 16 条、第 49 条之三，《司法文书师法》第 8 条、第 12 条、第 17 条），可以看出其具有公共组合的性质。不过，创设这些制度的理由，是因该职业的公共性而要求确保其公正性，和有关该职业推行的自立性要求之间的调和性解决。从这一点来看，这些被解释为不具有行政主体的地位（关于律师会等的法律性特色，参见安本典夫著：《公共组合》，载《行政法大系 7》，第 320 页以下）。日暮直子著：《公共组合》，载藤山雅行、村田齐志编：《新·裁判实务大系（25）行政争讼》（改订版），2012 年版，第 134 页以下，根据《律师法》的目的规定，将其存立目的解释为维持增进成员所共通的利益。此外，行政文书师会、司法文书师会等在现行法上被作为认可法人（行政实务上的特别民间法人）来整理。参见盐野著：《行政法Ⅲ（第五版）行政组织法》，第 94 页。

制度,对于地方公共团体,也制定了《地方独立行政法人法》。基本的理念、机制皆准同于国家的独立行政法人,但在如下几点体现出其特色:

1. 设立者是地方公共团体,在设立之际,需要经议会的议决,规定定款,获得总务大臣或者都道府县知事的认可(该法第7条)。

2. 业务的范围,限定于试验研究、水道事业等[①]。

3. 另外,关于国立大学,与国家层面在《独通法》、"独行设立法"之外制定了《国大法人法》相对[②],方公共团体设置、管理的大学,在将其包括在地方独立行政法人之中的基础上(该法第21条),设置了考虑教育研究的特性的一般条款(该法第69条),对理事长、学长等的任命(该法第71条以下)、审议机关(经营审议机关、教育研究审议机关)的设置等,设置了特例性规定(该法第77条)。此外,由地方公共团体对大学设置、管理,不是采取《地方独立行政法人法》的方式,而是通过与从前同样的程序也是可能的,在这一点上也存在与国立大学的不同之处。

综上所述,在与独立行政法人方式的关系上,关于公立大学法人,采取了不同于国立大学法人的处理,在尊重地方公共团体的意思这种意义上,具有来自地方自治的本来宗旨的正当化根据。另外,也是从宪法上要求的大学的自治这种见地来看,在国立大学和公立大学的关系上,难以发现在内阁(主务大臣)和首长之间制造差异的正当化根据。长期来看,我认为,集中地掌握权力,在制度上得以保障了的地方公共团体的首长,其对大学介入的危险性,远比国家层面的要高。[③]

十、特别行政主体概念的功能

独立行政法人、国立大学法人、政府关系特殊法人、公共组合、地方公社、地方独立行政法人,作为认识上的问题,被认为具有行政主体的地位。因此,接下来,该概念的手段性及其有用性便成为需要探讨的问题。这种

---

① 该法第21条。基于该条第6项,施行令第6条第3项又添加了博物馆、美术馆等。
② 关于其意义等,参见盐野著:《行政法Ⅲ(第五版)行政组织法》,第83页以下。
③ 关于公立大学的法人化,参见人见刚著:《地方独立行政法人法和公立大学法人化》,载《劳动法律旬报》第1582号,2004年,第4页以下。
在地方公共团体中,地方公共团体的组合、制定管理者制度、民间资金活用(PFI, Private Finance Initiative)等,各种组织承担着地方行政的一环,关于这些,将在与地方自治法、公物法相关的部分展开讨论。

探讨有必要从立法层次和解释论层次两种观点来考察。

(一)立法层次的问题,在设立特别行政主体时,有关该法人设立的法律根据是必要的。

(二)虽然说依据法律设立特别行政主体,但是,关于采取什么样的组织及如何运作的问题,制定法上却不存在特别的规定。不过,既然某种业务被规定为行政事务,那么,就必须有与行政事务相适应的组织和运作机制。此外,如果是行政主体的话,关于其组织和运作,和国家及地方公共团体的行政机关一样,基于民主控制这种见解的立法性措施便成为必要,并且也得以正当化(《独通法》即是其典型)。另外,作为行政管理的一环,就组织编成而言,承认行政机关的介入。当然,根据该行政主体的性质,有时会要求对介入加以限定(例如,国立大学法人)。

(三)《独立行政法人通则法》关于各法人的业务推行,揭示了适正且效率性的确保,组织、运营的透明性之确保,对各法人的特性、自主性的考虑(该法第3条)等基本原则,其旨趣被认为对一般的特别行政主体来说都是妥当的。

(四)公权力的行使,是对国家、地方公共团体赋予的特权。但是,这只能说是行使主权的一种形态,并不能说是这些普通行政主体排他性地垄断行使的特权。现实中,在委任行政中,制定法上也存在公权力委任的事例。但是,这种公权力委任毕竟是例外的,不仅要求有行使公权力的必要性,而且,严格地检验、证明委任的合理根据也是必要的。此外,在委任行政中,被委任的公权力方面也被解释为存在界限。与此相对,在特别行政主体中,承认在适合于该行政主体的设立宗旨的范围内的公权力行使的赋予(例如,以前日本国有铁道中的铁道公安职员的业务)。

无论是在制定法上明确,还是在解释论上归结,在对特别行政主体承认公权力的行使的场合,便成为盐野宏著《行政法Ⅰ》和《行政法Ⅱ》所考察的行政过程、行政救济论的对象。在作用法、救济法上没有特别的规定时,便成为解释问题,这种问题是国家行政组织法上的国家机关所进行的业务也会产生的,因此,即便说是独立行政法人的作用,也不存在进行特别考虑的理由。

(五)为了实现新的国家的政策,有时会将特别行政主体和其他国家行政机关进行区别对待。或者说,因为是特别行政主体,使该国家政策直接适用得以正当化。例如,在信息公开法制、个人信息保护法制中,在对于行政机关的法律之外,关于独立行政法人等,分别制定了《独立行政法人等信息公开法》《独立行政法人等个人信息保护法》。① 在这些法律中,除将独立行政法人总括作为适用对象法人外,还在别表中,采取对以国立大学法人为代表的个别法人进行列举的方式,而其中也包含特殊法人、认可法人。

像独立行政法人那样行政主体性明确的法人是当然的,从本书的立场来看,成为对象的特殊法人自不必说,在形式上,与民间人的设立有关的认可法人,作为实质上具有行政主体性的法人来归纳整理,也是可能的。② 不过,关于日本银行,由于其历史性经历,难以断定其具有行政组织法理论上的行政主体性。③

当然,《行政程序法》对特殊法人(包括独立行政法人的全部)、认可法人(政令指定)的处分规定了适用除外(该法第 4 条第 2 款)。关于进行这样的处理,有必要注意的是,这不是基于行政主体论的整理,但可以看作是由来于一种内部关系论的整理,所以,政府的立法政策并不一定是首尾一贯的。④

(六)上面所述问题,在解释论的层次也成为争论的对象。这就是,在行政组织法论上,国家和特别行政主体的关系应视为什么样的关系的问题。对此,有的学者在学说上建立了特殊行政组织——独立行政法人这一范畴,提出了这些法人和国家的关系是内部关系的观点。⑤ 此外,最高法院的判决,也将关于日本铁道建设公团(特殊法人)的国家的

---

① 盐野著:《行政法Ⅰ(第六版)行政法总论》,第 269 页、第 288 页。

② 将本书的以上整理视为"组织论的研究方法",与此相对,提示了"信息公开制度所固有的研究方法"的见解,有舟田正之著:《特殊法人等的信息公开制度》,载《盐野古稀》(上),第 741 页以下、第 748 页以下、第 753 页以下。从行政组织法论出发的话,我认为应当是基于前者。以该问题为契机,对围绕行政主体论的学说之状况进行分析的成果,有北岛周作著:《行政上的主体与行政法》,2018 年版,第 57 页以下。

③ 参见日本银行金融研究所:《从公法性观点看日本银行的组织的法的性质及运营的存在方式》,2000 年版,第 26 页以下、第 68 页。与此相对,樱井敬子著:《日本银行的法的性质》,载《金子古稀》(下),第 347 页以下,聚焦于发券功能,设定了日本银行的行政主体性。

④ 《行政程序法》对于认可法人及指定法人之中的指定机关等的行政事务代行型法人的通常的监督处分,也规定了部分性适用除外(第 4 条第 2 款、第 3 款)。不过,此时,对于认可法人,在附加了该法人的业务和行政运作的密切关联性这一要件的基础上,规定为政令指定事项;对于指定试验机关等,附加了干部职员的"准公务员"性。无论哪一种规定,都是以与国家的密切关系为前提的政策性规定,而不是从行政组织法的角度出发进行充分探讨的结果的立法。

⑤ 田中著:《行政法》(中),第 212 页。

行为[运输大臣(当时)的工事实施计划的认可]视为内部监督关系上的行为(所谓成田新干线诉讼)。①

但是,基于对某种法人承认行政主体性这件事,直接认为在任何关系中都是内部关系的观点,是存在疑问的。关于养老保险金(恩给)受给者从国民金融公库(特殊法人)借款,作为担保而提供了养老保险金,以养老保险金裁定被撤销为理由,国家对金库提出了基于不当获利返还请求权的交付金返还请求的案件,最高法院指出:国民金融公库虽然"是承担政府行政目的之一部分的法人",但是,从另一方面来说,"既然作为独立于政府的法人,自立地从事经济活动,鉴于将能够进行养老保险金担保贷款者限定为上告人(金库)……的《养老保险金法》(《恩给法》)的宗旨,上告人被赋予了对养老保险金受给者,在一定的要件之下进行养老保险金担保贷款的义务"。所以,仅以公库是"公法人"为理由,对国家"进行以自己的经济性利益为前提的主张……并不是不能允许的"。② 我认为,该判决宗旨是正确的。

进而,更加一般地说,赋予了独立的法人资格,即意味着赋予了自律性活动的余地,在这期间,既然围绕法律的适用发生了纠纷,我认为就应该作为法律上的争讼来对待。③ 不过,有时候,就一定的业务,也存在政

---

① 最高法院判决,昭和53年12月8日,载《民集》第32卷第9号,第1617页;《行政判例百选Ⅰ》第2案件。

② 最高法院判决,平成6年2月8日,载《民集》第48卷第2号,第123页;《行政判例百选Ⅰ》(第四版)第49案件。

③ 关于国家和独立行政法人的关系,对国家的监督措施,承认了起诉的可能性的见解,从宪法学、行政法学双方得以提出[参见长谷部恭男著:《独立行政法人》,载《法学者》第1133号,1998年,第103页;山本隆司著:《独立行政法人》,载《法学者》第1161号,1999年,第129页;南博方原编著、高桥滋等编:《条解行政事件诉讼法》(第四版),2014年版,第875页以下(山本隆司)]。将包括独立行政法人在内的行政主体置入视野之中,就起诉资格加以检讨的论究成果,有松户浩著:《"行政主体"的多样化与由法院进行统制》(一)至(二·完),载《立教法学》第95号,2017年,第99号,2018年。问题在于,与《日本国宪法》之下的法律上的争讼的理解有关,在这种情况下,对曾在明治宪法下采取的外部法、内部法的区别予以重新界定(藤田宙靖著:《关于行政主体间的法关系》,1998年,载藤田著:《行政法的基础理论》(下卷),第62页以下),对于谋求今后的讨论的深入来说,被认为颠倒了顺序[对于这种指责,藤田著:《行政法的基础理论》(下卷),第104页,指出,"内部关系""外部关系"这种基准只不过是"辅助线"之一而已,在这意义上,对于"行政主体论"也能够进行同样的批判。我之所以将顺序视为问题,是因为我认为,要论述法律上的争讼性,直接地提出内部、外部这种概念,是不适当的。藤田著:《行政组织法》,第55页以下,甚至使用了"更加内部性关系""更加外部性关系""更加近(转下页)

府对该机关委任该事务推行的情况,在该限度内,该法人也许只能被承认部分独立性。但是,这需要有更加明确的法律上的根据。

(七)关于特别行政主体,进而关于作为其上位概念的行政主体,其概念的意义,在立法、判例、学说的各个领域都不是一义性的。本书的行政主体、特别行政主体论,以当然具有行政主体性的国家、地方公共团体为核心,从属于其周边的诸多服务提供主体中将特别行政主体切割出来,以尝试明确行政组织法原理的适用范围及国家与特别行政主体的关系。对于这样的行政主体论,批判其视野之限定性的见解也被披露出来①,有人代替法制度性(institutional)视点而提倡导入功能性(functional)的见地;山本隆司的《行政的主体》②,代替"行政主体"的概念,确立了"行政的主体"这个概念,并将其分为国家的组织(本书的特别行政主体之一部分被解释为也包含在其中)与自治组织。行政的主体也称为"公共组织",强调了通过这些行政的主体与"私人组织"的网络来实现公益。此外,原田大树的《自主规制的公法学研究》③确立了"公共部门法"这个范畴,在这里将国家和公共任务推行主体包括其中,对公共任务推行主体的行为规范、与国家的关系进行了论述。

上述的每一种观点对于本书中的研究路径尝试来说,都是饶有趣味的。它们使得本书中关于行政主体范围外的法主体,也可以尝试从行政法的见地进行研究。从本书的见地出发,添加以下几点评析。

关于行政主体论,除国家、地方公共团体之外,对特别行政主体这个范

(接上页)的""远的"这种术语,顺次减弱了其锐利度。既然是这样的话,我认为,一度脱离这些概念来思考问题会更好。其结果,将争讼性被否定的类型予以整理,并进行内部性、外部性、近的、远的之类的分类,本来也不会受到妨碍]。此外,对德国的学说、判例的展开进行分析的研究,有山本隆司著:《行政上的主观法和法关系》,2000年版,第336页以下。

关于论述今后日本的这种问题之际的重要素材,有国家和地方公共团体的关系、国家和国立大学法人的关系。其中,关于前者,将在有关《地方自治法》的论述中重新予以探讨;关于后者,简单地涉及一下的话,在《国大法人法》之下,这个问题将以对于国家的介入的国立大学法人的起诉可能性这种形式出现。此时,国家的介入意味着在对受到宪法上的保障的大学的自治权侵害的情况下[盐野著:《行政法Ⅲ(第五版)行政组织法》,第88页],独立行政法人不必返回一般论,便可以认为该争议属于具有法律上的争讼性的争议(参见盐野著:《行政法概念的诸形态》,第437页以下;德本广孝著:《学问、考试与行政法学》,2011年版,第30页以下,以德国法研究为基础,积极地论述了在《国大法人法》之下的国立大学法人的起诉可能性)。

① 详细情况,北岛周作著:《行政上的主体与行政法》,2018年版,第57页以下。
② 山本隆司著:《行政的主体》,载《行政法的新构想Ⅰ》,第89页以下。
③ 原田大树著:《自主规制的公法学研究》,2007年版,第265页以下。

围进行限定,并非否定对除此以外的服务提供主体所提供的服务应当共通适用的法原理、法原则的探求及其成果的存在。① 不过,即便是在这种场合,对于原理、原则的适用来说,有必要考虑该服务的特性及主体的法的性格。

关于每一种学说之共通的要素,可以列举出皆着眼于各种各样的主体所提供的服务这一点。进而,不是全部服务(如果是那样的话,民法、行政法的区别本身也就消失了),而是将一定的部分予以切割出来。但是,关于极其多样化了的服务,将个别的服务挑出来进行论述是可能的,但是,综合地、一般地、理论性地、全面地、具体地,也以在行政法的对象内为理由而从内容上切割出来进行了论述,是否可能,则成为问题。假设向外国法制求范式,即便提出公益、公共课题、公共服务这些抽象概念,要适用于具体的服务却是不可能的这件事情,只要瞥一眼日本关于法概念的公益概念史就会明白。② 要使论者所意图的情形作为实定法制度而妥当,或者委任给立法者判断(一般性规范),或者委任给法院判断(个别性规范的累积),别无他途。我认为,此时,与其事先一般性地设定与行政主体不同的范畴,倒不如让按照个别的服务进行的探求先行,这样的做法更为适切。

第四节　委任、委托

一、委任

在行政组织法上,也使用委任这一法的手段。其中之一是行政机关相互间委任的问题。③ 委任的技术,不仅限于行政机关相互之间,对行政主体以外的个人及法人使用也是可能的。在行政法学上,关于委任行政,这一直和行政官厅法理上的权限委任是不同的。④ 这里的委任行政中的委任,是以行政机关相互间的权限委任以外的委任为对象的。

具体地说,企业等工资支付义务者,在支付工资时将纳税义务者应该

---

① 参见盐野著:《行政法Ⅰ(第六版)行政法总论》,第44页以下;盐野宏著:《行政法中的"公与私"》(2009年),载盐野著:《行政法概念的诸形态》,第99页。
② 盐野宏著:《关于行政法中的公益》(2009年),载盐野著:《行政法概念的诸形态》,第102页以下。
③ 盐野著:《行政法Ⅲ(第五版)行政组织法》,第28页、第39页。
④ 美浓部著:《日本行政法》(上),第41页。

交纳的税款代征后交纳给国家,即是其中一例。此外,律师联合会及司法文书师联合会进行的律师、司法文书师的登记(登记拒绝)①,也被解释为对营业自由规制作用的委任。进而,近年来广泛运用的是由指定法人进行的情况,各种国家检定、国家资格考试等行政事务,由国家指定的民法上的法人进行,即是这种情形。关于地方公共团体独自的制度,有指定管理者制度。② 特别行政主体的活动,不是这里所说的委任行政。

二、委任的法的特色

在委任行政中,也可以看到和行政官厅法通则相同的法理发挥作用的情形(不过,有界限③)。关于主要的论点,可以列举如下事项④:

(一)委任的效果

在委任行政中,受委任者实施的行为或者对受委任者进行的私人的行为,视为委任者国家实施的行为或者对国家进行的行为。着眼于这一点,在委任行政的情况下,有人认为国家和受委任者之间发生(公法上的)代理关系。⑤ 但是,严格地说,这不是代理的关系。即使在这种情况下,法律关系本身也是在受委任者和对方私人之间发生的,在这种意义上,委任行政中的委任不是民法上的代理的观念,而应该作为行政官厅法理中的委任来理解[制定法上,将这一点予以明确化的情形有:在对指定法人的行为不服申诉中,该法人被作为原处分厅来定位⑥;规定手续费收入归属于指定法人⑦;等等。⑧

---

① 《律师法》第8条、《司法文书师法》第8条。
② 盐野著:《行政法Ⅲ(第五版)行政组织法》,第196页。
③ 参见北岛周作著:《行政上的主体与行政法》,2018年版,第31页以下。
④ 特别是关于和指定法人的关联,参见盐野著:《行政法Ⅲ(第五版)行政组织法》,第96页脚注③所列盐野、露木、米丸、金子论文。
⑤ 美浓部著:《日本行政法》(上),第99页。
⑥ 《火药类取缔法》第54条之二。
⑦ 《关于风俗营业等的规制及业务的公正化等的法律》第20条第9款等。
⑧ 松户浩著:"'行政主体'的多样化与由法院进行统制(二·完)",载《立教法学》第99号,2018年,第33页。关于委任行政中委任权者与受任者的关系,因为存在应当视为代理关系的场合,列举了有关代扣代缴的源泉征收制度(征收缴付制度)。但是,该制度是作为为了国家的租税征收事务的便宜所设的特别的法的构造而完结的,在该制度之下,国家与本来的纳税义务人的关系被切断了,或者在其中间,法律关系被认为是不成立的。金子宏著:《租税法》(第二十三版),2019年版,第997页以下;水野忠恒著:《大系租税法》(第三版),2021年版,第120页以下。

所以,关于作为受委任者的指定法人等所作出的处分,该指定法人成为被告。①

(二)委任的容许性

在《日本国宪法》上,不存在明确规定只有行政主体才能承担行政作用,特别是只能由行政主体来从事公权力的行使的委任行政绝对禁止的原则。但是,被托付了公权力的行使的组织本身,被理解为原则上是适用民主控制之意义上的国家及地方公共团体的行政机关。因此,特别是关于伴随公权力的行使的行政作用的委任,必须明确其必要性的根据。

(三)委任的法的根据

公权力的行使的委任,有时是以法律直接进行的②,有时是基于法律根据,以指定行为进行的。③ 总而言之,在被委任的行政与公权力的行使有关的情况下,法律根据便成为必要。

(四)从行政组织法的基本原则来看,关于受委任者的组织构成,也应该适用民主的控制。但是,在受委任者是个人的情况下,不存在产生组织构成问题的余地;即使在是法人的情况下,国家对该组织构成进行过度的介入,也可能违反采取委任行政这种手段的宗旨。在这里,必须注意的是,委任行政也存在界限。

(五)国家和受委任者的关系

在代替国家实施国家的行政这一点上,国家和受委任者处于行政组织法上的关系。不过,这并不意味着两者的关系是关于行政机关相互之间的行政组织内的关系。无论受委任者是个人还是法人,都是具有其本来的自由在宪法上得以保障的人格的,所以,即使在该受委任关系中,也不过是在法律规定的限度内,服从委任者的指挥监督而已。不过,在行使该监督权时,承认其比一般规制法上的监督介入程度更深,或者关于其程序予以特别的对待。《行政程序法》关于指定机关,特别是关于和行政厅的关系密切的指定机关,规定排除该法第二章及第三章的适用(第4条第3款)。这也不是仅对监督权的行使和通常的行政组织内部监督权的行

---

① 《行政事件诉讼法》第11条第2款。参见小林久兴著:《行政事件诉讼法》,2004年版,第5页。关于与公权力的行使有关的国家赔偿,参见盐野著:《行政法Ⅱ(第六版)行政救济法》,第253页以下。

② 《律师法》第8条以下、《司法文书师法》第8条以下。

③ 《火药类取缔法》第31条之三。

使同样对待予以确认性的规定。对于监督处分,可以解释为指定法人能够进行起诉。① 不过,在对于认可法人、指定法人所作出的处分进行审查请求而被容认了的情况下,被解释为指定法人等便不能请求监督处分的撤销而起诉。

三、委托

在委任之外,存在通过"委托"而由与法定的行政机关不同的其他组织来推行行政的情形。这也存在复数的类型,并非已经形成了统一性法理。

（一）存在地方公共团体相互间的委托制度。② 此时,采取了适用法令、事务的执行权限完全移至受托者这种构成,在这一点上与民法的委托不同。③ 事务委托,用于公平委员会的事务、居民票的誊写交付等通常的事务处理④,也用于大规模灾害等的对策。⑤

（二）政府办公大楼管理的一部分（停车场的整备、电梯的管理、电话交换等）也会委托给外部的业者,但这些都采取承包契约等民法的手段。

（三）在公物管理法令上也存在采取管理委托制度的事例。通过国家的直接管辖工事而对与港湾设施相关的港湾管理者（地方公共团体等）进行的委托契约⑥即是其例,受托业务中也包含使用许可等公权力的行使。⑦ 河川管理设施的向地方公共团体的委托⑧,限定于轻易的事实行为,事务的具体内容通过协议而决定。⑨《下水道法》《都市公园法》等都没有关于民间委托的特别规定,但是,关于设施的设置、维持等的部分,个别地或者总括地在实务上进行着民间委托,法的处理被解释为根据《民

---

① 米丸恒治著:《由私人实施的行政》,1999 年,第 349 页。
② 例如,关于儿童的教育,《地方自治法》第 252 条之十四、《学校教育法》第 40 条。
③ 参见松本著:《逐条地方自治法》,第 132 页;盐野著:《行政法Ⅰ（第六版）行政法总论》,第 164 页。
④ 参见《地方公共团体间的事务之共同处理的状况调查》,总务省主页。
⑤ 关于其绵密的分析,参见千叶实著:《大规模灾害等的对策与地方自治法上的事务委托》,载《铃木古稀》,第 153 页以下。
⑥ 《港湾法》第 54 条、第 54 条之二,《港湾法施行令》第 17 条。
⑦ 参见多贺谷一照著:《详解逐条解说港湾法》（三订版）,2018 年版,第 435 页以下。
⑧ 《河川法》第 99 条,《河川法施行令》第 54 条。
⑨ 河川法研究会编著:《河川法解说》,第 532 页以下。

法》进行。①

（四）作为广泛使用委托方式且被制度化了的事例,有根据《关于通过民间资金等的活用促进公共设施等的整备等的法律》通称《民间资金活用法》(PFI法)的民间资金活用(PFI)事业。在该事业中,不仅限于公共设施的建设(这通过民法上的承包契约来进行②),而且其维持管理、运营也可以由事业者来实施。③ 此外,平成23年的修改法,导入了公共设施等运营权制度(所谓 concession 制度)。根据修改法的规定,公共设施的管理者(各省厅的首长、地方公共团体的首长、独立行政法人的首长等),对于其具有所有权、收受利用费的公共设施(道路、铁路、港湾、空港、河川、水道等公共设施,政府办公大楼等公用设施)的运营事业,可以对民间事业者(选定事业者)设定设施的运营权(运营权之中,包括对于设施的利用者等的处分权限的行使),与运营权者缔结《公共设施等运营权实施契约》。④ 根据通常的行政过程之方式的话,上述过程可以作为根据法→行政行为(特许、许可)、其附款来整理,与此相对,运营权制度中的选定、契约方式,不是行政官厅法理中所说的权限的委任,而是被解释为行政事务的委托(另外还有是否称为公法上的委托这个问题)。此时,即便在选定、契约过程中,也能看出似乎主要是以民事契约的手法为前提的。但是,从运营权制度也构成行政过程的一部分这种观点来看的话,关于公募的方法(该法第8条第1款),被解释为有必要从确保程序之公正的见地进行考虑[在地方自治法上的制定管理者制度中,在作为行政处分的指定之际,被要求一定的程序,采取了被指定的管理者与地方公共团体缔结协定这种手法⑤]。此外,在导入运营权制度这种外国法制之际,被认为也有必要对其与日本法的整合性进行考虑[例如,在运营权的形态该当处分权等公权力的行使的场合,行政救济的存在方式(《行政不服审查法》《行政事件诉讼法》《国家赔偿法》的适用关系)等]。

此外,在个别具体的运营权制度方式中,并非由作为个别法的《民间

---

① 关于公共用物的民间委托事例,国土交通省综合政策局：《公共设施管理中总括性民间委托的导入事例集》,平成26年版,有详细介绍。
② 盐野著：《行政法Ⅰ(第六版)行政法总论》,第155页。
③ 参见盐野著：《行政法Ⅰ(第六版)行政法总论》,第162页以下。
④ 该法第2条、第16条、第22条。
⑤ 盐野著：《行政法Ⅲ(第五版)行政组织法》,第196页。

资金活用法》(PFI 法)构成该制度的全部,而是还需要辅之以其他法规范。以地方空港(鸟取空港)为例的话,还制定了《空港法》《关于活用了民间能力的国家管理空港等的运营等的法律》《关于鸟取县营鸟取空港的设置及管理的条例》和《鸟取县营鸟取空港特定运营事业等公共设施等运营权实施契约书》。即便在行政组织法上,从国家、地方公共团体、民间的作用分担论来看,这里也提供了饶有趣味的素材。①

(五)与《民间资金活用法》(PFI 法)的制定平行,在《关于导入竞争以改革公共服务的法律》(简称《市场化实验法》)中,也是一样,对于公共服务(该法第 2 条第 4 款),导入了付诸官民竞争投标或者民间竞争投标,在民间事业者中标的场合,与该中标者缔结实施契约,委托其实施的制度,《民间资金活用法》(PFI 法)一起,在行政过程中,委托方式得以广泛采用(关于国家、地方公共团体中的具体事例,刊载于总务省主页)。

---

① 关于修改法全部,参见仓野泰行、宫泽正知著:《修改 PFI 法的概要》(一)至(七),载《金融法务事情》第 1925 号至第 1932 号,2011 年。所以,在这种场合,便形成了行政处分与契约的二阶段构成(关于包括这种所谓运营权制度方式导入的契机在内,概观了 PFI 事业之动向的成果,参见小幡纯子著:《面向 PFI 法的进一步活性化》,载《法学者》第 1411 号,2010 年,第 2 页以下;久末弥生著:《PFI、国公有财产有效活用》,载《行政法的争点》,第 234 页以下)。运营权制度方式的具体事例,刊载于内阁府主页内的民间资金等活用事业推进室网页。进而,在令和 2 年的《道路法》修改中,将特定车辆(公共汽车、出租车、卡车等)的停留设施作为道路附属物来定位,关于其运营,导入了运营权制度(《道路法》第 48 条之四十以下)。

第三章　地方自治法

引　言

将地方自治具体化了的地方公共团体的作用,同时涵盖了国家行政作用的几乎所有领域。这并不限于规制、给付等通常的行政活动,而且还进行作为独自财源的税的征收,并通过其财政支出,对地域的经济产生重大影响。虽然说存在地域性限定,但可以行使制定条例的立法作用。所以,对该领域予以关心的,不仅有行政法学,而且还有宪法学、包括税法学在内的财政法学等相关法律学。[①]　进而,在法律学以外,对于行政学及财政学来说,也是重要的领域。这样一来,地方自治,即使从学术领域来看,也是人们广泛关心的对象,并且,也只有以这些综合性知识为背景,才能充分理解作为法制度的地方自治。

但是,在本书中,没有对所有相关法律学展开研究的余暇,所以,下面将在地方自治法的领域内,从宪法、行政法学的角度探讨其主要的问题论点。[②]

[①]　根据《地方自治法》上存在超出行政法范围的内容这一现象,近年来,在大学教育中,出现了许多作为和行政法不同的科目来提供的事例。此外,关于研究领域,也逐渐形成了独自的体系(参见兼子仁著:《自治体法学》,1988年版,第152页以下)。近年来,围绕地方公共团体的组织、运营,需要法的处理的局面增大了。应对这种称为地方公共团体的诸关系之法化现象[参见盐野宏著:《实现地方行政的活性化的法曹作用》(2010年),载盐野著:《行政法概念的诸形态》,第386页以下。吉田孝夫著:《与自治体行政相关的近时的最高法院判例》,载《自治研究》第764号,2011年,第2页以下,介绍了最高法院层级的多样的自治体关联诉讼],自治体政策法务论得以展开(有许多文献,其中之一,参见北村喜宣、山口道昭、出石稔、矶崎初仁著:《自治体政策法务》,2010年版)。所论内容,有与行政法一般论相关的,也出现了地方自治法固有的法的问题登场的状况。

[②]　关于地方自治法制的广泛、详细的体系书,有松本著:《要说地方自治法》;宇贺著:《地方自治法》。请适当参照。

第一节　地方自治的基础

一、地方自治的法的根据

关于地方自治,在日本很早以前就被认为有居民自治和团体自治两个要素。居民自治,是指地域的居民根据自己的意思以自己的责任来满足地域性行政需要。团体自治,是指设立独立于国家的地域团体,该团体通过自己的机关以该团体的责任来处理自己的事务。其中的任何一种都是有关地方性事务的公共意思的形成方法的,前者着眼于与意思形成有关的居民的政治性参加要素,而后者着眼于地域团体独立于国家的意思形成这一点。关于这两个自治概念的出处及其关系,存在各种各样的争论。[①] 日本的学说从地方自治的法的根据这种观点出发来设定问题的,便是有关团体自治方面的问题。

关于团体自治,有固有权说和传来说的对立。固有权说认为,地方公共团体的自治权(也可以说是地域中的支配权),是地方公共团体所固有的,而不是从其他方面,即不是从国家传来的,是先于国家性而拥有的权力。

与此相对,传来说认为,自治的权能是从国家传来的。不过,即使在这种情况下,在明治宪法之下,由于地方自治在宪法上没有得以保障,所以,确实采取了通过通常法律对地方公共团体赋予权能这种法律构成。与此相对,在现行宪法之下,存在宪法的地方自治条款应如何理解的争论余地。一种观点将其解释为宣言性规定,和明治宪法时代一样,将地方自治的自治权解释为通过国家的立法行为方才得以创设性赋予,这也是可能的。另一种观点则将地方公共团体的自治权解释为从国家传来的[②],但是,根据宪法直接地,即不必以通常的法律为媒介,赋予自治权,这种解释也是可能的。

下面以上述内容为前提,指出如下几点:

[①] 参见芝池义一著:《团体自治和居民自治》,载《法学教室》第 165 号,1994 年,第 15 页以下;饭岛淳子著:《地方政治与行政法》,载《行政法的新构想Ⅰ》,第 199 页以下。

[②] 只要自治权的内容中包括统治权,那么,在对居民的关系上,只要行使主权,国家主权就成为前提。

(一)关于固有权概念的出处及其内容,依然存在争论。① 固有权概念的发展经过是:起初,以欧洲中世纪都市自治权的存在为历史背景,作为 pouvoir municipal,在法国革命期间展开了论述,但是后来,法国自身其后却没有展开②,而在比利时、德国,被作为一种自然法继承下来,在法兰克福宪法中,作为实定制度而引入。但是,这种观念也由于19世纪的法实证主义的抬头而被否定。

在美国,也曾存在在极少数的判例上采取将地方自治体的权能称为 inherent power 的 inherent doctrine 时代。现在,认为地方公共团体是州,即国家的创造物,已成为一般性见解。③ 附带说一下,美国联邦宪法中没有地方自治条款。所以,对哪一级的团体保障到什么程度的地方自治,完全要根据州的宪法制定权者,即州的选民的意思来决定。在英国也是一样,不存在国家以前的团体自治的观念。团体自治全部都是法律所承认的。④

与此相对,在日本,战后不久,基于《日本国宪法》立足于自然法思想及地方自治的重要性,出现了主张固有权说的学说,至今也没有消失。但是,除自然法的实证性问题之外,本来地方公共团体的固有权思想本身,并没有像人权那样扎根于西欧社会,即使在对《日本国宪法》产生了深刻影响的美国,相关法思想也并没有发育起来,在这种意义上,我们不能不说,自然法性质的固有权,是欠缺实证性的。

(二)不是直接从自然法中求得地方公共团体的自治权,而是从基本人权和国民主权原理出发,理所当然地构成地方自治的固有权的理解,这种见解出现在日本,被称为新固有权说。即基本人权意味着个人的自己决定权,自治体也具有内在地包含了居民自己决定的固有的团体基本权。此

---

① 关于详细的研究,参见河合义和著:《近代宪法的成立和自治权思想》,1989年版。
② 在那里,设置了强大的中央集权体制,直到今日,地方分权化才得以推进。
③ 参见小滝敏之著:《美国的地方自治》,2004年版,第133页以下;盐野宏著:《自主立法的范围》,载盐野著:《国家和地方公共团体》,第256页;横田清著:《美国的自治、分权、参加的发展》,1997年版,第23页以下。
④ 关于各国地方制度的成立过程及其概要,参见阿部等编:《地方自治大系1》所收各论文。此外,作为地方自治法制的比较,在英美型、法国型、北部和中部欧洲型的三种分类的前提下进行探讨的成果,有木佐茂男著:《围绕联邦制和地方自治的法制度和事务的比较考察》,载《公法研究》第56号,1994年,第34页以下。关于地方分权,将"美国型"分权模式和"德国型"分权模式进行对比而展开论述的成果,有薄井一成著:《分权时代的地方自治》,2006年版,第1页以下。关于更加广泛地探讨了澳大利亚等20个国家的地方自治所面临的问题的报告集,有姚海姆·海森编:《地方自治的世界性潮流》(上、下),1997年版。

外,只有在地方自治的场所,才较容易实现人民主权性权利的宪法原理。①

但是,在这种学说中,地方公共团体还被认为"和国家权力机构相并列,是人权保障的不可欠缺的统治机构,也是人权保障的存在理由"②。由此可以看出,这种学说似乎并没有意识到国家前的存在。③ 此外,说地方公共团体方面是适合于人民主权的理解之下的国民主权的,也不能成为对国家以前存在的地域性团体的固有权利的论证。应该说,该学说能够发挥作用的场合,被认为在于地方公共团体的固有事务领域的确定④,这和此处的地方自治的法根据论在逻辑上是没有关系的。⑤

(三)综上所述,日本的地方自治的保障,和其他各国一样,也是传来的。不过,在明治宪法时代,传来说是以通过通常的立法权的行使来承认地方自治为其内容的;与此相对,在《日本国宪法》之下,由于宪法上保障了地方自治,所以,并不是通过单纯的法律就能赋予地方公共团体自治权。必须注意的是,传来说的意义也正在发生变化。⑥

---

① 包括需要参考的文献在内,参见鸭野幸雄著:《地方自治论的动向和问题要点》,载《公法研究》第56号,1994年,第4页以下;将其拓展开来的成果,有鸭野幸雄著:《地方政府的宪法理论》,载大津浩编:《地方自治的宪法理论的新展开》,2011年版,第30页以下。

② 鸭野幸雄著:《地方自治论的动向和问题要点》,载《公法研究》第56号,1994年,第6页。

③ 对于本书所指出的,鸭野幸雄著:《地方政府的宪法理论》,载大津浩编:《地方自治的宪法理论的新展开》,2011年版,第52页以下,认为这不是自治权的前国家性的说明,而是国家成立后的阶段的说明。而本书的疑问是针对作为和国家(很可能是近代国家)并列的统治机构的自治体与那以前的自治体的法的同质性是否能够成立。

④ 盐野著:《行政法Ⅲ(第五版)行政组织法》,第202页。

⑤ 大隈义和著:《围绕"地方自治的本来宗旨"的理论动向》,载《公法研究》第56号,1994年,第69页以下,立足于固有权说,对《日本国宪法》的地方自治条款加以细致的探讨,但没有论及固有权说的实证性。在这一点上,与前述的鸭野论文(载《公法研究》第56号)相同。

⑥ 在日本,认为地方自治这一制度是宪法上所保障的这种见解,一般称为"地方自治的制度性保障的理论",这源于德国的卡尔·斯密特的一般的制度性保障理论[关于将地方自治的制度保障理论介绍并导入日本的文献,参见成田赖明著:《地方自治的保障》(1964年),载田著:《地方自治的保障》,2011年版,第3页以下]。根据这种学说,所谓地方自治或者财产权,是宪法作为制度予以保障的,因而和宪法以前存在的人权是不同的,承认以宪法予以改废。但是,因为是宪法上所保障的制度,所以,通过单纯的法律不能废止该制度的本质性内容。这是现在德国及日本的通说。不过,在德国,成为保障对象的地方自治的制度,是在德国存在的历史性的制度,而不是理论性、模式性的地方自治。应该保障的本质性内容,特别是由德国的市町村(Gemeinde)自治的历史性发展过程来规定的[参见 K. Stern, Das Staatsrecht der Bundesrepublik Deutschland Bd. IS. 309f. 当然,并不是保持历史的原貌。参见盐野宏著:《关于地方公共团体首长地位的一点考察》(1987年),载盐野著:《国家和地方公共团体》,第236页以下;大(转下页)

（四）将上述论点稍作分析的话，我们说地方自治是宪法上所保障的制度时，以下两点是重要的。第一是从地方公共团体在具体地行使权能时是否需要个别的法律授权这种观点提出的问题。由宪法保障地方自治，意味着不需要个别的法律授权，在该限度内，可以说这是自治权保障的权限赋予功能。第二是立足于在地方公共团体的权能之中，存在着即使以法律也不能够侵犯的权能这种问题意识，宪法对此予以保障，在这种情况下，这可以称为自治权保障的防御性功能。①

（五）在地方分权②中，代替从前的居民自治、团体自治，"自己决定权的扩充"被作为向导概念而使用（《地方分权推进委员会中间报告》）。但是，可以认为，这个概念并不否定居民自治、团体自治的概念。应该说，迄今为止的地方自治的基础理论，在认识到当时的妥当性的基础上，摆脱了拘泥于地方自治法制的框架之内这种状况，将近期在个人生活及社会生活中成为基本性思潮的尊重自己决定权，反映到国家、地方公共团体关系中来，其结果便形成了这个概念。③

（接上页）桥洋一著：《计划间调整的法理》（1992 年），载大桥著：《现代行政的行为形式论》，1994 年版，第 270 页以下；新村永久著：《关于自治权的一点考察（二）》，载《法学》（东北大学）第 68 卷第 4 号，2004 年，第 71 页以下］。

因此，假定原封不动地采用这一理论（关于对卡尔·斯密特的一般的制度性保障理论的理解，最近一段时期提出了不同观点，但是，在这里不作深入探讨。参见石川健治著：《自由与特权的距离》，1999 年版），在明治宪法下曾经存在的地方自治制度便成为宪法上保障的对象，那和现在一般所描绘的地方自治是完全不同的。在这种意义上，日本的地方自治的制度性保障理论，是抽象化了的理论，也正是因为这样，要将所保障制度的内容明确化，是存在困难的。即存在徒有制度性保障，其内容却不确定的问题（关于固有权、制度性保障等的概念，另外参见河合义和著：《自治权》，载《法学教室》第 165 号，1994 年，第 11 页以下）。

作为克服制度性保障理论所具有的界限的手段，重新从人民主权的原理出发，对居民自治、团体自治进行再思考，试图将其内容予以具体化的研究，有杉原泰雄著：《地方自治权论·再考》（一）至（七·完），载《法律时报》第 76 卷第 4 号、第 5 号、第 7 号、第 8 号、第 9 号、第 11 号、第 12 号，2004 年。也将市町村优先的原则、事务分配的原则作为宪法保障的内容来揭示，在这方面呈现出该研究成果的特色（当然，并未揭示具体性分界线）。

① 权限赋予功能与防御性功能的区别，是受到美国地方自治法论中所说的 authority granting function and protective function 之区别的启发［参见盐野宏著：《地方公共团体的法地位论备忘录》（1981 年），载盐野著：《国家和地方公共团体》，第 22 页］。德国的制度保障理论直接将着重点置于后者，但无论如何，其对问题的关心具有共通性。

② 盐野著：《行政法Ⅲ（第五版）行政组织法》，第 118 页。

③ 参见盐野宏著：《地方分权争论备忘录》，载《地方自治》第 564 号，1994 年，第 10 页以下。此外，齐藤诚著：《新的地方分权、自治的法》（1997 年），载齐藤著：《现代地方自治的法的基层》，2012 年版，第 102 页，将其着力点置于"战术"性要素。

二、《日本国宪法》上的地方自治条款

下面,以前述基本的观点为前提,再稍微具体地来考察一下《日本国宪法》上的地方自治条款。《日本国宪法》第 92 条至第 95 条,是关于地方自治的规定。在美国,因大量制定有关个别地域的特别立法,而使地方自治被侵害。《日本国宪法》第 95 条就是以这种美国独特的历史背景为前提而制定的,所以和前三条具有不同的性质。① 因此,在这里,我们将着眼于《日本国宪法》第 92 条至第 94 条,指出若干问题。

(一)从权限赋予功能这方面看,第 94 条承担了该功能。这里所说"执行行政",被理解为是说权力性、统治性作用。② 必须注意的是,其中也包含条例的制定这种立法功能。当然,还存在具体行政的执行功能是否也由宪法直接赋予,"法律的范围内"③意味着什么的问题。这一点,我们将另外再展开论述④,在这里,我们首先着重分析第 94 条广泛的权限赋予功能。这种功能,从比较法的角度来看,也是广泛的。

(二)《日本国宪法》第 92 条规定:"关于地方公共团体的组织及运作的事项,基于地方自治的本来宗旨,以法律规定之。"这一规定的宗旨并不一定是明确的。⑤ 地方自治的本来宗旨,在英文中即是 principle of local autonomy ,按照字义来说,意味着自己的事情自己来规范。并且,该原理要求必须排除作为其他团体的国家的法律介入。可是,这一规定在承认

---

① 参见法学协会编:《注解日本国宪法》(下卷),1954 年版,第 1410 页。
② 宫泽俊义著(芦部信喜补订):《全订日本国宪法》,1978 年版,第 770 页。
③ 《日本国宪法》第 94 条。
④ 盐野著:《行政法Ⅲ(第五版)行政组织法》,第 155 页。
⑤ 《日本国宪法》第 92 条本来不是基于美国方面的提案所制定的条款,而是基于日本方面关于若有某种总则性的条款会更好这种认识所制定的条款,这是以前的理解[参见盐野宏著:《关于地方自治的本来宗旨的一点考察》(2004 年),载盐野著:《行政法概念的诸形态》,第 345 页]。与此相对,佐佐木高雄著:《"地方自治的本来宗旨"条款的成立经过》,载《青山法学论集》第 46 卷第 1·2 合并号,2004 年,第 152 页以下,对该条款由来于规定了宪章制度的《麦克阿瑟草案》第 87 条这件事情,绵密地进行了论证[在此之前,须贝修一著:《地方自治的本来宗旨》,载阿部等编:《地方自治大系2》,第 35 页,也对第 92 条进行了解说,引入了实体性地方自治(home rule)权。参见盐野著:《行政法概念的诸形态》,第 349 页]。不过,即使是立足于那种前提,制定出来的该条款构成变得难以作为以美国地方自治法制中的宪章(charter)制度为前提来理解了,并且,其后,日本的学说有关地方自治本来宗旨的讨论,其大致梗概(虽有须贝论文所指出的)是在脱离了宪章的观念的地方得以展开的,这些都是事实(参见盐野著:《行政法概念的诸形态》,第 349 页以下)。

法律介入的基础上,规定该法律必须基于地方自治的本来宗旨,因而是非常难以理解的条款之一。不过,理解为地方自治的本来宗旨应该遵守的价值观念,和具有权限赋予功能的第94条相对比,可以将第92条理解为发挥防御性功能的规定。现实中,当国家权力对地方公共团体的介入成为争议问题时,这一地方自治的本来宗旨便被提了出来。不过,由于第94条中没有关于组织的规定,从这一点来看,也可以说具有权限赋予功能。①

(三)第93条是关于地方公共团体的组织原理的规定。但是,连地方公共团体机构的存在方式都要在宪法典中规定,是否适合于地方自治的本来宗旨,也成为需要探讨的问题。在这种意义上,必须将该宪法本身是作为日本当时的民主化政策的一环而制定这一历史背景,置于考虑之中来理解。这是试图将以宪法本身来规定地方公共团体内部民主性构造的宗旨予以明确的规定,当时的民主化政策一律要求明确规定。②

三、地方自治法制的定位

如果根据明治宪法下的传来说,并且采取国家作用三分说,那么,有关地方自治的事项,在概念上全部都是有关行政的事项。也就是说,地方公共团体的存在本身是法律的产物,并且,其活动也全部是由国家通常的法律所委任的,因而在广义上成为国家行政的一部分。所以,作为整体的地方自治法制是行政法,以前的行政法教科书即是这样理解的。

与此相对,在《日本国宪法》下,地方公共团体的权能是宪法本身所赋予的,国家作用的三种分类,目前也仅限于国家的机构,地方公共团体的作用并不当然地仅限于行政。具体地说,《日本国宪法》第41条是有关中央政府的立法权之所在的规定,《日本国宪法》第65条有关行政权的规定也是一样(不过,宪法不承认司法权是地方公共团体的固有权能③)。

---

① 关于本来宗旨条款的解释学说,参见白藤博行著:《地方自治的本来宗旨》,载《行政法的争点》,第202页以下。关于作为学说之一的"补完性的原理",参见盐野著:《行政法Ⅲ(第五版)行政组织法》,第200页以下。

② 参见盐野著:《行政法Ⅲ(第五版)行政组织法》,第145页。鉴于现行宪法中地方自治条款并不一定是十全十美的,如下所示,解释学说尝试通过以《地方自治法》为代表的立法政策来进行补充,而关于更加直接地展开了包括宪法修改在内的宪法政策论的成果,有全国知事会·第七次自治制度研究会报告《地方自治的保障之伟大设计》(2004年,全国知事会主页)。

③ 盐野著:《行政法Ⅲ(第五版)行政组织法》,第145页。

从这种观点来看,《地方自治法》不是行政法,而是地方政府法(law of the local government)。在某种意义上,这种见解仅限于认识问题的方法或者说单纯的归纳,但是,采取这种认识问题的方法,我认为,在考虑有关国家和地方公共团体关系的立法政策上的事项时,具有重要的意义。①

四、地方自治法的法源

实质性意义上的地方自治法的法源,各处都存在。

(一)作为地方自治的重要法源,有《日本国宪法》(第92条至第95条)。

(二)作为条约上的义务,设定了有必要在国内法上对地方公共团体赋课义务的场合。作为其具体事例,在《关于国际航海船舶及国际港湾设施的保安之确保等的法律》上,规定了对于作为特定港湾管理者的地方公共团体,就保安之确保的义务赋课。根据该法的法案提案理由,该法是"伴随着1974年的《为了海上的人命安全的国际条约附属书》的修改"的产物。从这种意义上说,条约是关于地方行政的法源,伴随着全球化的进展,可以预测到,这种条约的重要程度将不断增加。②

(三)作为国家的制定法,应该称为宪法附属法典的《地方自治法》③,规定了地方公共团体的组织、运作的基本事项。④ 与国家的《独通

---

① 在美国法中,不采取将地方自治法视为行政法的一个领域的观点,而是直截了当地作为law of the local government,成为法学教育的对象。与此相对,在德国,地方自治法(Kommunalrecht),即使到现在也是行政法的一部分。这是因为,作为整体的市町村(Gemeinde)的活动,包括条例在内,都属于行政[大桥洋一著:《计划间调整的法理》(1993年),载大桥著:《现代行政的行为形式论》,第261页以下;大桥洋一著:《条例论的基础》(1993年),载大桥著:《现代行政的行为形式论》,第353页以下]。

② 关于该问题,齐藤诚著:《全球化与地方自治》,载《自治研究》第87卷第12号,2011年,第9页以下,详细地进行了论述。

③ 昭和22年法律第67号。

④ 《地方自治法》是基于《日本国宪法》的地方自治条款,与《日本国宪法》同时施行的法律,在日本的地方自治法制中,确实是划时代的。一方面,关于个别的概念,明治宪法下的《市制、町村制》中具有其渊源的情形不少。在这一点上,在探求地方自治法上的概念之际,也留下了追溯到《市制、町村制》加以检讨的必要。在这一点上,地方自治综合研究所监修:《逐条研究地方自治法》Ⅰ至Ⅴ,1985年版至2005年版,Ⅰ改订版,2002年版;别卷(上下),2010年版,为研究者、实务家提供正合适的信息。《地方自治法》自制定以来,经历了数次重要的修改,关于其至平成6年的修改法之前的大致的修改经过,参见盐野宏著:《战后法制50年——地方自治法制》,载《法学者》1073号,1995年,第47页以下。关于至平成24年为止的详细的资料介绍、分析,有小西敦著:《地方自治法修改史》,2014年版。关于至包括明治期以后的简洁的通史,有中川刚著:《日本地方自治史》,载中川著:《地方自治制度史》,1990年版,第73页以下。

法》相对应的规范是《地方独立行政法人法》。此外,关于地方财政的基本法典,有《地方财政法》《地方交付税法》。有关税制,有《地方税法》。关于公务员,有《地方公务员法》。进而,关于地方公共团体经营的事业等,有《地方公营企业法》。

除此以外,有的个别法中也规定了地方公共团体的组织。关于其代表事例,有《警察法》《消防组织法》《水防法》和《关于地方教育行政的组织及运营的法律》。

以一定的地域为对象的地域立法,有的也设置了关于地方公共团体的组织、运作的重要规定。过去,作为经济高速增长政策的一环而制定的《新产业都市建设促进法》(平成13年废止)等就是其例。关于更加具有地域限定性的立法,有《濑户内海环境保全特别措施法》、《琵琶湖综合开发特别措施法》(平成9年3月31日失效)和《东日本大震灾复兴特别区域法》。除这些以外,关于《日本国宪法》第95条的地域特别立法,有《广岛和平纪念都市建设法》等。

此外,关于地方公共团体处理的事务①,国家的行政作用立法也大量存在。②

---

① 关于事务的区分等,参见盐野著:《行政法Ⅲ(第五版)行政组织法》,第137页以下。

② 现实中,自治的范围是由这些规定行政事务的具体根据的个别作用法所决定的,因此,其动向从地方自治的本来宗旨的角度来看是重要的问题。这一点,从前一直是作为事务分配中的地方分权之问题来论述,并通过制定法来进行应对的,这种法令的存在方式,也有必要作为地方自治的法源之一环来进行考察。

也就是说,从地方分权政策推进的观点出发,制定了《地方分权推进法》(平成7年法律第96号)和《地方分权改革推进法》(平成18年法律第111号,简称《整备法》)。这两部法律具有所谓基本法性质,并不是与自治行政的变革直接联结的,但是,在其实践这种意义上,制定了《关于为谋求地方分权的推进的相关法律的整备等的法律》(平成11年法律第87号),包括机关委任事务的废止等自治法本身的重要的修改在内,进行了相关个别行政法的修改。关于该法的概要及自治法修改过的详细的内容,作为立案者方面的成果,有佐藤文俊著:《"地方分权"总括法的成立与地方自治法的修改》(一)至(六·完),载《自治研究》第75卷第12号,第76卷第1号至第3号、第5号、第7号,1999年至2000年。此外,关于修改《地方自治法》(以下称为"平成11年修改自治法")的新规定,从行政法学出发进行的评议,有《地方自治、地方分权》(《法学者》增刊)。关于达至法制定的经过,参见高木健二著:《分权改革的到达点》,1999年版;西尾胜著:《未完的分权改革》,2000年版;齐藤诚著:《新的地方分权、自治的法》(1997年),载齐藤著:《现代地方自治的法的基层》,2012年版,第74页以下。其后也有所谓《地方分权总括法》(《关于为提升地域的自主性及自立性而谋求改革之推进的相关法律之整备的法律》)经过10次得以制定[第1次(平成23年法律第37号)至第10次(令和2年法律第41号)]。前述平成11年法律第87号也有被称为《地方分权总括法》的情形,因此,以下将该法称为"平成11年总括法"。《地方分权总括法》的主要目(转下页)

下面,本书基本以作为制定法的《地方自治法》所涵盖的领域为论述

(接上页)的,在于个别法领域中的国家和地方公共团体的权限分配,由于也触及地方自治法制,对于知晓《地方自治法》的变迁过程来说,有必要对这些总括法的动向加以留意。此外,在总括法之外,平成29年进行了以关于地方公共团体的内部统制的整备和关于监查制度的充实等为内容的《地方自治法》之修改(平成29年法律第54号)。综上所述,《地方自治法》正在相当频繁地推进关于重要事项的修改,所以,有必要留意其动向。

进而,平成23年法律第37号(第1次总括法),被作为《关于为谋求地域主权改革的相关法律之整备的法律(案)》提交给国会,而在国会审议的过程中,将构成"地域主权"的这个术语作为法令用语而使用这件事情被提出异议,"地域主权"不仅是限于法律第37号的标题,而且经历了被替换为另外的用语的经过[不是作为法令用语,而是仅限于作为地域战略会议(内阁会议决定,平成21年)、地域主权战略室(总理大臣决定)的组织名称,以及作为地域主权战略大纲(内阁会议决定,平成22年)的标题来使用]。此外,在政府的审议会层级也是一样,《道州制理想恳谈会(内阁官房附设)中间报告》(平成20年3月24日)将"向'地域主权型道州制国家'的转换"视为历史性必然,但没有谈及主权概念的分析和《日本国宪法》下的可能性。

顺带说一下,在法案中,不是使用"地域主权",而是进行了"地域主权改革"这样的表现方式。这在前述整备法案中,被视为"在《日本国宪法》的理念之下,为了使居民身边的行政是地方公共团体自主地且综合地广泛承担的同时,能够以地域居民自己的判断和责任而处理地域的诸课题的改革"(《内阁府设置法修正案》第4条第1款第3项之三)。在这种说明的限度内,表明没有必要特地使用"地域主权"这个术语,且《整备法》的内容本身也是与主权讨论无关的。在这种意义上说"地域主权",在现在正在使用的限度内,作为法概念是难以被承认的(参见盐野著:《行政法概念的诸形态》,第1页以下的法概念的分类学)。构成地域主权的用语或者概念的出处不明确,故而在日本也见不到能够对时常被尝试的外国语的翻译给予启示的文献。当然,1948年联合国最高司令部民生局的报告书《日本的政治性变更》(Report of Government Section, Political Reorientation of Japan, 1946)第三章日本的新宪法(Section Ⅲ. The New Constitution of Japan)中有如下记述:"'地方自治的委员会'的报告被详细地讨论,终于得到广泛修正。对于委员会草案的主要反对,是对地方公共团体保留了残余权限的一种地方主权(a form of local sovereignty)这一点。日本太小了,像州权(state sovereignty)那样的权力,以怎样的形态(any form)出现都不能被承认,并且,地方公共团体的保护,被认为委任给议会和法院是没有问题的"(以上内容的翻译,根据《国家学会杂志》第65卷第1号,第41—42页。其中括号内插入的英语,根据原文)。此外,不是将state sovereignty的翻译用"州主权"来表示,而是表述为"州权",其理由并不明朗。另外,不存在现今的地域主权提倡者予以参照的踪迹。并且,在报告书中,local sovereignty和state sovereignty并未被作为对立的概念来考虑,倒不如说,在日本未达至采取联邦制这种程度的意思,也是能够看出的。总之,地域主权,是所谓"日本造用语""日本造概念"。这个概念,不能认为是具有从现代法的观点出发对近代法的超越克服之意义、具有普遍性的概念(关于地域主权,对其不明确性的批判性分析,参见白藤博行著:《"地域主权"的改革与法理》,载渡名喜庸安、行方久生、晴山一穗编著:《"地域主权"与国家、自治体的再编》,2010年版,第55页以下。从宪法学中的主权概念出发提出的疑问,参见石川健治著:《国家、主权、地域》,载《法学教室》第361号,2010年,第6页以下、第14页以下;长谷部恭男著:《续Interactive宪法》,2011年版,第184页以下)。鉴于以上诸点,在本书中,作为笔者自身的语言,不使用地域主权的用语。(转下页)

范围。此外,为了和作为一般概念的地方自治法相区别,本书以下皆将作为制定法的《地方自治法》简称为《自治法》。

(四)关于地方公共团体的立法,有条例和规则。最近,条例成为极其重要的法源。其中有先于国家而制定的公害防止条例,近年来则出现了信息公开条例、个人信息保护条例等,在有关国家法尚没有得以整备的领域由条例先行了。

近年来,在地方公共团体中出现了制定自治基本条例的事例。虽然名称各种各样,内容也多种多样,但是,实体性政策理念、居民参加、信息共有等的与意思形成相关的基本原则、具体性程序规定等,是其主要内容。① 基本条例也必须在法律的范围内规定,这与其他条例都是一样的。但是,对于法源论,该地方公共团体中的其他条例的优先性则成为需要探讨的问题。这样的论点,在国法的层面上也是一样,在所谓基本法和与之相关联的个别法的关系上也会发生②,并且,在《自治法》规定的作用分担原则以下的诸规定(第 1 条之二、第 2 条第 11—13 款)与个别法的制定和运用中也会看到。作为一般论,后法废前法的原则,在自治基本条例的情况下也是适用的,但是,作为个别条例的解释原理,自治基本条例的旨趣被参考、斟酌也是可能的。③ 当然,迄今为止所制定的自治基本条例的内容,是理念性、抽象性的,没有发生与国法、其他条例冲突的事例。所以,在现阶段,缺乏对基本条例的最高规范性进行论述的素材[关于这

(接上页)

《地方自治法》在其后实现了诸多方面的修改。平成 24 年实现对议会制度(通年会期的导入等)、议会与首长的关系(再议制度的扩大等)、直接请求制度(署名要件的扩大)、由国家进行的不作为的违法确认制度(创设)等的修改;平成 29 年实现了关于内部统制、监查委员等的监查的规定之整备,权利放弃议决的整备等修改。关于修改事项,将根据需要而个别地论及。

① 关于自治基本条例,包括行政学上的文献在内,存在许多的先行业绩。包括文献介绍的意思在内,参见齐藤诚著:《自治体基本条例的法的考察》(2004 年),载齐藤著:《现代地方自治的法的基层》,2012 年版,第 371 页以下;北村喜宣著:《地方分权时代的自治体运营与自治基本条例》(2003 年),载北村著:《分权改革与条例》,2004 年版,第 247 页以下;企划委员会研讨会:《自治基本条例与自治体政策法务》,载《法社会学》第 74 号,2011 年,所收录的各论考。

② 参见盐野宏著:《关于基本法》(2008 年),载盐野著:《行政法概念的诸形态》,第 23 页以下。

③ 木村琢磨著:《面向自治基本条例(自治宪章)的制定的一点考察》,载《千叶大法学论集》第 17 卷第 1 号,2002 年,第 21 页以下,主张作为解释论而存在基本条例优越论的余地,但是,关于内容明确冲突的情况下的基本条例优先的论据则是不明确的。

一点,金井惠理可①从自治基本条例中条例(包括自治基本条例)的制定程序的加重条款中寻求规范性,但是,对一般条例制定程序加重居民参加程序的合理性,进而,其与宪法所预定的议会功能的冲突之可能性,便会成为问题]。

进而,与自治基本条例不同,关于更加具体性的课题,基本条例的制定得以广泛推行。议会基本条例、环境基本条例、城镇建设基本条例等,基本法的活用,可以说是关于日本的一般制定法的共通性。②

(五)国家的法律、地方公共团体的条例,都是地方自治法制度的主要法源。于是,两个法源竞合时的调整便成为必要。其具体性事例将在后面论及③,而从法源的形式性分类的观点出发,关于《地方自治法》《地方公务员法》等,可以指出其基本法的性质、框架法的性质。关于基本法的性质,让渡给了另外的论述④,《自治法》第1条、第1条之二有基本法性条款,《自治法》本身设置了关于地方公共团体的组织、运营的详细的规定和相关施行令,但《自治法》中却没有设置关于《地方公务员法》《地方财政法》《地方税法》等地方自治关联诸法的具体性指针等。在这种意义上,将《自治法》作为基本法的一种来定位是有疑问的。⑤ 所以,在与地方自治制度的关系上,有必要对框架法予以更加关注。也就是说,所谓框架法这种范畴本身,既不是法令用语,在讲学上也有(外)框法、准则法、标准法、基准法等不固定的用法,但是,关于地方公共团体的组织、运营,国家的法律仅限于规定基本性框架乃至大纲,具体性规范则交由地方公共团体来规定,这一点在《地方自治法》(第1条)、《地方公务员法》(第1条)、《地方财政法》(第1条)、《地方公营企业法》(第1条)的目的规定中也得以表明(《地方税法》中没有这样的规定,其立法者意思不明确)。在这种限度内,关于地方自治法制的国家层面的法源,可以视为框架法。当然,这种原理在现实的法制度及运用中是否已经得以实现,则必须另辟

---

① 金井惠理可著:《赋予自治基本条例以最高规范性的法解释的可能性》,载《都市问题》,2011年5月号,第83页以下。

② 关于个别基本条例,参见盐野著:《行政法Ⅲ(第五版)行政组织法》,第172页、第193页。关于国家层面的基本法的多元性,参见盐野著:《行政法概念的诸形态》,第26页以下。

③ 参见盐野著:《行政法Ⅲ(第五版)行政组织法》,第158页。

④ 参见盐野著:《行政法概念的诸形态》,第34页以下、第74页以下。

⑤ 关于不是论述地方自治法而是论述地方政治基本法的制定的见解,木佐茂男著:《国际比较之中的地方自治与法》,2015年版,第168页以下及该书引用的文献。

蹊径进行检讨。①

（六）与条例在宪法上具有根据（第 94 条）相对，关于规则是否在宪法上具有直接根据，是存在争议的。无论如何，《自治法》第 15 条总括性地承认了首长的规则制定权。当然，由于关于权利、义务的规定是必要性条例事项（第 14 条第 2 款），所以，规则的范围存在限定。②

（七）判例具有重要的意义，这和其他领域是相通的。

（八）前面所揭示的地方自治法的法源之列举，与行政法总则的法源之列举基本上是共通的，在这个基础之上，有人着眼于各个领域所固有的规则之存在，将其作为地域规则③或者地方规则（local rule）④，展开了作为分析对象的尝试。与前者在其视野中包括条例、规则相对，后者则将条例、规则以外的纲要、协定等置于考虑之中，两者间存在这样的差异，可以说是提供了与国法的法源论不同的分析视角的成果。不过，这个概念暂且是作为开发概念来设定的。

第二节　地方公共团体的概念

一、地方公共团体的要素

地方公共团体，以一定的地域、居民和法人资格这三点为其要素。以居民为要素，这从地方自治的观念中本来包含着居民自治来看，是不言自明的。进而，地方公共团体是具有地域性空间的团体，这也是被作为当然前提的。

（一）居民

1.《自治法》上的居民是在市町村的区域里有住所者（第 10 条）。关于住所是什么的问题，虽然没有特别的规定，但是，通说认为它是生活的

---

① 盐野著：《行政法Ⅲ（第五版）行政组织法》，第 163 页。关于框架法的一般问题，参见盐野著：《行政法概念的诸形态》，第 74 页。
② 关于规则在宪法上的根据和范围等，参见平冈久著：《关于地方公共团体首长的规则的若干考察》，载《小高古稀》，第 77 页以下；松本著《逐条地方自治法》，第 230 页以下。
③ 矶野弥生著：《为了地方规则之确立的备忘录》，载《兼子古稀》，第 307 页以下。
④ 饭岛淳子著：《地方政治与行政法》，载《行政法的新构想Ⅰ》，第 209 页、第 213 页以下。

据点。此外,《自治法》上的住所存在只限于一处的前提。① 不存在有关成为居民的特别的行政性程序。在规定有关居民地位的正确记录的《居民基本台账法》②中,规定市町村应该制作记录有关市民的姓名、住所等的居民票(第 5 条以下)。这是公证行为。所以,居民基本台账上所记载的场所,被推定为地方自治法所规定的住所。因为没有比这更深奥的内容,所以,产生争议时,应该等待法院的认定。③

2. 成为居民的要件,不存在国籍条款。因此,外国人也享有居民的权利,负有居民的义务。但是,外国人并不是和日本国民处于完全相同的地位,其选举权、被选举权不被承认。关于由此而产生的问题,将在后面论述。④ 法人也被视为居民。

(二)区域

1. 关于地方公共团体的区域,《自治法》规定,"普通地方公共团体的区域,依以前的区域"(第 5 条第 1 款)。以前的区域,是指《自治法》施行当时的区域,因而意味着《市制、町村制》所规定的区域。而《市制、町村制》中规定,"依以前的区域"(第 1 条),旧《市制、町村制》中规定,"以前的区域存在,不予变更"(第 3 条)。进而,在其前面的明治 11 年的《郡区町村编成法》中规定,"町村的区域名称,全部依旧"(第 2 条)。因此,区域,即市町村的境界,结果是依据德川幕府时代划定的。现在的市町村和德川幕府时代的町村并不是同一的,是经历了数次合并而成的,但是,其外延依然是德川幕府时代划定的。⑤

2. 存在市町村的区域中是否不限于陆地,还包含海域的问题。这是很早以前就有争议的问题。从现行《自治法》仅规定有关公有水面的境界变更及确定程序(第 9 条之三)这件事来看,海域上也有市町村的区域,这在立法上已经解决了。

3. 无论是陆地还是海域,有关市町村的境界的纠纷,在相关市町村

---

① 饭岛淳子著:《作为地方公共团体的构成要素的居民、区域》,载《行政法的争点》,第 205 页,指出了居民与区域的一对一的对应原则之动摇。

② 参见《自治法》第 13 条之二。

③ 大阪高等法院判决,平成元年 3 月 22 日,载《行裁例集》第 40 卷第 3 号,第 264 页。

④ 盐野著:《行政法Ⅲ(第五版)行政组织法》,第 181 页。关于外国人的居民登记,参见第 142 页脚注①。

⑤ 关于明治时期以降的市町村合并的推移,参见松本著:《要说地方自治法》,第 159 页以下。

之间常有发生。其纠纷解决的程序由《自治法》(该法第9条以下)规定。《自治法》分为如下三种情况设置了规定:对境界有争议的情况(该法第9条);对只与公有水面有关的市町村的境界有争议的情况(该法第9条之三);虽然市町村境界并没有判明,但是,尚无争议的情况(该法第9条之二)。无论是哪种情况,针对在某种意义上对市町村境界有疑义的,准备了需要经过一系列程序的公权性解决(司法性)的制度。其中的制度之一是关于境界的诉讼①,其是否该当《行政事件诉讼法》所规定的机关诉讼,在学说上是有争议的,但作为制度固定下来了。② 此外,关于有关境界的法院之判断是确认性的,还是创设性的,在民事诉讼中存在争议③,而围绕知事的裁定的诉讼,视为抗告诉讼,相关市町村间的诉讼,从没有统一性基准的情形来看,视为民事诉讼法上的形式性形成诉讼,可以理解为是妥当的。④

4. 上面所述,是与日本的领土、领海内的土地的归属有关的。在该限度内,在领海内的情况下,是以其沿岸的水面归属于某个市町村为前提的。与此相对,关于在公海上新出现岛屿,该岛屿成为日本领土的情况,则适用《自治法》规定的程序(该法第7条之二)。

5. 日本的法制度,是以任何区域都属于某市町村为前提的。换言之,在日本国拥有住所者,必定是某个市町村的居民。在这种意义上,虽然因为合并等原因可能导致市町村固有名词的变化,但是,市町村这种制度存在于日本全国各地。⑤

---

① 《自治法》第9条第8款、第9款。
② 盐野著:《行政法Ⅱ(第六版)行政救济法》,第229页,将其理解为主观性诉讼。关于学说动向的详细分析,有小林博志著:《市町村提起的关于境界的诉讼与当事人诉讼》,载小林著:《自治体的起诉之历史性研究》,2018年版,第11页以下。
③ 新堂幸司著:《新民事诉讼法》(第六版),2019年版,第209页以下。
④ 盐野宏著:《关于境界纷争的法制度上的问题点》(1980年),载盐野著:《国家和地方公共团体》,第299页以下。此外,关于相关判例的详细的分析,参见小林博志著:《市町村的合并及关于境界之诉》,载小林著:《自治体的起诉之历史性研究》,2018年版,第295页以下。
⑤ 这似乎是当然的常识。但是,在有的国家却不能适用这种常识,美国即是这种国家。以加利福尼亚为例,州被全部分割给 county,而 county 本来是作为州的行政单位来规定的。因此,在 county 的内部,分为存在市(municipality)的 incorporated area 和不存在市的 unincorporated area 两种区域。后者是不存在日本所说的作为基础的地方公共团体的市町村的地域。在日本,不承认基础的自治体,有可能构成对尊重地方自治的《日本国宪法》宗旨的违反。但是,美国人好像并不采取这样的观念论。即不存在 municipality 的 unincorporated area 中也有人(转下页)

(三)人格

《自治法》明文规定,地方公共团体是法人(该法第 2 条第 1 款)。这与明治宪法下的《市制、町村制》的规定相同(第 2 条)。①

此时,作为明治宪法下的法人的性质论,一般认为,一方面是以将居民作为成员这件事情为前提的,另一方面又不将其作为社团法人而从正面予以定位,"不是仅仅谋求特定的、被限定了的社员的利益,而是以谋求一个地方的一般人民的公共利益为目的,这必然是国家目的,所以,具有作为公法人的性质"②。关于这个问题的基本状况,在《日本国宪法》之下的性质论也没有变化。

有必要注意如下几点:

1. 在日本,地方公共团体(在明治宪法之下,特别是市町村)一直是被作为与其他的公共社团、财团不同的范畴来定位的,这一点,与将地方公共团体(Gemeinde)作为公法上的社团的一种来归纳整理的德国③是不同的。关于在民法上的法人的分类(社团和财团)是相同的,而在国法的层面采取了与德国不同的对待这件事情,也可以作为概念的严密性之不同来进行归纳整理。但是,采取这样的观点也是可能的,即它反映了在日本,地方公共团体一直以来是被作为比其他的公法人更加接近国家的存在来认识的。

(接上页)居住,在那里,人们接受本来是州的机关的 county 的行政服务。在这种情况下,从自己的自治这种观点来看,有的不及固有的市町村。另外,一旦构成自治体,则需要更多的税金,这已是通例。因此,他们如果认为即使更多地负担税金,也希望有自己的政府的话,那么,通过法定的程序,就可以创设自治体,即进行 incorporate。与此相对,若不是这样考虑,而是认为接受上层组织的服务更好的话,则可以保持 unincorporated area 的状态。此外,例如有关下水处理等事业,以适当的地域为单位,创设一种属于特别地方公共团体的 special district,采取从那里接受服务的手段。附带说一下,在日本,被认为是市町村的最为重要的事务之一的初等、中等教育,在加利福尼亚则不是市的工作,而是由 school district 承担。即在这里,对于地方自治来说,存在作为综合性行政主体的市町村,并不是最为重要的事情,居民所关心的基本事项是,完全由居民的意思来决定,是否创设市町村。

① 关于地方公共团体的三要素,《自治法》仅就法人资格这一点作为地方公共团体共通的要素来规定(该法第 2 条第 1 款),而关于居民、区域,仅对普通地方公共团体设置了规定(该法第 5 条以下、第 10 条以下),而关于特别地方公共团体,却不存在直接的援用规定。但是,这件事情被认为并不意味着针对特别地方公共团体不存在居民及区域的观念。参见盐野著:《行政法Ⅲ(第五版)行政组织法》,第 133 页。

② 美浓部著:《日本行政法》(上),第 479 页。

③ Maurer, Allgemeines Verwaltungsrecht, 18. Aufl., S. 583.

2. 与前述问题相关联,一般地说,地方公共团体是国家和社会的中间性团体。换言之,地方公共团体,一方面具有作为统治团体的性质;另一方面又具有作为事业团体、作为社会性服务的提供者的地位。① 可是,将着力点置于其中的哪一方,则是根据时代的不同而不同的。即在明治宪法之下,地方公共团体被解释为具有作为对居民提供公共性服务团体的地位。也就是说,《市制、町村制》所规定的固有事务的内容,包括组织、财务这种为了该团体的存续而从事的事务,以及为了该团体成员的福利增进而从事的事务(也称为保育行政),而关于行政作用性侧面,地方公共团体则是各种各样的公共性服务的提供主体。这一点,当初在《自治法》上也是同样的,虽然其名称从固有事务变成了公共事务,但是,在内容上,一直是被作为同义词来理解的。不过,在《自治法》制定后不久,该法便被修改了②,新添加的"其他的行政事务"被作为地方公共团体的事务分类。这种事务,不是基于特别的法律根据,或者基于特别的委任,而是由地方公共团体以其自己的判断来处理的,事务的内容却一直被理解为是有关规制行政的。行政事务的观念,在日本的地方公共团体的事务分类上③,是具有重要意义的概念。但是,必须注意的是,通过将作为规制事务的行政事务作为地方公共团体的一般性的事务来进行归纳整理,与宪法上的条例制定权的明确规定(第 94 条)相互辉映,使得地方公共团体是具有宪法上规制权限的团体这种理解固定下来,在这里,地方公共团体的统治团体的性质便随之得以明确。④

二、地方公共团体的种类——概述

《自治法》将地方公共团体大致分为普通地方公共团体和特别地方公共团体两种类型。进而,关于普通地方公共团体,列举了都道府县、市町村;关于特别地方公共团体,列举了特别区、地方公共团体的组合、财产区(该法第 1 条之三)。

---

① 参见盐野宏著:《地方公共团体的法的地位论备忘录》(1981 年),载盐野著:《国家和地方公共团体》,第 3 页以下。
② 昭和 22 年法律第 169 号。
③ 盐野著:《行政法Ⅲ(第五版)行政组织法》,第 138 页。
④ 参见盐野著:《国家和地方公共团体》,第 5 页以下。

其中,普通地方公共团体被作为宪法上保障了自治权的组织来定位。与此相对,特别地方公共团体却不具有宪法保障的自治权。具体地说,特别地方公共团体的首长不是由居民直接公选而产生,同样也不存在由直接公选而产生的议会。①

下面,我们将按照地方公共团体的各种类别,指出其主要的论点。

三、普通地方公共团体

(一)市町村

1. 关于普通地方公共团体中的市町村的区别,《自治法》上规定了其要件(第8条)。关于市,曾经存在满足3万人的要件即可的时代,而现在则需要5万人以上。② 不过,这是成为市的条件,而成为市以后,因人口流失而不足5万人,也并不会变为非市。町和村的区别,依据都道府县条例决定。

市和町村的区别,并不是单纯对市冠以"市"的名称即可,而是需要在法律上从组织方面③及事务分配方面进行若干不同的处理。④

2. 在市之中,存在指定都市、中心市的制度。这是对一定规模的市进行不同的事务分配的制度,是所谓的市之间的差异化(曾经设置了特例市的制度,由平成26年的《地方自治法》修改所废止⑤)。

指定都市的制度,是使指定市具有和都道府县同样的权能,以顺利完成大都市行政的制度。《自治法》本身规定了特别措施(第252条之十九),此外,在这里要设置行政区。⑥ 以前,包括东京在内共有六大都市,而现在,将东京都从中排除出去,有大阪、京都、横滨等20个都市。在《自治法》上要求指定都市是以政令规定的、人口在50万人以上的都市,而在实践中则是以人口100万人为基准的。

---

① 关于东京都的特别区,现在采取了首长及议会的直接公选制这一点,参见盐野著:《行政法Ⅲ(第五版)行政组织法》,第132页。
② 不过,根据《关于市町村合并之特例等的法律》(平成16年5月26日法律第59号),人口3万人或者4万人也得以承认。
③ 《自治法》第94条、第138条第4款、第171条第1款、第195条第2款。
④ 市可以管理的或者市必须管理的事务,有的是町村不具有管理权限的事务,例如,福祉事务所是市的必设机关,而对町村来说,则是任意设置机关。关于没有设置福祉事务所的町村的区域,由都道府县承担服务。《社会福祉法》第14条。
⑤ 关于特例市制度的制定、废止,参见宇贺著:《地方自治法》,第52页。
⑥ 盐野著:《行政法Ⅲ(第五版)行政组织法》,第136页。

中心市的制度,是迟于指定都市制度而创设的制度。人口为20万人(创设时曾是30万人)以上的市为中心市(以政令指定)。这种市所承担的事务,准同于前述指定都市所处理的事务。①

3. 虽然存在如上所述的指定都市、中心市和特例市的制度,但是,关于事务分配,市町村之间的差异化的方向得以推进。尽管如此,基本上可以说,就市町村而言,采取了几乎完全一样的组织构造,这构成了日本自治法制的一个特色。

4. 以前,曾经存在过作为包括町村在内的单位的郡这种制度,但是,该制度于大正12年被废止,现在仅限于地理性名称。不过,实际上作为确定县议会议员及国会议员的选举区的基准而使用,并且,作为广域市町村圈的单位,进而作为地域运动会的单位等而使用,其存在着在实际上仍然发挥作用的一面。②

(二)都道府县

都道府县是包括市町村在内的广域的地方公共团体。换言之,都道府县的区域中,不存在不属于某个市町村(包括都的特别区)的地域。

在都道府县之中,关于府和县,除沿革上的区别以外,不存在任何实质性区别。与此相对,"都"是一种一般性制度,同时具有作为县的功能和作为市的功能。此外,在其区域中设有特别区,这也是"都制"的特色。不过,"都"也包括市町村。

现在,虽然"都"只限于东京都,但是,由于作为制度是一般性的制度(《法律用语辞典》),所以,创设名古屋都,在法律上并不能绝对地予以否定。也就是说,在《自治法》上,并未设置都的定义规定,但是,与府及县同样,根据《自治法》制定时的"从来的名称"(该法第3条),在《自治法》上所说的都,便是具体地仅指东京都了。不过,与府及县同样,由于都是作为一般性的制度而设置的,所以,在东京都之外其他的广域的地方公共团体设置都的制度,从制度上并不能被否定。此时,经过怎样的程序,在广域的地方公共团体设置新的制度,可以考虑各种各样的方法,平成24年的第180次国会上,《关于大都市地域中特别区的

---

① 《自治法》第252条之二十二。不过,不设区。
② 参见松本著:《要说地方自治法》,第174页。

设置的法律案》被提交国会并获得通过。①《关于大都市地域中特别区的设置的法律》规定了承认都道府县的区域内设置特别区的程序（该法第 4 条至第 9 条），"包括（该）特别区在内的道府县，关于《地方自治法》及其他法令的适用，除法律或者基于法律的政令有特别规定的以外，看作都"（该法第 10 条）来处理。在名称和形式这一点上，将东京都作为唯一的都的现行法制度得以维持，而实质上则向道府县打开了都制之导入的路径。②

"道"也是沿革上的名称，除警察的组织中有不同的用法外③，曾经也存在过设置北海道开发厅等在地域开发上的特例。

（三）都道府县和市町村的关系

都道府县和市町村，在《自治法》上，两者都是被作为完全自治体来对待的。不过，考虑到都道府县是包括市町村在内的团体等，《自治法》就其各自应该承担的事务范围进行了一定的归纳整理，分别规定了各自的性质。即市町村是基础性地方公共团体，其处理的事务范围是概括性的。与此相对，都道府县是广域的地方公共团体，负责处理涉及广域的事务、有关联络和调整的事务、被认为不适合于一般市町村处理的大规模的事务。在该限度内，在和市町村的关系上，相对来说，是补充性的。④

由此出发，有时使用如下成对的概念：将市町村称为基础性地方公共团体（自治体），将都道府县称为广域的地方公共团体（自治体）。广域的地方公共团体这一用语，意味着包括市町村，这是清楚的，但是，基础性地方公共团体的意思内容及功能则是并不明确的。⑤ 从日本地方自治制度的历史发展的经过来看，与府县本来具有国家的综合性派出机关的性质相对，可以说，市町村具有作为自治体的地位，是本来的地方公共团体的意义的体现。关于其具有怎样的意义，我们将在下面论述。

---

① 平成 24 年法律第 80 号。
② 松本著：《逐条地方自治法》，第 31 页，认为该法"使得该地域自发地施行'实质性意义的都制'成为可能"。
③ 《警察法》第 46 条、第 51 条。
④ 《自治法》第 2 条第 4 款、第 5 款。
⑤ 参见小早川光郎著：《基础性自治体、广域的自治体》，载《法学教室》第 165 号，1994 年，第 24 页以下。

都道府县与市町村都是完全自治体，它们之间并不存在上下的关系。①

（四）二层制（都道府县、市町村）的宪法问题

在现行《自治法》上，作为普通地方公共团体的市町村和都道府县，虽然接受作为宪法上的地方公共团体的待遇，但是，这并不意味着市町村和都道府县的任何一方都当然地具有作为宪法上的地方公共团体的地位。这是因为，在日本，宪法是以存在宪法上被赋予权能的地方公共团体为前提的，但是，宪法本身并没有就怎样的团体是宪法上的地方公共团体作出特别规定。②

无论如何，在某地域内根本不存在宪法上的地方公共团体是宪法所没有预定的③，因而，问题便是像现行制度这样的都道府县和市町村的二阶段构造（即所谓二层制）是不是宪法所要求的。此外，即使在这样的问题设定中，废止从历史上、从比较法的角度一直享有作为地方公共团体的地位的市町村（将其改为都道府县中的单纯的行政区划），实行仅有都道府县的一层制，也被解释为既是现实上难以设想的，又是违反宪法上地方自治的本来宗旨的。

因此，实际问题是，像以前所实行的那样，停止将府县作为宪法上的完全自治体，原则上采取仅有市町村的一层制，在宪法上是否被允许。

二层制支持论在宪法制定当时的确是重要的政策课题。在明治宪法

---

① 这一点，根据平成11年总括法而得以进一步彻底化。具体地说，与机关委任事务相关的知事的指挥监督权（旧法第150条）、知事的撤销停止权（旧法第151条第1款）、对市町村长的事务委任权（旧法第153条第2款）、事务的辅助执行（旧法第153条第3款）的废止，即是这种体现。此外，所谓统制条例的制度也被废止了。当然，还有都道府县对于市町村的干预制度（《自治法》第245条以下）及（都道府县）通过条例进行事务处理的特例制度（《自治法》第252条之十七之二），在该限度内，不对等的关系还是存在的。

② 对这一点，关于特别区的区长公选的最高法院判决（最高法院大法庭判决，昭和38年3月27日，载《刑集》第17卷第2号，第121页；《地方自治判例百选》第1案件）有所论及（参见该百选中的饭岛淳子解说）。该判决提出了与作为基础性地方公共团体的市町村相比肩的特别区是否属于宪法上的地方公共团体的问题，最高法院认为，宪法上的地方公共团体，"必须是事实上居民在经济上、文化上进行密切的共同生活，存在具有共同体意识的社会性基础，无论从沿革上来看，还是在现实的行政上，都是被赋予了相当程度的自治立法权、自治行政权、自治财政权等地方自治的基本性权能的地域团体"。根据该判决的逻辑，如果立法者事先不赋予其自治立法权、自治行政权、自治财政权，或者对这些权能予以剥夺的话，就不接受作为宪法上的地方公共团体的保障，所以，我认为结果是将问题的解决委任给立法权者，而不能行使违宪立法审查权。

③ 不过，关于将首都的一定地域规定为国家直辖是不是宪法上所承认的问题，有待于今后的研究。

之下,府县同时具有作为自治体的性质和作为国家的综合派出机关的性质。即府县的首长是作为国家官吏的知事,在该知事之下,身份上是官吏的人,即作为国家职员的辅助机关执行府县层级的国家行政。另外,府县还同时具有作为地方公共团体的性质,存在由从居民中选举出来的议员组成的府县议会,在一定的范围内具有条例制定权等。不过,团体事务的执行,既有官吏承担的情况,又有府县的公吏承担的情况。也就是说,府县不是完全自治体,而是半自治体。美国占领军最为重要的对日政策之一,就是这种官选知事的废止和公选知事制度的导入,这被评价为日本统治构造民主化的一环。但是,作为宪法解释论,以二层制作为宪法上的要求,无论是依据逻辑、宪法制定过程、比较法素材的哪一种,都存在缺乏实证性的方面。在现在的《自治法》之下也是一样,二层制也并没有得以完全遵守。那就是围绕东京都的特别区的问题。现在,特别区的区长实行了居民的公选(参见下一项),而从前并未实行公选制,也被认为是合宪的。①

与此同时,是否视为宪法上所说的地方公共团体,并不能说被完全委任给了立法者的任意判断。这是因为,所谓基于地方自治的本来宗旨,在这种情况下也是起作用的。所以,问题的设定便是:假定废止了府县,是否会出现违反地方自治的本来宗旨的状态呢?

此时,地方自治的尺度涉及地方公共团体所承担事务的范围。但是,公共行政主体应该承担的事务在多大范围内由地方公共团体来承担才不违反地方自治的本来宗旨的问题,并不是二阶段构造论的问题。作为现实问题,府县的废止,必然导致将以前府县所承担的事务分配给市町村和国家的状态。其结果有时甚至会导致地方公共团体的事务范围的缩小。但是,事务的缩小有时违反地方自治的本来宗旨,是在采取二阶段构造时也会产生的问题。因此,如果从这种角度提出问题,那么,虽然废止了府县,但是,由于市町村较软弱,则会出现并不能单义性地认为是国家事务的事务也被委任给国家行政机关的情况;或者相反,废止府县,一举扩大市町村的规模,试图实现事务移交的结果,则会出现丧失基础性地方公共团体的实体的情况。但是,这只是能够提出的府县制废止的内容,而

---

① 参见最高法院大法庭判决,昭和38年3月27日,载《刑集》第17卷第2号,第121页;《地方自治判例百选》第1案件。

府县制度的废止并不能说其直接违反了地方自治的宗旨,从而构成违宪。①

四、特别地方公共团体

特别地方公共团体,是立法政策上所设立的,关于其共通的要素,《自治法》上并不存在特别的规定,现实中的特别区、地方公共团体的组合(工会)、财产区、合并特例区,其各自的设立宗旨、组织构成、功能和沿革都是不同的。不过,这些既然被作为地方公共团体来定位,就被解释为存在地方公共团体的三要素,即法人资格、居民、区域的观念,同时,其行使的事务是公共业务,这是当然的前提。不过,对所有地方公共团体承认的

---

① 关于以上诸点的详细情况,参见盐野宏著:《府县制论》(1988 年),载盐野著:《国家和地方公共团体》,第 283 页以下。

以上是宪法解释论。但是,这作为立法政策,并不能当然地说其导致府县的废止是适当的。关于这一点,以前曾经出现过废止府县作为完全自治体的性质,取而代之以半官性质的道州制论。其后的道州制论,实质上是府县合并论(参见辻山幸宣著:《道州制》,载《法学教室》第 165 号,1994 年,第 26 页以下)。在这种意义上,必须注意的是,虽然可以说府县制度本身是相对稳定的,但是,府县的存在理由、与市町村相对比时的特色,具有经常成为问题的性质(有关府县的存在理由的分析,参见辻山幸宣著:《地方分权和自治体联合》,1994 年版,第 213 页以下)。与此相对,《第 28 次地方制度调查会·关于道州制的存在方式的答复》(平成 18 年 2 月 28 日)所揭示的道州制,是以将都道府县事务大幅度地向市町村移转、让渡,将国家的实施事务(尤其是国家的地方分支部局的事务)向道州移转、让渡为框架,存在超出单纯的府县合并领域的成分。该答复虽然未能实现,但是,其后,2007 年,道州制理想恳谈会在特命担当大臣(道州制担当)之下召开,该恳谈会于 2008 年提出了中间报告(平成 20 年 3 月 24 日)。该报告提案"地域主权型道州制"[参见盐野著:《行政法Ⅲ(第五版)行政组织法》,第 119 页],进而,那被认为"不应该矮小化为单纯的都道府县的再编",且"没有必要将都道府县的合并作为前提"(不过,其后的情况是,2010 年该恳谈会被废止,没有提出最终报告便告终结)。关于近来道州制争议的批判性分析,参见渡名喜庸安、行方久生、晴山一穗编著:《"地域主权"与国家、自治体的再编》,2010 年版,第 124 页),所揭示的诸论文。进而,这种市町村和道州的二层制,是否就是《日本国宪法》所预定了的制度呢? 这个根本问题的讨论也是不应忘却的。

在正文所示的"基础性地方公共团体"之外,还有称为"基础自治体"这个概念。有的见解认为,这是《第 28 次地方制度调查会·关于今后的地方自治制度的存在方式的答复》(平成 15 年 11 月)所使用的术语,从其内容来看,是以平成 11 年的《自治法》修改所确立的作用分担原则为前提的概念,所以,它包含了包括国家在内的统治机构之中,将市町村视为"地域中第一义性统治机构"这种认识[参见山崎重孝著:《关于新的"基础自治体"形态(上)》,载《自治研究》第 80 卷第 12 号,2004 年,第 36 页以下、第 42 页]。所以,与"基础性地方公共团体"是在与都道府县相比较的意义上的概念不同,"基础自治体"是以一定的事务分配原则为前提的市町村形态。因此,这一点将在后面关于与作用分担原则的关系部分再度探讨[盐野著:《行政法Ⅲ(第五版)行政组织法》,第 199 页以下]。

共通的法人资格另当别论,关于区域、居民,以是特别地方公共团体为理由而进行或多或少的加工处理,是可以承认的。在注意到这一点的同时,下面我们将就个别的特别地方公共团体展开概略的阐述。①

(一)特别区②

特别区,是巨大都市中自治组织的一种存在方式,作为"都"的区而设置(《自治法》第281条)。特别区的区长,通过昭和27年的《自治法》修改而从公选制转为议会的选任制,其后,通过昭和49年的《自治法》修改,区长的直接公选制复活,进而,经平成10年的《自治法》修改,特别区被作为基础性地方公共团体来定位。特别区基本上适用市的规定(《自治法》第283条),实质上具有极其强烈的普通地方公共团体的性质。③ 在否定区长公选制的时代(这是不是宪法所允许的,暂且不提④),将特别区视为特别地方公共团体,曾经存在实际需要,而现在则失去了其意义。

(二)地方公共团体的组合⑤

地方公共团体的组合,是地方公共团体共同处理事务的手段之一。构成组合的是相关地方公共团体。在组合之中,一部分事务组合,是为了共同处理个别事务(粪便处理、水道、港湾等)而设置的⑥;广域联合是组合的一种类型,是为了就适合于在广泛领域内处理的事务制作广域计划,以实现对这些事务进行必要的联络调整,综合地、有计划地予以处理而设置的(根据平成6年《地方自治法》修改而得以新设)。

地方公共团体的组合,其成员是有关地方公共团体,由此,出现了认为组合中不存在居民观念的理解。⑦ 但是,事务本身在内容上和构成团体本来一直进行的或者应该进行的事务是相同的,所以,和成为事务对象者的权利、义务关系也是一样的⑧,即直接拘束地域居民。这样一来,从

---

① 特别地方公共团体,除此以外,曾经还有全部事务组合、公所事务组合这两个组合,以及地方开发事业团。这些都作为完成了其使命的组织,由平成23年的《地方自治法》修改予以废止。
② 《自治法》第281—283条。
③ 参见《自治法》第281条、第281条之二、第283条。
④ 参见前述最高法院昭和38年3月27日判决。
⑤ 《自治法》第284条至第293条之二。
⑥ 构成团体通常情况下是市町村,但是,都道府县也可以组织。关于复合性部分事务组合,参见《自治法》第285条。
⑦ 俵著:《地方自治法》,第422页;松本著:《逐条地方自治法》,第1636页。
⑧ 松本著:《逐条地方自治法》,也承认这一点。

组合这种法形式来看构成员,的确是相关地方公共团体,而不是居民本身,但是,在部分事务组合中,大概不能排除居民的要素。在该限度内,可以说部分事务组合也是地方公共团体的一种,并且,由此而来,被认为也必须对居民的能动性权利予以考虑。在明治宪法下,也曾有人主张组合是由地域居民全体构成的地域团体。① 在广域联合中,关于议会的议员及首长的选举、直接请求,居民的参加权得以法定。②

(三)财产区

财产区,是指市町村及特别区的一部分,拥有财产或者设置公共设施的情况(第294条)。具体地说,有山林、用水路、温泉等。其沿革可以追溯到明治21年制定的《市制、町村制》。《市制、町村制》是以近代地方制度导入前的村落共同体的状况为前提的。不过,在之后市町村合并等时,旧市町村时代的财产处理成为有争议的问题,财产区的制度被作为清除合并障碍的手段而使用。③

关于财产区的财产及公共设施的管理和处分等,由该市町村等的议会及执行机关进行,必要时,也可以设置议会或者总会,或者设置财产区管理会。④

(四)合并特例区

合并特例区,是指在合并市町村⑤的区域内,以合并相关市町村⑥的一个或者两个区域为单位而设置的,对该合并市町村的一定事务进行处理的特例区。这是为了有助于顺利地确立合并市町村的一体性而创设的制度。经过合并相关市町村的议会的议决,以合并相关市町村的协议设置,并且,需要都道府县知事的认可。合并特例区的范围、所处理的事务等,以规约予以规定。合并特例区的首长由合并市町村的首长选任,同时,通过在合并特例区设置合并特例区协议会等,建立地域居民的意见得

---

① 参见美浓部著:《日本行政法》(上),第496页。关于现行法下的争论,此外参见古井倩治著:《部分事务组合中居民的地位》,载《自治研究》第51卷第10号,1975年,第131页以下。
② 《自治法》第291条之五、第291条之六。
③ 详细情况,参见加藤富子著:《财产区的诸问题》,载《行政法大系8》,第281页以下。
④ 《自治法》第295条至第296条之三。
⑤ 《关于市町村合并之特例的法律》第2条第2款。
⑥ 《关于市町村合并之特例的法律》第2条第3款。

以反映之类的机制。①

合并特例区被视为特别地方公共团体②,但是,由于该制度的目的被特化为市町村合并的推进(当初)、协调(现在)这一政策目的,这使得其具有设立的直接根据在《自治法》上并不存在及设置期间最长为 5 年③这种特征。④

五、基于地缘的团体、地域自治区、指定都市的区

在上述地方公共团体之外,《自治法》还设置了处理地域的事务的制度,即基于地缘的团体、地域自治区及指定都市的区。这些制度,都是在作为基础性地方公共团体的市町村的区域内进行地域性活动,在这一点上,它们具有共通性,但是,由于法的规范的理由及法的性质各不相同,所以,下面分别对其予以说明。

(一)基于地缘的团体

《自治法》架构"基于地缘的团体"的观念,在一定程序之下,赋予了其法人资格。⑤ 这里所说的"基于地缘的团体",被定义为:"基于在町或者字(町、村内的小的区域名——译者注)的区域及其他市町村内的一定区域内有住所者的地缘而形成的团体"。成为这一定义前提的,是自治会、町内会等从战前就作为社会性实际状态而存在的团体。这些组织在法律上的性质属于无权利能力的社团,但是,基于其中大多都持有不动产等,而围绕该不动产等所发生的纠纷较多,故赋予这些组织以法人资格。这和以前不一样,并不是为了作为公共行政的最基层组织而充分利用之。⑥ 所以,基于地缘的团体虽然接受认可,取得了法人资格,但是,这并不意味着其变为(特别)地方公共团体(被称为"认

---

① 关于以上内容,参见《关于市町村合并之特例的法律》第 26 条以下。
② 《关于市町村合并之特例的法律》第 27 条。
③ 《关于市町村合并之特例的法律》第 31 条第 2 款。
④ 法律本身原本于平成 32 年 3 月 31 日失去其效力(该法附则第 2 条第 1 款但书)。不过,根据令和 2 年法律第 11 号,有效期限被修改为令和 12 年 3 月 31 日。
⑤ 《自治法》第 260 条之二。根据平成 3 年的《自治法》修改。
⑥ 《自治法》第 260 条之二第 6 款。此外,关于修改的宗旨等,参见岩崎忠夫著:《部分修改〈地方自治法〉的法律概要》,载《法学者》982 号,1991 年,第 31 页;中川刚著:《基于地缘的团体》,载《法学教室》第 165 号,1994 年,第 51 页。

可地缘团体"①)。②

（二）地域自治区

市町村可以将其区域分割开来,设置地域自治区,令其分别掌管属于市町村长的权限的事务。③ 这是在与市町村规模扩大的关系上,试图考虑居民自治的制度,在该区域内设置事务所和地域协议会。从居民的便宜这种观点出发,事务所的设定在与现实的生活的关系上是重要的,但是,在与居民自治的关系上,地域协议会具有更大的意义。也就是说,其成员由市町村长从在该区域内有住所的人当中选任,而在其选任之际,市町村长必须充分考虑适切地反映该区域内居民的多种多样的意见,并且,协议会可以就事务所的掌管事务陈述意见。此外,其首长在试图实施与该区域有关的市町村的措施的重要事项之际,必须事先听取地域协议会的意见。④

地域自治区本身在法上并不是具有法人资格的组织,而不过是在设置事务所、地域协议会之际,具有了作为区域或者地域性单位的定位而已。实质上是否具有地域团体的性质,则取决于今后该制度的运用如何。⑤

（三）指定都市的区

指定都市的区,是指在作为大都市的指定都市中,为了令其分别掌管属于市长的权限的事务,而设置的区、区的事务所或者派出所。⑥ 本来,这是立足于顺利地推行大都市的最基层行政的观点的制度⑦,可

---

① 《自治法》第260条之二第7款。

② 《关于地方自治组织的存在方式的研究会报告书》(平成29年7月,总务省主页),关于认可地缘团体的设立目的,与是否具有不动产保有的预定无关,提案对扩大地域性的共同活动进行检讨。并且,该报告书的着力点在于提议,作为"地域自治组织"组建两个组织:对于无票乘车(free ride)可能的活动进行费用负担请求的机制,即作为公共组合的地域自治组织,以及作为地方公共团体的地域自治组织。关于地域自治组织,美国、德国等都有先行事例,山本隆司著:《"新的地域自治组织"与BID》,载《地方自治》第847号,2018年,第2页以下,对今后的具体性检讨课题进行了论述。对地域自治组织构想批判性地进行分析的成果,参见门胁美惠著:《由"地域自治组织"进行"功能性自治"的规范性条件》,载晴山一穗等编著:《官僚制改革的行政法理论》,2020年版,第281页以下、第298页以下。

③ 《自治法》第202条之四。

④ 《自治法》第202条之四至第202条之七。

⑤ 关于地域自治区制度法定的经历、课题等,参见石崎诚也著:《地域自治区的法的性格与课题》,载《兼子古稀》,第209页以下。

⑥ 《自治法》第252条之二十第1款。

⑦ 长野士郎著:《逐条地方自治法》(第10次改订新版),1983年版,第1028页。

是,根据平成17年的《自治法》修改,在指定都市的区设置区地域协议会,对于该协议会承认了与地域自治区的地域协议会同样的权限。

从组织法的角度来看,指定都市的区是最基层的行政单位,在导入居民自治的观点方面具有意义,然而,指定都市的区的地域团体的性质是否能够增长,和地域自治区的情况相同,取决于其今后如何活用。

第三节　地方公共团体的事务

一、问题所在

在将地方公共团体的事务作为问题来论述时,存在两种性质不同的观点。其一是如何将应该由行政主体承担的事务分配给国家、地方公共团体及其他团体的问题。特别是国家和地方公共团体之间如何分配的问题。这主要是作为政策论的问题来论述的,即所谓政策性事务分配论。其二是将现实中市町村、都道府县等普通地方公共团体或者其机关所承担的事务进行分类,进而论述其法性质的观点。换言之,这种观点可以被称为法的事务分类论。下面,我们首先就法的事务分类论加以说明,然后论及政策性事务分配论。

二、地方公共团体事务的分类学

(一)地方公共团体的事务

《地方自治法》规定,地方公共团体"处理地域中的事务及由法律或者基于该法律的政令的规定应当处理的其他事务"[1]。

在这里,所谓地域,不仅指作为空间的地域,而且还被理解为包括居民的地域。[2] 在这种意义上,地域和地方公共团体的事务是同义词,似乎可以将其理解为没有内容的规定。不过,其宗旨在于明确宣示,地方公共团体处理地域中的所有事务(自然附有具有公共性的事务这种限定),即地方公共团体是概括性、综合性地域统治团体。

---

[1] 该法第2条第2款,根据平成11年总括法进行修改。
[2] 松本著:《要说地方自治法》,第195页;佐藤文俊著:《"地方分权"总括法的成立与地方自治法的修改(二)》,载《自治研究》第76卷第1号,2000年,第63页。

地方公共团体大致可以处理地域中具有公共性的事务。进而,从前作为地方公共团体不能处理的国家的事务而进行列举的规定(旧法第2条第9款)被删除了。所以,无论其对象是关于原子能发电这种国家的能源政策的事务,还是关于基地这种国家的防卫政策的事务,抑或外交性事务,只要被认为是地域中的事务,便成为地方公共团体的事务。①

所谓根据法律的规定应当处理的事务,例如,有人列举了基于《关于为了促进北方领土问题等的解决的特别措施的法律》第11条,由根室市对与在北方领土具有户籍的人相关的事务进行处理的情况;为了应对东日本大震灾中因为原子能发电所的事故而遭受灾害的避难居民相关事务处理的特例,以及关于住所移转者相关措施的法律所规定的事务的处理。② 此外,从前曾经列举地方公共团体的事务的条文(旧法第2条第3款)被删除了。该条文被认为是对地方公共团体事务的列举,但是,有时候却被作为地方公共团体的具体行为的根据来加以说明,并且,条文中有划定法律的概括性先占领域宗旨的规定,解释出现了分歧,所以,平成11年的《自治法》修改将该条文删除,我认为这是适切的做法。

(二)事务分类

关于普通地方公共团体的事务,《地方自治法》采取了自治事务和法定受托事务的二分制。关于各种事务,法律上分别进行了定义。即所谓自治事务,是指从地方公共团体所处理的事务中控除了法定受托事务之后的事务(第2条第8款)。所谓法定受托事务,是指在根据法律或者基于法律的政令而被规定为地方公共团体(都道府县、市町村、特别区)所处理的事务之中,对那些与国家本来应当发挥作用相关,作为国家有必要特别地确保其适当、公正处理的事务,由法律或者基于法律的政令特地规定其由地方公共团体来处理的事务。③ 这并不是个明快的条文,但是,对这一规定可以作如下解释:重要的是,即使法律上规定由地方公共团体来处理的事务,在其执行之际,一方面被委任给地方公共团体的自主性判断

---

① 关于这个问题,裁判过程中出现了事务范围的讨论,以此为契机,将在法学上的见解有所积累的德国的状况和日本的状况进行对比的研究,有新村永久著:《关于自治权的一点考察(一)》,载《法学》(东北大学)第68卷第3号,2004年,第73页。那里提示了饶有兴趣的分析结果。

② 松本著:《逐条地方自治法》,第37页。

③ 《自治法》第2条第9款第1项——第1项法定受托事务。在与都道府县、市町村和特别区的关系上,被视为第2项法定受托事务——第9款第2项。

(这便成为自治事务),另一方面,由于国家对此的关心特别高,为此而有必要制定特别的法的机制的事务,就是法定受托事务。

下面,列举应该注意的问题。

1. 这种事务的二分,是在应对对于旧制度中的事务的种类区分(团体事务——固有事务、团体委任事务、行政事务。机关委任事务[①])的批判(对于团体事务,从其分类基准及分类的效果出发进行的批判。对于机关委任事务,从地方自治的保障之见地进行的批判)这种意义上,作为地方分权推进的重要一环,由平成11年的《自治法》修改初次导入的制度。从比较法的角度看,这恐怕也是找不到类似例子的日本法独有的特色。

2. 旧分类和新分类的分类基准是完全不同的。在这种意义上,旧分类之下的法律学性分类学上的讨论及相关文献,对于探讨日本的事务分类的历史来说,是具有意义的,然而,其在目前的法解释学上的作用已经发挥完了。

3. 与事务的二分法相关的定义和地方公共团体的事务本身的定义,并没有联动起来。所以,在地域中的事务之中,既有自治事务,也有法定受托事务。就其他事务而言,也同样是这种情况。

---

① 在这里,简单地就旧制度中的事务的种类进行说明(详细内容,请参见本书的初版及其他文献)。

其一,固有事务。其也称为部内的公共事务,是在旧《市制、町村制》的当时就存在了的概念,是指有关该地方公共团体的存在目的的事务。具体地说,是指有关组织的事务、有关财政的事务,以及对居民的非权力性服务(公园的维持管理、自来水的供给等)。

其二,团体委任事务。这种事务观念也源自《市制、町村制》以来的沿革。该事务本身本来是其他团体特别是国家的事务,但是,却被委任给地方公共团体,在委任的限度内,便被作为地方公共团体的事务来执行。委任事务的内容没有限定,规制行政、给付行政也都包括在其中,但是,许多情况下,其与固有事务及行政事务的区分存在困难。

其三,行政事务。行政事务是在《日本国宪法》下由《自治法》首次采用的事务的种类,是指卫生行政等权力性事务。在明治宪法下,本来是存在地方公共团体被定位为非权力性服务团体这个前提的,而在《日本国宪法》之下,从市町村也当然能够实施权力性事务这种观点出发,曾经存在将行政事务和固有事务作为不同的观念来架构的理由。

其四,机关委任事务。与固有事务、团体委任事务和行政事务是地方公共团体的事务相对,机关委任事务是指被委任给地方公共团体的首长的国家的事务。此时,与团体委任事务不同,机关委任事务是被委任给首长的事务,保持其作为国家的事务的性质,在该限度内,地方公共团体的首长成为国家的机关(根据行政官厅法理,在与大臣的关系上,是下级行政厅)。这种机制,在明治宪法时代就已经存在了,进入《日本国宪法》时代以后,该制度依然得以维持,甚至被广泛运用。另外,对此,曾经有观点认为其违反地方自治的本来宗旨,对其进行了强烈批判。

4. 自治事务和法定受托事务,都同样是地方公共团体的事务。并且,法定受托事务并不是根据法律的规定,国家的事务被规定为地方公共团体的事务,或者说,地方公共团体在法律上负有受托国家的事务的义务。虽然还存在法定受托事务这种表现上的问题,但是,应该理解为,对于该事务本来是国家的事务还是地方公共团体的事务,不加区别地进行立法,其结果也表现在法律上的制度之中。①

5. 有两种分配方法:其一是将某种公共事务作为整体,对国家、都道府县、市町村中的某一个层级进行专属性(事务的种类也加到一起)分配的方法;其二是进行细分化,即多层性的分配方法。应当将这两种主义的哪一个作为原则,这成为需要探讨的问题(后出"三")。现行法上,既有将一部法律的执行事务作为整体概括性地指定为市町村的法定受托事务的事例②,也有在一部法律的执行中,由国家的行政机关进行的直接执行和地方公共团体的法定受托事务混合存在的事例③。

6. 地方公共团体的事务、自治事务及法定受托事务,其本身是能够清楚地区分开来的。但是,并不是应对该制度的导入而立即修改了所有的相关法令,并且,公共性事务的分配也并不是全部都按照这种区分来进行的(由独立行政法人、指定法人等进行的事务处理)。所以,有时便会产生对分别具有其固有的事务概念的法令在解释上如何予以整合的问题。④

---

① 松本著:《要说地方自治法》,第 230 页以下;佐藤文俊著:《"地方分权"总括法的成立与地方自治法的修改(三)》,载《自治研究》第 76 卷第 2 号,2000 年,第 84 页以下;铃木庸夫著:《地方公共团体的作用及事务》,载《地方自治、地方分权》,第 66 页以下。

② 《户籍法》第 1 条第 2 款。

③ 《护照法》第 21 条之三、《食品卫生法》第 69 条。

④ 其事例,有关于由《建筑基准法》所规定的指定确认检查机关(以下简称为"指定机关")进行确认的事务,和与《行政事件诉讼法》第 21 条第 1 款所规定的处分或者裁决相关的事务,所归属的国家或者公共团体的关系的问题(关于探讨这个问题的判例,参见最高法院决定,平成 17 年 6 月 24 日,载《判例时报》第 1904 号,第 69 页;《地方自治判例百选》第 67 案件,原田大树解说)。《行政事件诉讼法》第 21 条第 1 款的规定,没有成为平成 16 年的修改法的对象,在其适用之际,从前,在与机关委任事务、团体委任事务的关系上,事务的本来的归属问题曾经能够成为解释论的对象,然而,伴随着机关委任事务的废止,该问题基本上消解了之后,该规定却依然原封不动地保留了下来。当然,该条款中所说的公共团体之中是否包含行使了处分权限的指定法人的问题,很早以前就存在了。可是,对此没有进行特别的整理,和从前一样被委托给了解释(立案者认识到了问题的所在,却并没有提示出确定性结论。参见福井秀夫、村田齐志、越智敏裕著:《新行政事件诉讼法》,2004 年版,第 97 页)。另外,《建筑基准法》上对指定机关的性质的规定也并不是一义性的。即该指定是国土交通大臣或者都道府县知事(该法第 6 条之二第 2 款),而特定行政厅(都道(转下页)

7. 当然，从国家和地方公共团体在国法上的不同来看，关于国家的事务和地方公共团体的事务，尝试理论上的区分，本来是不受妨碍的。关于这一点，已经有人提出了本来的法定受托事务和非本来的法定受托事务的区别论。① 不过，即使认为存在着像条约的缔结或者通货发行那样的

（接上页）府县知事，在设置建筑主管的市町村的区域则是市町村长。该法第 2 条第 35 项）也具有将焦点聚集在该指定机关的具体的建筑确认事务上的不适合认定权（该法第 6 条之二第 11 款）。对指定机关进行指定的国土交通大臣、都道府县知事也具有另外途径的概括性监督权限，此外还具有指定的取消权限（该法第 77 条之三十、第 77 条之三十五等）。

以这种错综复杂的建筑基准法制为前提，最高法院认为，《建筑基准法》"可以说是立足于（将确认事务）规定为地方公共团体的事务这一前提之上，规定由指定确认检查机关，在特定行政厅的监督之下，进行有关前述确认的事务"，主张指定机关的确认事务和由建筑主管进行的情况相同，都是地方公共团体的事务，适用了《行政事件诉讼法》第 21 条第 1 款。

的确，这里采取了从委任行政一般论的角度无法进行归纳整理的制度。即采取了如下构成：委任行政以事务的本来的担当者为前提，将该事务委任给特定的人，受任者所作的行为的效果，归属于本来的主体［盐野著：《行政法Ⅲ（第五版）行政组织法》，第 105 页］。可是，在那里，实施委任的人（国土交通大臣或者都道府县知事）与效果的归属主体（地方公共团体）是不同的（有时也会是都道府县而出现统一的情况）。于是，可以认为，最高法院完全是着眼于效果的归属而作出了判断（最高法院将不适合认定权作为监督权来把握而予以了重视，但是，从对于特定行政厅的指定检查机关的权限被聚焦于不适合认定权这件事情来看，与其说是通常的监督权，更适合于作为建筑主管本来就具有的确认事务行使的一种形态来把握，所以，将其作为决定因素是困难的）。但是，国法创设了指定确认检查机关这种制度，对于其执行，只要着眼于其在该地方公共团体之外，将国土交通大臣或者都道府县知事作为责任人来架构这件事情，那么，指定机关进行的确认行为，能够产生建筑主的建筑的自由之恢复的效果，仅此而已，所以，我认为，也可以采取对"与（确认）处分相关的事务"进行更加概括性的把握，以具有指定权限者的归属主体来加以适用这种构成。

最高法院认为，《建筑基准法》以将建筑确认事务规定为地方公共团体的事务为前提，让指定机关在特定行政厅的监督之下进行确认事务。这一点是有疑问的。也就是说，其一，《建筑基准法》并没有将由建筑主管进行的建筑确认的事务规定为法定受托事务，所以该事务成为自治事务，而这件事情并不能当然地将抽象性的建筑确认这种事务规定为地方公共团体的事务。正如前面所指出的那样，将不适合认定权限视为监督权是需要探讨的问题，并且，采取将令其从事地方公共团体的事务的人的选定权限委任给该地方公共团体以外的人（国家、都道府县知事）这种构成，从地方自治的观点来看，存在极大的问题。

综上所述，从与《行政事件诉讼法》第 11 条第 2 款的关联来看，虽然在前后文逻辑上存在困难，但是，在使其与法制度的发展相适应的意义上，我认为，存在将指定机关包括在《行政事件诉讼法》第 21 条第 1 款的公共团体之中进行解释的途径。

总而言之，这是得不到漂亮的解答的问题，关于作为该案件当前的课题的被告的变更，虽然以最高法院的判决得以解决了，但是，如果认为这连《国家赔偿法》的赔偿责任人都予以设定了的话，便是更加需要探讨的问题了。

① 参见北村喜宣著：《法定受托事务和条例》，载北村著：《分权改革与条例》，2004 年版，第 92 页；兼子仁著：《新地方自治法中的解释问题》，载《法学者》第 1181 号，2000 年，第 44 页以下；村上顺著：《自治体的事务处理与国家的干预》，载《行政法的争点》（第三版），2004 年版，第 163 页以下。

直观性的国际事务和生活道路的整备那样的直观性的地方公共团体的事务,在它们之间,国家(国民)的关心和地方公共团体(居民)的关心的程度连续性地缠绕在一起,难以从立法实务上进行本来的和非本来的区别,这是此次立法的归结。并且,是否将某种事务规定为国家的事务,存在从政策性见地出发进行判断的余地,要排除这种余地,在理论上是困难的。① 不过,即便说是国家本来应当发挥的作用,其应当发挥的作用之中,也存在事务的性质上浓淡程度之不同,在介入之际,应当根据该事务的性质作出判断。我认为,作为《地方自治法》的解释论,是能够这样主张的。

8. 自治事务和法定受托事务的区别,其法的效果最为直接地体现在国家(都道府县)对于地方公共团体(市町村)的介入方法的不同。② 关于这一点,我们将在后面再度探讨。③

9. 在《自治法》上的自治事务、法定受托事务的分类之外,存在其他的事务之概念的用语事例。其中之一是《自治法》本身有规定的事务的委托制度④,这是根据地方公共团体相互的契约,进行事务处理的委托,受托方的地方公共团体就该事务,以自己的责任进行处理。⑤ 在一般法制度之外,在个别法的领域,存在地方公共团体与国家根据契约来实施事务处理的事例。《港湾法》上国有公物向地方公共团体的管理委托的制度,就是其例⑥,包括公物管理作用在内的权限(公物管理事务),根据委托契约而被委任给作为相对方的地方公共团体。进而,委托契约上的权利义务关系,也被解释为留在国家和地方公共团体之间。⑦ 假设这种

---

① 《外国人登录法》曾经将市町村长实施的外国人登录事务视为法定受托事务(该法第16条之二),但被与《出入国管理及难民认定法》等的修改相关的平成21年法律第79号第4条所废止,外国人的登录事务被视为基于《出入国管理及难民认定法》由法务大臣所掌管的事务,同时,外国人也成为《居民基本台账法》的适用对象(平成21年的修改法)。《居民基本台账法》的事务,被作为自治事务来整理。与逗留外国人相关的法制度之推移,是揭示事务之区分中政策性考虑的要素之一例。

② 关于该区别被认为并不具有《国家赔偿法》上的意义这一点,参见盐野著:《行政法Ⅱ(第六版)行政救济法》,第291页以下。

③ 盐野著:《行政法Ⅲ(第五版)行政组织法》,第205页以下。此外,关于法令对自治事务规定的存在方式,参见《自治法》第2条第13款。

④ 该法第252条之十四。

⑤ 盐野著:《行政法Ⅰ(第六版)行政法总论》,第164页;盐野著:《行政法Ⅲ(第五版)行政组织法》,第107页。

⑥ 《港湾法》第54条、第54条之二。

⑦ 盐野著:《行政法Ⅲ(第五版)行政组织法》,第326页。

解释是妥当的,那么,便存在与作为一般法的《地方自治法》所准备的事务处理方式不同的事务处理方式,其容许性成为问题。①

三、政策性事务分配论

在这里,所谓政策性事务分配论,是指在国家和地方公共团体(都道府县、市町村、特别区)之间如何分配具体性的事务的问题。所谓政策性,与法的事务分类论不同,意味着对分配本身存在广泛的政策性判断介入的余地。但是,在这里加入规范性要素,在立法政策上也是可能的事情。

关于这一点,在日本,从前在法律上是没有提示基准的,而根据平成11年的《地方自治法》修改确立的"作用分担"的原则,被作为制定法上的标准得以确立。但是,其内容却并不一定是明确的。

通常情况下,事务分配或者事务的再分配,是在如何将由制定法所规定了的政府活动分配给国家、县、市町村(或者其机关)这种层面来把握的。事务的委任、让渡也是其一环。此时,很早以前就被作为其基准而进行参照的,是寿普(shoup)劝告(1949年、1950年)。根据寿普劝告,关于事务分配,建立起如下三原则:行政责任明确化的原则、效率的原则、地方公共团体及市町村优先的原则。② 日本的事务分配论,是以该寿普劝告提出的事务分配三原则为支柱而展开的。

与这种事务分配原则的观点不同,关于事务分配方式的模式,有一元化分配方式和多层次分配方式两种类型。前一模式是不问国家还是都道府县抑或市町村,尽量将事务专属性地分配给一个团体;而后一模式是将一种事务同时分配给国家、都道府县、市町村等复数的团体。③

---

① 在前述的制度上的分类之外,关于"地域中的事务",提倡"揭示地方公共团体的固有性的事务"和"实现地方公共团体的存立目的的事务"的二区分的见解,有太田匡彦著:《区域、居民、事务——围绕"地域中的事务"的复合性质》,载《地方自治》第807号,2015年,第2页以下。该区分,虽然不是以道具概念的提示为目标,但却着眼于事务分类论向所谓义务赋课、框架设置争议倾斜这一点,也聚焦于地方公共团体的本来的事务内容。

② 关于寿普劝告及承袭该劝告的日本的事务分配争论,参见山下淳著:《事务分配和功能分担》,载《法学教室》第165号,1994年,第43页以下;盐野宏著:《社会福祉行政中国家和地方公共团体的关系》(1984年),载盐野著:《国家和地方公共团体》,第133页以下。

③ 这种区分,和对国家和地方公共团体的关系进行总体考察中的分离和融合两种模式[参见西尾胜著:《行政学》(新版),2001年版,第63页以下]相对应,可以说是其事务分配版。

在日本,寿普劝告被认为是以一元化分配方式为目标的,但是,在实践中,重点被置于多层次分配方式上。这源于以下情况:基于在明治宪法下以团体委任事务的形式采取这种方式的历史情况,为了防止伴随着由国家的派出机关来处理增大了的国家行政事务而导致国家行政机构的膨胀,在推行现代行政上的事务时,认为需要国家、都道府县、市町村的协力关系的功能分担论①的主张。此外,机关委任事务在实质上也可以看作多层次事务分配方式的法技术性表现的一个事例。但是,必须注意,其结果是,在推行地方公共团体的事务时,却招致国家和地方公共团体的复杂关系,缩小了地方公共团体自己决定的幅度。②

对于这个问题,作用分担原则并没有明确论及依据哪一种方式。作用分担原则强调国家和地方公共团体的有机性结合关系,是从对于严重倾斜于多层次分配方式进行批判的角度而出现的,立足于事务分配中的地方公共团体优先的原则,由此可以认为,依然对寿普劝告中所看到的一元化分配方式进行了考虑。但是,另一方面的地域综合性的原则、法定受托事务的观念之采用,作为立足于多层次分配方式的系统的原则来整理,才是率直的。③

四、事务分配原则的实效性确保

地方公共团体的事务之分类,从概念上进行了大致的整理,对其施行之际,国家的法令应当依据的基准也作出了规定。④ 不过,其担保的手法却是不明朗的。关于法定受托事务,通过在别表第一、第二中添加一览表来谋求其透明性,但是,自治法上却不存在对各法令是否与法定受托事务相适应进行判断的构造。此外,关于地方的一般事务的国家之法令应当依据的基准(前述),仅限于抽象性的基准。于是,在事务分配原则违反或者具有违反嫌疑的情况下,纠正方法便成为问题。关于这一点,也可以

---

① 关于功能分担论,参见前述山下淳著:《事务分配和功能分担》,载《法学教室》第165号,1994年,第43页以下。

② 参见盐野宏著:《国家和地方公共团体关系的存在方式》(1995年),载盐野著:《法治主义的诸形态》,第399页以下。

③ 矶部力著:《国家和自治体的新的作用分担的原则》,载西尾胜编著:《地方分权与地方自治》,1998年版,第92页,认为法定受托事务不违反"一事务一主体"原则,但是,论者承认其是"半途而废"的事务。

④ 《自治法》第2条第11—13款。

考虑活用国家的介入之违法性的纠正制度①,但其现实性匮乏,实际中也不存在事务分配的原则通过司法过程得以检正的情形。

另外,值得注意的是,在地方分权的推进这个目标之下,事务分配原则的实效性确保的存在方式,一直是在政治过程、行政过程中得以推进的。也就是说,虽然已经失效了,《地方分权推进法》(平成 7 年)、《地方分权改革推进法》(平成 18 年)得以制定,其时设置了地方分权推进委员会、地方分权改革推进委员会。在现阶段,虽然还没有制定设置法,但是,以内阁会议决定(平成 25 年 3 月 8 日)在内阁中设置了地方分权改革推进本部,在内阁府中设置了地方分权改革推进室,进而,内阁府特命担当大臣[地方分权改革(当时)]作出召开决定,地方分权改革有识之士会议召开。本部与会议的关系是,政策决定由本部承担,调查功能由有识者会议承担。并且,迄今为止,事务分配、国家的规范(被称为义务赋课、框架设置②)之改革,在实务上设想并实现了的,就是数次展开的与《自治法》及个别法律的纠正相关的总括法。③ 顺带说一下,第 10 次总括法(令和 2 年),由从都道府县到指定都市的事务、权限的移交(1 件)、义务赋课、框架设置的重新审视(12 件)构成。并且,在作业的过程中,对来自地方的提案也予以考虑的所谓"提案募集方式"被采用了。这样,顾名思义,可以说,政策性事务分配是从政策的观点出发作出决定的要素占很大比重的领域。

第四节 地方公共团体的权能

地方公共团体在推行其应该承担的事务时,具有什么权能? 这成为值得探究的问题。对待这个问题,较为便利的方法是,分为自治组织权、自治行政权、自治财政权和自治立法权等来考察。④

---

① 盐野著:《行政法Ⅲ(第五版)行政组织法》,第 215 页以下。
② 关于其分析的成果,参见齐藤诚著:《义务赋课、框架设置重新审视的展望与课题》(2010年),载齐藤著:《现代地方自治的法的基层》,2012 年版,第 351 页以下。
③ 盐野著:《行政法Ⅲ(第五版)行政组织法》,第 118 页脚注②。
④ 在现行法制下,地方公共团体没有行使司法权。这一般被解释为本来是《日本国宪法》没有承认司法权[宫泽俊义著(芦部信喜补订):《全订日本国宪法》,1978 年版,第 773 页]。但是,也有见解认为宪法上承认司法权是可能的(参见手岛孝著:《宪法学的开拓线》,1985 年,第268 页;鸭野幸雄著:《地方政府的宪法理论》,载大津浩编:《地方自治的宪法理论的新展开》,2011 年版,第 44 页以下)。

一、自治组织权

这里所说的自治组织权,是指由自己来决定包括地方公共团体的意思决定方式在内的组织构成的权能。这在明治宪法下,也被作为固有事务的一种来理解,作为自治权的内容,是极其重要的。① 下面,指出需要注意的几点:

(一)《日本国宪法》本身就地方公共团体的组织构成设定了一定的范围,规定在地方公共团体中设置基于直接公选的作为议事机关的议会和首长(及其他吏员)(第93条)。由此被认为宪法采用了所谓首长主义,有时也称为总统制,但和美国联邦制度中的总统制相比,是非常不同的。② 根据这种规定,《自治法》具体地规定了其存在方式(该法第89条、第139条)。从比较法的角度来看,虽然类似的制度在美国及德国也能看到,但是必须注意的问题是,在这些国家,并不是宪法上规定应一律采取这种制度,而是还可以看到立于除此以外的组织构成原理的地方公共团体。③

---

① 美浓部著:《日本行政法》(上),第569页。
② 参见盐野著:《行政法Ⅲ(第五版)行政组织法》,第167页。
③ 例如,在德国,在联邦宪法上不存在有关地方公共团体的组织的规定,在州之间,市町村的组织构成有各种不同类型。通常分为如下四种类型:其一,基于直接公选制的市长的模式。这被称为南德议会制,市长和日本一样是执行机关,但同时也是议会的议长。其二,议会选举市长的模式,在这种情况下,市长是议会的议长,同时只是市町村(ゲマインデ)的代表。这被称为北德议会制度。这种情况,从原理上讲,议会掌握着包括执行权在内的全部权力,但实际上,在市长之外,议会还要选举市经纪人,采取将执行权委任给市经纪人的方式。其三,议会选举市长,同时对市长赋予执行权的制度,被称为市长制。在这种情况下,市长也成为议会的议长。其四,执行权被赋予由议会选举的合议体机关参事会的构成模式,被称为参事会制。参事会由市长和副市长组成,而市长和副市长是否能够同时成为议会的成员,则因州的不同而各异(参见盐野宏著:《关于地方公共团体首长地位的一点考察》(1987年),载盐野著:《国家和地方公共团体》,第225页)。
在美国,也存在复数的模式。人们经常列举的有如下模式:其一,作为市的机关,拥有作为立法机关的市议会和作为执行机关的市长及执行部的市长——市议会制。其中进而分为市议会的议员、市长,及执行部的数个领导职位由选举产生的弱市长——市议会制;由选举产生的只有议员和市长,执行部的领导职位由市长任命的强市长——市议会制。其二,市的居民选出数名委员,由这些委员构成合议制的立法机关,同时,各委员分别作为执行部的一个部门的首长来监督该部门。这被称为市委员制。其三,由居民选出的议员构成的市议会,任命市经纪人(city manager),让该经纪人进行政策的执行和市行政机构的监督。这被称为市议会—市经纪人制(参见森田朗著:《美国的地方制度(三)》,载《自治研究》第62卷第8号,1986年,第37页以下;宇贺克也著:《首长制》,载《法学教室》第165号,1994年,第29页以下;宇贺著:《地方自治法》,第151页以下)。此外,包括其优点和缺点在内,参见横田清著:《美国的自治、分权、参加的发展》,1997年版,第33页以下。(转下页)

与此相对,至少从条文上可以认为,日本的宪法采用了极其强硬的制度,并且强制地方公共团体一律实施该制度。问题之一在于,为什么宪法会采用这样的反自治组织权的制度?问题之二在于,是否存在通过解释使这种强硬制度变为灵活制度的余地?

(二)就前者而言,在美国的各种制度之中,有的如果只看相应制度的话,并不明确其在民主主义并未充分扎根的场合是否能够合理地发挥作用。就市经纪人制度①而言,从民主控制的角度来看,具有并不很充分的嫌疑。因此,可以认为,正是为了使民主主义在地方公共团体层面扎根,并且,为了打破日本的官僚中央集权体系,才一律要求首长主义(特别是知事公选制)。在这里,从正面出现的不是地方自治的确保,而是民主主义的巩固。可以说,这恰恰反映了制定宪法当时的状况(首长主义乃至二元性代表制的一律适用,都是由美国占领军的意向所决定的②)。不过,如果认为相关状况已经成为历史的话,那么,问题便是在现阶段可以进行何种程度的灵活解释?关于解释论,虽然说从正面导入市经纪人制度在宪法上是有困难的,但是,在首长方面,对相当于市经纪人的人大幅度地委以权限,使其进行专业性经营,被认为在现行宪法下是可能的。③

(三)与宪法的范围不同,在《自治法》《地方公务员法》等法律中也规定了地方公共团体的组织、人事的存在方式。关于这一点,法律本身的确存在广泛地承认地方公共团体的裁量所涉及的范围的情况。但是,如果认为应该由组织自己决定评价基准如何设置的话,那么,批判现在的规范

(接上页)

应该进一步说明的是,在德国,各州原则上是统一的;而在美国,在州的范围内,市民具有真正的团体组织构成的选择的自由。换言之,美国各市是经过不断摸索、经历了挫折之后而选择的模式。如果说自治组织权,从原理上讲就是这种自己决定组织权的话,那么,日本的宪法并没有采用该原理。关于地方公共团体的组织的诸外国的状况,日本都市中心:《关于自治体组织的多样化的调查研究报告书·自治体组织的多样化》,2004年版,有详细的介绍。

① 参见盐野著:《行政法Ⅲ(第五版)行政组织法》,第146页脚注③。
② 关于这种影响及其强度,参见小原隆治著:《围绕占领改革期二元的代表制导入的论点》,载《法学新报》第115卷第9号·第10号,2009年,第281页以下、300页以下。
③ 参见宇贺克也著:《首长制》,载《法学教室》第165号,1994年,第29页以下。此外,宇贺著:《地方自治法》,第255页以下,关于议会与首长的功能分担关系,认为除宪法上议会是议事机关这一点之外并未得以明确,吏员的内容没有得以规定等,"根据解释的不同,也并非不能说立法政策的幅度是相当广泛的"。

方式过于详细的观点便是可以成立的了。①

（四）关于自治组织权，在通过平成 11 年地方分权总括法进行的修改中，虽然并未涉及将议员定数从法定主义变更为条例主义以外的事情，但是，其后从自治组织权扩大的观点进行了国法的规范之缓和，这当然是适合于宪法所规定的地方自治的本来宗旨的（关于个别的修改内容，见后述）。

二、自治行政权

自治行政权，是指自己规定应承担事务的范围，自己来推行该事务。关于事务的范围，在明治宪法之下，作为不完全自治体的府县另当别论，市町村是被作为服务提供团体来定位的。与此相对，在《自治法》之下，警察权能也作为行政事务而广泛地由地方公共团体来承担了。而现在，关于"地域中的事务"②，并未进行事务的类别区分。③ 此时，关于所承担事务的推行方法，宪法没有设置特别的规定，鉴于地方自治的本来宗旨，地方公共团体被解释为在宪法上可以自律地推行事务。但是，对以下几点，有必要予以注意：

（一）即使给付行政所推行的事务是该主体所占有的从前的固有事务，国家法也要以各种方式介入。例如，《道路法》规定了道路，《都市公园法》规定了都市公园，《关于废弃物的处理及清扫的法律》规定了家庭垃圾的处理。在这些法律规定的限度内，地方公共团体的自治行政权受到限制（这是所谓"义务赋课、框架设置"的问题④）。

（二）就规制行政而言，在地方公共团体行使该权力的情况下，根据侵害保留原则，需要有条例的根据，并且，只要有了该根据，也就足够了。⑤

（三）与警察权行使的可能性相反，地方公共团体的经济性活动可能引发地方公共团体的行政活动的范围问题。具体地说，就是地方公共团体能否经营旅馆及高尔夫球场的问题。进而，关于公营铁道、公共汽车、

---

① 参见稻叶馨著：《自治组织权和附属机关条例主义》，载《盐野古稀》（下），第 333 页以下。
② 《自治法》第 2 条第 2 款。
③ 盐野著：《行政法Ⅲ（第五版）行政组织法》，第 138 页。
④ 详细情况，参见盐野著：《行政法Ⅲ（第五版）行政组织法》，第 205 页。
⑤ 《自治法》第 14 条第 2 款，确认性地规定了这种道理。

都市煤气、医院等更加具有公共性的服务，也可以由市场来提供，关于此类是否包括在对地方公共团体的宪法权限赋予之中的问题，在各国都成为争论的对象，在制定法上或者判例法上，试图在这里划定一定的界限。① 与此相对，在日本，有的地方公共团体实际上在经营高尔夫球场，或者经营饭店。并且，关于这一点，实务上采取了如下观点：即使完全是为了追求利润，但是，由于其结果有助于福祉行政等本来的地方公共团体的活动，所以是被容许的。② 从地方公共团体的存在目的及自由市场经济原理来看，承认以追求利润为主要目的的地方公共团体的经济活动，是存在疑问的。当然，在人口过稀的町村，高尔夫球场的经营，可以提供雇用的场所，就如这种情形，具体地来划定界线，也许是有困难的。③

（四）关于地方公共团体推行事务的方法，就行政程序而言，《行政程序法》适用于该处分及登记基于法律根据的情况；而对于具有条例、规则等根据的处分及登记，进而对于行政指导、行政立法，一般地说，考虑到尊重地方自治的宗旨，不适用该法。④ 与此相对应，地方公共团体也正在推进行政程序条例的制定。⑤ 此外，关于个人信息保护法制，国家的个人信息保护法只适用于《国家行政组织法》(《国组法》)第三条机关所持有的信息，而关于各地方公共团体所持有的个人信息，委任给地方公共团体规定。⑥ 关于信息公开，同样是先行于国家法的制定，许多地方公共团体制定了条例。⑦ 这样，现行法制在该领域中相当广泛地承认了自治行政权的范围。

（五）关于地方公共团体的行政机关行使实力，制定法上有相当严格的制约。即根据《行政代执行法》，关于行政上的强制执行，全面地置于

---

① 参见盐野宏著：《地方公共团体的法地位论备忘录》(1981年)，载盐野著：《国家和地方公共团体》，第14页以下。关于德国近年来的动向，参见齐藤诚著：《地方公共团体对经济活动的干预》，载《阿部古稀》，第185页以下。
② 参见矶部力著：《地方公共团体和收益事业》，载《行政法的争点》(新版)，1990年版，第120页以下。
③ 齐藤诚著：《地方公共团体对经济活动的干预》，载《阿部古稀》，第199页以下，鉴于确定关于这个问题的实体要件之困难性，列举了与其他事业者的竞争上的关系等、其他的限制法理的精致化、程序要件的深化之必要性。
④ 盐野著：《行政法Ⅰ(第六版)行政法总论》，第233页以下。
⑤ 关于条例中的规定事项，参见高木光、常冈孝好、须田守著：《条解行政程序法》(第二版)，2017年版，第596页。
⑥ 《关于个人信息保护的法律》第5条。
⑦ 包括内容的分析在内，参见藤原静雄著：《信息公开法制》，1998年版，第94页以下。

形式意义上的法律的保留之下。① 所以,直接强制、执行罚的制度,不能单独以条例设置,从而地方公共团体不能当然地行使这种行政执行权。根据最高法院的判例,为了确保条例上的义务履行,地方公共团体向法院起诉不被容许。② 与此相对,即时执行则是以条例也能规定的,关于行政调查,也是同样。

(六)对于自治行政权的活动,存在是否承认国家的行政权从国家监督的角度进行干预的问题。关于这一点,作为国家和地方公共团体的关系,我们将另作论述。③

三、自治财政权

关于实质上承担自治行政的,有自治财政权。在本书中,不考察地方财政法的全部,下面仅指出问题的若干要点:

(一)课税

1. 地方公共团体是否具有固有的课税权的问题。此即在宪法上的地方自治保障权限赋予权能中,是否包括课税权的问题。关于这一点,宪法没有设置能够成为直接根据的规定,但是,《地方税法》④就地方公共团体的课税权设置了详细的规定。这种制定法的规范方法,也可以认为其宗旨在于否定地方公共团体的固有财政权。但如果那样的话,该规定的宪法适合性便成为需要探讨的问题。

就这一点而言,将宪法规定的租税法律主义(第84条)解释为完全是规定国家课税中的法律主义,从与其他权能的关系来看,这是合理的。并且,应该认为,地方公共团体的课税权,其根据在于一般地具有权限赋予功能的第94条规定。这是通说。也可以援用第92条。但是,对权限赋予功能,尽量以第94条进行统一解释更为适当。所以,如果存在立于从正面否定地方公共团体的固有课税权见解的立法,那么,该立法被解释

---

① 盐野著:《行政法Ⅰ(第六版)行政法总论》,第189页以下。
② 最高法院判决,平成14年7月9日,载《民集》第56卷第6号,第1134页;《行政判例百选Ⅰ》第109案件。参见盐野著:《行政法Ⅰ(第六版)行政法总论》,第185页;盐野著:《行政法Ⅱ(第六版)行政救济法》,第234页以下。
③ 盐野著:《行政法Ⅲ(第五版)行政组织法》,第205页以下。
④ 昭和25年法律第226号。

为违宪。①

2. 地方公共团体的课税权具有宪法上的根据,一般地表现为课税自主权。不过,即便承认课税自主权,国家和地方公共团体相互间不进行某种调整而独自行使课税权,也不具有合理性。现实中,《地方税法》规定"地方团体,根据该法律所规定的,可以赋课征收地方税"②,揭示了都道府县③、市町村(第5条)能够赋课的税目,并且将规定的形式限定为条例(第3条)。

《地方税法》的这种方式,揭示了地方公共团体的课税权之大纲,是框架法④之一。对这种构造本身的宪法适合性进行论述也是可以的,而在实务上,则是以并不一定顺应《地方税法》之规定的课税条例是否违反《地方税法》这种形式展开了争议。其具体性事例,有东京都的银行税条例、神奈川县的企业税条例。这个问题与法律和条例的一般问题相关,因此将在后面专门展开论述。⑤

(二)其他的财源

1. 关于税以外的手续费、分担金等,《自治法》本身设置了具体的规定。在该法中,列举了分担金、使用费、加入金、手续费,似乎可以认为排除这里所列举类型以外的收入(例如,原因者负担金、具有抑制性效果的课征金)。在这里,从宪法保障自治财政权的观点来看,存在和税的情况下同样的问题。

2. 地方公共团体的重要财源,包括长期的债券。对此,《自治法》一方面确认性地规定,地方公共团体可以根据预算的规定发行地方债(该

---

① 所谓大牟田诉讼的福冈地方法院判决,昭和55年6月5日,载《判例时报》第966号,第3页(《租税判例百选》第8案件),对于以《地方税法》(旧法第489条第1款、第2款)中将电气煤气税进行非课税处理,导致本来应该得到的收入(税额)丧失为理由,大牟田市(原告)以国家为被告提起损害赔偿请求的本案,认为宪法对地方公共团体承认了课税权,即地方公共团体的抽象的课税权是宪法所保障的,但是,具体的课税权需要有法律根据。法院指出,此时,如果国家的立法完全否定了地方公共团体的课税权,则是违宪的。并且,即使主张地方公共团体的固有课税权的学说也承认通过国家法进行规范(后述),所以,在具体的情况下,结论几乎没有变化。但是,认为地方公共团体具有宪法上的直接课税权,从和组织权、行政权、立法权的关系来看,也是适当的。

② 第2条。参见《自治法》第223条。

③ 第4条、第734条以下。

④ 盐野著:《行政法Ⅲ(第五版)行政组织法》,第121页。

⑤ 盐野著:《行政法Ⅲ(第五版)行政组织法》,第160页以下。

法第 230 条);另一方面规定,在目前阶段,关于发行地方债,需要获得自治大臣或者都道府县知事的许可(旧法第 250 条)。这是从国家及民间资金的调整、保证适正性等角度施加的限制。从自治财政权的观点来看,这里也存在需要探讨的问题。许可制度被废止了,取而代之的是在《地方财政法》上设置了协议的制度。①

3. 在和地方公共团体自治财政权的关系上成为争论对象的,有补助金的问题。

补助金,是用途受到限定的所谓附带条件的财源,从以下角度成为人们争论的对象:地方公共团体的自治行政权是否因此而实际上受到制约? 换言之,是否被作为各省对地方公共团体进行控制的手段? 当然,即使在抽象地称为补助金的情况下,其中也分为两种:有关道路、河川的整备事业等公共事业,教育、福祉等的事业,国家和地方公共团体共同负担的负担金②;有关地方公共团体独自的事业,国家予以奖励而交付的奖励性补助金。就前者而言,不是该制度成为问题,而是国家是否适当地承担了负担(所谓超额负担)成为需要探讨的问题;与此相对,后者,实质上是作为国家各省实行对策的方法而使用的结果,地方公共团体的自主性行政运作受到阻碍这一点,成为需要探讨的问题,对制度本身的存废展开了争论。

4. 与此相对,交付税在不是地方公共团体的固有财源这种意义上是依存性财源。但是,和补助金不同,在关于其用途不存在制约这种意义上,又是一般财源之一。这是以《地方交付税法》为根据的制度,当地方公共团体的基准财政需要额超过基准财政收入额时(需要额、收入额,双方的算式都是法定的),交付其不足部分,就是交付税。所以,对财政力强的团体不予交付。关于其财源,以所得税及法人税的收入额的 33.1%、酒税的收入额的 50%、消费税的收入额的 19.5%、地方法人税的收入额来充当。这样计算出来的交付税总额不足以填充财源不足额时的处理,也是以法律规定的。③

交付税不是附带条件的财源④,在这一点上,和补助金的性质是不同

---

① 《地方财政法》第 5 条之三第 1 款。此外,参见松本著:《要说地方自治法》,第 522 页以下。
② 《地方财政法》第 10 条至第 10 条之四。
③ 参见碓井光明著:《自治体财政和财务法》(改订版),1995 年版,第 81 页以下。
④ 《地方交付税法》第 3 条第 2 款规定,国家在交付交付税时,不得附加条件,或者限制其用途。

的。此外,从交付税的计算方式可以清楚地看出,这是为了纠正地方公共团体之间的财政力的不均衡的财政调整制度。通过该制度,即使财政力匮乏的市町村,也可以维持一定的行政水准。这种机制具有财源保障的功能。当然,也具有使地方行政和国家的政策目的保持一定关联性的作用。①

但是,从自治财政权这种角度来看,也并不是没有问题。即交付税不是地方公共团体自己确保财源的方法,始终依存于地方交付税这种国家的制度。此外,基准财政需要额的测定单位及单位费用以国家法(《地方交付税法》)规定。② 基准财政收入额的计算也是一样。③ 必须注意的是,在该限度内,国家的立法和行政的介入程度较高,交付税并不是严格意义上的自主财源。进而,我认为,将交纳税金者和使用税金者割裂开来,具有使纳税者意识淡化的一面,这也是不能否定的。关于地方公共团体的财源,以所谓"三位一体的改革"这个术语,改革的讨论得以推进。"三位一体的改革",在平成14年6月25日的《内阁会议决定·关于经济财政运营和构造改革的基本方针》(2002年)中提出,其后,在每年的基本方针中得以承继。其特征在于,以地方分权型行政制度的构筑为目标,作为实现该目标的地方行政、财政改革手段,通过补助金的废止、缩小,以及与这些的关系中的税源移转、让渡和地方交付税总额的抑制,来综合地把握补助金、税制、交付税。④ 此外,关于补助金,从扩大地方公共团体的自由度这种见地出发,实现了超越省厅的框框,承认地方公共团体方面的事业选择之自由的一揽子交付金制度。⑤ 一揽子交付金的对象会有变动,在现阶段,有社会资本整备综合交付金,防灾、安全交付金,冲绳振兴公共投资交付金等。⑥

---

① 参见碓井光明著:《自治体财政和财务法》(改订版),1995年版,第86页以下。
② 《地方交付税法》第2条第3项、第11—13条。
③ 《地方交付税法》第2条第4项、第14条。
④ 关于三位一体改革的来龙去脉,参见神野直彦著:《三位一体改革与地方财政》,2006年版。
⑤ 关于导入一揽子交付金制度的来龙去脉、其构造的详细情况,参见大泽博著:《一揽子交付金制度的概要》(上)(中)(下),载《地方财务》第682号、第683号、第685号,2011年。
⑥ 参见国土交通省主页"交付金制度的变迁"。

(三)财政支出

在被称为自治财政权的情况下,通常将重点置于财政收入。① 这是因为,在规范地方财政的基本存在方式的《地方财政法》中,关于支出的方法,就对于目的的必要且最少的原则等设置了规定(第4条),而对具体费目的财政支出自主性的问题,基本上被自治行政权所吸收,关于技术意义上的财务会计制度的国家规范问题,则成为主要的问题。关于地方公共团体支出的捐助及补助金,《自治法》将其限定于具有公益上的必要性的情况(第232条之二),这最终还是自治行政权的范围问题。实际上,其范围是相当广泛的。② 不过,作为宪法上的规范,对宗教团体及不

---

① 田中著:《行政法》(中),第138页;碓井光明著:《自主财政权》,载《法学教室》第165号,1994年,第36页。

② 《自治法》第232条之二的规定,从沿革等方面来看,被解释为规制规范[参见盐野宏著:《围绕补助金交付决定的若干问题要点》(1990年),载盐野著:《法治主义的诸形态》,第187页]。该规定并非对地方公共团体的特定的机关承认了补助金支付方面的裁量权,而是大致将公共团体的支出权限定在公益上必要的情况下。当然,通过居民诉讼的导入,作为追究职员的损害赔偿责任的判断前提,补助金支出的违法性成为人们争议的问题,而司法审查的存在方式是相当复杂的。

在判决例中,采取了在结论中认定裁量权的逾越、滥用是否存在这种形式,既有的确是综合地进行审查的情况,也有对公益性本身,认定了公益性基础上的该补助金等支出的必要性,进而,关于该金额的多寡的社会性一般观念,将裁量权的所在按照判断要素的不同而加以分割的情况[关于这一点,桑原勇达著:《判例解说》,载《地方自治判例百选》(第三版),第89页,通过分节性判断方法而进行了评价]。在最高法院的判决中也是一样,关于违法性的判断,既有虽然作出了裁量权的逾越、滥用是否存在的结论,但是,在判断的过程中,作为范畴而否定了公益性,并且认定了"县"的判断的违法性的情形(最高法院判决,平成18年1月19日,载《判例时报》第1925号,第79页);也有完全是论述被告(前市长、上告人)的判断逾越或者滥用裁量权,在审查的过程中,列举了在市议会中特地进行说明的情况(最高法院判决,平成17年11月10日,载《判例时报》第1921号,第36页)。此外,关于地方公共团体与金融机关缔结的损失补偿契约的有效性,作为一般论,在其认定之际,有的判决认为,对于与该契约的缔结相关的公益上的必要性的地方公共团体的判断,"是应当根据是否存在裁量权的范围之逸脱或者滥用来决定的"(最高法院判决,平成23年10月27日,载《判例时报》第2133号,第3页。参见《地方自治判例百选》第64案件;《法学者平成23年度重要判例解说》,第38页以下,北岛周作解说)。所以,这个问题在以诸般的事情的比较考量的必要性为前提的基础上,被委任给了根据案件而进行的司法审查。

此外,《自治法》第232条之二是关于地方公共团体的补助金的规制规范,而不是根据规范。进一步说,虽说是规制规范,但是,像国家的补助金公正化那样,并不涉及有关部门补助金交付决定的行为形式的问题。所以,关于地方公共团体的补助金交付的法性质,需要在该条之外,根据有关部门个别的地方公共团体的补助金的具体制度来判断[盐野著:《法治主义的诸形态》,第187页以下;盐野著:《行政法Ⅱ(第六版)行政救济法》,第85页以下]。

属于公共支配的慈善、教育、博爱等事业进行公共财产的支出或者利用的限制①,也适用于地方公共团体的财政支出。

(四)财政公正

关于担保自治财政的公正的制度,当初就有由监查委员进行的监查②、基于居民的直接请求(监查请求)的监查③、基于居民监查请求的监查④、居民诉讼⑤。在此基础上,根据平成9年的《自治法》修改,又导入了基于外部监查契约的监查⑥。

四、自治立法权

关于地方公共团体的权能,《日本国宪法》明确规定了在法律的范围内制定条例(第94条)。这种"条例",在旧《市制、町村制》时代,曾经用来称市町村进行的立法的形式,此外,很久以前对某些具有法律资格的法规也使用"条例"这个词,如,《东京市区改正条例》。所以,该条文以条例这种形式来规定地方公共团体的立法权,这是很明确的。⑦ 在《日本国宪法》之下,地方公共团体的条例制定权得以保障,地方公共团体已在各个行政领域中运用条例这种法形式。但是,条例制定权的范围从各种各样的角度成为争论的对象。此外,条例是一种形式。于是,其规定的法的内容姑且不论,存在以《自治法》指定"条例"这种形式的情形。⑧ 公共设施的设置也是条例的专管事项。⑨ 从这一点来看,也必须注意条例并未被限定于行政事务。

(一)宪法、民事法与条例

1. 有的观点认为,宪法规定的"法律的范围内",是规定了法律规定条例的管辖范围,所以,首先法律的规定是必要的,只要没有法律的规定,条例

---

① 《日本国宪法》第89条。
② 《自治法》第195条以下。
③ 《自治法》第75条。
④ 《自治法》第242条。
⑤ 《自治法》第242条之二。
⑥ 《自治法》第252条之二十七。
⑦ 关于旧制度以来的日本"条例"的语义,参见齐藤诚著:《条例》(1994年),载齐藤著:《现代地方自治的法的基层》,2012年版,第183页以下。
⑧ 《自治法》第3条第3款、第4条第1款等。
⑨ 《自治法》第244条之二。

便不能单独地创立法规。并且认为,根据现行制度,《自治法》是确定该管辖事项的法律。① 但是,从比较法的角度来看,也存在总括性地直接由宪法承认地方公共团体的自治立法权的立法事例②,也就是存在制定自治立法的权限赋予的立法事例,将"法律的范围内"理解为管辖事项的确定,即使作为对文意的理解,也不是普遍的,并且,从地方自治的本来宗旨的理解来看,也是不适当的。故而可以认为,"法律的范围内",应当理解为在不违反法律的限度内。从这一点出发的话,对普通地方公共团体的条例制定权作出规定的《地方自治法》第 14 条第 1 款及第 2 款,被解释为确认性规定(关于《日本国宪法》第 94 条的"法律的范围内",这是一直存在争议的问题。近年来有人对这一点予以聚焦,展开了详细论述③)。

2. 这样理解并不意味着条例的范围没有限定。条例有地域性界限④,同时,在概念上,只要不存在法律上的特别规定,其规范事项也只限于地域中的事务这一范围。但是,只要是地域中的事务,就不问其是自治事务还是法定受托事务,一概能够成为条例的规范对象。⑤ 不过,在与法律的关系方面是存在界限的[参见后述(二)]。在这一点上,与不能就机关委任事务本身制定条例的旧制度相比,具有很大的不同。

3. 与事项范围论不同,在和宪法的其他条款的关系上,条例对象性也可能成为争论的问题。⑥ 例如存在如下形式的问题:财产权的限制是否限定为形式意义上的法律?宪法上是否也承认依据条例进行限制?对此,最高法院进行了积极的解释,认为规定财产权限制的奈良县蓄水池条例是合宪的。⑦ 从关于行政事务⑧的条例当然将其作为前提、与对自由权的地方公共团体的规制权能的均衡及条例的民主性质来看,将《日本国宪

---

① 小嶋和司著:《宪法学讲话》,1982 年版,第 193 页。
② 关于美利坚合众国加利福尼亚的事例,参见盐野宏著:《自主立法权的范围》(1982 年),载盐野著:《国家和地方公共团体》,第 256 页。
③ 参见原岛良成著:《条例制定的根据、对象、程度》,载《北村还历》,第 3 页以下。
④ 盐野著:《行政法Ⅰ(第六版)行政法总论》,第 49 页。
⑤ 参见小泉祐一郎著:《自治体事务的区分与条例》,载《铃木古稀》,第 224 页以下、第 235 页以下。
⑥ 关于和租税法律主义的关系,盐野著:《行政法Ⅲ(第五版)行政组织法》,第 150 页。
⑦ 最高法院大法庭判决,昭和 38 年 6 月 26 日,载《刑集》第 17 卷第 5 号,第 521 页;《行政判例百选Ⅱ》第 251 案件;《地方自治判例百选》第 27 案件。
⑧ 盐野著:《行政法Ⅲ(第五版)行政组织法》,第 174 页。

法》第 29 条所说的法律解释为不仅限于形式意义上的法律,而且还包括条例,才是适当的(通说)。

与此相对,关于罚则,在《大阪市卖淫防止条例》违反案件中,最高法院认为,设定罚则不包括在《日本国宪法》地方自治保障条款的权限赋予功能中。① 在该案件中,最高法院判定大阪市条例合宪。其理由是:由于《自治法》第 2 条第 3 款(平成 11 年修改之前)关于该事务的举例说明规定(第 1 项、第 7 项)是相当具体的;该法第 14 条第 5 款的罚则的范围被限定;条例的制定程序类似于法律,所以,只要授权在相当程度上是具体的并受到限定,便足够了。② 在该判决中,将《自治法》中对事务的举例说明规定(平成 11 年修改之前)作为委任的具体性来把握,但是,鉴于该规定正是事务的举例说明,而不是对地方公共团体的事务委任规定,并且,也不是限定列举事务的规定③,可以说该观点是缺乏说服力的。在这种意义上,我认为,该判决在判定条例制定应采取类似于法律的程序这一点上,具有作为判例的意义。对此暂且不论,在理论上,被认为还存在如下争论的余地:既然宪法承认了条例的制定权,难道宪法不也应该承认其制裁的手段吗?④

4. 有人提出了条例不能介入私法秩序的问题。具体地说,便是如下形式的问题:在个人信息保护条例中,地方公共团体对民间企业所持有的个人数据,是否能够以条例直接赋予个人对相应信息的公开请求权、纠正请求权呢?地方公共团体对于持有股份的大部分的股份有限公司(所谓第三部门),可否就其所持有的信息,以信息公开条例的形式来规定居民的公开请求权呢?然而,何为私法秩序这个问题也并不是明确的,此被认为应该作为法律的先占领域论的情况来考察。⑤

5. 即使在地方公共团体的事务范围内制定了条例,也不得违反宪法。宪法虽然没有明确地规定法院对条例的宪法适合性审查权,但是,应

---

① 最高法院大法庭判决,昭和 37 年 5 月 30 日,载《刑集》第 16 卷第 5 号,第 577 页;《行政判例百选Ⅰ》第 144 案件;《地方自治判例百选》第 28 案件。
② 关于学说的状况,参见《行政判例百选Ⅰ》,高桥雅夫解说。
③ 盐野著:《行政法Ⅲ(第五版)行政组织法》,第 138 页。
④ 关于这一点,原岛良成著:《条例制定的根据、对象、程度》,载《北村还历》,第 21 页,认为《自治法》第 14 条第 1 款、第 2 款是《日本国宪法》第 94 条的确认规定,与此相对,《自治法》第 14 条第 3 款是从政策性考虑出发,被作为对自治立法的程度进行调整为旨趣的规定来定位,争论的焦点移至条例制定的程度在宪法上怎样才能控制得住的论题。
⑤ 关于法律的先占,盐野著:《行政法Ⅲ(第五版)行政组织法》,第 158 页。

该解释为,具有实质性立法作用的条例也和法律一样,当然地处于宪法的下位,并且,法院可以审查其宪法适合性。最高法院也认为这是当然的事情,对条例的宪法适合性进行了审理判断。①

(二)法律与条例——竞合关系

1. 关于法律与条例的关系的宪法之框架本身,毋庸赘言,即便在平成11年的《自治法》修改中也没有变更。② 不过,只要在立法实务中彻底贯彻《地方自治法》所规定的作用分担的原则,其结果便是条例的范围得以拓宽。此外,只要在该立法中没有明确特别的宗旨,就可以通过"适切的作用分担"之解释,将条例所规定的范围予以广泛解释。③

2. 在和法律的关系上,便是宪法规定的"法律的范围内"的解释问题。如前面在[(一)1]中所述,学说上几乎一致的观点是,限定在将其理解为不违反法律的限度内这一抽象的层次。对此稍作分析的话,即在法律和条例这两种立法权限竞合的情况下,并且,在该竞合性立法权限的范围内,两者之间发生冲突时,法律得以优先适用。在存在这种情况时,也称为该事项被法律先占了。从该问题是制度上当然伴随的现象来看,在现实上采取同样制度的美国,是在 preemption 的概念下论述的。④ 必须注意的是,在对条例也适用法律保留的德国的制度中,甚至连产生这样问题的可能性都不存在。⑤

---

① 参见最高法院大法庭判决,昭和60年10月23日,载《刑集》第39卷第6号,第413页;《地方自治判例百选》第29案件。

② 同样的理解,芝池义一著:《条例》,载《地方自治、地方分权》,第68页以下。

③ 同样的理解,田村达久著:《改革地方自治法中自治立法的"定位"与今后的课题》,载《自治总研》第261号,2000年,第29页以下。北村喜宣著:《新地方自治法施行后的条例论、试论》(2000年),载北村著:《分权改革与条例》,2004年版,第75页,认为与德岛市公安条例相关的最高法院判决的观点,在新《自治法》之下依然是妥当的,同时指出,今后必须根据该判决,展开与分权改革的宗旨、目的相适合的法理。

④ 参见盐野宏著:《自主立法权的范围》,载盐野著:《国家和地方公共团体》,第258页;南川谛弘著:《关于家庭、规则、城市中自治立法权》(1993年),载南川著:《"地方自治的本来宗旨"与条例制定权》,2012年版,第25页以下、第34页以下。鸭野幸雄著:《地方自治论的动向和问题要点》,载《公法研究》第56号,1994年,第13页,虽然否定了"法令的先占论"本身的存在,却将问题归于确定先占范围的方法。

⑤ 大桥洋一著:《条例论的基础》(1993年),载大桥著:《现代行政的行为形式论》,第351页、370页。关于德国的学说、判例的详细情况,参见薄井一成著:《分权时代的地方自治》,2006年版,第68页以下。

先占的概念范围是明确的,但是,什么情况下存在 preemption 的判定却不明确。就某事项而言,如果只要存在法律的规定,就单纯地承认先占的话,便可能导致条例的制定范围极端缩小,不符合地方自治的本来宗旨的结果,并且,那也不能当然地说是符合该制定法的立法者意思的。此外,先占领域的扩大解释,即是对适应地域实际情况的条例所进行的规范之桎梏。关于这一点,最高法院在所谓德岛市公安条例案件判决中指出:关于条例是否违反国家的法令的问题,有必要比较各自的宗旨、目的、内容及效果;即使目的是相同的,国家的法律"被解释为其宗旨是容许在普通地方公共团体中,适应该地方的实际情况,采取特别的规制时","不可能产生条例违反国家的法令的问题"。① 作为一般论,这是能够予以支持的。②

不过,法律与条例的关系是多样的,存在具体情况下进行解释的必要性。下面列举若干的事例。③

3. 是否承认以同样的目的、相同的规制方法,单纯地制定规制程度强的条例,即制定所谓上乘条例(「上乗せ条例」,严于法令的条例),成为需要探讨的问题。在国家的法律规定了污染物质排放基准的情况下,那是否意味着法律仅限于规定全国一律的最低基准呢?法律是否连基准的程度也先占了呢?在日本,这曾经是在与公害规制的关系上强烈意识到的问题,但是,这个问题却具有普遍性,这也是美国判例所承认的。④ 作为日本法的解释,与德岛市公安条例有关的昭和 50 年最高法院判决,被解释为承认了更加严格的条例规制的可能性。⑤ 此时,关于该国家法令的宗旨是否仅限于规定全国最低基准的问题,规制事项的性质和相关的人权可以提供一种参考。⑥ 但是,我认为,只要不确定人权序列,就不能

---

① 最高法院大法庭判决,昭和 50 年 9 月 10 日,载《刑集》第 29 卷第 8 号,第 489 页;《行政判例百选 I》第 43 案件;《地方自治判例百选》第 31 案件。
② 南川谛弘著:《关于条例制定的研究》(1984 年),载南川著:《"地方自治的本来宗旨"与条例制定权》,2012 年版,第 131 页以下、第 150 页以下,着眼于判旨的这个部分,将其作为"特别意义论"予以评价。
③ 关于法律与条例的关系,存在数量众多的文献,包括文献介绍的意思在内,在对解释论上的论点进行整理的同时,也论及立法论的论考,参见岩桥健定著:《分权时代的条例制定权》,载北村喜宣、山口道昭、出石稔、矶崎初仁著:《自治体政策法务》,2010 年版,第 353 页以下。
④ 参见盐野著:《国家和地方公共团体》,第 262 页。
⑤ 参见《地方自治判例百选》第 31 案件,山下解说。
⑥ 参见高田敏著:《条例论》,载《行政法大系 8》,第 214 页以下;小林武著:《自治体的裁量权》,载《公法研究》第 55 号,1993 年,第 202 页。

以此作为唯一的基准[在与国家法律的关系上,关于这种条例,存在横溢条例(「横出し条例」,超出法令的条例)等]。

另外,假定严于法令的规制可能性得以承认,该条例本身也必须适合于比例原则及其他法原则。① 分权改革后,与上乘条例的可能性相比,比例原则等的宪法适合性的问题,成为实务上、理论上的问题。②

4. 比照宪法原理,要求另外考虑的是《地方税法》与地方税条例的关系。《地方税法》规定,地方公共团体的课税权的行使,应当根据《地方税法》的规定(该法第 2 条)。鉴于宪法所规定的课税自主权,该规定被解释为框架法乃至准则法。③ 不过,该原则的具体适用并不一定是明确的。关于其具体事例,有神奈川县规定的企业税条例案件。这是神奈川县在《地方税法》所规定的法人事业税(法定税)之外制定企业税条例,在关于课税标准的所得之算定中,与法人事业税不同,采取了不承认欠损金的转入控除的措施的案件。第一审判决④判定条例违法,而第二审判决⑤在参照最高法院德岛案件判决的基础上,认为《地方税法》是准则、体例的适法性判断"不应当以法律位于条例的上位这件事情为理由,而偏重该法的规定,将违反该法明文规定的场合另当别论的话,鉴于地方公共团体具有宪法上的课税权这件事情,应当慎重地进行",在结论上将其视为适法。与此相对,上告审判决⑥引用《日本国宪法》第 92 条及第 94 条,认为宪法上预定了地方公共团体是与国家不同的课税权之主体,而该案中条例是违反《地方税法》的法人事业税的,因此撤销了原判决。⑦

但是,该判决的思考方式存在如下所示的问题。

(1)判决承认地方公共团体是与国家不同的课税权之主体,将国民全

---

① 关于判定条例违反比例原则的判例,有福冈高等法院判决,昭和 58 年 3 月 7 日,载《行裁例集》第 34 卷第 3 号,第 394 页;《地方自治判例百选》(第三版)第 30 案件。

② 参见岩桥健定著:《条例制定权的界限》,载《盐野古稀》(下),第 375 页以下;武田真一郎著:《条例制定权与比例原则》,载《成蹊法学》第 92 号,2020 年,第 22 页以下。

③ 盐野著:《行政法Ⅲ(第五版)行政组织法》,第 151 页;金子宏著:《租税法》(第二十三版),2019 年版,第 99 页以下,称为"准则法"。

④ 横滨地方法院判决,平成 20 年 3 月 19 日,载《判例时报》第 2020 号,第 29 页。

⑤ 东京高等法院判决,平成 22 年 2 月 25 日,载《判例时报》第 2074 号,第 32 页。

⑥ 最高法院判决,平成 25 年 3 月 21 日,载《民集》第 67 卷第 3 号,第 438 页;《地方自治判例百选》第 32 案件。

⑦ 参见《地方自治判例百选》第 32 案件,碓井光明解说;《租税判例百选》(第六版)第 7 案件,宍户常寿解说。

体的税负担,国家与地方、地方公共团体相互的调整是必要的这件事情,作为立法事实来认识。从这件事情出发,对于地方税也是一样,推导出了《日本国宪法》第 84 条的租税法律主义的原则得以适用,作为国家的法律的"准则"的制定权,在该准则的范围内的地方公共团体的课税权的行使原则。认为《日本国宪法》第 84 条涉及地方税制这一点,是从前就具有争议的问题。关于这一点,存在像《自治法》(第 1 条)、《地方公务员法》(第 1 条)和《地方交付税法》(第 1 条等)那样设置目的规定,也言及地方自治的本来宗旨;与此相对,《地方税法》未设置目的规定,也被解释为与作为用语的定义(第 1 条)、课税权的赋予(第 2 条)这一点相呼应。

(2)判决时常使用的"准则",也可以看出是意味着租税法学说依据的 Rahmengesetz。[1] 但是,其后的判决之逻辑与前述学说上的"准则"成为具有相当隔阂的东西,实质上倒不如说其揭示了法律的先占领域。总之,判例认为,由于没有进行关于准则的概念规定,因此,有必要对该案中条例被作为准则的《地方税法》所拘束的理由及程度重新进行说明、指示,而此时,判决从《地方税法》的规定方式与立法事实的旨趣目的双方出发,承认了准则的拘束力。[2] 进而,该判决的特征性要素是,关于《地方税法》的"详细且具体性的规定"之方法,没有提出任何疑问,便从规定的方式出发将其视为强行规定,认为地方税条例被该准则所拘束。此外,关于立法事实的旨趣目的、法人税政策,也是原封不动地以此为前提,却没有对于该政策的作为条例制定权者的地域方面个别利益状况进行考虑的地方。这样,课税自主权挤入的余地在解释论上不存在,课税自主权之扩充的推进,应当"在国家层面,努力面向该方向的立法之推进"(前述最高法院平成 25 年判决中金筑诚志法官的补足意见),是对全部判决通用的,而这样的话,被认为会导致对个别地方公共团体的课税自主

---

[1] 金子宏著:《租税法》(第二十三版),2019 年版,第 99 页。山田晟著:《德国法律用语词典》(改定增补版),1993 年版,关于 Rahmengesetz 的翻译语,翻译为"大纲性法律"。

[2] 在行政法上,作为法源之一的"准则"这个术语,一般未被使用,也没有成为概念争论的对象。不过,作为法令用语,在与公务员法制中的职阶制的关联上,公务员的工资,曾经被设定为以作为法律的《工资准则》来规定(平成 19 年修改前《国家公务员法》第 63 条),代替职阶制而得以制定的《关于一般职职员工资的法律》上,工资在该法附表中详细规定,关于升任、降任等,存在裁量的余地,而《工资法》却被机械地适用。总之,即便行政法上使用了"准则"这个术语,也不是具有某种确定了的内容,判决也可以解释为试图从"准则"引导出某种意义。

权的否定。①

5. 即使从形式上看是在国家法令的规制对象之外，解释上也存在是否有不允许条例规制情况的问题，这就是美国法中所说的"暗示的先占权"（implied preemption）的存在。对此，也需要确定制定法的视野范围这种解释操作。关于高知市的普通河川条例，最高法院认为，普通河川条例的制定本身是允许的，但是，判决指出，该条例的规制所进行的比适用《河川法》的河川更加严厉的管理规定是违法的。② 与此相对，关于《青少年保护培养条例》，最高法院肯定了条例中的所谓"淫行禁止"条款的合宪性。③ 但是，我认为，正是在这种情况下，才应该启动"暗示的先占权"的观念。

6. 在和法律的先占论的关系上，产生法律以违反地方自治的本来宗旨的形式，使国家的立法权限先占的法律是否具有宪法适合性的问题。这一点，作为自治权的防御性功能的问题，将在后面论述。④

(三)法律与条例——委任关系

以法律规定知事、市町村长等的权限，并规定其许可要件等的基准根据条例的规定，这样的情形是存在的。⑤ 这些都跟政令省令等一样，可以看作是国家法令的制定权限之委任。这可以从如下情况得到推认：有些事项从前曾经规定由政令省令来规定的，平成23年修改为以条例来规定。⑥ 在这些委任条例中，当条例的内容是否保持在委任的范围内成为需要考虑的问题时，与通常的法律和政令省令的关系相比，将适法性审查的基准视为宽松的，才适合于地域的自主性的理念。⑦

---

① 该企业税条例案件也给一般行政法解释学提供了兴趣深刻的资料。参见盐野宏著：《从某行政诉讼案件看行政法学的作用》(2010年)，载盐野著：《行政法概念的诸形态》，第72页以下。

② 最高法院判决，昭和53年12月21日，载《民集》第32卷第9号，第1723页；《地方自治判例百选》第33案件。参见该百选中的南川和宣解说。

③ 最高法院大法庭判决，昭和60年10月23日，载《刑集》第39卷第6号，第413页；《地方自治判例百选》第29案件。

④ 盐野著：《行政法Ⅲ(第五版)行政组织法》，第202页。

⑤ 《旅馆业法》第4条第2款、《公众浴场法》第2条第3款。

⑥ 《介护保险法》第92条第1款第2项、《演出场所法》第2条第2款。

⑦ 齐藤诚著：《条例制定权的界限》(2004年)，载齐藤著：《现代地方自治的法的基层》，2012年版，第289页以下、第292页以下，认为在分权改革后，这种条例不是根据法律的委任，而是应当视为国家的立法权限的部分授权，作为"法律规定条例"来把握。

此外,《关于墓地、埋葬等的法律》中不存在所揭示的法律那样的委任条款,在实务中则制定了与许可基准相关的条例、规则(例如,《神奈川县关于墓地等的经营之许可等的条例》《小田原市关于墓地等的经营之许可等的条例》等。国家所管部局也期待在必要的场合制定条例、规则等①),判例也是以此有效为前提进行判断。②

综上所述,在实务上,即便没有法律的明示根据,制定关于许可要件的条例也全部是有效的,并且这被解释为并不限定于墓地埋葬法。学说上有两种见解:其一是将其视为以条例的形式进行裁量基准的设定之见解③;其二是认为如果要件开放的话,以条例来规定不违背法令的目的之要件也是可能的之见解。④ 根据前者,依据条例的规定作出的处分,仅限于法令上的裁量权的行使;与此相对,根据后者,以条例设置 羁束要件也是被承认的。不过,即便立足于后者,设置违反该制定法的宗旨、目的的要件也不会被承认,在法目的的范围内设置一般条款,被解释为可以回避条例的违法问题。

必须注意的是,法律的规定先行,可以看作是对该法律规定予以贯彻落实的条例,全都不是委任条例。例如,基本法在许多场合设置地方公共团体的责任义务规定,即便对应相关规定而制定了条例,那也顶多只是该地方公共团体的独自的条例,而不是基本法的委任条例,这是毋庸赘言的。⑤

在属于框架法之系列的法律与条例的关系中,《地方税法》与各地方公共团体的税条例不是立于授权、委任的关系,而是各地方公共团体分别制定各自的总括性税条例,采取自己另外重新设置与《地方税法》不一样

---

① 参见平成 12 年 12 月 6 日,厚生省生活卫生局长通知《关于墓地经营、管理的指针等》[生活卫生法规研究会监修:《新订逐条解说关于墓地、埋葬等的法律》(第三版),2017 年版,第 181 页]。

② 最高法院判决,平成 12 年 3 月 17 日,载《判例时报》第 1708 号,第 62 页。东京地方法院判决,平成 22 年 4 月 16 日,载《判例时报》第 2079 号,第 25 页。

③ 小早川光郎著:《基准、法律、条例》,载《盐野古稀》(下),第 383 页以下。关于一般裁量基准条例,参见中嶋直木著:《关于裁量基准之条例化的诸论点》,载《北村还暦》,第 50 页以下。

④ 齐藤诚著:《现代地方自治的法的基层》,2012 年版,第 294 页;齐藤诚著:《条例制定权的界限》,载《行政法的争点》,第 208 页。

⑤ 参见川崎政司著:《基本法再考(六)》,载《自治研究》第 83 卷第 1 号,2007 年,第 67 页以下。

的课税标准的方式。①

另外,在同样被视为属于框架法之系列的地方公务员法制中,不是像税条例那样作为总括性根据法规,而是根据《地方公务员法》的个别条款分别制定了个别的条例。进而,此时,附上了基于《地方公务员法》的个别条款的引用这种制定文。② 这种情形令人想到,在实务中,关于地方公务员的条例,是被作为一种委任条例来理解、运用的。

无论在哪种场合,都留下了该条例是否止于框架的范围之内的问题,这也揭示了法律与条例的关系在立法实务上并不一定从理论上进行整理(这一点,平成 23 年的法修改后也没有变化)。这并不是说国家与地方公共团体的关系在立法层面也是从制度上相互割裂的,而应该说是一直被视为有机性关系的遗留现象。

(四)都道府县条例与市町村条例

关于跟法律与条例的关系类似问题的情形,有都道府县条例与同一都道府县内的市町村条例的关系,这是跟法律与条例的关系不同的检讨课题(以下,基于便宜的考虑,使用"县与市"的称呼)。

问题本身是从前就存在的,那曾经主要是关于承认根据县条例对市行政事务进行规范的所谓统制条例(平成 11 年的法修改前是与市町村条例的关系)的问题。③ 然而,一方面是作为地方分权施策的一环,统制条例的制度被废止了,另一方面是在实务层面的市的条例制定的范围之扩大、规范密度之深化的动向之中,县条例与市条例的关系之整理的必要性,作为显示的问题已经出现了。④ 关于这一点,除与统制条例关联的以外,与没有提起具体诉讼、没有作出判决的情况也有关系,并不一定具备

---

① 《东京都都税条例》第一节通则"课税的根据"第 1 条规定:"关于东京都都税(以下称为'都税')及其赋课征收,除有法令及其他另外的规定之外,依据本条例的规定。"
② 东京都《关于职员的惩戒的条例》规定:"根据《地方公务员法》(昭和 25 年法律第 261 号)第 5 条第 1 款和第 29 条第 2 款和《关于地方教育行政的组织及运营的法律》(昭和 31 年法律第 162 号)第 43 条第 3 款的规定,制定本条例。"
③ 参见秋田周著:《条例与规则》,1977 年版,第 162 页以下。
④ 参见田村达久著:《都道府县条例与市町村条例》,载北村喜宣、山口道昭、出石稔、矶崎初仁著:《自治体政策法务》,2010 年版,第 573 页以下;关于具体事例,宇那木正宽著:《围绕暴力团排除事务的都道府县条例与市町村条例的关系》(一)至(二),载《自治研究》第 88 卷第 1 号、第 2 号,2012 年。

了充分的检讨材料,下面仅揭示出应当留意的几点。①

首先可以列举的是,国家法,即便存在地方自治的本来宗旨之界限,也可以通过法律对地方公共团体的组织、运营进行规制(《日本国宪法》第92条),但是,无论是在《日本国宪法》上,还是在现行《地方自治法》上,县对其区域内的市,却不具有那样的权限。在这种意义上,县条例与市条例之龃龉的问题,只要法律上没有特别的规定,便不会作为范畴而产生(假设发生了的场合,则县条例为无效)。

《地方自治法》对都道府县的事务和市町村的事务之区分作出了规定。在制定了违反该区分的条例的情况下,便会发生纷争,由于是违反区分的条例当然无效,所以,不是在法律与条例的关系中所论述的竞合的问题。

当然,这种区分并不是明确地进行了划线,而是存在境界乃至存在共通领域。即便在这种场合,也存在不会达至冲突的情形。给付行政的大多场合就该当这种情形。这是因为,对于接受给付的一方来说,即便从县和市双方接受同种的给付,也不会产生不利的问题。

与此相对,在规制行政中,由于从被规制者的角度来看存在被置于二度之危险的情形,其合理性便会成为问题。这个问题也可以作为地方公共团体的二层制的问题来简单地下结论。但是,根据规制条例,使规制的对象者被置于二重的危险,从人权保护的见地来看,这并不是符合心愿的事情,即便以国法对都道府县条例与市町村条例的关系进行一定的整理,我认为也不会产生宪法违反的问题。

关于这一点,《地方自治法》第2条第16款及第17款值得参照。第2条第16款虽然不是直接地就县条例与市条例的关系作出规定的条款,但是,如前所述,以这个问题来争论的是规制行政,关于市,根据《自治法》第14条第2款,不根据该市的条例便不得处理该事务,因此,结果是不能确保市条例的实效性,即导致实效上无效的结果。

那么,如果是县的规制行政条例的话,结果始终是县条例优先于市条例,即在法令与条例的关系中的先占的概念,在这里是否能原封不动地认定其是妥当的,存在难以当即作出判断的要素,即根据县条例进行广域处

---

① 关于总括性文献,有田村达久著:《都道府县条例与市町村条例》,载北村喜宣、山口道昭、出石稔、矶崎初仁著:《自治体政策法务》,2010年版,以及泽俊晴著:《都道府县条例与市町村条例》,2007年版。

理的合理性、根据市条例进行二重规制的合理性被理解为构成考虑要素。①

(五)规则

关于地方公共团体制定的法规范,除条例外还有首长制定的规则。② 和条例的情况一样,《自治法》上也有对规则的专管事项的指定。③ 另外,不能就条例的专管事项制定规则,这是当然的事情。与此相对,关于那些既不属于条例的专管事项也不属于规则的专管事项的事项,以条例或者规则都可以规定。当两者竞合时,以条例为优先是适当的。在实务上,与法律和命令的关系一样,通常是以条例对规则实行委任,对于相关方式,则是不存在异议的。

五、参与权

这里所说的参与权,是指地方公共团体在国家的立法、行政之际,表明其意见等的参与权能。关于这一点,《日本国宪法》本身并没有以明文予以规定,但是,近年来,以个别法对听取相关地方公共团体的提议及意见④予以规定的事例越来越多。于是,作为一般性制度,通过平成11年总括法,对地方公共团体有关机关的全国性联合组织(具体地说,即所谓地方六团体:知事会、都道府县议长会、市长会、市议会议长会、町村长会、町村议会议长会),规定了就影响地方自治的法令等对内阁的意见陈述权、对国会的意见书提出权、内阁的回答义务等。⑤

这些地方公共团体参与国家的意思决定,可能存在各种各样的具体的必要性,而概括起来说,我认为,将其作为地方公共团体的实体性自治

---

① 关于近年来的概括性研究,有宇那木正宽著:《都道府县条例与市町村条例的竞合、抵触及其适用关系》(一)至(三·完),载《自治研究》第92卷第5号、第6号、第8号,2016年。其登载了关于这个问题对各都道府县的担当部署的提问与回答(第8号),这是有趣的资料。此外,论者认为,由于《自治法》上不存在规定都道府县条例与市町村条例之适用关系的直接的规定(法的欠缺),因此,提示了将《自治法》第2条第16款后段、第17款类推适用于都道府县条例与市町村条例之关系的这种解释手法。
② 《自治法》第15条。
③ 《自治法》第152条第3款、第171条第5款。
④ 《国土利用计划法》第5条第3款、《湖沼水质保全特别措施法》第3条第3款、《大气污染防止法》第5条之二第5款。
⑤ 《自治法》第263条之三第2—4款。

权的程序性保障来理解,才是适当的。①

与此相对,平成 23 年制定了《关于国家和地方协议的场所的法律》(法律第 38 号),关于给地方自治带来影响的国家的政策之企划、立案、实施,设置了相关各大臣与地方公共团体的机关的联合组织进行协议的场所。该法律的目的中揭示了谋求地方分权的推进、国家及地方公共团体的政策之有效且有效率地推进(该法第 1 条),并规定了与协议的结果相关的参与者的尊重义务(该法第 8 条),由此可见,与地方公共团体对国政的参与相比,我认为,将其作为中央政府与地方政府的调整之场所来定位才是妥当的。②

第五节 地方公共团体的机关

一、基本构造

关于日本的地方公共团体的机关的基本构造,有必要从《日本国宪法》规定的首长主义[被称为二元(性)代表制。也有让"性"具有意义的见解③](第 93 条)和作为《自治法》上的原则的执行机关的多元主义(第 138 条之二以下)这两个方面来进行考察。④

(一)首长主义

关于地方公共团体的组织构成中的首长主义,存在是应该作为宪法上不能动摇的原则来适用,还是在解释上可以进行若干灵活适用的问题。⑤ 假定宪法是以议会和首长的二元对立为前提的,关于其内容,则必须注意如下几点:

1. 关于首长和议会的权限分配,宪法规定议会为议事机关,而关于

---

① 参见盐野宏著:《地方公共团体的法地位论备忘录》(1981 年),载盐野著:《国家和地方公共团体》,第 19 页。关于其他诸学说,参见由喜门真治著:《自治体的国政参与》,载《行政法的争点》,第 214 页以下。
② 关于"协议的场所"的组织法上的定位,参见盐野著:《行政法Ⅲ(第五版)行政组织法》,第 76 页。
③ 参见牧原出著:《"二元代表制"与"直接公选首长"》,载《地方自治》第 768 号,2011 年,第 2 页以下、第 9 页以下。
④ 参见田中著:《行政法》(中),第 141 页以下。
⑤ 盐野著:《行政法Ⅲ(第五版)行政组织法》,第 146 页。

首长,在宪法层面不存在特别的规定。因此,《自治法》将首长作为执行机关来定位(该法第138条之二),同时规定,首长统辖、代表该地方公共团体(该法第147条)。

2. 宪法上所说的议事机关,一般理解为议决机关,而关于议会的议决事项除法规的制定以外还包括什么的问题,却并不是当然地确定的。关于这一点,《自治法》是在对议会的议决限定为重要事项的方向上予以归纳整理的(该法第96条)。

3. 关于自治立法权,对首长虽然附有限定,但是,也予以承认(该法第15条①)。此外,首长还具有条例案的提出权(该法第149条第1项)。

4. 首长和议会之间,由于议会有不信任议决,首长有解散权(该法第178条),并不能说是相互独立的。

5. 从以上诸点来看,必须注意的是,将这一制度理解为模仿美国联邦组织的总统制是不正确的。在这里,以两者的掌管事项为中心来考察,而详细情况将在"议会和首长的关系"部分展开论述。②

(二)执行机关的多元主义

与首长主义是宪法上的要求相对,执行机关的多元主义则是《自治法》上的原则。当然,宪法规定了以法律规定吏员的公选(该法第93条),但是,并不能从这里推导出多元主义的见解,并且,目前,除首长以外,并不存在公选产生的职员。这暂且不论,从《自治法》也预定了首长以外的多个执行机关之存在来看(该法第138条之四、第180条之五),可以论述现行《自治法》中执行机关的多元主义。此外,这里所说的执行机关,是指在行政官厅法理论中所说的行政官厅、地方公共团体的机关,所以,正确地说是行政厅。③ 下面列举应该注意的几点:

1. 执行机关的多元主义,的确和战后在美国占领政策之下,国家层级的行政委员会的导入相关联。但是,是否和美国地方公共团体中的行政委员会制度的活用有关,则是不明确的。值得注意的是,这种制度在美国有各种各样的模式。

2. 在和外国法制的关系之外,在地方公共团体层级,在人事、选举等

---

① 盐野著:《行政法Ⅲ(第五版)行政组织法》,第122页。
② 盐野著:《行政法Ⅲ(第五版)行政组织法》,第177页以下。
③ 盐野著:《行政法Ⅲ(第五版)行政组织法》,第24页。

强烈要求政治中立性的领域,也存在委员会制度的正当化根据。进而,行政委员会制度中具有一种居民参与的手段的色彩,在地方公共团体层级就更加显现出来了。

3. 强调居民参与时机的话,这些委员由居民直接公选制便是适当的。但是,在现行法制上,只不过对限定了关系人的农业委员会及海区渔业调整委员会的委员承认了选举(农业委员会委员的选举被废止了①),而其他的,大多是由选举管理委员会等议会进行的选举产生,以及基于议会同意的首长的任命。进而,教育委员会以前曾经由居民直接公选产生,但是,1956年进行了制度改革,以政治中立性受到侵害为理由而被废止,改为基于议会同意的首长的任命。这种机制一直延续到现在。②

4. 但是,执行机关的多元主义,并不意味着各执行机关无秩序地并立。《自治法》所期待的执行机关的多元主义是:在首长的管辖之下,作为整体而发挥行政功能(第138条之三)。进而,在事务论上得以强调的行政的综合性③,可以说形成了对执行机关的多元主义的进一步发展的抑制。

5. 执行机关的多元主义,与首长主义立于紧张关系。于是,通过将自治行政的综合性要求与首长的领导权的强调相结合,并不一定具有宪法上的明确根据的多元主义,便被置于了脆弱的立场。但是,考虑到在地方分权的正当化根据之中包含权力之分散的观点,多元主义的缩减之要求也被解释为存在限度。④

---

① 关于其批判性分析,参见后藤智著:《自治体行政委员会、公共组合的变容与地方自治》,载晴山一穗等编著:《官僚制改革的行政法理论》,2020年版,第258页以下。

② 此外,参见盐野著:《行政法Ⅲ(第五版)行政组织法》,本页脚注④。

③ 盐野著:《行政法Ⅲ(第五版)行政组织法》,第137页。

④ 通过平成26年的《关于地方教育行政的组织及运营的法律》之修改,教育长的任务、职务权限得以规定。也就是说,教育长(常勤),在得到议会的同意的基础上,由地方公共团体的首长任命(该法第4条第1款),任期为3年(该法第5条)。教育长是教育委员会的构成人员,总理教育委员会的会务,代表教育委员会(该法第3条、第13条)。教育长是特别职(《地方公务员法》第3条第3款)、常勤(该法第11条第4款、第5款)。进而,首长被规定为设置综合教育会议之人,策划制定教育等大纲,首长与教育委员会的调整(该法第1条之三、第1条之四)。该修改虽然不是教育委员会制度本身的改废,但是,有见解对其进行评价,认为从"教育委员会的活性化",到首长、教育长、教育委员会相互协力所进行的"教育行政的活性化",是转变航向的改革(小野元子著:《教育委员会的活性化》,2019年版)。另外,也有见解认为,在现行法制中,为了用好合议制机关的优势,有必要对执行机关与辅助机关等的作用进行重新认识,也就是说,指出了《自治法》本身的修改之必要性(村上祐介著:《从教育委员会改革看地方自治制度的课题》,载《自治总研》第430号,2014年,第75页以下、第89页)。此外,在前述小野的著作中,对地方教育制度的变迁、教育委员会制度的创设等进行资料介绍的同时,进行了详细解说。

二、议会

《自治法》采用的议会的基本构造及关联问题如下①：

（一）议会的具体性议决事项，被委任给以《自治法》为代表的制定法的规定。而在《自治法》上，除一般地制定、改废条例以外，预算、决算的决定等事项，和中央政府层级一样，当然要等待公选议员的决定。此外，还规定了进行契约的缔结、财产的交换、信托、财产的取得和处分等国会中见不到的个别处分的议决权的行使问题（该法第96条第1款）。进而，从规定上对议决事项进行了列举，而不是例示，以条例也可以规定议决事项。法定受托事务虽有界限，但也在其范围内（该法第96条第2款）。不过，明确在法令上，作为首长等执行机关的专属性权限而作出了规定的事项，以及在事情的性质上被规定为执行机关的权限的事项，被解释为在议决权的对象外。② 除此以外，《自治法》还将与国政调查权相对应的调查权赋予议会（该法第100条），并将市町村的废止、设置、分割、合并（该法第6条至第9条之五）、组合的设置（例如，该法第290条、第291条之十一）等重要事项规定为议决事项。

综上所述，虽然议会的确是以行使立法权为其主要的任务之一的，但是，正确的认识是：一般地说，议会是有关地方公共团体的重要案件的最高的审议议决机关，其中既包括立法事项，也包括行政性意思决定。关于议会的议决权的这种规定方法，其渊源在于明治宪法下的《市制、町村制》③，不能从《日本国宪法》中的首长跟议会的二元代表制这种概念构

---

① 在平成11年的《自治法》修改之际，并未进行有关议会的大幅度修改。其后，应对地方分权进展的议会的存在方式也成为检讨的对象，除整备关于议会和首长之关系的规定之外，还对由学识经验者进行的专门性知见的活用（该法第100条之二）、委员会的议案提出权（该法第109条第6款等）、议员定数的条例化（该法第90条、第91条）、议决事件范围的扩大（该法第96条第2款）等进行了修改。进而，在平成24年的法修改中，谋求了通年会期制度（该法第102条之二）、本会议中公听会的召开、参考人的招致制度的导入等（该法第115条之二）。此外，关于第二次世界大战以后地方议会的法制度的展开，驹林良则著：《地方议会的法构造》，2006年版，第219页以下，有详细介绍。

② 参见松本著：《逐条地方自治法》，第367页以下。关于具体事例，《地方自治》第775号，第23页以下，有揭示的资料。

③ 入江俊郎、古井喜实著：《逐条市制町村制提议》，1937年版，第841页以下；地方公共团体综合研究所监修：《逐条研究地方自治法Ⅱ》，2005年版，第180页以下。盐野著：《行政法Ⅲ（第五版）行政组织法》，第189页以下。

成,就地方公共团体的机关关系的存在方式,单纯地类推出国家层面的立法权与行政权的区别。此外,调查权(该法第100条)等在对首长等执行机关的业务进行监视方面,发挥重大作用。

(二)议会的议事限于地方公共团体的事务范围。有时候,地方公共团体的议会也就有关国政问题(核武器、消费税)进行议决,这种议决的政治性效果暂且不论,就其法的效果而言,是没有特别意义的。此外,当议会的议决违反法令时,对首长承认审查的申请权、向法院的起诉权。① 这是以对于议会的议决也要求法的框架存在为前提的,而其框架具体是怎么样的,则需要根据个别的议决事项分别作出判断(关于该法第96条第1款第10项的权利放弃,在与居民诉讼的关系上,是存在争议的②)。

(三)在议会中,以条例可以设置常任委员会、议会运营委员会、特别委员会(该法第109条)。

(四)议会的议员由居民直接公选产生。③ 选举依据《公职选举法》的规定进行。投票价值的平等成为需要探讨的问题,这和国会议员的情况相同。不过,关于地方公共团体选举区的特色,有特例区的观念。也就是说,即使在选举区的人口比都道府县的每位议员所需平均人口半数还少的情况下(即本来连一位议员也选不出来的情况),也可以作为选举区。④ 不过,并不是因为承认了特例区的设置,投票价值的平等性便不成为问题了。而是包括特例区在内,由法院来审理投票价值的差异。⑤

(五)关于议员的定员是条例事项⑥,从前就存在从精简化的角度提出的争论。经常被引用的美国地方公共团体中的定员情况是:5名的情况较多,也有10名左右的情况。⑦ 从居民的意见代表这种角度来看,议员

---

① 盐野著:《行政法Ⅲ(第五版)行政组织法》,第178页以下。
② 盐野著:《行政法Ⅲ(第五版)行政组织法》,第187页以下。
③ 《日本国宪法》第93条第2款。不过,现行法上限于具有日本国籍者。关于外国人的问题,盐野著:《行政法Ⅲ(第五版)行政组织法》,第181页。
④ 《公职选举法》第271条。
⑤ 参见最高法院判决,平成元年12月18日,载《民集》第43卷第12号,第2139页。最高法院判决,平成12年4月21日,载《判例时报》第1713号,第44页;《地方自治判例百选》第72案件(大山礼子解说)。
⑥ 《自治法》第90条、第91条。
⑦ 参见小泷敏之著:《美国的地方自治》,2004年版,第240页以下。

数的多少是重要的,而在功能性活动这一点上,人数少更好。不过,必须注意的是,在美国,存在个别决定中居民参与的手段。

(六)关于议会制度,《自治法》就许多事项预定了条例的规定,具有所谓框架法的构造,并进行了适当修改,该构造本身已经奠定了扎实基础。但是,最近以来,在地方层面和国政层面皆出现了关于现行法制的新的动向。

1. 在地方层面,在为数较多的市町村及县,进行了议会基本条例的制定,议会的改革、活性化之尝试已经转入实行。关于其先驱性的事例,有北海道《栗山町议会基本条例》。① 此外,在县层面也制定了许多议会基本条例(作为其一例有《三重县议会基本条例》②)。

议会基本条例的内容维持了《自治法》中首长和议会的二元性统治构造的框架,例如,在《栗山町议会基本条例》中,规定了对于居民的町内各地举行以居民为对象的议会报告会等,谋求居民参与的充实,同时规定基本条例的最高规范性。与此相对,在《三重县议会基本条例》中,从重视二元代表制的实质化的观点出发,强调议会的功能强化,关于其制度性方策,规定在议会设置附属机关及调查机关,这一点是其特征,但没有规定最高规范性条款。

议会基本条例,以地方公共团体的议会之活性化为志向,作为对于地方自治的本来宗旨的适合性的手法之一而得到评价。但是,另外,如下面所指出,有必要留意的是,发生了地方议会的存立本身被视为问题的现象。

2. 小规模市町村被指出存在想当议员的人手不足的问题(平成27年统一地方选举中无投票当选者町村数为20%),进而,这些市町村出现了议员的高龄化、女性议员的占比很低、多元性的不足等现象。鉴于这样的状况,设置了"关于町村议会的存在方式的研究会"(总务省自治行政局),并且,该研究会也提交了报告书。③ 报告书针对小规模市町村的议会之存在方式,提出了"集中专门型"和"多数参与策划型"两种提案(报

---

① 参见北海道栗山町议会:《栗山町议会基本条例的诞生与展开》,平成29年版。
② 岩名秀树、驹林良则著:《议会基本条例的可能性——以〈三重县议会基本条例〉为例》(一)至(二·完),载《名城法学》第56卷第4号,2007年,第1页以下,第58卷第1·2号,2008年,第1页以下。该论文详细论述了该条例制定的经过、其意义和评价,以及其存在的个别问题。
③ 平成30年3月,总务省主页。

告书中登载了"无投票当选的状况"等许多参考资料）。前者，集中专门型，是指"由少数的议员构成议会"，"对议员要求专业性的活动"的模式；后者，多数参与策划型，是指"使得非专业性的议员活动成为可能"，并在"限定议会的权限"的基础上，"增加议员定数"的模式。选择哪一种模式，提议根据条例的选择来决定（参见报告书第 11 页）。

无论选择哪种"型"，我认为，都有必要对现在的全部相同的市町村议会进行重新审视。

（七）关于地方议会及议员地位的纠纷及针对该纠纷的法院判断，不仅对《自治法》的解释来说是重要的，而且对行政法一般理论来说，也提供了重要的素材。公权属性论——议员的报酬请求权的转让性[①]、部分社会论——议员的惩罚和裁判权[②]、住所论——选举法上的住所[③]、不服申诉适格——议员资格决定和不服申诉权者[④]、诉的利益——议员的任期届满和开除处分撤销诉讼的允许与否[⑤]、机关诉讼——议会议员的议决无效确认的适当与否[⑥]等，均属于此范畴。

三、执行机关

《日本国宪法》对地方公共团体的首长（及其他吏员）仅予以提及而已，并没有对执行机关本身设置特别的规定。因此，首长及其他执行机关的具体存在方式由《自治法》以下的制定法来规定。关于《自治法》所采用的制度，有必要注意以下几点：

（一）《自治法》采用了执行机关的多元主义，但是，其中首长发挥着最重要的作用。这体现在制度上，其他执行机关被置于首长的管辖之下，首长对执行机关相互间的权限上的疑义具有调整义务（权）（该法第 138 条之三）。当然，这并不等于首长对其他执行机关具有指挥监督权（参见该法第 138 条之二）。

（二）关于首长的权限，《自治法》将其进行分解，分别规定了地方公

[①] 盐野著：《行政法Ⅰ（第六版）行政法总论》，第 29 页。
[②] 盐野著：《行政法Ⅰ（第六版）行政法总论》，第 31 页。
[③] 盐野著：《行政法Ⅰ（第六版）行政法总论》，第 28 页。
[④] 盐野著：《行政法Ⅱ（第六版）行政救济法》，第 19 页。
[⑤] 盐野著：《行政法Ⅱ（第六版）行政救济法》，第 118 页。
[⑥] 盐野著：《行政法Ⅱ（第六版）行政救济法》，第 221 页。

共团体的统辖、代表权(该法第 147 条),事务的管理、执行权(该法第 148 条),担任事务(例示)(该法第 149 条)。然而,鉴于在地方公共团体中不正当会计事务处理等事实变得明朗,民间(股份公司)的内部统制体系的构筑已经先行,关于内部统制的方针之决定和体制之整备,被规定为首长的权限。① 具体来说,包括财务关系事项等的适法性确保之方针的制定,关于方针及体制整备的报告书的制作,该报告书的监查委员会的审查,报告书及监查委员的意见向议会提出。该条款被解释为,与其说是权限规定,倒不如说将其理解为义务规定更为适切。②

(三)《自治法》在用语上也使用了执行机关的概念,但是,鉴于该法同时对首长有辅助机关,对委员会、委员有职员乃至事务局的概念③,可以将执行机关理解为与行政官厅法理上的行政厅相对应的概念④,在这一点上,《自治法》是依据与由概括性机关概念构成的《国组法》不同的行政机关概念而构成的。当然,即使在《自治法》中,也存在使用概括性机关概念的部分。例如,《自治法》第 138 条之三所规定的执行机关的原则,就是《国家行政组织法》的规定方法,并且,有时则和概括性机关概念一起采用行政机关的用语(《自治法》第 156 条),并不一定是首尾一致的。⑤

(四)首长和其他执行机关的重要不同点在于,其他执行机关,无论是教育委员会,还是选举管理委员会,都仅处理特定的事务;而首长具有总括性的事务处理权。进而,与议会的权限是以列举的方式加以规定的相对比,地方公共团体的事务处理中首长的比重之大是明显的。

综上所述,必须注意的是,在地方公共团体的区域内,可以看出权力集中于首长,与国家行政组织中所谓条条领导现象具有巨大的差异。⑥

(五)首长由居民直接选举而选出。⑦ 换个角度说,这就是首长直接

---

① 《自治法》第 150 页。2020 年 4 月 1 日起施行。
② 参见松本著:《逐条地方自治法》,第 537 页。
③ 《自治法》第 161 条以下、第 191 条、第 200 条。《关于地方教育行政的组织及运营的法律》第 18 条等。
④ 盐野著:《行政法Ⅲ(第五版)行政组织法》,第 25 页。
⑤ 盐野著:《行政法Ⅲ(第五版)行政组织法》,第 18 页。
⑥ 参见盐野宏著:《自治体和权力》(1993 年),载盐野著:《法治主义的诸形态》,第 365 页以下。
⑦ 《日本国宪法》第 93 条。

对居民负责。此与居民的解职请求即居民投票罢免制相对应。① 进而,议会也对首长具有不信任议决权,②但是,这是在议会和首长的关系中追究首长政治责任的手段。

与此相对,首长实施了如在一般职地方公务员地位将被科处惩戒处分那样的行为时,关于追究其责任的方法,并不存在对首长的惩戒处分程序。具体地说,在《地方公务员法》上,首长是特别职,没有制定对特别职的一般性身份规定和惩戒规定。由于居民投票罢免和不信任的情况都没有限定,所以,出现贪污、疾病等属于惩戒处分和身份处分的事由时,利用居民投票罢免和不信任的制度是可能的,但是,这些并不是惩戒处分和身份处分的程序。在不存在惩戒处分程序这一点上,日本的内阁总理大臣也是一样,这是一种存在方式。

不能说因为首长是公选的职位,所以惩戒制度不起作用。实际上,在德国,就存在由国家的监督厅进行的惩戒处分程序。③ 不过,在德国,存在相当于日本市町村的 Gemeinde 的活动是行政而首长在身份上也是官吏这一前提,这是与日本不同之处。与此相对,在日本,地方公共团体的作用不能从总体上作为行政来把握,也不能设定一般性国家监督厅。但是,我认为,似乎并不是在地方公共团体内部也完全不能构思惩戒程序和身份程序。

(六)由于执行机关是以行政官厅法理而形成的,所以,辅助机关的存在方式成为需要探讨的问题。关于首长的辅助机关,《自治法》和该法理一样称之为"辅助机关"(第二编第七章第二节第三款),并进行了详细的规范。即存在有关辅佐性的副知事和副市长、副村长的设置和任命的方法、任期、职务等,会计管理者的设置、选任的方法、职务等,关于主要领导职员的规定。④ 此外,关于都道府县,当初,局、部的名称和所掌管事务

---

① 盐野著:《行政法Ⅲ(第五版)行政组织法》,第183页。
② 盐野著:《行政法Ⅲ(第五版)行政组织法》,第179页。
③ 参见盐野宏著:《关于地方公共团体首长地位的一点考察》,载盐野著:《国家和地方公共团体》,第214页以下。
④ 副市町村长、会计管理者的职位,是从顶层经营体制重新审视的见地出发,根据平成18年的《自治法》修改而导入的,从前的助役、出纳长、收入役的职位被废止了。同时,关于吏员的规定也被删除了。这样,《市制、町村制》以来的熟悉的职位名称便从《自治法》上消失了(不过,在个别法上,存在征税吏员、消防吏员、吏员等的用语例。参见鹈养幸雄著:《"公务员"这个词》,载《立命馆法学》第327·328号,2009年,第135页以下)。

皆得以法定,但是,其后,对局和部的数量限制得以缓和,进而,改变为只对首长的内部组织设置编成权及设置之际的条例主义进行规定(该法第158条第1款)。这一规定,对都道府县、市町村来说,是共通的。考虑到有关形成什么样的内部组织的问题是构成自治组织权之根本的问题,可以说这是适切的应对。

(七)《自治法》在规定执行机关的多元主义的同时,也规定了行政委员会的法定主义(该法第138条之四、第180条之五)。将此事项规定为法律事项的宗旨在于,执行机关的设置关系到地方公共团体的基本性组织。[1] 这似乎令人认为宪法本身也将有关地方公共团体的组织运营的规定视为法律事项,而即使在这种情况下,也需要基于地方自治的本来宗旨。从这种观点出发,可以认为,仅委员会这种组织构成由国家法来规定,而具体的设置委任给地方公共团体的方式,是更加适切的。

(八)审查会、审议会、调查会等附属机关,可以由条例设置(该法第138条之四第3款)。这是因为,附属机关不是执行机关,所以,其本身并不向外部表示意思。当然,这一点,法律本身也并不一定是彻底的。例如,关于固定资产的评价,承担不服审查的固定资产评价审查会,作为执行机关而在法律上得以设置(该法第180条之五第3款第2项);而作为《都市计划法》上的不服审查机关的开发审查会,在关于不服审查的限度内是行政厅(该法第50条),而在《自治法》上,是作为附属机关来归纳整理的。附属机关在《国组法》上也存在,但是,该法上的考试、研究机关,在这里被作为公共设施或者内部部局来归纳整理等,内容上具有或多或少的差异。

这种附属机关条例主义,从立法当时的情况等来看[2],好像也被解释为意味着具有审议会功能的机关的设置是必要性条例事项。但是,现实中,设置了以职员以外的外部的人为成员的机关。[3] 虽然说同样的现象在国家层面也可以承认[4],但是,鉴于《自治法》中的行政组织条例主义

---

[1] 松本著:《逐条地方自治法》,第504页。
[2] 通过昭和27年的《自治法》修改而得以导入,那是被作为防止乱设附属机关的措施来把握的。参见稻叶馨著:《自治组织权与附属机关条例主义》,载《盐野古稀》(下),第348页。
[3] 参见稻叶馨著:《自治组织权与附属机关条例主义》,载《盐野古稀》(下),第346页。
[4] 盐野著:《行政法Ⅲ(第五版)行政组织法》,第76页。

(内部部局的条例主义,《自治法》第 158 条),和《国组法》中的情况一样,这种类型的条例外审议会不是行政机关,而应该将其视为对信息、政策立案的建言委托承受方。① 在这种意义上,我认为,不能将这些视为违反《自治法》的组织。②

(九)无论是作为执行机关,还是作为附属机关,抑或作为辅助机关,在法律上,有的机关(行政机关或者设施、职员、附属机关等)是地方公共团体必须设置的。这种制度称为机关的必置规制③或者必置机关。这种机关从前多见于福祉关系中,由福祉关系业务的专门性为其提供根据。但是,必置规制,从自治组织权的角度成为需要探讨的问题,同时,从行政改革的观点来看也成为探讨的对象。④ 在此次分权改革之中,也被作为检讨的对象⑤,通过平成 11 年总括法,实现了部分的必置规制的归纳整理。⑥

四、议会和首长的关系

议会和首长,基本上是作为议事机关和执行机关来区分的。⑦ 在这里,特从各自的权限行使中的制约和均衡(check and balance)的观点来分析两者的关系。

(一)在《自治法》上,首长具有议案的提出权(该法第 149 条第 1 项),但是,关于出席议会的问题,仅规定了依据议会的要求出席的义务

---

① 前述《神奈川县企业税条例》(平成 21 年 3 月失效),是接受神奈川县地方税制等研究会的最终报告书的提案而制定的,而该研究会的设置根据是纲要。

② 参见盐野著:《行政法Ⅲ(第五版)行政组织法》,第 76 页。稻叶馨著:《自治组织权与附属机关条例主义》,载《盐野古稀》(下),第 350 页以下,作为首长的组织权的问题来论述。包括关于委员的报酬问题在内,针对附属机关条例设置主义的总括性研究,有碓井光明著:《关于地方公共团体的附属机关等的若干考察》(上)至(下),载《自治研究》第 82 卷第 11 号、第 12 号,2006 年;碓井光明著:《关于地方公共团体的附属机关的组织之法律的规范密度》,载《自治研究》第 93 卷第 5 号,2017 年,第 25 页以下。

③ 《地方分权推进法》第 5 条也使用了这个术语。

④ 关于详细内容,参见盐野宏著:《社会福祉行政中的国家和地方公共团体》,载盐野著:《国家和地方公共团体》,第 173 页以下。

⑤ 参见森田朗著:《必置规制的改革与地方公共团体的组织》,载西尾胜编著:《地方分权和地方自治》,1998 年版,第 181 页以下;《地方分权推进法》第 5 条、《地方分权推进委员会第二次报告》第 3 章第 I 节。

⑥ 参见佐藤文俊著:《所谓地方分权总括法》,载《法学者》第 1165 号,1999 年,第 39 页。

⑦ 盐野著:《行政法Ⅲ(第五版)行政组织法》,第 167 页以下。

(该法第 121 条)。在这一点上,和国家层级在宪法上承认内阁总理大臣及其他国务大臣的议院出席权①不同。这表明了议院内阁制和首长主义在原则上的差异。

(二)《自治法》采用了首长的拒绝权制度(该法第 176 条、第 177 条)。这种制度包括一般拒绝权和特别拒绝权。一般拒绝权是首长对议决有异议时行使的。即使首长行使了该权限,与条例的制定、改废、预算相关的事情,只要获得议会三分之二多数的支持,该议决便确定了。反过来说,只要没有获得三分之二多数的支持,这些议案便不能成立。②

特别拒绝权有四种类型。第一种特别拒绝权是存在越权、违法的议决时,首长提出付诸再议是义务的情形。③ 在议会和首长之间不能达成一致意见的,首长可以提起审查的请求(知事的话,向总理大臣提起;市町村长的话,向都道府县知事提起),知事经过纷争处理委员会的审理作出裁定④,对此依然有不服的,通过法院进行最终性解决。⑤ 这是机关诉讼的典型事例之一。⑥

第二种特别拒绝权是议会作出年支出超过年收入的预算议决时的情形。在这种情形下,付诸再议的结果,如果议会依然维持以前的议决的话,则该议决得以确定。所以,这不是严格意义上的拒绝权。⑦

第三种特别拒绝权是被称为原案执行的情形。关于义务性经费,议会作出与此相反的议决时,最终,首长可以将与义务性经费有关的费用列入预算。⑧

第四种特别拒绝权是关于非常灾害等的经费,议会作出与此相反的议决时的情形。在议会再议后仍作出相同的议决时,首长可以视其为不

---

① 《日本国宪法》第 63 条。
② 该法第 176 条第 1—3 款。
③ 该法第 176 条第 4—7 款。
④ 该法第 255 条之五。
⑤ 该法第 176 条第 7 款。关于具体事例,有名古屋地方法院判决,平成 24 年 1 月 19 日,平成 23 年(行ウ)第 33 号(D1-Law.com 判例体系 ID28180256,法院网站;《地方自治判例百选》第 127 案件,木佐茂男解说)。此外,参见盐野著:《行政法Ⅲ(第五版)行政组织法》,第 221 页脚注②)。
⑥ 盐野著:《行政法Ⅱ(第六版)行政救济法》,第 230 页。
⑦ 该法第 177 条第 1 款。
⑧ 该法第 177 条第 1 款第 1 项、第 2 款。

信任议决。①

这样一来,《自治法》的特色在于,首长拒绝权的效果对应议会议决的性质而变化。

此外,拒绝权的制度,具有首长方面对议会的议决予以制约的功能。作为执行机关的首长,也可对议会的议决采取不作为的形式,不服从议会的意思。对首长的这种行动,议会不具有直接对抗的手段。

如上所述,关于首长的特别拒绝权的制度,现在通常将其作为首长和议会的关系来把握。但是,关于这个问题,有的见解从其沿革可以追溯到具有德国渊源的《市制、町村制》这件事情出发,参照德国近年来的讨论,认为该制度具有为了确保议会议决的适法性而设置的自治体内部的统制制度的侧面,我认为这种观点是适当的。②

(三)在议会方面,除我们将在下面看到的不信任议决的制度[参见(四)]以外,在《自治法》上,对作为执行机关的首长还具有制约功能。例如,检阅、检查、监查的请求等即是其例。③ 此外,还有议长的临时会请求权。④ 进而,对于副知事等辅助机关及咨询机关的委员等的人事同意权,也对首长具有制约功能。

(四)关于议会对首长的最终性对抗手段,有不信任议决;而首长对此具有解散议会权。⑤ 关于不信任议决的内容性要件,《自治法》并没有特地规定,被解释为完全委任给议会的政治性判断。不信任议决的成立,需要有议员数的三分之二以上的出席和四分之三以上的同意(解散后的情况下,需要过半数),所以,作为要件是相当严格的。一旦不信任议决成立,首长虽然具有解散议会权,但是,如果持续不作为的话,则将失去其职位。

(五)专决处分的制度。这不是有关首长和议会纠纷的制度,而是在一定的情况下由首长来行使议会权限的制度(因此,与专决、代决制度的

---

① 该法第 177 条第 1 款第 2 项、第 3 款。
② 驹林良则著:《关于地方自治法第 176 条的首长的特别拒绝权——与德国的异议权的比较》,载《小高古稀》,第 97 页以下。此外,也参见该论文所引用的雄川一郎著:《机关争讼的法理》(1974 年),载雄川著:《行政争讼的理论》,第 458 页以下。
③ 该法第 98 条以下。
④ 该法第 101 条第 2 款。
⑤ 该法第 178 条。

专决不同),包括有法律规定的情况①和根据议会委任的情况②。例如关于一定金额以下的契约事项等简易的事务。与此相对,议会进行的选举、议会的同意等事务,被解释为法的宗旨在于专门规定由议会进行的事项,则不能委任。

(六)从整体上看以上议会和首长的制度关系,可以看出首长方面占有更大的比重。当然,这是否忠实地反映了现实的地方自治行政或者地方政治中议会和首长的实际力量对比关系,是不能一概而论的。但是,可以说,逐渐向着首长方面倾斜的情况较多。③ 特别是首长的任期历经数年的话,其知识和经验真正堪称该地方公共团体首屈一指。此外,首长的辅助机关中,有的不仅从事日常性业务,还从事从政策立案到立法的真正的专门职业。与此相对,必须注意的是,在议会方面,却没有充实这样的专家职员。④

第六节 居民的权利和义务

对于地方自治的要素,可以列举出居民自治和团体自治⑤,而在明治宪法下,从法解释学的见地出发,重点被置于与国家的关系中的团体自治(法律上的观念),居民自治(政治上的观念)则主要是用于以公民和居民的区别为前提的制度之说明,作为自治的承担者的公民的权利(公民权),也基本上停留在选举权、被选举权。⑥ 与此相对,居民自治和团体自治双方的具备,被强调是满足《日本国宪法》下的地方自治之要件的要素;居民(居民与公民的区别被废止了)的权利也是一样,指出了在选举

---

① 该法第 179 条。第 1 款,作为复数要件之一而揭示了议会不进行议决时,关于其具体性适用,有居民诉讼被提起的事例。详细的分析,参见板垣胜彦著:《地方自治法的现代性课题》,2019 年版,第 127 页以下。

② 该法第 180 条。

③ 参见今村都南雄著:《地方公共团体的组织编成》,载《行政法大系 8》,第 72 页以下。驹林良则著:《关于德国地方自治法的紧急决定权的考察》,载《西埜、中川、海老泽喜寿》,第 357 页以下,将德国地方自治法作为参考,关于日本的专决处分制度,揭示了议会是立法机关的方策(导入由议会进行事后承认制度),具有启发性。

④ 对于议会方面,则揭示了议会事务局的体制整备(《栗山町议会基本条例》第 13 条),议会附属机关、调查机关的设置(《三重县议会基本条例》第 12 条、第 13 条)等应对策略。

⑤ 盐野著:《行政法Ⅲ(第五版)行政组织法》,第 111 页。

⑥ 参见美浓部著:《日本行政法》(下),第 483 页以下、第 513 页以下;渡边宗太郎著:《地方组织的本质》,1935 年版,第 1 页以下。

权以外,直接民主主义的制度得以广泛承认。①

因此,下面我们将对地方分权推进论发展的过程中,居民自治的观念也伴随着概念、内容而处于可变性状况的现象予以留意,并对现行制度的概要予以记述。

一、选举权

议会的议员及首长的选任基于居民的选举,这是《日本国宪法》上的要求。② 不过,具有选举权的是日本国民(具有日本国籍者),而对外国人则没有承认选举权。③ 这直接源于将公务员的选定及罢免权规定为国民固有权利的《日本国宪法》。④ 由此,人们一直以如下观点来说明:具有地方公共团体的议会议员及首长选举权的居民,是在地方公共团体的区域内有住所的日本国民。⑤ 但是,关于这一点,至少对外国人中的永久居住者等,赋予其对地方公共团体的议会议员及首长等的选举权,不是宪法上所否定的,而且也是政策上应该推进的。这种意见越来越具有说服力。⑥

关于这一点,最高法院指出,宪法上选定、罢免公务员的权利保障,仅以日本国民为对象,具有地方公共团体的议会议员和首长的直接公选权利的地方公共团体的居民,在宪法上也是日本国民。⑦ 关于居民投票资

---

① 参见田中著:《行政法》(中),第73页、第96页以下。此外,包括协动的观念在内,对居民自治和团体自治的新的关系进行探究的成果,有饭岛淳子著:《地方政治与行政法》,载《行政法的新构想Ⅰ》,第193页以下、第230页以下。

② 《日本国宪法》第93条。

③ 《自治法》第11条。

④ 《日本国宪法》第15条。

⑤ 松本著:《逐条地方自治法》,第145页。

⑥ 参见冈崎胜彦著:《外国人的地方参政权》,载《公法研究》第56号,1994年,第105页以下;齐藤诚著:《国际化与地方自治的法体系》(2007年),载齐藤著:《现代地方自治的法的基层》,2012年版,第147页以下。

⑦ 最高法院判决,平成7年2月28日,载《民集》第49卷第2号,第639页;《地方自治判例百选》第14案件。
关于外国人中的永久居住者等,最高法院在旁论中指出,即使在立法政策上采取赋予其对议会的议员、首长的选举权的措施,也并不违宪。其论据是:公务员的选定、罢免权,议会的议员、首长等的选举权,是对于日本国民的权利保障,并不能直接导致一律否定对外国人赋予选举权。在以此为前提的基础上,最高法院指出:宪法规定的地方自治条款,是以"试图将与居民的日常生活具有密切联系的公共性事务,基于该地方居民的意思,由该区域的地方公共团体(转下页)

格,也有采取同样观点的最高法院判决。①

选举权的年龄要件、居住期间等,依据《公职选举法》的规定。

二、直接请求

宪法上,在地方公共团体中设置作为议事机关的议会和作为执行机关的首长,分别由居民公选产生。于是,宪法被解释为在地方自治的层面也是以代表民主制作为基本构造的。但是,如果认为地方自治的基本内容之一是居民自治的话,那么,认为宪法并没有否定直接民主主义的制度,这是一般的见解。在制定法上,也承认代替议会而在町村中设置具有选举权的居民总会即町村总会。② 不过,这一制度并不否定作为议事机

(接上页)来处理的政治形态,作为宪法上的制度来保障的宗旨"为基础的,所以,"关于被认为和地方公共团体具有特别紧密联系者(永久居住者等),应该将其意思反映于与日常生活具有密切联系的地方公共团体的公共性事务的处理之中",赋予他们选举权不违宪[此外,园部逸夫著:《最高法院十年》,2001 年版,第 140 页以下,认为前面所引用的部分也是判例部分(判决要旨)的支持理由,但是,即使没有这一部分,判例部分也已经提供了充分而必要的理由,可以说,这一部分和判例部分在逻辑上的关系是稀薄的]。

在这里,最高法院是否也认为,关于国政选举,宪法上具有承认外国人选举权的理论上的余地呢? 这个问题是并不明确的。假设最高法院认为国政选举的情况是作为主权者的国民固有的权利,而地方公共团体的情况则不同的话,那么,最高法院的逻辑并不具有说服力。即日本的地方公共团体,不是单纯地提供公共性服务的事业主体,而是统治团体,并且,虽然说具有"在法律的范围内"的限定,但是,不限于居民,只要在地方公共团体的管辖所及的范围内,在宪法上具有与所有人的人权直接相关的条例制定权[盐野著:《行政法Ⅲ(第五版)行政组织法》,第 155页]。在这种意义上,要将国政选举和地方选举分别进行考虑,仅依据居民自治的理由是不充分的。此外,从居民自治论来看,缺乏将承认选举权的外国人限定为永久居住者等的理由[这里存在如下需要探讨的问题:最高法院判决中所说的"永久居住"者,是仅指与该地方公共团体的关系,还是以和日本国的关系(因此,在日本国内变更住所也没有关系)为前提,这个问题也是并不明确的]。

因此,为了对外国人也承认选举权,就必须承认地方公共团体是统治团体,即使被承认了条例制定权,那最终也是在国家的立法权的管辖之下,即地方公共团体的行政事务的执行、成为其前提的行政事务和条例制定权,也源于国家的立法权(这种观点,在原理上是明治宪法下的地方自治的理解)。进而,也必须以地方分权自然具有限度为前提。但是,这样的结论,难道不需要对地方公共团体的法地位论进行充分的探讨吗?

我认为,承认外国人的选举权的根据,不只是这种地方公共团体的地位论,还有必要从如下角度展开探讨:在日本所处的历史性、国际性状况之下,关于选举权的行使,当存在立法政策上适于和具有日本国籍者同样对待的外国人时(例如,永久居住者),《日本国宪法》并没有一概地否定对这些人赋予选举权。

① 最高法院判决,平成 14 年 9 月 27 日,载《判例时报》第 1802 号,第 45 页。
② 《自治法》第 94 条。关于沿革,有旧《町村制》第 38 条。

关的议会的存在,而是将其成员规定为选举人。此外,作为制度,仅限于对町村承认,而不是对地方公共团体的居民共通的制度。

与此相对,在与议会不同的场合,作为居民参与地方公共团体的意思形成的一般性制度,有直接请求的制度。通过该制度,居民行使直接请求权。

《自治法》上作为直接请求规定的有如下四种:请求制定及修改、废止条例的权利即条例的制定改废请求权;为确保该地方公共团体事务处理公正性的事务监查请求权;在议会和居民意思分离的情况下的议会解散请求权;对以首长为代表的特定职员的解职请求权。① 此外,在《关于市町村合并之特例等的法律》中还有设置合并协议会的请求制度(该法第4条)。下面,我们将以这五种直接请求所共通的论点为中心来加以说明。

(一)直接请求的主体是作为日本国民的居民,进一步具体地说,是具有选举权的居民。这也就是说,外国人虽然是居民,但并没有被赋予直接请求的权利。与公职的选举、条例的制定和改废有关的直接请求权,只对具有选举权者承认,这样理解是符合实际的。但是,关于事务的监查请求权,则存在欠缺否定其他居民参与的理由的情形。

(二)请求需要一定数量的署名(因请求的种类不同而存在差异),在这一点上,和居民监查请求、居民诉讼是不同的。该数量是否合理,是有争议的问题。特别是有关解散、解职的请求需要三分之一的条款②曾经被认为在大城市实行具有困难性(反过来说,则是为保证首长职位的安定性)。经过平成24年的法修改,分为总数超过40万人不到80万人的场合与超过80万人的场合,以谋求必要署名数的缓和。③

关于署名上存在瑕疵等情况的处理,《自治法》试图通过立法来解决。④

(三)关于直接请求的效果,因请求的种类不同而不同。在议会的解散、议员及首长的解职请求中,一旦该请求成立,便进行居民投票,以决定

---

① 《自治法》第12条、第13条。
② 《自治法》第76条第1款、第80条第1款。
③ 《自治法》第76条以下。
④ 《自治法》第74条之三第1款、第2款,《地方自治法施行令》第95条。参见盐野著:《行政法Ⅰ(第六版)行政法总论》,第312页。

解散或解职(第78条、第83条)。在这里,最终决定权者是居民。这就是所谓居民投票罢免制。事务的监查请求一旦成立,便发生监查委员的监查义务。这也是通过请求的成立而达到目的的实现(第75条)。

与此相对,对于条例的制定改废请求权、对首长以外的官员的解职请求权,即使请求成立,也要由议会决定是否制定、改废与该请求相关的条例(第74条第3款)。在这种意义上,严格地说不属于以居民意思为最终的所谓创制权。此外,是否解除首长以外的官员的职务,也依据议会的判断。① 在设置合并协议会的请求中,是否设置协议会,被委任给有关市町村的首长及议会的判断。② 这种限定不是在该直接请求的性质上当然添加的,而是依据政策性判断作出的。所以,从另一个角度来看这个问题的话,日本的制度虽然说实现了直接民主主义,但是,该制度却是非常不彻底的。此外,关于地方税、分担金等的直接请求,本来就被从其对象中排除在外(第74条第1款)。

(四)关于直接民主主义的制度,在外国的地方自治法制中经常可以看到的是居民投票(referendum)的制度。这是决定权者方面进行某种意思决定时,直接听取居民意思的制度。作为日本的制度,地方自治特别法中的居民投票是宪法上所要求的。③ 都道府县的区域变更,要求以法律规定④,该法律被解释为是《日本国宪法》第95条的法律,所以,应该付诸居民投票。与此相对,关于作为基础性地方公共团体的市町村,《自治法》上却没有这种制度,例如,关于区域的变更,即合并等与全体居民的利益有关的事项,也只限于代表民主制的范围内。

(五)与前述问题相关联,存在以条例是否可以设定正式的创制权或者居民投票的问题。这是有关法律和条例的关系的问题之一。从宪法上作为基本的构造规定了议会和首长的首长主义,《自治法》本身就此也采取了消极的态度这一点来看,地方公共团体单独以条例来导入这些直接民主主义的制度,被解释为是违法的。⑤

(六)在直接请求之中,解散、解职所请求的目的本身是明确的。与

---

① 《自治法》第86条第3款、第87条第1款。
② 《关于市町村合并之特例等的法律》第4条。
③ 《日本国宪法》第95条。
④ 《自治法》第6条。
⑤ 另外,参见盐野著:《行政法Ⅲ(第五版)行政组织法》,第191页"四、居民参与、协动"。

此相对,关于条例的制定改废请求,其对象范围成为需要探讨的问题。首先,虽然《自治法》本身对范围设置了界限[参见前述(三)],但是,日本的情况不是创制权,由议会进行制约也是可能的,故附加这样的限定也表明议会不信任,因而也是不适当的。

（七）关于违反法律或者涉及地方公共团体事务范围之外的事项,即使利用这种制度也不能制定条例,这是不言而喻的。不过,从程序上来看,还存在当提出对违反相关法律的条例的制定改废请求时,应在哪个阶段予以制约的问题。关于这一点,以前在实践中,曾经是在代表者证明书申请阶段由首长作出判断。① 但是,有的判例认为,只要该违反不是一看就明白的,首长就没有判断权,而应该依据议会的判断。② 这是因为,通常的情况下,直接请求是居民和首长或者议会之间存在意见不一致时进行的,所以,在代表者证明书申请阶段交给首长作出判断,与制度的宗旨是不一致的。此外,首长在程序阶段可以陈述意见。③

三、居民监查请求、居民诉讼

和作为直接请求之一的事务监查请求不同,《自治法》关于居民的能动性权利,采用了居民监查请求、居民诉讼的制度。④

关于居民监查请求及居民诉讼的要件、对象等,在解释论上存在各种问题。大体说来,只要是居民(不问国籍、年龄、自然人、法人),任何人都可以(单独也可以)指出首长等职员在财务会计上的不当性和违法性,请求采取事前防止该违法、不当行为的措施及损害填补的措施等,而对监查委员提出监查请求,当监查的结果承认该请求有理由时,监查委员应该对议会、首长等进行采取必要措施的劝告(第 242 条)。对监查的结果及针对劝告所采取的措施等不服时,居民进而可以通过诉讼,向执行机关等提出该行为的中止(第 242 条之二第 1 款第 1 项)、行政处分的撤销及无效确认(第 2 项)、懈怠事实的违法确认(第 3 项)、对职员的损害赔偿等的请求(第 4 项)(以下称为"四项请求")。

---

① 《地方自治法施行令》第 91 条。
② 东京高等法院判决,昭和 49 年 8 月 28 日,载《行裁例集》第 25 卷第 8·9 号,第 1079 页;《地方自治判例百选》第 23 案件。
③ 《自治法》第 74 条第 3 款、第 176 条。
④ 《自治法》第 242 条、第 242 条之二。

这种制度本来是根据美国占领军的要求,将在美国判例法上发展起来的纳税者诉讼导入日本。① 制度的导入是通过昭和 23 年的《自治法》修改而实现的。之后,通过昭和 38 年的《自治法》修改,进行了制度的健全和完善。不过,此时,进行了日本式的内容变更:监查请求前置,请求权者、起诉权者的要件不是纳税者,而是居民,以客观诉讼的形式构筑了该制度(并且,明确规定其名称为居民诉讼②)。进而,通过平成 14 年的修改,将前述"四项请求"的被告,从原来的职员等改为执行机关,当在诉讼中命令损害赔偿的判决确定时,接下来,地方公共团体的首长便必须提出损害赔偿金的支付请求等。③ 由此,进一步强化了其作为客观诉讼的性质。其中,居民诉讼是被作为民众诉讼的代表事例来论述的④,所以,这里仅从地方自治制度的特色方面来列举应该注意的几点:

(一)这种制度是以美国的纳税者诉讼(taxpayer's suit)为模式的。但是,通过附加监查请求前置、客观诉讼化等日本式的内容变化,使得该制度与作为对行政活动进行司法性控制而在判例上发展起来的美国法上作为主观诉讼的纳税者诉讼,成为法律构成性质不同的制度,因而,确切地说,不能说居民诉讼是美国法的导入。

(二)居民监查请求、居民诉讼的制度,是以直接地纠正地方公共团体的职员进行的不当、违法的(不过,适当与否的问题,在诉讼中不能争议)财务会计上的行为,以实现地方公共团体财务行政的公正运营为目的的制度。该制度一般和直接请求制度并列被解释为直接民主主义制度之一。⑤ 最高法院也是一样,很早以前就是将居民诉讼作为基于地方自治的本来宗旨的居民参政的一环来把握的。⑥

---

① 关于美国法及日本的制度的先驱性研究业绩,有成田赖明著:《关于所谓纳税者诉讼》(1953—1954 年),载成田著:《地方自治的保障》,2011 年版,第 339 页以下;成田赖明著:《关于监查请求及纳税者诉讼》(1957—1957 年),载成田著:《地方自治的保障》,2011 年版,第 395 页以下。

② 参见成田赖明著:《居民诉讼(纳税者诉讼)》(1965 年),载成田著:《地方自治的保障》,2011 年版,第 457 页以下。

③ 《自治法》第 242 条之二第 1 款第 4 项、第 242 条之三。

④ 盐野著:《行政法Ⅱ(第六版)行政救济法》,第 225 页以下。

⑤ 田中著:《行政法》(中),第 114 页。从当初就是这样。金丸三郎著:《地方自治法精义》(下卷),1948 年版,第 201 页,认为这种制度形成了直接请求的新的一环。

⑥ 最高法院判决,昭和 38 年 3 月 12 日,载《民集》第 17 卷第 2 号,第 318 页;《地方自治判例百选》(第三版)第 91 案件。最高法院判决,昭和 53 年 3 月 30 日,载《民集》第 32 卷第 2 号,第 485 页;《行政判例百选Ⅱ》第 214 案件;《地方自治判例百选》第 95 案件。

当然,在概念上,将该制度作为直接民主主义制度之一来把握是存在问题的。其一,为了确保公务的公正推行的民众争讼的制度,在《公职选举法》上也能看到,对该制度,一般并没有不问是关于国政选举还是关于地方选举,都作为直接民主制的一环来理解,而认为选举诉讼是司法性控制。此外,直接请求,基于其是直接民主主义的制度,请求权者被限定为作为日本国民的居民(这也是具有选举权者)。与此相对,居民监查请求、居民诉讼,只要是居民,即使不是具有选举权者,外国人,进而法人也可以提起,在这一点上,至少和在民众直接参与主权行使这种意义上的直接民主主义的性质是不同的,存在与现行法的体系不一致的成分。进而,居民监查请求、居民诉讼,在纠正个别的非法、不当行为这种意义上,和与地方公共团体的运营整体有关的作为直接请求的监查请求(第75条),是性质不同的制度。

从以上诸点来看,将居民监查请求、居民诉讼作为直接民主主义的制度来归纳整理,是不适当的。但是,将此单纯作为针对财务会计的司法性控制手段来理解,以及将其视为地方公共团体所蒙受的财产性损害的填补(特别是"四项请求"的情况)的制度,我认为似乎也不可能。必须注意的是,在先行于居民诉讼的居民监查请求中,请求人不限于单纯地纠正违法、不当行为,还可以请求从居民方面来看广泛的、必要的措施。居民诉讼,从诉讼制度的界限来看,被限定于违法行为的纠正,但是,这种制度并不应该割裂开来予以考察。从这种观点出发,居民监查请求、居民诉讼虽然不是直接民主主义制度的一环,但是,都是以追求居民对地方财务行政的参与,确保财务行政公正化为目的的制度,在这种限度内,我认为,可以将这些制度作为居民的能动性权利之一来定位。在最高法院的判例中,一方面,存在"基于地方自治的本来宗旨的居民参政的一环"的说明;同时,另一方面,作出了更加适合于该制度的论述:"该诉讼的原告,不是为了自己的个人利益及地方公共团体本身的利益,而完全是为了包括原告在内的全体居民的利益,作为所谓公益的代表者来主张地方财务行政的公正化。"[①]

(三)从以上这种居民监查请求、居民诉讼的定位来看,就居民监查请求确立严格的要件,不仅妨碍向法院起诉,而且从居民参与的角度来看也是存在疑问的[关于停止请求(第1项请求)的居民监查请求,最高法

---

① 前述最高法院昭和53年判决。

院针对对象行为的特定性作出了严格解释①,而在居民诉讼的阶段,却确立了缓和的基准。② 关于监查请求前置,也可以作同样的理解③]。

(四)作为居民诉讼制度之运用上的特征之一,从前,曾经被较多提起的是诉讼类型之中的与职员的损害赔偿相关的诉讼("四项请求"),因此,人们提出的问题也是与这件事情相关联的。④ 平成14年修改⑤也与这一点相关。⑥ 虽然不是与这一点构成了正反两面的关系,在"四项请求"中,在诉讼的途中进而在居民方面胜诉了的情况下,由于作出了《自治法》第96条第1款第10项的权利放弃的议决,发生了该议决的有效性作为居民诉讼而在裁判上被争议的事例。在下级审裁判中,反映案件的多元性,并不一定是从理论上进行整理⑦,而最高法院采取了提示判断框架的立场。

也就是说,在以市对外围团体派遣职员的人事费支出的违法为理由的居民诉讼(损害赔偿、"四项请求"、不当得利请求)中,对原告的部分请求予以容认的第一审判决的控诉审在审理中,市议会对条例的修改案作出议决,在其附则(第5款)中有与该案件相关的债权放弃的条款。在这样的状况下,原审将权利放弃的市议会议决判定为无效,宣告了部分容认判决。与此相对,最高法院认为,普通地方公共团体在放弃其权利之际,"关于其适当与否的实体性判断,应当说裁量权基本上被委任给了由通过居民进行直接的选举所选出的议员构成的作为普通地方公共团体议决机关的议会"。在此基础上,指出:"就作出了以放弃被作为居民诉讼之对象的损害赔偿请求权或者不当得利返还请求权为宗旨的议决的场合

---

① 最高法院判决,平成2年6月5日,载《民集》第44卷第4号,第719页。此外,参见盐野著:《行政法Ⅱ(第六版)行政救济法》,第226页。

② 最高法院判决,平成5年9月7日,载《民集》第47卷第7号,第4755页;《地方自治判例百选》第A23案件。

③ 最高法院判决,平成10年12月18日,载《民集》第52卷第9号,第2039页;《地方自治判例百选》第97案件。

④ 参见曾和俊文著:《居民诉讼制度改革论》,载《法与政治》(关西学院大学)第51卷第2号,2000年,第718页以下。

⑤ 盐野著:《行政法Ⅲ(第五版)行政组织法》,第186页。

⑥ 参见成田赖明著:《关于居民监查请求、居民诉讼制度的重新审视》,载成田著:《地方自治的保障》,2011年版。

⑦ 关于学说、判例的动向,参见《法学者平成22年度重要判例解说》,第69页以下,石崎诚也解说。

来看,这样的请求权得以承认的场合各种各样,根据各个案件,对作为该请求权之发生原因的财务会计行为等的性质、内容、原因、经过及影响,该议决的宗旨及经过,该请求权的放弃或者行使的影响,居民诉讼之系属的有无及经过,事后的状况及其他诸般的事情,进行综合考虑,被认为对此予以放弃这件事情,比照以普通地方公共团体的民主性且实效性的行政运营之确保为宗旨的该法的宗旨等,是不合理的,该当上述裁量权的范围之逸脱或者滥用的,该议决便构成违法,该放弃便构成无效,这样解释是相当的。并且,关于该公共资金的支出等的财务会计行为等的性质、内容等,被解释为其违法事由的性格及职员或者接受了该支出等的人的归责性等,应当被作为考虑的对象",提示了判断框架。①

于是,关于对本案的适用,认为"关于与本案附则相关的议决之适法性,在对包括居民诉讼的经过和该议决的旨趣及经过等在内的诸般事情进行综合考虑的上述判断框架之下,由法院进行审查及判断,所以,以将上述请求权的放弃作为内容的上述议决为理由,既不能说是从根本上否定了居民诉讼制度,也不能说是属于无视居民诉讼制度的旨趣的滥用性的适用",明确了不采取使居民诉讼提起中的权利放弃决议当然无效的观点。

今后,可以预测的是,在判例实务上将沿着前述议会权利放弃三判决的判断框架来推进。但是,有必要注意的是,在具体案件的适用之中,由于各个案件的特色及关于个别考虑要素的法院解释态度的不同,并不一定能够确保带来一义性的结果。

进而,在议会权利放弃三判决的任何一个判决中都没有谈及的地方,从地方自治法解释论的观点出发,添加如下几点。即权利放弃的议决之制度的起源,跟其他的财产处分议决相同,都可以追溯至《市制、町村制》。② 这被解释为,对作为公民的代表机关的市町村议会,委任了该团体的财产之处分权限(此时,关于处分权限的具体性要件并没有被揭示)。关于该制度,虽然议会从公民代表转化为了居民代表,但是,在《日

---

① 最高法院判决,平成24年4月20日,载《民集》第66卷第6号,第2583页;《行政判例百选Ⅰ》第5案件;《地方自治判例百选》第113案件。此外,基本上提示了同样旨趣的判断框架的判决,由同一法庭(第二小法庭)作出。参见最高法院判决,平成24年4月20日,载《判例时报》第2168号,第45页;最高法院判决,平成24年4月23日,载《民集》第66卷第6号,第2789页。以下,将这三个判决合称为"议会权利放弃三判决"。

② 地方自治综合研究所监修:《逐条研究地方自治法Ⅱ》,第180页以下。

本国宪法》上的二元代表制之下原封不动地得以承继。另外，在此基础上，新导入了纳税者诉讼制度，进而，如前所述，日本的变迁与之叠加，形成了现在这样的制度。从这里，的确能够看到日本的地方自治法制中的镶嵌现象①的饶有兴趣的一个事例。问题在于这种镶嵌的组合在制定法上并未予以明确规定，而通过居民诉讼制度的导入，关于成为居民诉讼之对象的债权（进一步聚焦，居民诉讼继续中的债权，进而是胜诉判决确定的债权），并不存在不让通过议会的议决进行权利放弃制度发挥作用的明确的理论性根据，并且，在居民（纳税者）诉讼导入时，进而在制度改革过程中，看不到能够推导出相关结论的资料。总之，原有的（通过议决进行权利放弃）和外来的（居民诉讼），这两者被认为没有明确的制度性联结，就那样并存下来了。根据上述制度性考察，在考虑了诸般事情的基础上的议会的权利放弃议决，在现行法上与居民诉讼制度是独立存在的，以此为前提，作为其权利放弃的有效性判断的要素，包括居民诉讼在内的财务会计制度的适正的运用是否被阻碍，被解释为是重要的考虑要素。进而，通过居民诉讼制度，关于曾经限于内部性效果的财务会计的规范也外部化了，应当在对此进行比照的基础上进行裁量判断的统制。

根据以上的整理，通过权利放弃议决，并不能实现财政性损失之填补这种四项诉讼之目的。一方面，在作出议决有效的确定判决的场合，由司法进行的该财务行为的违法确认，在制度上也得到了担保（在该案中也是一样，最高法院认定了对外围团体派遣职员的人事费支出的违法性），面向未来的财务运营的适法性之确保这种功能，在议会的债权放弃议决加上居民诉讼的现行的镶嵌现象中也得以维持，这是有必要留意的一点。不过，两种制度的关系之存在方式，正如议会权利放弃三判决之千叶补足意见所揭示的那样，在居民诉讼制度的再检讨之中，被认为有必要从立法上进行组装（对于议会权利放弃三判决，学说的应对是不同的②）。进而，在平成29年的《地方自治法》修改③中，规定了在议会的债权放弃议决之前应当事先听取监查委员之意见的宗旨。④ 这是按照总务省平成29

---

① 盐野宏著：《地方自治法制》（1995年），载盐野著：《法治主义的诸形态》，第380页以下。
② 阿部泰隆著：《居民诉讼的理论与实务》，2015年版，第474页以下，详细地对包括本书的见解在内的学说进行了介绍、评析，具有参考意义。
③ 法律第54号。
④ 《自治法》第242条第10款。

年1月的《关于居民诉讼制度的重新审视的恳谈会纪要》作出的规定,并未达至导入放弃议决禁止制度的程度(在该纪要中,委任给今后检讨)。此外,在《自治法》修改之际,也导入了根据条例对首长等的一定数额以上的损害赔偿责任的部分免除制度,关于条例的制定,也变成需要听取监查委员的意见。① 今后的实务上之动向应当是令人注目的,而对于制度争议,依然被解释为尚没有达至稳定的状态。②

(五)关于请求集中于损害赔偿请求和不当得利返还请求("四项请求")的问题,我认为这并不能说是该制度的正常运营。当初的构思是事前防止腐败行为③,但着眼于居民参与这一点的话,即使作为现行法的理解,也应该努力在该方向上谋求制度的运用。关于事前防止的方法,可以考虑采取更加迅速的方法。通过平成14年的修改,删除了迄今为止在第1项中止请求之际,将恢复的困难性作为要件来规定的条款,以谋求制度的改善。不过,也附加了公共福祉的阻碍等的消极要件。

四、居民参与、协动

在行政法一般理论(行政法总论)上,作为私人的地位之现代性局面,私人对行政过程的参与、协动(公私协动)受到人们的关注。④ 这一点,从国家行政与国民的关系中也可以看出,而现实的素材,倒不如说是在地方公共团体与居民之间堆积,立于其上的理论性研究一直在推进。⑤ 无论在实务上还是在理论上,都是生成过程的概念,因此,研究方法也是多种多样,既存在向德国法学寻求范式的法规范解释适用的研究,也有法政策论的研究等。以下,仅限于对参与和协动的发展过程进行

---

① 《自治法》第243条之二。
② 关于修改的经过及运营上的课题,参见板垣胜彦著:《地方自治法的现代性课题》,2019年版,第96页以下。
③ 《铃木俊一政府委员说明》,载地方自治厅编:《改革地方制度资料》(第五部),1951年版,第162页以下。
④ 参见盐野著:《行政法Ⅰ(第六版)行政法总论》,第307页以下。对于作为行政法一般理论的公私协动论的笔者自身的见解,参见盐野宏著:《行政法中的"公"与"私"》(2009年),载盐野著:《行政法概念的诸形态》,第95页以下。
⑤ 参见饭岛淳子著:《地方政治与行政法》,载《行政法的新构想Ⅰ》,第201页以下;山口道昭著:《市民参与的政策法务》,载北村喜宣、山口道昭、出石稔、矶崎初仁著:《自治体政策法务》,2010年版,第500页以下;原岛良成著:《市民协动的政策法务》,载北村喜宣、山口道昭、出石稔、矶崎初仁著:《自治体政策法务》,2010年版,第513页以下。

概观[(一)至(三)],并指出那里的法解释论上的问题[(四)至(五)]。

(一)与《自治法》上居民参与的制度不同,在地方公共团体层面,各种不同类型的居民参与的存在方式成为需要探讨的问题(特别是在20世纪60年代)。这是议会的功能没有充分发挥的反映,也是与伴随经济高速成长的居民要求的提高、时间上的余暇、生活环境的恶化等诸情况有关的。进而,作为《地方自治法》修改的向导概念的地域的自己决定,如果将其视为地域居民的自己决定的话,那么,它为居民参与的动向提供了进一步的理论性根据。此时,关于参与的类型,有对市政总体的参与、对某个项目的参与及更加狭小范围内的近邻参与等。关于这些居民运动,各地方公共团体分别采取了不同的对策。

在各种各样的居民参与形态之中,与作为一般法的自治法制具有密切关系的,是有关地域中建设项目的居民投票条例。最初制定的是高知县窪川町有关原子能发电所设置的《关于町民投票的条例》(1982年)。之后,进而出现了同样是有关原子能发电所设置的新潟县卷町的《居民投票条例》①,有关美军基地的整理缩小的冲绳县的《居民投票条例》相继得以制定,并付诸实施。进而,在其后制定的自治基本条例中,展开了超越个别项目的综合性的市民参与条例。②

以上的居民参与,在地方公共团体(具体来说,议会或者首长)的意思决定过程中,在草案制作或者最终决断之际,具有居民方面的所谓信息提供的功能。进而,对于所谓城镇建设来说,居民的合意形成之过程,有时候也会被编入其中。③

---

① 关于该条例,包括其沿革,秋田周著:《地方自治中的居民参与的研究》(一)至(三),载《法政理论》(新潟大学)第28卷第4号、第29卷第4号、第31卷第3号,1996—1999年,有详细的法的分析。

② 对于初期的考察,参见小林博志著:《关于市民参与条例与和光市市民参与条例》,载《东洋法学》第47卷第1号,2003年,第1页以下,第10页。对近年来的详细的动向调查及拘束力的分析,有小田直树著:《根据条例的居民投票——从数据看现状和课题》,载芝池义一、见上崇洋、曾和俊文编著:《城镇建设、环境行政的法的课题》,2007年版,第183页以下;武田真一郎著:《关于日本的居民投票制度的现状与课题》,载《行政法研究》第21号,2017年,第1页以下。从政策法务的观点出发,在理论上对条例制定过程中的市民参与的存在方式进行了整理的成果,参见小林明夫著:《对自治立法过程的市民参与的存在方式试论》,载《铃木古稀》,第239页以下。

③ 参见大田直史著:《城镇建设与居民参与》,载芝池义一、见上崇洋、曾和俊文编著:《城镇建设、环境行政的法的课题》,2007年版,第154页以下。

(二)在时间上要比参与运动晚一些,但是,居民与地方公共团体(主要是执行机关)相互协力,推进行政上的服务或者作出决定的动向(一般被称为"协动"),在日本也出现了。① 进而,与参与的场合相同,对协动作出规定的条例也正在出现。各地分别在进行各种努力,而特别具体化于协动的条例,有平成13年的《横须贺市市民协动推进条例》;特别具体化于参与和协动的条例,有平成15年的《狛江市关于市民参与和市民协动之推进的基本条例》;将重点置于协动的条例,有平成27年的《弘前市通过协动进行城市建设基本条例》;在自治基本条例中,对参与和协动分别另外作出规定的条例,有平成21年的《川口市自治基本条例》;等等。

(三)参与和协动,将前者作为居民对法定的制度性决定机关(地方公共团体的场合,为议会和执行机关)的意思决定进行参与策划来把握;将后者作为居民与制度性决定机关对等地协动,推进一种意思决定乃至决定之实施来把握,这样的话,两者在核心部分具有不同的性质。② 此外,在实务上,参与被用于地方公共团体的重要的意思决定,而协动则是用于对特定的公益性项目,执行机关和非营利组织(NPO)协动实施这种情形,可以认为,两者进行功能分担而并存。

(四)既然承认居民的参与,那么,在那里所提供的信息,在制度性决定机关的决定之际,被充分地斟酌便是理所当然的,进一步推进的话,便存在承认居民的意见拘束制度性机关的参与制度是否被承认的问题。这个问题尤其在居民投票制度中显在化了。关于这一点,作为一般论被认为是应当消极解释的③,但是,居民投票制度的导入全部置于法律的保留这种事情的合理性根据并不一定能够被发现,因此,根据投票的对象领域不同,考虑承认条例独自的导入余地的方略,被认为也是应当

---

① 对于从参与到协动的过程进行追踪的成果,参见人见刚著:《居民参政、参与制度的历史性展开》(2000年),载人见刚、辻山幸宣编著:《协动型的制度建设与政策形成》,2000年版,第4页以下、第39页以下;江藤俊明著:《为了围绕地域事业的决定、实施之协动的条件整备》(2000年),载人见刚、辻山幸宣编著:《协动型的制度建设与政策形成》,2000年版,第242页以下。关于具体性事例,也参见前述江藤论文。

② 饭岛淳子著:《地方政治与行政法》,载《行政法的新构想Ⅰ》,第204页以下,将参与作为控制来把握,将协动作为共同推进任务来解释,将两者严格分开。

③ 参见盐野著:《行政法Ⅲ(第五版)行政组织法》,第183页。

检讨的问题。①

与此相对,关于协动,《自治法》没有设置像直接请求制度那样形态的制度,因此,其容许性完全变成个别具体的协动之存在方式与相关法令的关系之解释问题。应对具体的协动(事业)的法,在将决定及执行指定给行政厅的场合(特别是指定行政处分的行为形式时),通过协动进行处理的可能性便成为条款的解释问题,按照从前的法律支配论来说,被认为得以承认的余地很狭窄。另外,在法令上没有规定的场合,尤其是侵害行政以外的场合,虽然也根据协动的具体性结构而有所不同,但是,容许性的范围被认为是广泛的。

(五)在参与中,结果的责任由作为制度性决定机关的议会或者执行机关来承担,参与了的居民不会被追问任何法的责任。与此相对,例如,在协动事业之际给第三者带来损害的场合,进行协动的团体承担怎样的责任的问题,这是尚没有充分地展开检讨的地方。根据协动(事业)的具体性构造,作为协动事业者的居民(团体)对结果也承担法的责任,这也是可以考虑的。

五、公共设施利用权

地方公共团体的居民,具有均等地享受该地方公共团体所提供服务(公共服务)的权利。② 这种一般性的居民权利,在具体的制度中得以规定,便是公共设施利用权。

公共设施,根据《自治法》的规定,是指地方公共团体以增进居民的福祉为目的,为提供给居民利用而设置的设施(该法第 244 条第 1 款)。居民平等利用公共设施,作为权利得以保障(该条第 2 款、第 3 款)。为了增进居民的福祉而进行服务的提供,曾经是明治宪法下地方公共团体的本来的事务即固有事务的核心内容。在《日本国宪法》下,地方公共团体获得了统治团体的性质,但是,在设施的提供是地方公共团体对于地域居民的最为重要的工作之一这一点上,并没有变化。在这种意义上,可以

---

① 包括学说的分类在内,参见小田直树著:《根据条例的居民投票——从数据看现状和课题》,载芝池义一、见上崇洋、曾和俊文编著:《城镇建设、环境行政的法的课题》,2007 年版,第 195 页以下;武田真一郎著:《关于日本的居民投票制度的现状与课题》,载《行政法研究》第 21 号,2017 年,第 23 页以下。

② 《自治法》第 10 条。

说,确保其公正的利用,换言之,试图在国法层面保障居民的公共设施利用权,这就是公共设施的制度[保障,对处于准同于居民之地位者(别墅的住户),也可以适用①]。

《自治法》规定的公共设施的制度,具体地说,体现于有关公共设施的平等利用权的实体规定(该法第244条),有关设施的设置、管理和废止的规定(该法第244条之二),有关公共设施的区域外设置规定(该法第244条之三),有关公共设施的平等利用权的救济规定(该法第244条之四)。

在这里,存在《自治法》上的问题和行政法一般理论上的问题两个方面。重要的有如下几点:

(一)公共设施,以前曾作为营造物来规定。鉴于营造物这一用语方法并不确定,并且限定于具备了设施这种所谓硬件的宗旨,《自治法》重新创造了公共设施这一概念。② 具体地说,有地方公共团体设置的道路、公园、文化会馆、学校、医院等。大多与公物法上的公共用物相对应。但即使是公物,有的也并不是公共设施。③ 当然,具体性甄别也可能是困难的。

(二)关于属于公共设施的设施,另外制定了《道路法》《学校教育法》和《都市公园法》等。这些个别法和《自治法》相关规定的关系并不一定明确,即使存在个别法的情况,也被解释为并不当然地排除对该设施适用《自治法》的规定,所以,有必要对应具体的规定来考虑。

(三)《自治法》关于公共设施的设置,采取条例主义。④ 此时,在条例实务上,存在根据个别的事务分别进行条例制定的事例(个别设置管理条例),以及根据一般性横断性条例来推进的事例(一般性指定程序条例)这两种方式,相关地方公共团体分别进行各自的应对。⑤ 但是,观念上属于公共设施的是否全部需要根据条例,则是并不明确的。例如,取得所有权者的同意,将民有地的空地作为儿童游乐场,在一定期间提供使用的情况等,看不出也要求必须依据条例进行的宗旨。

---

① 最高法院判决,平成18年7月14日,载《民集》第60卷第6号,第2369页;《行政判例百选Ⅱ》第155案件。
② 通过昭和38年的《自治法》修改。
③ 关于政府办公大楼之部分开放,参见东京高等法院判决,平成13年3月27日,载《判例时报》第1786号,第62页。
④ 《自治法》第244条之二第1款。
⑤ 参见稻叶馨著:《公共设施的指定管理者制度与条例》,载《铃木古稀》,第106页以下。

（四）作为有关公共设施的平等利用权的救济的规定,《自治法》对有关利用权利的处分设置了特别的规定(该法第244条之四)。必须注意的是,该规定的宗旨并不是要求利用关系的设定、废止都必须依据处分。例如,水道利用关系在《水道法》上是契约关系,所以,不能说因为水道是作为公共设施来提供的,故水道的利用拒绝也是处分。在这种意义上,应该将《自治法》视为把有关利用关系的设定解释为处分的《行政不服审查法》的特例规定。个别法上有特别规定时,从其规定。① 因此,当个别法上不存在有关利用关系的设定、废止等是处分的明确规定时,处分性的判断则是有困难的。属于学术上的公物时,通过适用公物法一般理论来判断,而有关类似于公共汽车等一般的便利设施的设施,则应该作为利用契约来理解。判例认为,公立的文化会馆、市民会馆等利用关系的设定、废止是处分。在以会馆等的设施的利用拒绝、撤销的违法为前提的损害赔偿案件中,最高法院即以这些行为是处分为前提的。②

（五）公共设施的管理,除职员来实施以外,曾经还被认为可以委托给地方公共团体出资的法人、公共团体(其他公共团体、土地改良区等)、公共性团体(生活协同组合、志愿者团体)。由于是概括性委托的根据规定,所以,关于可能委托的范围,存在不同见解。③ 在这种状况之下,作为规制缓和政策的一环,公共设施的管理的存在方式便成为检讨的对象,以管理者的范围及管理的对象范围扩大为内容的指定管理者制度,通过平成15年的《自治法》修改,代替管理委托的制度得以引进。④

指定管理者制度,就是将公共设施的管理运营这种地方公共团体的事务,让指定管理者来实施的制度。所以,该制度被解释为属于行政组织法上的委任行为。关于指定的法的性质,虽然《自治法》并未设置明文的规定,但是,从通过地方公共团体的指定这种单方性行为,便产生管理者

---

① 《道路法》第96条第3款、《都市公园法》第24条。

② 参见最高法院判决,昭和54年7月5日,载《判例时报》第945号,第45页;《地方自治判例百选》(第二版)第88案件。最高法院判决,平成8年3月15日,载《民集》第50卷第3号,第549页;《地方自治判例百选》第57案件。

③ 参见稻叶馨著:《公共设施法制和指定管理者制度》,载《法学》(东北大学)第67卷第5号,2003年,第45页以下。

④ 《自治法》第244条之二。参见成田赖明监修:《指定管理者制度的全部》(改订版),2009年版;板垣胜彦著:《指定管理者制度15年的法的检证》,载板垣著:《地方自治法的现代性课题》,2019年版,第436页以下。

的管理权限,以及存在法定要件之下的地方公共团体的撤销权的规定①等方面来看,我认为,指定属于处分。此外,在指定之际,根据条例的规定,被要求采取一定的程序(其具体性应对,由地方公共团体分别进行安排②)。此外,在地方公共团体与指定管理者之间,预定了缔结协定等事宜③,代替行政行为(本体)和附款,采取行政行为(本体)和契约的结合方式,在这一点上,也是从行政过程论出发被注目的地方[从行政过程论的角度出发的话,根据民间资金活用(PFI)方式,指定管理者制度被认为更加适合于日本法制]。

关于通过指定而产生的地方公共团体和指定管理者的法的关系,基本上适用委任行政的法理。所以,如果认为指定的结果使得公共设施的利用许可这种处分权限也被委任的话,则该利用许可的行政厅便是指定管理者。另外,从《国家赔偿法》第 2 条的适用关系来看,将公共设施提供给公众使用的是地方公共团体,该设施是公共营造物,所以,根据《国家赔偿法》第 2 条,地方公共团体应当承担由于该设施的设置管理的瑕疵所产生的损害的赔偿责任。在这一点上,与指定法人行使公权力而承担《国家赔偿法》第 1 条的赔偿责任的情形④不同。

公共设施的指定管理者制度,与民间资金活用(PFI)事业相结合,也是可能的。于是,以民间资金活用(PFI)来实施设施的建设,将其管理由指定管理者来进行的情况也可能发生。在彻底贯彻这种制度的情况下,也存在给从前意义上的地方公共团体的存在理由带来变化的可能性。

六、居民的义务

关于居民的义务,《自治法》在享受公共服务提供的权利之后,仅规定了负有分担其负担的义务(该法第 10 条)。在这里,负担的分担,是指分担公共赋课的负担(税、分担金、加入金、使用费、手续费、受益者负担金等)。

但是,必须注意的是,居民的义务并不限于负担的分担。就具有日本

---

① 《自治法》第 244 条之二第 11 款。
② 碓井光明著:《指定管理者制度中指定等的程序与纷争的处理》,载《西埜、中川、海老泽喜寿》,第 155 页以下,有参照了具体的条例进行的详细的分析。
③ 松本著:《逐条地方自治法》,第 1108 页。
④ 盐野著:《行政法Ⅱ(第六版)行政救济法》,第 252 页。

国籍的居民而言,具有选举权、直接请求权,而这些参政权不单是单纯的权利,还处于和义务相辅相成的关系,这是不言而喻的。

进而,必须注意的是,有的法律和条例从理念上规定了居民的责任和义务。① 从居民自治的理念来看,地域居民也具有重大的责任和义务,这是当然的事情。②

第七节 国家与地方公共团体的关系

一、序说

关于国家与地方公共团体的关系,在本书中已经从地方公共团体权能的角度进行了考察。③ 就与宪法的关系而言,这就是宪法上的地方自治保障的权限赋予功能。在国家和地方公共团体的关系中,在此基础上,还存在宪法上赋予地方公共团体的权能,对国家的介入来说在多大程度上得以保障,即宪法上地方自治保障的防御性功能成为需要探讨的问题。进而,通过考察在尚未达到违反宪法的程度内,国家的介入应以什么方法进行及与此相对的地方公共团体的救济方法,可以综合地把握国家和地方公共团体的关系。

对于这一点,平成11年的总括法带来了巨大的变革。下面,我想将这个问题分为国家的立法权、行政权、司法权及纷争处理制度,分别予以考察。④

此时,有必要首先就国家和地方公共团体,在日本的广义上的政府活动中分别担当什么样的作用的有关原则进行考察。本来,《日本国宪法》第92条所规定的地方自治的本来宗旨即是其原则,而不能是其他的什么原则。但是,这个原则依然是抽象性的。于是,确立将该原则予以进一步

---

① 例如,《都市计划法》第3条第2款、《都市绿地保全法》第2条第3款、《杉并区自治基本条例》第5条、《横须贺市市民协动推进条例》第4条等。
② 齐藤诚著:《现代地方自治的法的基层》,2012年版,第384页以下,认为从自己决定的前提来看,不应当是义务规定,而应当是面向参与、协动来构筑的支援体系。
③ 盐野著:《行政法Ⅲ(第五版)行政组织法》,第145页以下。
④ 关于包括事务分配在内的国家—地方关系的展望,参见山下淳著:《关于国家和地方关系的笔记》,载《香川法学》第11卷第3·4号,1992年,第143页;盐野宏著:《国家和地方公共团体关系的存在方式》(1995年),载盐野著:《法治主义的诸形态》,第391页以下。

具体化的原则,便是理想的事情了。《自治法》第1条之二(通过平成11年《自治法》修改新设)以制定法的形式明确规定了该原则。根据该规定,地方公共团体广泛地承担自主地且综合地实施地域中的行政的作用(第1款);国家则承担本来应当由国家发挥的作用,具体地说,就是重点实施与国际社会中作为国家而存在相关的事务,全国性地统一规定更为理想的国民的活动及关于地方自治的准则的事务,应当立足于全国性规模、全国性视点来推行的措施及事业的实施等(第2款)。根据该原则,《自治法》同时还规定,关于地方公共团体的法令的规定、解释运用,必须是考虑了适切的作用分担的。①

设置如上所述的规定,在日本的地方自治立法中属于没有先例的事情。下面列举应当注意的几点:

(一)作用或者作用分担这个术语,作为法令用语,在《地方分权推进法》中可以看到(第4条),而在其之前,在地方分权推进关系文件中也已经使用了。虽然说术语本身并非具有价值性要素,但是,从这个术语得以使用的经过来看,它是含有一定内容的。即作用分担的目的在于,鉴于在事务分配中的功能分担的观念强调相互依存和协力的结果,使得国家和地方公共团体的关系变得复杂而不透明的发展历程②,试图限定国家的介入,同时使国家和地方的关系沿着透明的能够明确区分开来的方向发展。另外,有必要注意的是,作为作用分担原则的前提的地方公共团体,特别是市町村的综合行政体的观念、当地性的观念,很早以前就已经是支配日本实务的观念了。③

(二)与作用分担相关的这个规定,并不限于提示执行阶段中的原则,还规定了关于国家对立法的考虑义务。在这种意义上,虽然说形式上并未采取所谓基本法的形式,但是,实质上却是有关作用分担的基本法性规定。虽然说基本法是对一般法形式都通用的法规范,但是,根据该规范

---

① 《自治法》第2条第11款、第12款。
② 参见盐野著:《行政法Ⅲ(第五版)行政组织法》,第143页。
③ 盐野宏著:《关于地方自治的本来宗旨的一点考察》(2004年),载盐野著:《行政法概念的诸形态》,第203页以下。关于明治宪法时代的讨论,参见齐藤诚著:《地方自治基础概念的考证——综合行政和全权限性》(2005年),载齐藤著:《现代地方自治的法的基层》,2012年版,第3页以下、第27页以下(补注)。关于平成11年的法修改中的"综合性"概念,参见金井利之著:《自治制度》,2007年版,第11页以下。

并不能直接使国家方面产生法的义务。并且,假设后来进行了与该条款所规定的作用分担原则相抵触的立法,该立法的效力也不会成为问题。作用分担原则是在现阶段试图对宪法所规定的地方自治的本来宗旨予以具体化而产生的原则,而地方自治的本来宗旨其本身并不一定在时间上和空间上具有固定性,所以,违反该原则的立法并非直接构成违反宪法。附带说一下,成为作用分担原则之前提的地方公共团体的"地域中的行政""综合地实施的作用"①,可以认为,也不一定是被地方自治的保障所包括了的普遍性的原则。② 但是,该条款既然存在,进行从正面违反该条款的立法,需要有立法者明确表示的意思和说明,在该意义上,事实上具有重大效果。③

(三)作用分担原则,即使包括了在执行阶段对国家干预的限定和透明化原则,也不能解释为其具体性的实现制度被限定在《自治法》所规定的制度(事务分类、干预制度、纷争处理制度)这种宗旨。关于这一点,今后应当探讨改善的方法。

(四)在与作用分担原则的关系上,有必要注意补完性原则(原理)。这一原则或者原理,在政府相关文件中,是在如下情况下使用的:"有必要根据国家和地方的作用的原则等,不断地改革市町村、都道府县和国家之间的事务事业,基于补完性的原理及接近性的原理,进一步推进事务事业的移转、让渡及干预的废止、缩减。"④补完性的原则也出现在了学说中。例如,有人指出:"该地方自治的体制,以'市町村最优先的事务分配'为原则('补完性的原则''接近性的原则')。"⑤"以事务分配论为例的话,可以解释为,宪法(指《日本国宪法》——盐野注)要求市町村→都道

---

① 《自治法》第1条之二。
② 参见齐藤诚著:《现代地方自治的法的基层》,2012年版,第3页以下;白藤博行:《地方分权改革与宪法原理——尤其是以新"基础自治体"论为素材》,载民主主义科学者协会法律部会编:《改宪、改革与法》,2008年版,第129页以下;盐野著:《行政法Ⅲ(第五版)行政组织法》,本页[(四)]。
③ 矶部力著:《国家和自治体的新的作用分担的原则》,载西尾胜编著:《地方分权和地方自治》,1998年版,第89页以下,认为"在应当存在的地方自治的本来宗旨之中,读入国家和自治体的作用分担的明确化的原则,是宪法规范的极其正当的解释"。可是,即使是这样,由于是宪法解释论,其与作用分担原则在制定法上得以规定这件事情也是无关的。
④ 第28次地方制度调查会答复。
⑤ 杉原泰雄著:《地方自治权论·再考(六)》,载《法律时报》第76卷第11号,2004年,第68页。

府县→国家这种'补完性的原理'。"①

这些文献的共通之处是,将日本发端于寿普劝告的市町村优先的事务分配论,对应于现代的要求进行再度确认,通过欧洲近年来所提倡的补完性的原理(Subsidiaritätsprinzip, principle of subsidiarity),将其作为普遍性的原理来定位。② 不过,欧洲的补完性的原则,其内容及其射程都不是一义性的。在日本也是一样,一方面,在根据补完性的原则来抽象地描述事务移转、让渡和市町村行政、财政的充实这个层面,见解是一致的,然而,在进一步从补完性的原则推导出市町村规模的扩大(合并)方面③,虽然同样是以补完性论为基础的,但是,却出现了不同的观点。④ 在被称为补完性的原理的发祥地的欧洲,情况也是一样,至少像日本那样立足于补完性的原理的基础性自治体的合并讨论,不是普遍性的。正像欧洲的法律上的概念往往都是如此一样,关于补完性的原理,若追溯其语源的话,也可以追溯到很久以前,并且,根据使用该术语的场合的不同,其发挥作用的方式也是多种多样的。⑤ 进而,从补完性的原理是以欧洲诸国为中心的概念这一点来看,也不能在真正意义上阐述其普遍性。⑥

此外,在日本,补完性的原理、作用分担的原理,被作为实现现代社会中的地方分权、地方自治的本来宗旨的一种手法来定位。但是,从其

---

① 白藤博行著:《地方自治的本来宗旨》,载《行政法的争点》,第103页。

② 杉原泰雄著:《地方自治权论·再考》(三)和(六),载《法律时报》第76卷第7号,2004年,第118页,第11号,2004年,第61页。

③ 山崎重孝著:《关于新"基础自治体像"(上)》,载《自治研究》第80卷第12号,2004年,第49页以下。

④ 杉原泰雄著:《地方自治权论·再考(六)》,载《法律时报》第76卷第11号,2004年,第68页。

⑤ 关于补完性的原理,包括文献介绍,参见《全国知事会自治制度研究会报告书·地方自治的保障的伟大设计》,2004年,第36页以下。

⑥ 关于日本的"补完性的原理之转用、误用、恶用",参见白博行著:《"地域主权"的改革与法理》,载渡名喜庸安、行方久生、晴山一穗编著:《"地域主权"与国家、自治体的再编》,2010年版,第61页以下[盐野著:《行政法Ⅲ(第五版)行政组织法》,第119页]。附带说一下,Subsidiaritätsprinzip是德国福祉国家思想中的基础性概念(参见木村周市朗著:《德国福祉国家思想史》,2000年版,第12页,第50页等。在该书中,将其译为"辅助性原理")。这个概念,例如在毛雷尔那里,是以如下方式发挥作用的:"在不与国家政策性干预的内容相关的形式性上,保障自由主义的法治国家的干涉主义侧面的存立"(木村周市朗著:《德国福祉国家思想史》,2000年版,第337页)。日本的法解释学在参照外国法之际,往往存在从脱离了历史的抽象性层面来把握的现象,对于补完性的原理也是一样,重要的是要避免这种情况的发生。

具体体现来看,事务移转、让渡——对地方公共团体的事务的分配(无论是随意事务,还是义务性事务),规模的扩大——合并,对于这样的理解,便会产生其虽然是地方分权,却不是地方自治的疑问。这个问题与如何理解地方自治的本来宗旨有关,如果认为自律性的根本在于自己的政府自己来设计的话,那么,我认为地方分权和地方自治不应当被理解为同义。①

二、与国家立法权的关系

(一)一般论

关于地方公共团体的组织运营,《日本国宪法》规定,基于地方自治的本来宗旨的法律规定,条例可以在法律的范围内制定。与此相对应,以《自治法》为代表的国家制定法,似乎是以国家法对所有的事项都可以介入为前提的。就地方选举而言,适用《公职选举法》,而关于一般组织,《自治法》上设置了相当详细的规定。此外,关于都市公园、道路等有关居民服务的事项,分别有《都市公园法》《道路法》等个别法。总而言之,并不是说因为是自治事务便在宪法上作为范畴排除了国家法的介入。此外,法定受托事务,真正是国家法所规范的事项,这从概念上看便是当然的事情。但是,如果对国家法的涉及范围没有限定的话,便具有将宪法有关地方自治的权限赋予条款空洞化的危险。因此,在这里,有必要考虑宪法关于地方自治的防御性功能。根据宪法的用语,国家的立法权也应该服从地方自治的本来宗旨。宪法没有对立法权的制约原理作出更多的规定,所以,具体的工作只能委任给解释。在这里,首先可以考虑的是这样的制度:对于地方公共团体的组织运营的全部,都可以布设国法之网,但是,该国法的内容在宪法上存在一定的界限。这种制度可以称为地方自治的内容保护制度。与此相对,也可以考虑这样的保护法制:对一定的事项不承认国法的介入,即使承认国法的介入,当制定了与之竞合的条例时,以条例为优先。这种制度可以称为地方自治的事项保护制度。②

关于这一点,出现了对国家法的介入界限按事项设立,在其内部实行

---

① 参见盐野著:《行政法概念的诸形态》,第358页以下。
② 参见盐野宏著:《地方公共团体的法地位论备忘录》(1981年),载盐野著:《国家和地方公共团体》,第22页以下。

条例优先的所谓逆先占论。① 关于所谓"固有的自治事务",列举了地域的环境保护和居民的健康生活环境的保持两个例子。这是着眼于环境的事项保护制度论。

当然,这种见解存在如下问题,即环境的保护为什么是条例优先的领域? 其范围如何? 也是并不明确的,存在不适于判例规范的因素。

进而,这种见解,只要以关于国家的公害规制的所谓上乘条例(「上乗せ条例」,严于法令的条例)的适法性为对象,那么,在该限度内,无论是对于地方自治的本来宗旨,还是对于健康、生命这种人权保障,就都具有适合性。但是,这种立场认为,国家立法作为国家最低标准(national minimum)来发挥规范作用是当然被承认的,如果这样的话,在地方公共团体和国家就同一对象进行规范的情况下,更加严厉的规范是适当的。② 必须注意的是,在这种意义上,这种地方自治的事项保障理论,不是严格意义上的地方自治保障法理。

因此,再一次按照前后文逻辑来考察宪法上的地方自治条款的话,如下的解释也是可能的。即在《日本国宪法》第92条中,法律应该基于地方自治的本来宗旨,所以,制约地方自治本来是不能被承认的。在这种意义上,《日本国宪法》第92条所设想的法律,其中之一是像有关事务分配的规定那样必须当然存在的法律,并且,该法律必须基于地方自治的本来宗旨而制定,这才是宪法的宗旨。另一种是,关于地方公共团体的内部组织,从实现地方自治的本来宗旨的意义上,规定必要的基本范围,也可以说是宪法上所说的基于地方自治的本来宗旨的法律。将地方公共团体的意思决定方式完全委任给居民的意思,也是符合地方自治的本来宗旨的。但是,从宪法本身规定了议会的设置及议员和首长的公选制等,并就有关居民自治的事项进行了规范来看,鉴于日本地方制度的发展阶段,以及为了确保居民自治,国家的立法者进行一定限度的介入,被解释为是宪法本身所承认的。

另外,《日本国宪法》第94条与第92条相比,更加广泛地对地方公共团体进行了权限赋予,但是,关于条例,设置了"在法律的范围内"的制

---

① 原田尚彦著:《环境权和裁判》,1977年版,第248页以下;原田尚彦著:《地方自治的法和构造》(全订第二版),1995年版,第66页。
② 盐野宏著:《地方公共团体的法地位论备忘录》(1981年),载盐野著:《国家和地方公共团体》,第26页,将此表述为二重过滤理论。

约。并且,这可以认为是承认了所谓立法权限的竞合,并且是以先占理论为前提的。不过,关于这种情况下的先占,需要基于地方自治的本来宗旨进行解释,这是不言自明的。关于这一点,已经有人指出,国家法的规范方法应该具有一定的界限。"被视为自治事务(包括固有事务、委任事务、行政事务的全部——盐野注)的事项,大多是适应地域实际情况的行政所要求的。若国家法令不允许地方公共团体制定作为其基准的条例,进而否定其制定适应地域实际情况的行政措施,只要不具有足以使地域居民充分理解的合理的理由,该国家法令本身就是不当地介入自治事务、侵害地方公共团体自治权的法令。在该限度内,必须将国家法令本身的效力作为问题来研究。"①虽然这样理解依然存在确立具体基准的困难,但是,不言而喻,这是立法时的重要考虑事项。②

(二)具体的存在方式

通过平成11年《自治法》修改,在《自治法》上,规定国家对于地方公共团体的自主性、自立性的发挥具有考虑义务(第1条之二第2款),以及法令中的地方自治的本来宗旨、适切的作用分担原则(第2条第11款)。该规定被解释为,前述关于宪法中的地方自治的防御功能的学说,是中立性(或者无关系)的。总之可以说,如下问题得以确认,即在制定有关地方公共团体的法令之际,必须更加注意与宪法的关系。③

---

① 田中著:《行政法》(中),第135页。
② 在德国,也展开了这样的讨论。参见大桥洋一著:《现代行政的行为形式论》,1994年版,第276页。
③ 金井惠里可著:《条例的先占》(一)至(二),载《六甲台论集》第40卷第4号、第41卷第1号,1994年,在分析了关于加利福尼亚的"市的事务"的判例动向的基础上,主张作为日本法的问题,不是根据在加利福尼亚所看到的事项保护制度(关于这一点,参见正文及盐野宏著:《自主立法的范围》,载盐野著:《国家和地方公共团体》,第266页以下、第276页以下;盐野宏著:《地方公共团体的法地位论备忘录》(1981年),载盐野著:《国家和地方公共团体》,第22页以下),而是应当根据作为该州近年来的判例倾向的利益衡量的手法(第41卷第1号,第137页以下)。我所主张的也并不是要采取全面性的事项保护制度(加利福尼亚也是如此),而是着眼于自治组织权,除此以外,则委任给立足于地方自治的本来宗旨的个别法的解释论,正如正文中所述。利益衡量论则被认为是对于组织的国家法的介入,难以确立保护的适切的理论。此外,在这一点上,齐藤诚著:《条例制定权的界限》,载齐藤著:《现代地方自治的法的基层》,2012年版,第291页,在以地方自治的内容保护制度为前提的基础上,认为国家的法令能够覆盖的范围,通过宪法上的地方自治保障和《自治法》第2条诸规定可以划定,并且提示了更为具体化的判断基准,具有参考意义。

其具体的手法,从前就有框架法的类型,而这种手法未必就是成功的。① 与此相对,关于新的举措,根据义务赋课、框架设置的重新审视工作的结果,有一系列的个别作用法被修改。例如,可以列举的是《社会福祉法》的部分修改(该法第 65 条),《生活保护法》的部分修改(该法第 39 条)等(这些个别法修改,实务上则是以被称为总括法的《关于为谋求提高地域的自主性及自立性的改革之推进的相关法律之整备的法律》②来推进的③)。

在这里,所谓义务赋课、框架设置,是实务上的用语。义务赋课,是指"应当对应一定的课题,对地方自治体赋课一定种类的活动之义务";框架设置,是指"关于地方自治体的活动,进行程序、判断基准等的框架设置"(2008 年《地方分权改革推进委员会第二次劝告》)。不过,二者多作为"义务赋课、框架设置"一体性地对待,所以,以下在本书中简称"义务赋课")。该义务赋课的重新审视工作的特色,在于伴随《自治法》本身的修改,确实展开了个别法的与义务赋课相关的条款之重新审视。所以,是国家的立法性介入具体地具有直接性效果的举措,有时候与根据通则性法典而进行的规范具有宣言性意义的不同。此外,似乎是为了与总括法的名称相称,属于横断性的工作,这也是其特殊性。

另外,必须注意的是,该法律同样不能说是宪法的当然的具体化,在与内阁提案相关的场合,预定了某种调整措施,而新的义务赋课以议员立法来进行时,则是具有难以采取制度性预防措施之界限的手法。④

以上与所谓实体作用法性立法介入的界限相并列,国家和地方协议的场所,可以作为谋求立法性介入的程序性统制的举措来定位。在这种场合,对于议员立法,协议也是可能的,因此,从某种意义上讲,可以说,与实体性规制相比,这种举措更具效果性。

三、与国家的行政权的关系——行政性介入的存在方式

地方公共团体的自治权与国家的行政权的关系,被作为国家介入的

---

① 盐野著:《行政法Ⅲ(第五版)行政组织法》,第 163 页。
② 平成 23 年法律第 37 号。
③ 参见盐野著:《行政法Ⅲ(第五版)行政组织法》,第 118 页脚注②。
④ 关于义务赋课法的问题,此外参见齐藤诚著:《义务赋课、框架设置重新审视的展望与课题》(2010 年),载齐藤著:《现代地方自治的法的基层》,2012 年版,第 351 页以下。

最为重要的部分来定位,并论述其存在方式。平成 11 年的《自治法》修改,对介入制度进行了符合地方自治的本来宗旨的根本性变革。

以下,首先说明该变革的概要,然后指出那里所存在的问题。介入不仅存在于国家和地方公共团体之间,而且在都道府县和市町村的关系上也会发生。但是,在下面的说明中,原则上限定于国家和地方公共团体之间。[①]

（一）介入的概念

地方公共团体在和国家的关系中处于各种各样的地位,大致可分为如下两种情况:其一是地方公共团体立于和私人相同的立场进行行政活动的情况,例如,公营的公共汽车、铁道、煤气事业等的经营;其二是规制行政中所看到的典型形态,即地方公共团体在和国家的关系中立于和私人不同的地位进行活动的情形。[②] 此时,在前一种情况下,地方公共团体和私人相同,服从相关事业的事业规制,在该限度内,被置于国家的监督之下,所以,国家介入的问题,没有必要特地在地方自治法制之中来论述。于是,这里的问题,便是关于作为行政主体的地方公共团体的固有资格的国家介入的问题了。

关于这一点,《自治法》将介入法制规定为与地方公共团体的固有资格相关的法制,同时,列举了介入行为的类型(该法第 245 条)。

根据该规定,这些介入行为包括:建议、劝告,资料提出的要求,纠正的要求,同意,许可、认可、承认、指示、代执行(以上第 1 项),协议(第 2 项),其他为了实现一定的行政目的而具体地、个别地介入的行为(第 3 项)。必须注意的是,从这里可以清楚地看出,介入的种类虽然是列举性的,但是,最后有概括性条款。此外,这里预定了的检查、监查和进入现场检查等,如果将与地方公共团体的事务并行,国家的行政厅自己实施得以

[①] 关于现行法制的初期的文献,参见盐野宏著:《对于地方公共团体的国家介入的法律问题》(1966 年),载盐野著:《国家和地方公共团体》,第 44 页以下;尝试对关于国家介入的德国学说进行详细且绵密的检讨,对现阶段日本法的课题进行探究的文献,参见金崎刚志著:《国家监督的存续理由》(一)至(九·完),载《法学协会杂志》第 133 卷第 2 号、第 3 号、第 5 号至第 11 号,2016 年。

[②] 关于地方公共团体的地位分类,参见盐野宏著:《地方公共团体的法地位论备忘录》(1981 年),载盐野著:《国家和地方公共团体》,第 1 页以下。

承认的所谓并行权限的行使①也归入介入的话,就被解释为也包括在这里的种类之中。②

(二)介入的法定主义

《自治法》规定,进行介入之际,需要有法令或者政令的根据(该法第245条之二)。由于这一规定涉及介入类型的全部,所以,即使是对私人进行属于行政指导的劝告、建议等,也要求有法律根据。这是其特征性的规定。不过,关于技术性意义上的建议、劝告,资料提出的要求,《自治法》上有概括性的根据规定(该法第245条之四),所以,实际上并没有达到那种程度的彻底化。进而,关于纠正的要求、纠正的劝告、纠正的指示、代执行等,虽然也限定了要件,但是,《自治法》上一般性地设置了规定(关于《自治法》所规定的介入,将在后面阐述)。

(三)介入的基本原则

介入手段属于一定类型的介入,有的堪与对私人的公权力的行使相匹敌,所以,对于这类介入也适用比例原则,《自治法》作为介入的基本原则对此予以确认并作出了规定。③ 进而,其特色在于对自治事务的处理规定了国家的立法必须进行考虑要求,必须尽量避免通过代执行的形式进行(该法第245条之三)。

(四)介入的法的性质

关于介入的法的性质,《自治法》并没有从定义上予以明确。但是,从其结构来看,分为仅限于事实行为的情形和具有法的效果的情形。

1. 建议、劝告、资料提出的要求是事实上的行为,是否服从这些行为,被委任给该地方公共团体判断。在这种意义上,与对私人的行政指导

---

① 例如,《建筑基准法》第17条第7款、第12款。
② 参见佐藤文俊著:《"地方分权"总括法的成立与地方自治法的修改(四)》,载《自治研究》第76卷第3号,2000年,第53页以下;小早川光郎著:《并行权限和修改地方自治法》,载《金子古稀》(下),第302页。也有人反对这种观点,参见本多滝夫著:《并行权限的法的统制的课题》,载《室井古稀》,第451页以下、第466页以下。将并行权限的行使视为与介入制度不同的国家的事务处理,是比较通顺的,但是,作为论争国家的权力性介入的场所,在现行法之下,我认为还是将其统一于介入制度之中更为便利。
③ 《自治法》第245条之三第1款。关于介入的比例原则之运用,另外参见须藤阳子著:《地方自治中的比例原则、补完性原理》(2007年),载须藤著:《比例原则的现代意义与功能》,2010年版,第172页以下。

相匹敌。

2. 与此相对,关于纠正的要求、指示,被解释为在法上是作为对地方公共团体方面发出的进行与之对应的作为、不作为义务的命令来处理的(后述)。同意、许可、认可、承认,在只要国家不采取介入行为,地方公共团体的行为便不发生效力这种意义上,分别具有法的效果。协议,只要是以合意为要件的话,就同样具有法的效果。此外,这些义务及法的效果,是通过介入方面的行政机关的单方性决定,在法律上当然发生的。在这种意义上,被解释为与在和私人的关系中所见到的作为法的行为形式的行政行为相同。①

(五)介入的要件、内容(《自治法》上的)

《自治法》本身所规定的介入,根据其种类的不同,使用的场合也不同,即要件也不同。这一点是其特征。

1. 建议、劝告、报告要求,不问是自治事务还是法定受托事务,都可以进行(该法第245条之四)。此外,还有与此不同的关于组织、运营的合理化的总务大臣的建议等的规定(该法第252条之十七之五)。

2. 纠正的要求,由各大臣对都道府县的自治事务行使。其要件是"认为违反法令的规定时",或者是"认为严重地欠缺适当公正,并且,明显地危害公益时"。内容则是采取违反的纠正或者改善所必要的措施(该法第245条之五)。关于纠正的要求,则规定"必须采取违反的纠正或者改善所必要的措施"(该法第245条之五第5款),所以被解释为对相对方产生了义务。但是,采取什么样的措施,则被一次性地委任给都道府县判断。对于市町村的事务,也是一样,各大臣可以亲自或者以都道府县的执行机关为媒介,要求其纠正(该法第245条之五第2款、第4款)。

3. 纠正的劝告,都道府县的执行机关可以就市町村的自治事务行使,所以,其要件、内容与纠正的要求相同(该法第245条之六)。不过,由于是劝告,所以,并不是对市町村方面赋课法律上的义务。

4. 纠正的指示,由各大臣就都道府县的法定受托事务行使。其要件与纠正的要求相同。但是,由于纠正的指示是为了纠正所必要的指示,所以,与纠正的要求的情形相比,其内容得以特定(该法第245条之七)。关于市町村,也是一样,有与纠正的要求几乎相同的制度(该法第245条之

---

① 参见盐野著:《行政法Ⅰ(第六版)行政法总论》,第92页以下。

七第 2—4 款)。与命令是上级对下级的行政机关的指挥相对,指示则是也可以对相关机关等行使,作为在相对方方面产生义务的制度,在法令上使用(《法律用语辞典》)。

5. 代执行,可以对都道府县、市町村的法定受托事务行使。其要件是,在不通过代执行便难以纠正,并且放置这种状态很明显将严重危害公益的情况下,便可行使。关于这一点,规定了劝告→指示→提起诉讼(高等法院)→裁判→代执行这种程序(该法第 245 条之八)。

(六)处理基准

《自治法》预定了不同于介入的由国家对地方公共团体作出的行为,即处理基准的设定(该法第 245 条之九)。这是针对法定受托事务而实施的,真正是都道府县进行处理之际应当依据的基准,也是内容上的解释基准,还是裁量基准。

(七)介入的程序

《自治法》所规定的新的介入制度,不仅是介入的实体性规定,而且,关于其程序,也规定了准同于《行政程序法》(以下简称《程序法》)的程序。将这些程序与《程序法》相对照进行列举的话,包括如下情形:

1. 建议等之中通过请求进行的文件主义(《自治法》第 247 条、第 248 条、第 250 条——《程序法》第 34 条);

2. 纠正的要求等、许认可的撤销之中的理由的书面交付(《自治法》第 249 条、第 250 条之四——《程序法》第 13 条);

3. 许认可等的基准的设定、公布(《自治法》第 250 条之二——《程序法》第 5 条);

4. 许认可等的标准处理期间的设定、公布(《自治法》第 250 条之三——《程序法》第 6 条);

5. 登记(《自治法》第 250 条之五——《程序法》第 37 条);

6. 行使并行权限的通知(《自治法》第 250 条之六——没有与之对应的《程序法》规定)。

(八)介入法制的意义和问题

新设定的介入法制,对于日本的地方自治法制来说,具有划时代的意义。但是,在这里,从解释论和立法论这两个方面来看,并不是完全没有问题的。下面指出应当注意的几点:

1. 介入的法定主义,从有关地方自治的《日本国宪法》的构造来看,其并不是创设性的规定,应被解释为确认性的规定。也就是说,虽然存在限定,但是,地方公共团体要在国家所制定的法律的范围内活动。在这种意义上,国家和地方公共团体并不是完全对等的关系。但是,这并不能说在国家法的执行过程的关系之中,中央行政厅和地方公共团体并不是立于上下的关系,即不是组织法上所说的指挥监督关系。作为模式,以并立性协力关系来归纳整理两者的关系,也是可能的。关于这一点,《日本国宪法》并不是明确的,但是,可以认为,宪法试图脱离明治宪法之下那种国家和地方公共团体之间的全面性监督关系,所以,从前也设置了从相关见地出发的规定。①

进而,作为认识论,关于宪法上的法律保留的法的根据,从地方公共团体不仅是基于从前的作为服务提供团体的地位的自治团体,而且在宪法上还具有作为统治团体的地位来看,将这种法律保留仅作为对于国民的关系的单纯的延长,即仅作为侵害保留的适用来理解,是不适切的。我认为,在这里,还应该自足于有关宪法上处于并立性协力关系的国家(国家行政官厅)和地方公共团体的关系,特别是为了承认国家介入权,需要有民主性正当化根据即法律根据这种观点。最高法院也是这种立场。在泉佐野市故乡纳税案件中,将介入的法定主义不是作为开发概念,而是作为法(道具)概念来定位。② 进而,关于作为根据法的《地方税法》和作为委任立法的平成31年总务省告示第179号的关系,最高法院对溯及法条的文脉、委任的旨趣、执政党税制改革大纲的立案过程、国会审议的过程进行检讨,认为告示(争点部分)超越了委任的范围。这是关于委任的范围,将成为规范之对象的权利利益作为评价基准的最高法院的判例③,可以作为使其涉及地方公共团体的自治权的判例来定位。

此外,关于国家和私人之间的行政指导,一般认为不需要有法律根据。④ 在介入法制之中,虽然是概括性授权,但是,关于劝告、指导,却将

---

① 参见盐野宏著:《对于地方公共团体的国家介入的法律问题》(1966年),载盐野著:《国家和地方公共团体》,第59页以下、第123页以下。
② 最高法院判决,令和2年6月30日,载《民集》第74卷第4号,第800页(泉佐野市故乡纳税案件)。
③ 盐野著:《行政法Ⅰ(第六版)行政法总论》,第80页以下。
④ 盐野著:《行政法Ⅰ(第六版)行政法总论》,第171页以下。

其置于法律的保留之下。这是令人注目的。这种架构被解释为是对从前在指导的名义之下实质上进行监督性行为的反映。

2. 在介入之中的纠正的要求和(纠正的)指示,都会导致其接受者地方公共团体方面发生应当采取与之相对应的行动的义务。这样,不问事务的种类,通过行政性的手段,实现中央政府对地方公共团体的控制的制度,可以在德国的"自治监督"①中找到先例。并且,该自治监督法制在原理上,与立足于并立性协力关系的日本地方自治法制的性质是不同的。现实中,日本在修改前的《自治法》中,不曾存在健全和完备形态的"自治监督"制度。所以,如果说新导入的介入法制意味着"自治监督"本身的话,那么,从地方自治的本来宗旨的观点来看,这种介入法制便会产生很大的问题。这一点依然是必须等待今后检讨的问题,而如果要对事务的种类的存在方式、条例制定权的范围、介入的要件、介入的实效性确保手段的存在方式等整体构造进行考察的话,我认为,勉强可以将新的介入法制纳入并立性协力关系的范围。当然,在运用的过程之中,介入,特别是关于自治事务的介入,我认为,将其限定于合法性的确保是非常重要的。

3. 另外,从实效性的确保这种观点来看,介入制度本身并不是完结性的。也就是说,接受了纠正的要求、指示的地方公共团体对其不服的话,可以通过审查的请求等程序,反过来要求介入的纠正,最终通过裁判来判定是非曲直(关于其程序,参见后述五)。可是,在地方公共团体既不应对纠正的要求等,又不进行审查的请求的情况下,只要居民等不采取某种法的措施,就会出现关于该地方公共团体的事务的适法性的争议持续存在的状态。关于自治事务,则出现代执行的规定不发挥作用的状况。②

4. 将《程序法》所规定的诸手法导入这里,从介入的公正、透明性的确保这种角度来看,是极其应当予以关注的,而在财政上立足于和国家的复杂关系之中的地方公共团体,积极地活用该程序性权利,才是重要的。此外,《程序法》所规定的行政指导的基本原则(该法第32条以下),虽然

---

① 参见盐野著:《国家和地方公共团体》,第53页。
② 此外,关于这个问题,参见盐野著:《行政法Ⅲ(第五版)行政组织法》,第217页[五(三)4.]。

没有予以明文规定,但是,由于这个原则堪称法的一般原理,所以,被认为也适用于该领域。

5. 作为解释基准、裁量基准的处理基准,解释为对不是下级行政官厅的地方公共团体并不直接赋课法的义务,是源自并立性协力关系论的归结。但是,各大臣处于认为其违反了处理基准时,便可以作出纠正的指示的关系之中。① 此外,处理基准包括属于《程序法》上的审查基准、处理基准的情形,但其不能成为意见公募程序的对象。②

6. 关于地方公共团体对私人作出的处分,在对该地方公共团体提起了不服申诉的情况下,存在着由总务大臣(关于市町村的处分,由都道府县知事)作为审查厅或者再审查厅进行审查的制度。③ 该制度被作为对于地方公共团体的行为的私人的简易、迅速的救济制度来定位。但是,由于该制度也作为对地方公共团体的行为的控制手段而发挥作用,所以,学说上将其作为裁定性介入来把握,作为介入手段之一而归入讨论的对象,从地方自治的本来宗旨出发,将其存在方式作为问题来讨论。④ 进而,关于机关委任事务,作为《行政不服审查法》上的上级行政厅的主务大臣,曾经当然地被作为审查机关来定位。

在平成11年的《自治法》修改之际,这个问题并没有被作为制度上的介入的手段提出来(第245条第3项)的,虽然伴随机关委任事务的废止而进行了若干的变更,但是,基本的构造被原封不动地保留下来了。也就是说,与《自治法》上的个别条文的裁定性介入相关的规定被保留下来了。另外,关于新的事务的种类的法定受托事务,则一般性地导入了裁定性介入法制(第255条之二)。不过,从前存在的裁定性介入前置主义(旧法第256条),作为一般性制度被废止了。

关于上述这种状况,另外,鉴于该制度是对于地方公共团体的行为整备私人的权利利益的简易、迅速的救济手段,前置主义被废止更进一步揭示了这种属性,审查厅并非立于上级行政厅的地位,等等,进行其本来不

---

① 参见松本著:《逐条地方自治法》,第1015页。
② 参见《程序法》第4条第4款第6项的适用除外规定。
③ 《自治法》第244条之四第1款、第255条之二。
④ 盐野著:《国家和地方公共团体》,第37页以下、第66页以下。关于概括性研究,人见刚著:《关于地方自治体的自治事务的国家的裁定性介入的法的统制》(1995年),载人见著:《分权改革和自治体法理》,2005年版,第273页以下。

属于国家介入法制的说明,也是可能的。① 但是,在审查之际,由国家的行政机关来承担,与并立性协力关系的理念是不适合的,这是不言而喻的。② 进而,对于审查厅的裁决,处分厅(地方公共团体)方面的起诉,法律上并没有明确地予以保障(作为解释论,是依然存在的问题),从保障地方自治的观点来看,也是从很早以前就被提起的问题。

我认为,这是今后应当从地方自治的本来宗旨的观点出发进行重新审视的制度。③

四、与司法权的关系

关于地方公共团体与国家的司法权的关系,具有和立法权及和行政权不同的侧面。鉴于在日本本来没有赋予地方公共团体以独自的司法权,所以,不发生国家通过司法权对地方公共团体的司法权进行干预乃至统制的问题。因此,归纳总结成为问题的情况,有如下问题成为探讨的对象:在对地方公共团体的立法乃至行政进行司法统制的情况下,是否需要特别的考虑?为了确保宪法上的地方自治的保障,即从实现地方自治保障条款的防御性功能的角度来看,关于国家对地方公共团体的介入,司法权应当发挥什么样的作用?从这些观点来看,对国家介入的纷争处理的行政过程中的方式,也一并考虑的话,会更加便宜,所以,在下面"五"中将这两个问题进行统一论述。

五、国家和地方公共团体之间的纷争处理

从法形式上看,在地方公共团体作为和一般的私企业一样的事业主体而行动的情况下,地方公共团体也和私人一样,既应服从司法权,同时也可以请求法院的救济。这种救济并不限于被认为是纯粹的民事纠纷的

---

① 从这方面出发的立场,参见佐藤文俊著:《地方分权总括法的成立与地方自治法的修改(三)》,载《自治研究》第 76 卷第 2 号,2000 年,第 98 页以下。

② 佐藤文俊著:《地方分权总括法的成立与地方自治法的修改(三)》,载《自治研究》第 76 卷第 2 号,也认为,作为立法论,不问事务的种类,限定于对处分厅的异议申诉,是符合此次改革的理念的。

③ 同样提示了疑问的研究,参见石森久广著:《与法定受托事务相关的审查请求》,载《地方自治、地方分权》,第 94 页以下;对于新《行政不服审查法》(2014 年)制定后的阶段中裁定性介入法制的批判性分析,有山本未来著:《行政不服审查法修改后的裁定性介入的现状与课题》,载《铃木古稀》,第 404 页以下。

情形,在国家对于作为事业主体的地方公共团体行使了违法的监督权的情况下,地方公共团体也可以基于《行政事件诉讼法》提起抗告诉讼。对此是不存在异议的。

与此相对,有时地方公共团体也以和一般的私企业不同的身份,作为具有固有资格者而成为国家的公权力行使的对象,《行政不服审查法》[①]、《程序法》(第4条)设置了以此为前提的规定,地方公共团体接受与私人不同的对待,在行政法上也存在先例。

在这里,国家在和对一般私人不同的意义上,对地方公共团体行使介入权的情况下所发生的国家和该地方公共团体之间的纷争处理程序,成为需要探讨的问题。对此,平成11年的《自治法》修改规定了行政过程和司法过程这两种不同层面的程序。下面对这两种程序分别予以论述。

(一)行政过程中的纷争处理程序——由国家地方系争处理委员会进行审查的程序

从前,有关国家对地方公共团体或者其机关的行为进行干预发生纷争时的一般性的处理程序,无论在行政过程之中,还是在司法过程之中,都不曾存在过。通过平成11年的《自治法》修改,关于行政过程中的纷争处理程序,规定了由国家地方系争处理委员会进行审查的程序。该程序的框架如下:

1. 作为承担纷争处理的特别的机关,设置国家地方系争处理委员会(以下简称"委员会"。该法第250条之七)。该委员会是设置于总务省的《国组法》上的审议会(所谓第八条机关)。[②]

2. 委员会所处理的对象,是国家对地方公共团体的介入之中的纠正的要求、许可的拒绝及其他处分,以及其他属于公权力的行使的行为(该法第250条之十三第1款)。在这里,(纠正的)指示属于处分,而建议、劝告则不是其对象。此外,其他如国家方面的不作为、协议也成为审查的对象(该法第250条之十三第2款、第3款)。

3. 委员会审查的程序,依地方公共团体(执行机关)的审查的提出而开始,审查提出期间得以法定(原则上是30日以内)。

---

① 该法第57条第4款。盐野著:《行政法Ⅱ(第六版)行政救济法》,第19页。
② 《总务省设置法》第8条第2款。

4. 委员会审查的结果,关于自治事务,认为该国家的介入不违法,并且,从尊重地方公共团体的自主性及自立性的观点来看也无不当时,要将该结论通知该地方公共团体的执行机关等,并予以公布;相反,认为该国家的介入违法,或者从上述观点来看是不当的时,则要对国家的行政厅进行应当采取必要的措施的劝告(该法第 250 条之十四第 1 款)。

5. 关于法定受托事务,认为国家的介入不违法时,要将该结果通知地方公共团体的执行机关,并予以公布;相反,认为其违法时,要对该国家的行政厅进行应当采取必要的措施的劝告(该法第 250 条之十四第 2 款)。

6. 关于国家的不作为、协议不顺畅,也规定了委员会要进行劝告、审查结果的通知(该法第 250 条之十四第 3 款、第 4 款)。

7. 接受劝告的行政厅,根据劝告,采取必要的措施(该法第 250 条之十八)。

8. 委员会也可以采取依职权进行调停的程序(该法第 250 条之十九)。

9. 以上是由国家的委员会进行纷争处理程序,而关于都道府县对市町村的介入,针对不同的事件,分别由总务大臣任命的自治纷争处理委员进行的处理程序,通过援用上述的程序而作出了规定(该法第 251 条、第 251 条之三)。此外,自治纷争处理委员的制度本身是从前就一直存在的制度(名称为"自治纷争调停委员")[1],规定其亦承担上述的事务。

(二)裁判过程中的纷争处理程序

从前,在地方公共团体对介入手段不服这种意义上的纷争发生的情况下,不曾存在统一性的纷争处理制度。此外,关于机关委任事务,对于国家方面的职务执行行为,不是由地方公共团体直接对其进行争议,而是对于不服从执行命令的地方公共团体的机关,由国家方面提起职务执行命令诉讼(旧《自治法》第 151 条之二)。

与此相对,平成 11 年的《自治法》修改,从制度上明确规定,对于行政过程中国家与地方的纷争处理,地方公共团体仍然不服时,可以通过由法院进行的司法审查的程序来解决。该制度包括如下内容:

1. 对系争处理委员会的审查结果或者劝告不服的,对国家的行政厅应对劝告所采取的措施不服的,行政厅不采取应对劝告措施的,等等,该

---

[1] 盐野著:《行政法Ⅲ(第五版)行政组织法》,第 221 页。

地方公共团体的执行机关可以向高等法院请求国家的介入之撤销或者国家的不作为的违法之确认(该法第251条之五第1款、第3款)。该诉讼必须在委员会的通知等作出之后30日以内提起(该法第251条之五第2款)。此外,关于不经委员会的审查,地方公共团体能否直接提起诉讼的问题,《自治法》并未予以明确规定,但是,从其整体的构造来看,没有承认这一点。在该限度内,该制度被解释为采取了系争处理委员会的审查前置主义(参见该法第251条之五第1款)。

2. 该程序在《行政事件诉讼法》上被作为机关诉讼来处理(该法第251条之五第8款、第9款)。

3. 法院作出的撤销判决,也拘束相关行政机关(该法第251条之五第7款)。

4. 该法也规定了对于都道府县所作的介入的同宗旨的诉讼途径(该法第251条之六)。

(三)若干的注意点

前面所看到的与对国家的介入的纷争处理相关的程序之法定,在地方自治制度上,堪称具有划时代意义的改革。如在泉佐野市故乡纳税案件中所看到的那样,现实中也可以说是能够发挥一定作用的制度。[①] 但是,也并非没有问题。以下指出注意点。

1. 纷争处理程序的整备,与介入的法定主义及程序性整备相并列,在服务于国家和地方公共团体的关系之透明、公正度的担保的同时,在保全地方公共团体的防御权的意义上,从地方自治的本来宗旨的观点来看,具有极其重要的意义。

2. 法定的纷争处理程序,被解释为其宗旨在于除此之外不承认地方公共团体否定介入的法的效果的主张。此外,即使是这样,也不能因而说其违反了宪法所规定的地方自治的本来宗旨。在这种意义上,对于成为该程序的对象的介入,便被赋予了与公定力相同的效果。[②]

---

① 盐野著:《行政法Ⅲ(第五版)行政组织法》,第209页。
② 兼子仁著:《新地方自治法中的解释问题》,载《法学者》第1181号,2000年,第46页,以对于代执行诉讼中的指示的违法之抗辩的可能性为理由,认为纠正的指示不具有公定力。但是,该诉讼中出现的指示与纠正的指示,在制度上的构造是不同的。当然,在对纠正的指示不服从的情况下,国家方面再度采取代执行制度上的指示的程序也是可能的,在这种情况下,是否承认地方公共团体方面的法令违反的抗辩,则作为新制度之下的解释问题依然存在着。

3. 关于由委员会进行的审查的结果,是赋予其作为裁决的法的效果,还是像现行法那样止于劝告,这是有争议的问题。对其赋予裁决性效果,并且对行政厅方面开启起诉的途径,可以认为,作为日本法来说,在立法上是可能的。① 不过,从自治权的防御这种角度来看,我认为,开启地方公共团体方面的起诉途径才是更加根本性的。②

4. 在前面所说明的国家、地方间的纷争处理体系中,对于国家的纠正的要求或者指示,在地方公共团体方面不采取某种应对的场合,纷争是得不到解决的。假设没有接受认为介入是适法的这种司法性判断的机会,则违法状态将一直继续下去。在这种场合,从国家方面进行司法性纠正措施的必要性,是一直争论的问题。③ 现实中也发生了这样的事态,因此,重新修改《自治法》,创设了"关于普通地方公共团体的不作为的国家之诉的提起"及"关于市町村的不作为的都道府县之诉的提起"的制度。④ 这是在不服从国家的纠正的指示的情况下(本来就不向系争处理委员会提出审查的申请;提出申请后,不采取应对审查结果的措施),以地方公共团体的行政厅为被告,作出纠正的要求等的各大臣,可以通过诉的形式,请求高等法院对地方公共团体的不作为的违法进行确认的制度,同宗旨的诉,对市町村和都道府县也作出了规定。⑤

通过该制度,便可以获得对国家的介入之适法、违法的司法判断了。⑥ 当然,即便是不作为的违法确认判决确定了,如果该地方公共团体不作为的状态继续的话,则对判决的执行力之确保手段的创设进行检讨

---

① 参见盐野宏著:《国家和地方公共团体的关系的存在方式再论》(1997年),载盐野著:《法治主义的诸形态》,第435页以下。

② 关于这两个制度的比较检讨,参见小早川光郎著:《国家地方关系的新规则》,载西尾胜编著:《地方分权和地方自治》,1998年版,第137页。

③ 参见小早川光郎著:《国家地方关系的新规则》,载西尾胜编著:《地方分权和地方自治》,1998年版,第140页;《第28次地方制度调查会答复》。

④ 平成24年第180次国会、《地方自治法修正案》第251条之七、第252条。

⑤ 关于制度立案过程中的参考资料,有《关于国家、地方间的系争处理的存在方式的研究会报告》(平成21年12月,总务省主页);上假屋尚著:《关于国家、地方间的系争处理的存在方式(报告)》,载《地方自治》第747号至第749号,2010年。

⑥ 其事例,有围绕冲绳县的公有水面填平的国家和县的纷争的最高法院判决,平成28年12月20日,载《民集》第70卷第9号,第2281页。参见《法学者平成29年度重要判例解说》,第53页以下,稻叶馨解说。

也就成为必要。①

5. 关于纷争的裁判性处理,现行法在立法技术上将其作为机关诉讼加以归纳整理。但是,对于国家介入(包括裁定性介入②)的地方公共团体的诉讼,是一般的抗告诉讼,还是仅承认作为机关诉讼的形态,这是存在争议的问题。此次在立法技术上的归纳整理,关于这一点也是中立的。③ 即便存在关于是主观诉讼还是机关诉讼的争论和对其现实利用度的争论,就国家与地方的纷争之处理而言,司法过程的存在具有很大的意义。此外,有必要注意的是,因为是机关诉讼,所以,关于实体法的解释、审理的方法,并不是与一般的抗告诉讼不同的制度。④

关于这一点,在学说上,对地方公共团体的抗告诉讼的容许性,有人提出了消极性见解。但是,监督权的违法性行使,属于对作为地方公共团体的法人对国家拥有的自治权的侵害,从《日本国宪法》关于地方自治的保障之充实的角度来看,对此侵害,地方公共团体可以向法院请求救济,该诉讼在现行法下被解释为属于《行政事件诉讼法》的抗告诉讼。⑤ 本来,即使立足于这种见地,设置像《自治法》修改那样的特别的规定,也是完全可以考虑的。⑥

---

① 关于判决的执行力,包括诸外国的事例,参见前述研究会报告。此外,对该立法政策的评论及对新的建议进行尝试的成果,有阿部泰隆著:《关于为确保国家监督的实效性而由国家起诉地方公共团体的法制度的导入》(一)至(二·完),载《自治研究》第88卷第6号、第7号,2012年。

② 盐野著:《行政法Ⅲ(第五版)行政组织法》,第212页。

③ 参见松本著:《新地方自治制度详解》,第257页;村上裕章著:《国家地方系争处理和自治纷争处理》,载《地方自治、地方分权》,第84页。

④ 参见泉佐野市故乡纳税案件中最高法院的审理方法。盐野著:《行政法Ⅲ(第五版)行政组织法》,第210页。

⑤ 关于详细内容,参见盐野宏著:《地方公共团体的起诉资格》(2009年),载盐野著:《行政法概念的诸形态》,第361页以下;金崎刚志著:《国家监督的存续理由》(一)至(九·完),载《法学协会杂志》第133卷第2号、第3号、第5号至第11号,2016年[盐野著:《行政法Ⅲ(第五版)行政组织法》,第205页],对于德国不存在围绕自治监督的客观诉讼争议,进行了追踪考察。

⑥ 关于条例违反法律的情况下的条例违法确认诉讼,这种诉讼,在现行法的一般性解释中,没有法律的规定便不能被承认,可见并没有作出特别的处理。但是,伴随着条例制定的活性化,法律和条例发生冲突的可能性增大,可以认为,尽早通过法院对其适法、违法作出判断的重要性很高(参见盐野著:《法治主义的诸形态》,第439页以下)。
关于展开积极说的研究,参见白藤博行著:《国家和地方公共团体之间的纷争处理的构造》,载《公法研究》第62号,2000年,第207页以下;盐野著:《行政法Ⅱ(第六版)行政救济法》,第222页、第223页。对国家和地方公共团体的纷争场里的存在方式,将具体事例求证于冲绳县和国家的纷争,从多角度展开论述的成果,有纸野健二、本多滝夫编:《边野古诉讼与法治主义》,2016年版。

6. 前面所阐述的,是国家对特定的地方公共团体进行介入的情况。与此相对,处分的第三人作为具有请求该处分的撤销的原告适格的人,能否设定地方公共团体,则是需要探讨的问题。这一点,很早以前就作为理论上的问题来处理了①,并且也出现了现实的诉讼。对于基于《自行车竞技法》而进行的场外车券发行场设置许可处分的当地地方公共团体的撤销诉讼,便是其例。法院未受理该诉讼。② 其理由,在立足于最高法院所采取的法律上所保护的利益说③的基础上,指出了如下几点:许可处分并不直接产生地方公共团体的权利侵害、忍受义务;从许可处分的根据法规中并不能读取利益保护的宗旨;《自治法》和宪法的诸规定,与根据法规范不具有共通的目的。在这里,具有特色的是,法院并未作为范畴而否定作为行政主体的地方公共团体的原告性适格。从这一点来看,在《行政事件诉讼法》修改之下,对这种诉讼的原告适格展开新的展望,我认为是可能的。此时,不是针对地方公共团体的概括性事务处理权限,而是展开更加具体化了的利益论,其必要性是不言而喻的。④ 此外,必须注意的是,最高法院固执于从前的观点⑤,否定法律上的争讼性的可能性被保留下来了。

第八节 地方公共团体相互间的关系

一、事务的共同处理

地方公共团体相互间的关系本身本来就是需要探讨的问题,而近年来特别是从广域行政的必要性这一角度展开了论述。对此,《自治法》规

---

① 参见盐野宏著:《地方公共团体的法地位备忘录》(1981 年),载盐野著:《国家和地方公共团体》,第 38 页以下。

② 大分地方法院判决,平成 15 年 1 月 28 日,载《判例时代》第 1139 号,第 83 页。

③ 不过,是平成 16 年《行政事件诉讼法》修改前。盐野著:《行政法Ⅱ(第六版)行政救济法》,第 104 页以下。

④ 关于德国的展开状况,参见藤井一成著:《地方公共团体的原告适格》(2004 年),载薄井著:《分权时代的地方自治》,2006 年版,第 197 页以下。

⑤ 参见最高法院判决,昭和 49 年 5 月 30 日,载《民集》第 28 卷第 4 号,第 594 页;《行政判例百选Ⅰ》第 1 案件;《地方自治判例百选》第 119 案件。最高法院判决,平成 13 年 7 月 13 日,载《判例地方自治》第 223 号,第 22 页;《行政判例百选Ⅱ》第 142 案件;《地方自治判例百选》第 118 案件。最高法院判决,平成 14 年 7 月 9 日,载《民集》第 56 卷第 6 号,第 1134 页;《行政判例百选Ⅰ》第 109 案件;《地方自治判例百选》第 46 案件。

定了各种各样的手段。

具体地说,有协议会(该法第 252 条之二之二)、议会事务局、委员会等的共同设置(该法第 252 条之七),事务的委托(该法第 252 条之十四)和职员的派遣(该法第 252 条之十七)。此外,关于事务的共同处理,规定采取特别地方公共团体方式的,有地方公共团体的组合(部分事务组合、广域联合)。此外,虽然不是法律上的制度,但是,由复数的市町村尝试设定广域市町村圈,以应对广域行政需要。不过,仅靠这样的既存制度的话,在今后的人口减少社会中是不充分的,在这种认识之下,平成 26 年的《自治法》修改,新设置了联携协约制度(该法第 252 条之二)。该制度的骨架是,相关地方公共团体通过协议联携进行事务处理之际,规定基本性的方针及作用分担的制度。[1] 其后,地方制度调查会在以法定的广域联携制度为前提的基础上,对定住自立圈、联携中枢都市圈进行一定的评价,关于市町村间的广域联携,指出了担保相关市町村间的充分参与策划的构造之必要性,而关于制度化,则委任给了今后检讨。[2]

二、根据条例进行事务处理的特例

关于具体的事务分配,通过指定都市、中心市等的制度,为事务分配设置了一定的差异。通过这些制度,依然存在应对地域的实际情况不够充分的情形。于是,通过平成 11 年的《自治法》修改,伴随从前有关机关委任事务而存在的都道府县知事对于市町村长的事务委任的制度(旧《自治法》第 153 条)的废止,取而代之的是,设置了基于都道府县的条例的事务处理的特例制度。

即都道府县根据条例,可以将属于知事的权限的事务的一部分规定为由市町村来处理,此时,该事务便成为市町村管理执行的事务,同时,关于该事务的规定,作为关于市町村的规定而适用(该法第 252 条之十七之二、第 252 条之十七之三)。关于介入制度也是一样,设置了都道府县即使没有各大臣的指示也可以进行纠正的要求等所必要的规定(该法第 252 条之十七之三、第 252 条之十七之四)。

---

[1] 关于地方公共团体间的联携制度的骨架,参见驹林良则著:《广域联携》,载《行政法的争点》,第 216 页以下。

[2] 《地方制度调查会答复》,令和 2 年 6 月,第四之一(三)④。参见田中圣也著:《关于市町村间的广域联携》,载《地方自治》第 87 号,2020 年,第 2 页以下。

尽量让离居民近的团体来推行事务,这是地方分权的理念。前述这种制度,可以说是灵活地应对这种理念的制度。此外,应当注意如下几点:

(一)根据该制度,市町村所处理的事务,是将法律上作为都道府县的事务而进行分配的事项,基于都道府县的意思,再分配给市町村的制度。所以,在法上将其视为行政法上的委任更为率直。在这种意义上,与不问事务的本来归属的整理①是性质不同的制度。

(二)在地域处理的事务的范围内,自己作出决定更与地方自治的本来宗旨相一致。如果立足于该立场的话,在该制度中也可以考虑将相关市町村的同意作为要件,而不是将和相关市町村的协议作为要件。反过来说,也可以考虑由市町村根据条例进行事务处理(将市町村的事务由都道府县或者国家来实施)的制度。

三、纷争处理

关于地方公共团体相互间的纠纷处理,一般地说,有自治纷争处理委员所进行的《自治法》上的自治纠纷调停的制度(该法第251条之二)。② 具体来说,地方公共团体相互间或者地方公共团体的机关相互之间存在纷争的,根据当事人的申请(一方也可以)或者依职权,都道府县层级的纷争由总务大臣,其他场合由都道府县知事,根据情况分别任命自治纷争处理委员(3名),将纷争付诸其调停。调停,在全部当事人对调停案具有接受允诺之意思表示(书面)时,便告成立。关于调停案的制作、调停的中止等,由纷争处理委员会的合议决定(具体的事例,有关于佐贺

---

① 盐野著:《行政法Ⅲ(第五版)行政组织法》,第141页。
② 自治纷争处理委员的调停制度,伴随着地方公共团体的机关相互的纷争之调停,于昭和27年作为自治纷争调停委员制度而创立。其后,事务的范围顺次扩大(该法第251条有概括性事务处理规定),现在,除了当初的调停(该法第251条之二),也被用于对都道府县的介入的审查程序(该法第251条之三)、关于联携协约的纷争处理程序(该法第251条之三之二)、关于首长等的失职的审查请求、根据《地方自治法》的规定进行审查的申请审决、《自治法》上的审查请求、与审查的申请及审决的申请等相关的审理程序(该法第255条之五)。这些制度,不仅在各自的导入时期不同,而且功能也各异。委员是采取根据每个案件进行任命方式,不是采取合议制,而是采取独任制(不过,结论等,在通过合议作出的场合,有规定。该法第251条之二第10款)等,构成了对案件的多元性的应对。另外,也存在依作为调停制度而成立的历史性由来的侧面,以纷争并不多发为前提等,从这些方面来看,被认为存在作为制度进行再检讨的余地。参见宇贺克也著:《关于自治纷争处理委员》,载《法学者》第1412号,2010年,第70页以下。

县与长崎县之间的沙砾采取业者的认可的相关管辖境界的纷争之调停的成立,平成 24 年 3 月 26 日)。①

个别地说,关于境界的纠纷,《自治法》设置了必要的规定(该法第 9 条)。此外,《地方税法》上有关于课税权归属的地方公共团体的纠纷处理的规定(该法第 8 条第 9 款、第 10 款)。这是不是机关诉讼,是需要探讨的问题。由于这是争议作为自治权之一的课税权归属的纠纷,所以,通常被认为应该是诉讼的一种。②

---

① 参见总务省主页(自治纷争处理委员)。
② 参见雄川一郎著:《行政争讼法》,1957 年版,第 119 页。

第二部 公务员法

序 章 公务员法制的理念及其展开

严格的公务员概念规定将在后面论述。① 这里只是非常粗略地指出,公务员是现实中承担国家、地方公共团体等事务的自然人。公务员法制是关于该自然人的公务员身份的得失、公务员的权利和义务的法制度。关于公务员法制,也和其他行政法上的制度一样,可以在某种程度上描述关于近代国家的普遍性要素。有人指出:"公务员是国家组织的成员,不是人身依附于当时的权力者,公务和私生活是相分离的,公务员的地位不是世袭的"。② 另外,从这里可以更加清楚地看到各国的历史状况、政治体制,这也是公务员法制的特色之一。③

关于日本公务员法制的历史性发展过程,简单地作如下分析。

(一)明治宪法时代,在行政作用法上,根据市民法治国原理,推进了近代制度的创立和完善。在公务员制度中,立于对天皇的人身服从关系的同时,对人民则构成了特权性的阶层,强烈地遗留下前近代的要素。明治宪法规定,"天皇规定行政各部门的官制及文武官的薪俸,以及任免文武官"(第10条)。规定公务员(在当时称为官吏)的任免权属于天皇。此外,《官吏服务纪律》(敕令)也规定,"所有官吏,都应该主要对天皇陛下及天皇陛下的政府忠顺勤勉,服从法律命令,各尽其职务"(第1条)。在这里,虽然是以法律遵守义务这种近代行政法为前提的,但是,官吏的

---

① 盐野著:《行政法Ⅲ(第五版)行政组织法》,第229页。
② 鹈饲著:《公务员法》,第1页以下。
③ 关于从政治学及行政学的见地看各国(美英德法)的公务员制度改革的比较研究,村松岐夫编著:《公务员制度改革》,2008年版;村松岐夫编著:《最新公务员制度改革》,2012年版;村松岐夫编著:《公务员人事改革》,2018年版,对于法学研究来说也是有益的。

忠诚义务是对于天皇的。关于这一点,第二次世界大战后的昭和22年,《官吏服务纪律》被修改,设置了如下规定,"所有官吏,都应该作为国民全体的服务员,以诚实勤勉为主,服从法令,各尽其职务"。与此相比较,明治宪法时代的官吏对天皇负有忠诚义务的特色更加明显。进而,《官吏服务纪律》中有如下规定,"官吏,不问职务的内外,均应重视廉耻,不得有贪污的行为。官吏,均不问职务的内外,不得滥用权威,而应努力尽谨慎、恳切的义务"(第3条)。在这里,和职务不同,该规范甚至适用于官吏的私生活。

另外,从当时的民间雇用条件来看,官吏具有各种各样的特权。只能依据一定的事由,而且,只能经过一定的程序,才服从惩戒,在这种意义上,官吏享有身份保障。这与当时私人间的雇用契约中适用解雇自由原则相比较,是很大的特权。此外,民间不曾有养老金的观念,而官吏通过养老保险金(恩给)的制度,老年生活得以保障。进而,在和皇室的关系上,在叙勋、宫中座次的关系上,进行了差别对待。

关于明治宪法下公务员法制的特色,有必要附加如下内容:存在立于公法上勤务关系的官吏、公吏和立于私法上的通常的雇用关系上的雇员这两种身份阶层,公务员法制,即立于这种特别关系上的官吏公吏法制。此时,关于官吏、公吏的规范之基本内容,不是依据法律,而是依据敕令(《文官任用令》《官吏服务纪律》)来规定的;关于公吏,在《府县制》《市制、町村制》中加以规定:这些都可以说是表现了当时的公务员法制之特征。

(二)《日本国宪法》下的公务员法制的理念,正如宪法本身的规定,"选定及罢免公务员,是国民固有的权利","所有公务员,都是全体国民的服务员,而不是一部分国民的服务员"(该法第15条第1款、第2款)。具体的制度构筑也剔除了与明治宪法体制相结合的要素,同时,有必要确保具有推行现代行政能力的公务员集团。这可以归纳总结为如下原则:

第一,民主性公务员法制的原理。这是《日本国宪法》第15条第1款作出的宣言。不过,由此并不意味着具体的每一个公务员都应该由国民选举产生(通说)。

第二,政治中立性的原则。这是从《日本国宪法》第15条第2款推导出来的原则。

第三,效率性、公正性的原则。也称为科学的人事行政。这是从与推行现代行政的关系中推导出来的原则。

第四,尊重公务员的基本人权。宪法上的人权条款基本上也适用于公务员。在明治宪法下,作为特别权力关系的典型事例,官吏负有包括私生活在内的特别义务。该原则使公务员从该特别义务中解脱出来。

(三)以上四点被认为可以作为《日本国宪法》下公务员法制的基本原理来列举。但是,和任何原理或者理念为复数时大多都不可避免的那样,这四个原理也并非相互之间没有冲突而得以实现。例如,尊重公务员的基本人权和确保效率性,民主性和确保效率性,民主性和尊重公务员的人权等,由于各个概念的理解方法不同,在许多情况下可以看到紧张关系。此外,这些原则并非从这里能够直接产生法效果那样的具有法道具概念性的,而是止于立法、运营的指针性性质。进而,由于是与公务员法制全体相同的原则,因此不是完整的且被制定法化的,而是在各种各样的个别制度中具体体现的。本书也是一样,将会在人事行政机关的存在方式、任用、服务等之中论及(当然,作为研究对象,例如,概括性地把握行政的中立性,也是可能的,且是有意义的①)。

(四)作为宪法的具体化的国家公务员法制,始于昭和 22 年法律第 120 号的《国家公务员法》。在制定之际,是在总司令部的主导下推进的,当初胡佛顾问团的劝告作出后,日本方面对原封不动地接受该劝告感到为难,胡佛先生回国后,努力跟总司令部民政局担当官进行交涉,法律第 120 号才得以制定。但是,等到胡佛先生再度来访,昭和 22 年,法的修改工作在胡佛先生的主持下才得以推进。同一时期,公务人员劳动运动的发展,要求其规制的所谓麦克阿瑟书简的发出,向日本方面揭示了予以应对的《国家公务员法(草案)》。其后,政府在跟总司令部进行交涉的基础上,将修改法案向国会提出,昭和 23 年,进行了《国家公务员法》的第一次修改。②

关于其后的《国家公务员法》本身的修改,可以列举的是昭和 40 年伴随国际劳工组织(ILO)第 87 号条约的修改,昭和 56 年的退休制度的

---

① 参见松村岐夫著:《公务员的政治中立性》,载村松编著:《最新公务员制度改革》,2012 年版,第 73 页以下。

② 关于以上的经过,浅井清著:《新版国家公务员法精义》,1970 年版,第 1 页以下;《逐条国家公务员法》,第 9 页以下,有详细介绍。

导入,平成19年的人事评价的导入、职阶制的废止。这些都是重要的,但都是所谓《国家公务员法》的部分修改。

另外,更加根本性的公务员制度的改革,其志向是作为行政改革的一环而推进。即已经在《中央省厅等改革基本法》中要求公务员制度改革的检讨(该法第48条、第49条);平成13年,《公务员制度改革大纲》获得内阁会议决定。《公务员制度改革大纲》是以从前的制度之根本性改革为目标的大纲,但是,以其原封不动的形式无法直接进入法案化的流程。作为其后的阶梯,聚焦于能力、实证主义的人事管理及再就职的适正化的平成19年的《国家公务员法》修改得以进行。此时,曾经体现战后公务员制度之理念的职阶制被废止,公务员的退职管理事务归内阁总理大臣(而不是人事院)的一元化等,也包含了象征从战后体制逃脱的修改,但是,从公务员法制全体来看,那依然是部分性修改。①

与此相对,更加明确地揭示根本性的改革之方向的,是平成20年的《国家公务员制度改革基本法》。该法是属于"基本法"范畴的法律,在规定制度改革的基本理念、基本方针的同时,止于为了改革推进而进行的行政组织的设置。不过,在其基本方针中,对如下诸点作出规定,是在公务员法制中导入新的要素的法律:从政治主导强化的观点出发,关于特别职国家公务员,设置国家战略职员、政务职员(该法第5条第1款);从内阁的人事管理强化的观点出发,区分干部职员、管理职员,针对干部职员的人事,谋求内阁一元化(第5条第2款);采取政官关系透明化的诸措施(第5条第3款);替代惯例上的所谓履历制度,整备干部候补育成过程(第6条第3款);包括人事院、总务省的人事管理功能的一部分移管在内,将内阁人事局设置于内阁官房(第11条);等等。②

在该基本法之下,平成21年,在自由民主党、公明党联立政权下,政权交替后的平成22年及平成23年,在由民主党等组成的联立政权下,关于《国家公务员法》修改的法案被提出,但是,无论哪一部都成了废案,政权复归后的自由民主党、公明党联立内阁,于平成25年提出了以内阁总理大臣、内阁官房(长官)的权限之扩大为主要目标的修改法案,并于翌

---

① 关于平成19年修改法,参见《特集·公务员制度改革》,载《法学者》第1355号,2008年,第2页以下。

② 参见西尾隆著:《国家公务员制度改革基本法》,载《法学者》第1363号,2008年,第44页以下。

年平成26年获得通过。这被视为国家公务员法制的一个转机。①

（五）地方公务员也属于宪法上的公务员，基于此，从第二次世界大战后较早时期开始，国家便尝试地方公务员法制的整备。由于让国家公务员法制的整备先行的总司令部的意向，与地方公务员也相关的麦克阿瑟书简的应对等事情介入其中，直到昭和25年才终于制定了《地方公务员法》。② 地方公务员作为宪法上的公务员，跟国家公务员同等接受规范，但是，其特色大于以与地方自治的本来宗旨条款的关系为理由，而承认自治体的自律性处理。③

关于《地方公务员法》，没有看到像《国家公务员法》那样制定后的大幅度修改，其平稳推移。昭和40年的关于职员团体的规定，昭和56年的退休制度，平成26年的人事评价制度（职阶制的废止）等，这些就是《地方公务员法》本身的主要的修改，基本上因应了《国家公务员法》修改的动向。有必要注意的是，与居民直接联系的地方行政的性质，反映于地方公务员法制之中（例如，会计年度任用职员的创设④）。

（六）关于与国家公务员、地方公务员相关的基本性问题，有劳动基本权之保障的存在方式。关于这一点，先于《国家公务员法》，《地方公务员法》从制定当初就对职员团体承认其组成（该法第52条以下），在《国家公务员法》中，不是作为劳动基本权，而是设置了行政措施要求制度（该法第86条），一直延续至今。与此相对，《国家公务员法》与日本国也加盟了的国际劳工组织（ILO）第87号条约的关系成为问题，结果是到了昭和40年，《国家公务员法》中也设置了关于职员团体的规定[该法第三章第十节"职员团体"（第108条之二至第108条之七）]。⑤ 在已经保有了职员团体制度的《地方公务员法》中，也实现了修改法的制定。不

---

① 关于其详细情况，《逐条国家公务员法》，第23页以下；人事院编：《人事院70年人事行政的历程》，2018年版，第315页以下；高桥滋著：《公务员制度的现状与课题》，载《行政法研究》第30号，2019年，第167页以下。

② 关于制定过程的详细的分析，有坂弘二著：《地方公务员法制定时的经过》，载总务省自治行政局公务员部编：《地方公务员制度的展望与课题》，2001年版，第3页以下。

③ 参见田中著：《行政法》（中），第285页。个别事项，适当地后述。

④ 盐野著：《行政法Ⅲ（第五版）行政组织法》，第234页。此外，参见桥本著：《逐条地方公务员法》，第335页以下。

⑤ 关于与国际劳工组织（ILO）的关系中职员团体设立法制的制定过程，《逐条国家公务员法》第1100页以下有详细介绍。

过,作为日本法,并没有达至进一步承认争议权、协约缔结权,这作为今后的争议对象而被保留了下来。

(七)公务员法制,是《日本国宪法》第 15 条所规定的作为全体国民的服务员的公务员相关制度的具体化。在该限度内,与民间的雇用法制相比,其宪法性基础是不同的。但是,现实的公务员法制与民间的雇用法制无关便无法存在,在工资、养老保险金(恩给)等方面,两者的近似化已经很显著。进而,日本近年来的雇用法制的变化,也对国家公务员法制产生了种种影响。此外,与民间的人事交流的要求也不断高涨。① 与此同时,关于公务员的伦理性,要求与日本通常的社会性信息交换在性质上不同的状态②,并且,对于公务员的违法行为的行政罚也得以适用。③ 必须注意的是,这样一来,与民间的近似化和与民间的距离之确保,这两项便成为公务员法制的课题。

(八)有必要注意的是,在形成了第二次世界大战后日本的公务员法制之特征的终身任用的原则之下,正在对关于一般职的公务员的整齐划一的规范,进行以勤务形态的多样化、柔软化为目标的改革。这种动向尚停留在部分性且流动性的阶段,姑且可以说如下几点是重要的:其一,在关于采取这种措施政策的检讨过程之中,从比较法的角度来看,日本公务员法制的划一性变得更加明确了。④ 从比较制度的角度看,多样化并不一定是现代性现象。其二,多样化、柔软化尚限于极小的一部分,但是,与构成日本的公务员法制之基础的身份保障的原则(常勤、终身任用)的关系,却从理论上提示了饶有趣味的问题。"全体国民的服务员"是始终充满争议的概念,而多样化现象又将为这种争议带来新的素材。⑤

---

① 盐野著:《行政法Ⅲ(第五版)行政组织法》,第 254 页。
② 盐野著:《行政法Ⅲ(第五版)行政组织法》,第 286 页以下。
③ 盐野著:《行政法Ⅲ(第五版)行政组织法》,第 296 页。
④ 参见山本隆司著:《关于德国公务员的任用、勤务形态的多样化的比较法调查》,载《自治研究》第 80 卷第 5 号,2004 年,第 20 页以下;下井康史著:《公务员制度的法理论》,2017 年版,第 228 页以下。
⑤ 关于以上内容,参见下井康史著:《公务员制度的法理论》,2017 年版,第 285 页以下;盐野宏著:《地方公务员制度改革的诸问题》(2001 年),载盐野著:《法治主义的诸形态》,第 475 页以下;盐野宏著:《地方公务员制度改革的一种局面——任用、勤务形态的多样化》(2004 年),载盐野著:《行政法概念的诸形态》,第 468 页以下。

第一章　公务员法制的基本构造

第一节　公务员的概念及其种类

一、公务员的概念的相对性

《日本国宪法》仅规定了公务员(参见第 15 条),但是,公务员是什么,并不是单义性地确定的。例如,虽然从常识的角度来说,和国家及地方公共团体立于勤务关系的属于公务员,但是,产生了独立行政法人及特殊法人的勤务人员是否属于公务员的问题。此外,虽然说是立于勤务关系的情况,但审议会的委员等是否也包括在其中,所谓打短工的人地位应如何把握等,出现许多界限事例。并且,在具体地创建公务员法制的情况下,在国家及地方公共团体勤务的人,是否应该一律适用特别的公务员法制,也是需要探讨的问题。进而,换个角度看问题,认为公务员观应当以与《国家赔偿法》或者《刑法》等各法的目的相对应的形式而存在,这种争论也应该是能够成立的。总而言之,如何规定公务员的概念,在立法政策上存在广泛的裁量余地。下面,按照不同的法领域,粗略地展开分析。[①]

(一)宪法上的公务员

宪法上对公务员的论及(第 15 条)并不直接产生一定的法效果,如果将该规定理解为明确了和明治宪法下的官吏不同的公务员理念,在该限度内揭示了立法的指南的话,那么,对其范围并不一定有必要进行严格的或者限定性的理解。"在广义上是指以参与国家或者公共团体的公务为职务者的总称。"[②]这一定义也正是基于这种考虑。

[①] 法令上的"公务员"的用语及其定义,可以溯及刑法典(明治 40 年)制定时(该法第 7 条)。关于其后的各法上的用语例,参见鹈养幸雄著:《"公务员"这个术语》,载《立命馆法学》第 327·328 号,2009 年,第 122 页以下。

[②] 宫泽俊义著(芦部信喜补订):《全订日本国宪法》,1978 年版,第 218 页。

(二)刑法上的公务员

刑法上也有公务员的概念。《刑法》规定,"本法律中所称'公务员',是指国家或者地方公共团体的职员及其他根据法令从事公务的议员、委员及其他职员"(该法第 7 条第 1 款)。从这里附加了国会议员来推测,《刑法》上的公务员概念和《国家公务员法》及《地方公务员法》上的公务员概念并不是一致的。关于这一点,在针对邮局中承担外务的事务员(邮件收发人)的暴行是否构成公务执行妨碍罪成为争议问题的案件中,最高法院承认了该职员的公务员性,但是,作为一般论指出:对根据法令从事公务的职员附加了"意味着从事公务的职员,从事该公务是基于法令的根据,不包括单纯的机械性、体力性劳务者"的限定。[①] 与此相对,《国家公务员法》及《地方公务员法》上的公务员则没有这样的限定,并且,以现代行政为前提,是否可以附加这样的限定,也是需要探讨的问题。另外,针对町营饭店的职员[②]的暴行,是否构成公务执行妨碍罪,也是有疑问的。

此外,在个别法上,存在规定"视为根据法令从事公务的职员",即准公务员的观念。在这种限度内,对这种准公务员也适用《刑法》,但是,不适用《国家公务员法》及《地方公务员法》。[③]

(三)《国家赔偿法》上的公务员

《国家赔偿法》上也有公务员的概念(第 1 条),在损害赔偿案件中是否适用《国家赔偿法》,此种概念具有意义。但是,必须注意的是,从解释论来看,原则上不是以该不法行为者的身份,而是以该行为是否属于公权力的行使来决定适用关系的。[④]

(四)《国家公务员法》和《地方公务员法》上的公务员

和前述《刑法》的适用或者《国家赔偿法》的适用的问题不同,在规范公务员这种身份意义上的公务员法制中的公务员概念,成为需要探讨的

[①] 最高法院判决,昭和 35 年 3 月 1 日,载《刑集》第 14 卷第 3 号,第 209 页;《公务员判例百选》第 3 案件。
[②] 这种情况也是可能的,参见盐野著:《行政法Ⅲ(第五版)行政组织法》,第 148 页。
[③] 参见《日本银行法》第 30 条、《独立行政法人国立青少年教育振兴机构法》第 10 条、《国大法人法》第 19 条等。
[④] 参见盐野著:《行政法Ⅱ(第六版)行政救济法》,第 252 页。名古屋高等法院判决,昭和 56 年 10 月 28 日,载《判例时报》第 1038 号,第 302 页;《公务员判例百选》第 4 案件,稻叶解说。

问题。对此,在日本,采取了将国家勤务者称为国家公务员,将地方公共团体勤务者称为地方公务员,分别设置规定的主义。规范前者的是《国家公务员法》①,规范后者的是《地方公务员法》②。国家公务员和地方公务员,存在勤务主体是国家和地方公共团体的差异,原则上以勤务组织来判断。但是,也存在例外的情况。例如,警察的情况就存在这种例外:警察这一组织是都道府县的组织,而警察职员之中的警视正以上级别的警察官则是一般职的国家公务员。③

关于这种主义,在独立行政法人之中,行政执行法人的领导职员被规定为国家公务员④,于是也产生了例外。⑤

本书所论述的,便是成为这种实定公务员法制的对象的公务员(以下简称"公务员")。

二、公务员的种类

(一)一般职和特别职

《国家公务员法》和《地方公务员法》都将公务员之职分为特别职和一般职,适用这些法律的只限于一般职的公务员。⑥ 关于特别职,采取了在形式意义上的《国家公务员法》及《地方公务员法》之外,分别就各个特别职设置特别法律规定的形式。⑦

(二)特别职

具体地说,《国家公务员法》第2条、《地方公务员法》第3条分别对特别职作了列举。但是,二者在特别职范围的规定方法上存在若干不同。

关于《国家公务员法》上的特别职,可以分为依据政治任用原则任职的(内阁总理大臣、国务大臣、副大臣、政务官等)、在非《国组法》上的行

---

① 昭和22年法律第120号。
② 昭和25年法律第261号。
③ 《警察法》第56条。
④ 盐野著:《行政法Ⅲ(第五版)行政组织法》,第81页。
⑤ 当然,从前,也存在公团职员被规定为《国家公务员法》上的特别职的公务员的情形。参见盐野著:《行政法Ⅲ(第五版)行政组织法》,第82页脚注①。
⑥ 《国家公务员法》第2条第4款、第5款,《地方公务员法》第4条。
⑦ 关于法官、法院职员,《法院法》第39条以下;关于防卫省的职员,《防卫省设置法》第39条以下,《自卫队法》第31条以下。

政机关任职的(国会议员、法院职员)等几种类型,但是,要发现有关这些特别职的上位共通的特色,则是困难的,如果勉强列举的话,也只能作如下程度的消极的归纳总结:就上述国家公务员而言,这些职不适合于服从人事院的人事行政。①

此外,关于国会议员是否被包含在《国家公务员法》上的公务员(特别职)的问题,解释上存在争议。实务上,在包含在其中这种解释之下而进行了立法(《信息公开法》第5条第1项第3号的公务员,被认为包括国会议员是其前提)。②

在特别职之中,有的预定了在内阁官房设置内阁危机管理监、内阁官房副长官候补等副大臣那样不是国会议员的人的任用。③ 这些现在并不配属于各省,并不伴随内阁的交替而辞职,所以,还没有达到外国所谓政治任用制度的程度。虽然创设了干部职员的特例制度④,但没有达至政治性任用的导入。

关于地方公务员的特别职,也是一样,《地方公务员法》上进行了列举(该法第3条第3款),地方公共团体的首长、议会议员、选举管理委员之职等,与国家公务员的特别职类似的职位包含于其中,顾问、参议、调查员、嘱托员等也被概括性地予以揭示(该法第3条第3款第3项。不过,通过平成29年的修改,添加了"具有专门性的知识经验或者见识者所就之职"的限定)。进而,关于地方公共团体中特殊的职位,有非常勤的消防团员及水防团员之职[此外,实务上,在任用的形式与勤务的实态并不一定是与法令的规定对应的场合等,解释论上的问题便会被提起,平成29年的法修改前的案件,作为特别职的职员被录用了的人,在勤务日数

---

① 指出这一点的研究,有山内一夫著:《一般职和特别职的区别之关系》(1965年),载山内著:《新行政法论考》,1979年版,第214页以下(如果人事院被废止的话,则这种说明也将变得困难)。此外,关于特别职一般制度的研究报告,有关于特别职国家公务员的法制研究会:《关于特别职国家公务员的法制的现状和问题要点》,1971年版。大野卓著:《关于干部公务员的工资的存在方式——"关于干部公务员的工资的有识者恳谈会"报告书》,载《季刊行政管理研究》第108号,2004年,第42页以下。后者是以作为特别职的干部公务员的工资的存在方式为中心的检讨结果的报告。关于服务规范的存在方式,归纳整理为一览表,便于参照。

② 此外,参见《逐条国家公务员法》,第70页以下。

③ 参见大野卓著:《关于干部公务员的工资的存在方式——"关于干部公务员的工资的有识者恳谈会"报告书》,载《季刊行政管理研究》第108号,2004年,第54页表八。

④ 盐野著:《行政法Ⅲ(第五版)行政组织法》,第257页。

及勤务时间跟常勤职员相同的场合,有被认定为特别职的职员的事例(原判决撤销)①]。

(三)一般职

一般职,是指没有在《国家公务员法》及《地方公务员法》中作为特别职而列举的所有职。所以,其范围实际上是极其广泛的。例如,事务次官、局长是一般职;为某人开车的驾驶员,只要该人是国家公务员,那么,该驾驶员也是一般职。在国立大学,教授、学长、负责事务受理的职员,均是一般职的国家公务员。对此,必须注意如下几点:

1. 对于这样广泛的一般职国家公务员,原则上一律适用《国家公务员法》的规定。这一点,对于打破明治宪法下的身份制、封建制的官僚制,是有效的,并且,也可以说充分发挥了其作用。在明治宪法下,在国家层面服从特别的公务员法制的是官吏,当时的公务员法制是官吏法。除此以外的人,被区分为雇员即事务职员和佣人即从事单纯劳动职务者。像这样,平等地在同一勤务主体的勤务者之间进行身份上的区别,从比较法的角度看,并不稀奇。日本的这种制度是以德国的制度为蓝本的。② 即对 Beamte、Angestellte、Arbeiter 加以区别。只有 Beamte 作为公法上的勤务关系而形成了特别的范畴,其他二者则是作为私法上的即通常的雇用契约来理解的(Angestellte 和 Arbeiter 的区别,现在,在劳动协约及公务员代表委员会法制上没有被使用③)。并且,在德国,基于和君主身份关系的差异,其被升华为更加抽象化了的制度,所以,在从帝国宪法向魏玛宪法转变时,甚至在现行的德国宪法之下,一直得以维持。在日本,这种身份作为和天皇的接近程度上的差异,也具有重大的意义,同时,官吏的特权也得以强调。像现行日本法制中这样的整齐划一性的处理,对于剔除这种前近代的要素,曾经具有重大的意义。在地方公共团体,这体现为公吏这种特别范畴的废止。《日本国宪法》上有"官吏""吏员"的用语(第 73 条第 4 项、第 93 条第 2 款),在《自治法》上也使用了"吏员"的用语(平成 18 年修改前的《自治法》第 172 条)。这些用语都不是以明治宪法下的"官吏""公吏"的身份制为前提的,在现行

---

① 最高法院判决,平成 27 年 11 月 17 日,载《判例地方自治》第 403 号,第 33 页。
② 关于德国的情况,参见盐野宏著:《西德公务员法制的现代诸问题》(1969 年),载盐野著:《行政组织法的诸问题》,第 206 页以下。
③ 参见根本到著:《德国公务劳资关系法制的现状与日本的比较》,载《法学者》第 1435 号,2011 年,第 56 页以下。

法上的含义和"公务员"相等。即便是现在,《地方税法》上也可以看到"征税吏员"的用语(该法第 1 条第 1 款第 3 项)。在地方公共团体,可以认为这是考虑了作为实务上专门化了的职员来对待的情形,关于其任用等,《地方税法》上没有特别的规定。

2. 一般职的公务员,有常勤职员和非常勤职员的区别。在《国家公务员法》上,期间业务职员(《人事院规则八——十二》第 4 条第 13 项。事务辅助员、技术辅助员等),委员、顾问、参议[其例子,人事院参议(《人事院规则二——八》第 2 条第 5 款)]等,被视为非常勤职员,关于其任用、服务、人事评价等,与常勤职员不同的特例由《人事院规则》等予以规定。①

《地方公务员法》曾经存在以该法第 17 条为根据的一般职非常勤职员的范畴,通过平成 29 年的法修改,取而代之的是采用了"会计年度任用职员"的制度(该法第 22 条之二)。名称虽然不同,但是,在以一般职的非常勤职员为对象这一点上,是没有变化的[存在部分时间职员(第 1 款第 1 项)和全部时间职员(第 1 款第 2 项)之别。②]。在会计年度任用职员制度中也是一样,并不是期待非常勤职员的存在本身的消解效果,并且,同一职员的录用之余地也被保留了下来,因此,可以预测,会计年度任用职员的常勤化之事态发生。③

3. 在一般职中,制度上曾经采取了终身任用,而其后,作为勤务形态的多样化之一环,国家及地方双方都导入了附任期任用制度。④ 并且,也采用了退休制度。⑤

4. 关于整齐划一性的缓和,法律并不是完全没有考虑。例如,对教育公务员制定了《教育公务员法》,对外务公务员制定了《外务公务员法》,对检察官,在《检察厅法》中设置了若干的特例规定。不过,基本性的规范是相同的。以争议行为、政治性行为等成为战后问题的重要案件,也是与这种整齐划一性的规范有关的。

---

① 参见《逐条国家公务员法》,第 75 页以下。
② 此外参见高桥滋著:《思考地方公务员的勤务形态》,载《地方公务员月报》第 664 号,2018 年,第 2 页以下;河合亮著:《会计年度任用职员制度》,载《自治实务研计会》第 697 号,2020年,第 24 页以下。桥本著:《逐条地方公务员法》,第 335 页以下。
③ 桥本著:《逐条地方公务员法》,第 336 页,关于"常勤化会计年度任用职员",指出了问题要点。
④ 盐野著:《行政法Ⅲ(第五版)行政组织法》,第 262 页。
⑤ 盐野著:《行政法Ⅲ(第五版)行政组织法》,第 262 页。

(四)公务员的范围

关于一般职公务员的外延,将除行政执行法人外的特殊法人等法人资格不同的团体中的勤务者排除在外,在一定程度上能够分清(以前,公库、公团的职员也被视为特别职),但是,依然留下了如下问题:国家公务员是什么？地方公务员是什么？《国家公务员法》没有就这一点设置定义性规定(关于这一点,《地方公务员法》亦同),虽然规定了人事院具有决定某种职位是否属于国家公务员之职位的权限(该法第2条第4款),但是,这并不是将最终的判断权赋予人事院,当职位的概念客观上已经确定,只是具体地争议某项职位是否属于国家公务员之职位的问题时,则根据法院的判断而定。在具体的案件中成为争议问题的事例,有司法研修所的司法研修生的公务员性的问题。最高法院以司法研修生不是国家事务的承担者为由,否认了其公务员性。①

此时,关于判断的基准,人事院是依据如下三要素来判断的:正在从事国家的事务;由国家的任命权者所任命;原则上从国家领取工资。②

(五)本书的对象

《国家公务员法》及《地方公务员法》上的公务员,虽然说也包括特别职的公务员,但是,适用这两个法律的最终只限于一般职的公务员。③ 关于特别职的公务员,分别制定了个别的法律。此时,关于特别职公务员的规范,鉴于特别职的种类多种多样,有的不适合于统一性的叙述,并且,关于与一般职职员类似的职(例如,国会职员之职、法院职员之职),规范的基本方式是共通的,因此,以下在本书中,仅以适用《国家公务员法》及《地方公务员法》的各相应条款的一般职公务员的规范为考察的对象。

---

① 最高法院判决,昭和42年4月28日,载《民集》第21卷第3号,第759页。其第一审,东京地方法院判决,昭和37年6月1日,载《行裁例集》第13卷第6号,第1201页;《公务员判例百选》第1案件。

② 《逐条国家公务员法》,第65页。关于公务员的种类等的详细情况,此外参见中西又三著:《公务员的观念、种类、范围》,载《行政法大系9》,第37页以下。

此外,《国家公务员法》第2条第7款,与属于一般职、特别职的国家公务员不同,在与外国人之间,承认了基于契约的勤务关系的成立。在这种情况下,不适用《国家公务员法》,而是根据雇用契约法理来处理(关于具体的事例,东京地方法院判决,平成11年5月25日,载《劳动判例》第776号,第69页以下)。

③ 《国家公务员法》第2条第5款、《地方公务员法》第4条。

第二节　公务员法的法源

一、宪法

《日本国宪法》关于公务员法制也设置了若干的规定。即作为直接谈及的条款,第 15 条规定了公务员作为全体国民的服务员性及普通选举的保障。虽然不是明示性的,但是,判例和通说都认为,公务员被《日本国宪法》第 27 条的"勤劳者"所包含,公务员也享有基本人权(对其限制成为问题)。进而,公务员法制的基准,被视为以法律的形式加以规定的事项(《日本国宪法》第 73 条第 4 项)。

这样,《日本国宪法》与明治宪法不同,具有公务员法制的内容,基于形式的民主性理念、人权尊重理念的规定,占据了作为公务员法制之法源的地位。① 但是,在同样是第二次世界大战后实现了新的宪法之制定的德国,其《基本法》中规定了维持传来性的职业官吏制度的内容,与之进行比较,对于公务员法制的存在方式具体地予以启迪的作用不少。②

二、《国家公务员法》《地方公务员法》的性质

从前面"一"所指出的角度来看,《国家公务员法》《地方公务员法》,无论哪一部都是基于《日本国宪法》之托付的法律,具有作为基准法的性质。③ 当然,这里有几个意思:

---

① 包括其他的宪法相关条文(第 16 条、第 17 条、第 93 条之二、第 99 条等)在内,关于公务员法制之法源的重要性,参见晴山一穗著:《公务员法的理念与课题》,载《专修法学论集》第 130 号,2017 年,第 263 页以下。

② 德国《基本法》第 33 条第 5 款规定:"公勤务法,应当在对职业官吏制度的传统性诸原则进行考虑的基础上进行规范,并且,持续地予以发展。"关于德国法的近来的详细的研究,有早津裕贵著:《关于德国公勤务者的法的地位的研究》(一)至(四·完),载《名古屋大学法政论集》第 271 号、第 273 号至第 275 号,2017 年。此外,该论文(四·完)(第 275 号)中,对德国法制中的制度性研究方法与劳动法的研究方法对日本的启发进行的论述,对于与日本法上的公务员法制的多样化争论[盐野著:《行政法Ⅲ(第五版)行政组织法》,第 228 页]的关系来说,值得参照。

③ 关于公务员法制,有称为"基本法"的《国家公务员制度改革基本法》[盐野著:《行政法Ⅲ(第五版)行政组织法》,第 226 页],但是,该法的规定是关于政府的措施的,无论是直接地还是间接地,都没有关于公务员的权利、义务的规定,因此,即便在个别措施法令的揭示之际有考虑基本法之理念的情形,也不能将该法作为公务员法制的法源来定位。

(一)《国家公务员法》《地方公务员法》对规范的大框架作出规定,细节部分则委任给《人事院规则》乃至条例、规则、人事委员会(公平委员会)规则,在这一点上可以看出其基准法的性质(而从地方自治法制的观点来看,则是框架法的性质)。此时,《国家公务员法》的重点在于将规范委任给政治上的中立机关人事院;与此相对,《地方公务员法》则从地方自治的本来宗旨的角度,将规范直接委任给地方公共团体判断,由其以条例来规定。这一点可以看出其作为基准法的性质。①

(二)不仅《人事院规则》、条例等以《国家公务员法》《地方公务员法》为基准,而且法律也不能突破其基本的观点。在这种意义上论述其基准性,那就是《国家公务员法》本身的规定:"本法律的规定,和以前的法律或者基于该法律的法令相矛盾或者相抵触时,本法律的规定优先"(该法第1条第5款),"……在需要本法律的特例的情况下,可以另外以法律或者人事院规则(……)规定之。但是,该条例不得违反本法律第1条的精神"(附则第13条)。在《地方公务员法》中也有如下规定:"有关地方公务员(……)的以前的法令或者条例、地方共同团体的规则或者地方公共团体的机关规定的规程之规定,与本法律的规定相抵触时,本法律的规定优先"(该法第2条),"……关于需要特例的,另外以法律规定。但是,该特例不得违反第1条的精神"(该法第57条)。

有人以这样的规定为前提来论述《国家公务员法》《地方公务员法》的根本基准性和优先性等。② 不过,从解释论上来说,我认为,前述《国家公务员法》第1条第5款、《地方公务员法》第2条的规定,只是确认了后法排斥前法的一般原则。此外,附则的规定也难以承认其法律性效果。从法律论的角度来说,不能说议会中以前的多数优先于现在的多数,这也许是以打破第二次世界大战前的官吏法制为目的的当时的立法者或者说是占领军的热情之反映。不过,从法技术上看,即使不受《国家公务员法》附则第13条、《地方公务员法》第57条的拘束,实际上,以具体的法是否违反两法精神为形式,也可以成为讨论的对象。

---

① 《地方公务员法》第5条。被规定为以条例规定的主要事项——工资、勤务时间及其他勤务条件(该法第24条第6款)、身份、惩戒的程序(该法第28条第3款、第29条第4款)、退休(该法第28条之二第2款)、职员团体的登记(该法第53条)。

② 田中著:《行政法》(中),第237页。

有的法律本身规定了《国家公务员法》的优先性。①

（三）国家公务员法制与地方公务员法制，都是宪法上的规范对象，在这一点上立于共通的基础。但是，与此同时，作为国家和地方公共团体这种各自不同的行政主体对公勤务者进行规范的法律，国家对地方公务员法制的介入之存在方式成为问题。其一，是国法的介入之方式，这一点有时会被作为《地方公务员法》的框架法的性质来讨论。② 其二，即便是作为框架法，国法在形成地方公务员法制的过程中，与国家公务员法制的内容性异同成为问题。在各国，国家与地方，也存在公务员制度的存在方式不同的事例。③ 关于这一点，《地方公务员法》在以对国家公务员法制的自主性为志向的同时，现实中可以看出与《国家公务员法》修改联动的倾向，并且，也可以窥见对民间雇用法制的动向的注意，形成了揭示雇用法制中的地方公务员法制的定位。④

（四）《日本国宪法》第 27 条，就勤劳的权利等作出规定，公务员也成为该条的适用对象，这是没有异论的。⑤ 于是，在形成公务员法制的过程中，与民间的劳动法制的关系成为问题。关于国家公务员，根据《国家公务员法》，概括性地作出了规定。另外，关于地方公务员，在以《劳动基准法》的适用为前提的基础上，也设置了适用除外规定。⑥ 这种不同，是因为在地方公务员法制定过程中，总司令部内、日本相关部局见解的调整，这种结果被认为并非从《日本国宪法》第 27 条的解释上能够当然地推导出来。⑦

---

① 《关于一般职的职员工资的法律》第 1 条第 2 款、《教育公务员特例法》附则第 1 条第 2 款。

② 盐野著：《行政法Ⅲ（第五版）行政组织法》，第 163 页。

③ 参见村松编著：《公务员制度改革》，2008 年版，对各国地方公务员法制进行介绍。

④ 盐野宏著：《地方公务员法制的变迁》（2010 年），载盐野著：《行政法概念的诸形态》，第 480 页以下。

⑤ 参见《逐条国家公务员法》，第 852 页；桥本著：《逐条地方公务员法》，第 737 页。

⑥ 《地方公务员法》第 58 条第 3 款。

⑦ 桥本著：《逐条地方公务员法》，第 1073 页，作为立法论，准同于《国家公务员法》，在《地方公务员法》上设置劳动基准的基本原则，并规定详细内容由条例规定，认为这样做是适当的。此外，关于对地方公务员的《劳动基准法》适用条款，本书不逐一触及，故而，参见桥本著：《逐条地方公务员法》，第 1078 页以下所详细进行的记述。

三、附属法令

具有《国家公务员法》的附属法令意义的,关于工资,有《关于一般职的职员工资的法律》;关于勤务时间等,有《关于一般职的职员的勤务时间、休假等的法律》;关于退职津贴,有《国家公务员退职津贴法》;关于退职养老金等,有《养老保险金法》(《恩给法》)、《国家公务员等共济组合法》;关于公务灾害,有《国家公务员灾害补偿法》等。对于相应问题,这些法令均另外设置了规定。并且,关于设置特例性规定,有《教育公务员特例法》《外务公务员法》《外国人教员法》和《关于行政执行法人等的劳动关系的法律》。

关于地方公务员,除《自治法》设置根本性的规定之外,对于任用、人事评价等,规定了全部依据《地方公务员法》的规定。① 因此,关于地方公务员,《地方公务员法》实质上具有和《国家公务员法》同样的作用,同时,也有附属法令性的规定和特例性的规定。关于前者,有与《人事院规则》相对应的包括工资、勤务时间等的各种条例;此外,关于退职养老金等,还有《地方公务员等共济组合法》;关于灾害补偿,有《地方公务员灾害补偿法》。并且,关于特例性规定,有《关于地方教育行政的组织及运营的法律》《教育公务员特例法》《地方公营企业法》《关于地方公营企业等的劳动关系的法律》及规定被雇用于单纯劳务的属于一般职的地方公务员范围的政令等。

这些附属法令虽然可以被作为《国家公务员法》和《地方公务员法》的实施法来定位,但是这两部法律都不是从总体上以实施法为前提的,如果包括人事院规则、条例等的话,能够自我完结的部分是其主体,因此,与将具体性规范交由实施法来规定的基本法不同。②

第三节 人事行政机关

一、人事行政机关的基本存在方式

在公务员法制中,与如何规定成为规范对象的公务员范围的问题

---

① 《自治法》第172条。
② 参见盐野宏著:《关于基本法》(2008年),载盐野著:《行政法概念的诸形态》,第35页以下。

同等重要的是人事行政机关的存在方式。当然,人事行政的范围也极其广泛,既有对个别职员进行服务监督等日常性人事管理,又有任用、惩戒、不服审查、规则制定等,如何构筑人事行政机关的问题,并不一定能够单义性地得以确定。不过,一般地说,关于人事行政,为了在确保政治中立性的同时,努力推进科学的人事管理,就有必要适当地将权限分配给直接的服务监督者以外的机构,并且努力确保人事行政的专门性。

从这种观点出发,在日本采取了如下制度:

(一)个别公务员的任免、服务监督等直接的人事管理,在国家层面由各省、各厅的首长进行①;在地方公共团体层面,由知事、市町村长等行使该权限。②

(二)为了确保人事行政的政治中立性,推行科学的人事管理,另设立独立的人事行政机关。在国家层面设人事院③;在地方公共团体层面设人事委员会、公平委员会。④ 进而,必须注意的是,人事院等作为行使对于公务员限制劳动基本权的代偿措施的机关,也具有重要的地位。⑤

这些有关人事行政的委员会,按照行政组织法一般理论来说,人事院等被作为除承担考试的实施等行政性职能以外,还承担准立法性职能、准司法性职能的行政委员会之一来定位,并且,从行政审判法理的观点来看,也是值得注目的问题。⑥

(三)基于人事行政也有必要完成其所属行政的最终责任的宗旨,内阁总理大臣也和人事院并列被规定为中央人事行政机关,而与国家公务员的人事行政相关的人事院与内阁总理大臣的作用分担的存在方式,很早以前就成为争议的对象。通过平成 26 年的《国家公务员法》等修改法,实现了干部职员人事的一元管理,在内阁官房设置内阁人事局等,在

---

① 《国家公务员法》第 55 条、第 84 条等。
② 《地方公务员法》第 6 条。
③ 《国家公务员法》第 3 条。
④ 《地方公务员法》第 7 条。
⑤ 参见最高法院大法庭判决,昭和 48 年 4 月 25 日,载《刑集》第 27 卷第 4 号,第 547 页;《公务员判例百选》第 81 案件。
⑥ 盐野著:《行政法Ⅲ(第五版)行政组织法》,第 67 页;盐野著:《行政法Ⅱ(第六版)行政救济法》,第 37 页。

内阁总理大臣的权限之扩张的方向上实现了大致的解决。①

二、人事院

(一)构成

人事院,设在内阁的管辖之下②,由人事官三人组织而成。③ 在形式上,人事院被作为内阁的辅助部局来定位,不接受《国组法》的适用。但是,从实质上看,人事院是行政委员会。④ 人事官的任期为4年。⑤ 在资格要件上,除有排除政党性的规定外,还将同一大学同一系的毕业生作为消极要件,这是其特征。⑥ 虽然具有固有的内部构造,但是,对此也不适用《国组法》,而全部依据《国家公务员法》的规定。⑦

(二)职能

人事院除行使行政性职能以外,还行使准立法性职能和准司法性职能。下面简要阐述人事院的主要的职能。

1. 《国家公务员法》规定的人事院的行政性职能的主要内容,有工资劝告(该法第28条第2款)、考试的实施(该法第48条以下)、研修计划的制定(该法第70条之六)和兼职承认(该法第103条第2款)。

2. 人事院为了实施法律,或者基于法律的委任,可以制定人事院规则(《国家公务员法》第16条)。鉴于这与法规命令中的执行命令和委任命令的区别相对应⑧,人事院规则的范围广泛且规范的密度较高(反过来说,法律的规范密度较淡薄)⑨,故人事院的规则制定权被作为行政委员会的准立法性职能的典型。人事院规则的确在和法律的关系上,采取了

---

① 关于平成26年法修改中审议过程及人事院的应对,参见人事院编:《人事院70年人事行政的历程》,2018年版,第387页以下;盐野著:《行政法Ⅲ(第五版)行政组织法》,第243页、第257页。
② 《国家公务员法》第3条。
③ 《国家公务员法》第4条。
④ 参见盐野著:《行政法Ⅲ(第五版)行政组织法》,第65页以下。
⑤ 《国家公务员法》第7条。
⑥ 《国家公务员法》第5条。
⑦ 《国家公务员法》第4条第4款。
⑧ 盐野著:《行政法Ⅰ(第六版)行政法总论》,第78页。
⑨ 与国家公务员的政治性行为的禁止相关联,参见盐野著:《行政法Ⅰ(第六版)行政法总论》,第79页。

委任及执行的形式,但是,成为其渊源的《国家公务员法》的规范对象,并不限于全部应该由法律规定的事项即法律事项。例如,关于勤务条件的人事院规则是《国家公务员法》采取勤务条件法定主义①的结果,关于考试,也被解释为必须采取法律及基于法律委任的人事院规则的形式。必须注意的是,在这种意义上,人事院的准立法性权限是有关公务员关系的规范方式的法政策上的产物,是通常的法规命令的界限论并不当然地适当的情形。

人事院规则之中,重要的有:职员的任免(《人事院规则八——十二》)、职员的退休(《人事院规则十一——八》)、对不利处分的审查请求(《人事院规则十三——一》)、关于勤务条件的行政措施的要求(《人事院规则十三——二》)、政治性行为(《人事院规则十四——七》)和职员的休假等(《人事院规则十九——〇》)等。人事院规则在定义上也属于《行政程序法》上的命令,所以,除关于公务员的勤务条件的人事院规则,关于公务员的礼仪、制服、研修等的人事院规则之外,也成为意见公募程序的对象。②

3. 人事院具有对行政处分的不服申诉的审查职能。具体地说,有对不利处分的不服申诉的审查③,对于有关股份所有关系等的人事院的通知的异议申诉的审查④。此外,在行使职员团体的登记注销权限时,进行公开审理。⑤

着眼于人事院的这种职能,特别是人事院进行的不利处分的审查,是行政审判,其程序通常采取准司法性程序。不过,关于作为程序结果的人事院的裁决,由于实质性证据法则等的特别效力不涉及,即使采取准司法性程序,也存在界限。⑥

三、内阁总理大臣

在《国家公务员法》上,关于中央人事行政机关,曾经只设置了人事

---

① 盐野著:《行政法Ⅲ(第五版)行政组织法》,第261页。
② 《行政程序法》第2条第1项、第3条第2款第5项、第4条第4款第3项、第38条。此外,关于意见公募程序,参见盐野著:《行政法Ⅰ(第六版)行政法总论》,第262页以下。
③ 《国家公务员法》第90条以下。
④ 《国家公务员法》第103条第6款、第7款。
⑤ 《国家公务员法》第108条之三第7款。
⑥ 盐野著:《行政法Ⅱ(第六版)行政救济法》,第41页。

院,而伴随昭和 40 年国际劳工组织(ILO)第 87 号条约的缔结,内阁总理大臣也被加入其中。其后,在平成 19 年、平成 26 年的法修改中,内阁总理大臣的职务权限得以显著扩大。①

其事务的主要内容是,关于标准职务推行能力的事务(该法第 34 条),关于录用升任等基本方针的事务(该法第 54 条),关于与干部职员的任用等相关的特例及干部候补育成课程的事务(该法第 61 条之二至第 61 条之十二),关于人事评价、研修等的事务(该法第 70 条之二至第 70 条之四、第 70 条之五至第 70 条之七)。②

此外,在《国组法》上,作为对这些内阁总理大臣的职务权限进行辅佐的组织,设置了内阁官房(长官)、内阁人事局(长)。③

四、人事委员会、公平委员会

在地方公共团体中,设置了作为中立的人事行政机关的人事委员会或者公平委员会。人事委员会设于都道府县及指定都市,公平委员会设于人口不满 15 万人的市町村及地方公共团体的组合,人口在 15 万人以上的市及特别区,以条例设置人事委员会或者公平委员会。由于公平委员会是设于小规模的市町村的,故从行政的精简化、合理化的观点出发,建立公平委员会的共同设置、对人事委员会进行事务委托的制度。④

与人事院不适用《国组法》相对,人事委员会和公平委员会被作为《自治法》上的执行机关之一来定位。⑤ 但是,人事委员会和公平委员会也具有规则制定权和对不服申诉的裁决权等,行使准立法性职能和准司法性职能,因而具有行政委员会的性质。在这一点上,和人事院相同。不过,在公平委员会中,并不承认人事委员会所具有的工资劝告权。⑥

---

① 《国家公务员法》第 18 条之二。
② 参见盐野著:《行政法Ⅲ(第五版)行政组织法》,第 257 页以下、第 263 页。
③ 《内阁法》第 12 条、第 21 条。
④ 以上,《地方公务员法》第 7 条。
⑤ 《自治法》第 180 条之五第 1 款。
⑥ 《地方公务员法》第 8 条。

第二章 勤务关系总论

第一节 勤务关系的性质

在公务员关系中,存在公务员方面的职务专念义务,反过来说,也存在薪金请求权等个别的权利、义务,可以将其归纳为基本地位之存在来论述。在这种意义上,公务员关系由基本的关系和派生的关系二者构成。从法解释学的观点来看,应该如何来理解这种基本关系的法性质的问题,很早以前就成为人们关心的对象。

在明治宪法下,模仿德国公法学的理解,将这种关系作为公法上的特别权力关系来把握,是没有异议的。① 与此相对,在《日本国宪法》下,出现了对特别权力关系一般论进行批判的学说,公务员关系=特别权力关系说,在其过程中也成为批判的对象。② 对此特指出如下几点:

一、已不存在原封不动地维持以前的特别权力关系说的见解。过去,即使是有关公务员的人权,勤务主体也可以自由地、在没有法律根据的情况下予以限制,并且,关于这期间的纠纷,向法院起诉是不被承认的,这就是特别权力关系的要点。③ 这已经是宪法本身所否定的。一方面,依《日本国宪法》的规定,公务员是全体国民的服务员;另一方面,公务员作为劳动者,此外,作为一种人格,成为人权保障的对象。④ 作为制定法的《国家公务员法》和《地方公务员法》,关于公务员的勤务关系的内

---

① 美浓部著:《日本行政法》(上),第134页。
② 关于围绕勤务关系的性质的学说,村井龙彦著:《公务员的勤务关系的性质》,载《行政法的争点》(新版),1990年版,第126页以下,有详细的论述。
③ 盐野著:《行政法Ⅰ(第六版)行政法总论》,第30页。
④ 参见最高法院大法庭判决,昭和48年4月25日,载《刑集》第27卷第4号,第547页;《公务员判例百选》第81案件。最高法院判决,昭和49年11月6日,载《刑集》第28卷第9号,第393页;《行政判例百选Ⅰ》(第四版)第22案件;《公务员判例百选》第68案件。但是,无论哪一个判决都承认了现行法制中人权制约规定的合宪性。盐野著:《行政法Ⅲ(第五版)行政组织法》,第281页、第282页。

容,也设置了详细的规定,明确地对不利处分开设了起诉之途径。①

二、从正面和特别权力关系说相对立的学说,有公务员关系=劳动契约关系说。② 该学说将焦点集中在如下主张上:公务员是宪法上所说的"劳动者",在该限度内,和一般的劳动者并无不同。但是,在《国家公务员法》和《地方公务员法》上,关于工资、勤务时间及其他勤务条件,并不是采取契约方式,而是采取以法令规定为原则的勤务条件法定主义,所以,只要不能认定这些规定违反宪法,这种观点就是缺乏解释论上的意义。

三、关于勤务关系,在法令的支配广泛涉及的现行法制之下,无论是特别权力关系说,还是劳动契约关系说,作为解释论,都不怎么有发挥作用的余地。在这种意义上,关于勤务关系的性质,直截了当地将其作为由制定法所规范的关系来把握,在个别的解释论中,只要努力对其制定法的宗旨、目的加以合理性理解便足够了。③ 当然,即使在这种情况下,也必须以公务员关系形成了完全不同于一般市民关系的部分社会为前提。虽说附加"公法"这个形容词④也是有问题的,但是,我认为,作为研究的方法,这样也是可以的。也就是说,作为现行法解释论的基础,以通过法令广泛涵盖了的关系为前提,对法律的宗旨、目的进行合理性解释,便足够了。在解释论的层次上,不应该依据特别权力关系或者劳动契约关系这种范畴,而是依据其劳动者性和公益性这种价值原理即是充分的。虽然教条主义在立法的层面有时也发挥作用,但是,即使在这种情况下,也可以不区分特别权力关系或者劳动契约关系而确立立法政策。我认为,最高法院的判例也基本上立于该观点。⑤

第二节 勤务关系的变动

勤务关系的变动,还原为行政法一般理论来说的话,意味着行政法关

---

① 盐野著:《行政法Ⅲ(第五版)行政组织法》,第270页。此外,有关对公务员关系=特别权力关系这种把握的法院的动向,参见盐野宏著:《公务员法上判例的功能》(1972年),载盐野著:《行政组织法的诸问题》,第185页以下。时间虽然较早,但判例的基调却是相同的。
② 室井力著:《特别权力关系论》,1968年版,第381页以下。
③ 田中著:《行政法》(中),第243页。
④ 田中著:《行政法》(中),称其为"特别的公法上的关系"。
⑤ 最高法院判决,昭和49年7月19日,载《民集》第28卷第5号,第897页;《行政判例百选Ⅰ》第8案件;《公务员判例百选》第5案件。

系的成立、变更和消灭。这里当然也存在公务员法制所特有的问题。下面,我们将从行政法一般理论上的观点和公务员法制度论上的观点①两个方面,阐述主要的问题要点。

一、基本构造

正像录用某人为公务员,或者使其晋升那样,要变动勤务关系,单位成为必要。这里也存在各种各样的方法。在旧官吏制度之下,采取的是身份性阶层方式。官吏中有高等官和判任官的区别,高等官分为敕任官和奏任官,敕任官中,天皇亲自进行亲任式的,称为亲任官。除亲任官以外的高等官,进而分为若干等级。在这种情况下,由于所担任的官职被另外认识,所以,为了使其承担具体的职务,曾经存在"补职"的观念。②

在《日本国宪法》下,这样的身份制单位被废止,被在美国发展起来的职阶制取而代之。③ 职阶制,是指按照职务的种类及其复杂和责任的程度分类、整理官职(分配给一名职员的职务和责任)④的计划。⑤ 通过职阶制,所有的官职都以职种和职级来区分,作为职务晋升等人事的基本单位而使用。

职阶制,曾经被试图作为将给人事行政带来合理性、科学性的制度而导入,但是,现实中,由于分类工作、具体官职的等级区分工作有困难,所以没有付诸实施,被平成19年的《国家公务员法》修改法附则第2条所废止。于是,替代职阶制,通过按照职制上的阶段分别规定的标准性官职(该法第34条第2款,以政令予以规定)和标准职务推行能力(该法第34条第1款第5项,由内阁总理大臣予以决定)两个要素的组合,来决定实行人事的异动。此时,在具体的人事中,能力的实证及适合性的保有被视为要件(该法第45条、第57条、第58条),而在升任、降任、转任之际,新规定的人事评价制度(该法第70条之二以下),人事评价的基准、方法等

---

① 关于行政学上所说的人事管理、各国的状况,参见村松岐夫编著:《公务员人事改革》,2018年版。时间稍微往前追溯一点,大河内繁男著:《现代官僚制与人事行政》,2000年版,所收录的论考《日本的人事行政》,对日本的人事管理之特色进行了分析。
② 参见美浓部著:《日本行政法》(上),第695页以下。
③ 平成19年修改前的《国家公务员法》第29条,《地方公务员法》第23条。
④ 《关于国家公务员的职阶制的法律》(简称《职阶法》)第3条第1项。
⑤ 《职阶法》第2条第1款。

的具体性的存在方式,根据政令予以规定。

这些新的制度,考虑到公务员人事制度中的日本范式(终身录用、通才),同时也作为以使能力实证主义现实化为目标的制度,可以说是对第二次世界大战后的公务员制度改革中的科学的人事行政予以充分考虑的制度。并且,关于人事行政的基本原则,从前就一直规定了平等对待原则,而在平成19年的法修改中,作为新的人事管理的原则,从重视录用考试的种类及录用年次中心主义这种人事惯例的逃脱,到人事评价原则被讴歌(该法第27条之二),也为平等对待原则提供了支撑。不过,问题是这取决于人事评价制度今后之运用如何。[①]

在地方公共团体也是一样,职阶制没有实施便完成了其推移,在平成26年的《地方公务员法》修改中被废止,取而代之的是人事评价制度的导入(该法第23条)。

二、成立——录用

(一)成立行为的法的性质

关于公务员关系的成立,在与一般行政法关系的关联上,使该法律关系成立的行为的法的性质,成为需要探讨的问题。《国家公务员法》和《地方公务员法》都将其成立行为称为录用[②],所以,根据该规定,即是录用行为的行为形式的问题。录用行为是契约还是行政行为的问题,很早以前就成为争论的对象。关于公务员关系的基本关系,如果采取劳动契约说的话,则录用行为也被解释为契约;特别权力关系说则涉及关系内容的权力性,使该关系成立的行为并不当然地成为权力性行为形式。在这种意义上,官吏任命行为的法的性质,即使在明治宪法时代,也曾经成为一个争议性问题。

关于这一点,在明治宪法之下,在以相对方的同意为成立要件这种意义上,虽然曾经也有将官吏任命行为解释为契约的学说,但是,以当时的

---

① 关于职阶制在日本没有扎下根的经过,鹈养幸雄著:《对职阶法的安魂曲》,载《立命馆法学》第330号,2010年,第407页以下,有详细的分析。关于职阶法的文献,也参见前述论文第450页以下。关于新的人事评价制度的解说,参见新人事制度研究会编:《国家公务员的新的人事制度》,2010年版。

② 《国家公务员法》第35条、《地方公务员法》第17条。

公法、私法的区别为前提,这被视为公法上的契约。① 在现行法制下,有的见解加上了具有"在国会所规定的一定的范围内,雇用者和公务员个别地或者团体性地就勤务条件缔结协定的可能性",主张公法上的契约关系。②

与此相对,即使在明治宪法之下,关于勤务关系的内容,以没有根据当事人的合意而形成的自由为前提,在这里不承认契约性要素,而存在试图将官吏任命行为作为同意的行政行为来理解的观点③,这种观点在现行法制下依然得以维持。④

只要没有相对方的同意,公务员关系就不成立。在这一点上,无论采取哪一种学说都一样。此外,以存在极少的形成当事人合意的余地为前提,将公务员关系的成立视为契约也过于观念化了,而采取行政行为说的话,也并不是完全否定派生关系中当事人合意的余地。在这种意义上,这一问题即使现在也依然在很大程度上限于观念性的。不过,在现行法制中,和以前的官吏关系不同,关于公务员关系的成立、消灭的纠纷,只要是法律问题,就成为裁判的对象。所以,在其争议的方法这一点上,可以说具有争论的实际利益。

具体地说,是在某公务员被录用的情况下,当存在对此有争议的第三人时,以该人应提起什么诉讼的形式成为争议的问题。反过来说,即使录用被拒绝,也必须探讨对此争议的诉讼形式。关于这一点,制定法上没有直接的依据。不过,从关于勤务关系的消灭(免职)在制定法上采取了处分性构成来看⑤,可以认为,制定法期待这种关系的早期稳定性的确保,在这种意义上,和消灭行为一样,解释为成立行为也是作为处分来构成的,才是率直的。

(二)成立的时期

关于勤务关系的成立时期,从与行政法一般理论的关系来看,作为录

---

① 美浓部著:《日本行政法》(上),第243页。
② 鹈饲著:《公务员法》,第77页。
③ 田中二郎著:《公法契约论序说》(1933年),载田中著:《行政行为论》,1954年版,第280页。
④ 田中著:《行政法》(中),第245页以下;田中二郎著:《行政法总论》,1957年版,第297页。
⑤ 盐野著:《行政法Ⅲ(第五版)行政组织法》,第270页。

用行为的方式的问题来论述,通说和判例都将其视为辞令书的交付或者与此准同的行为。① 在与就业内定(即初步确定——译者注)这一实际处理方法的关系上,勤务关系的成立时期问题成为公务员法固有的问题。最高法院认为,地方公务员的录用内定及其撤销,是作为发布录用命令程序的准备程序而实施的事实上的行为,没有采取承认公务员法制独自的成立时期的观念。② 根据这种观点,录用内定并不具有特别的法律效果,特别是不具有拘束任命权者的效果。不过,由于还有其他拒绝就业内定的情况,因而存在如何考虑这一点的问题。从最高法院的观点来看,应该作为损害赔偿的问题来处理。

此外,关于民间的劳动关系的成立,从前,录用内定的法的性质一直是存在争议的地方;现在,将录用内定通知视为对于劳动者进行劳动契约的申请作出的承诺,在二者之间保留了解约权的劳动契约成立,这可以看作是劳动法上的判例、通说。③

进而,关于职员的录用,有附条件任用期间的制度,根据该制度,职员6个月内以良好的成绩履行其职务时,该录用便成为正式的,也就是说,采取了只要不属于其要件,便会作出免职处分的构造。④ 在实务上也是一样,有该措施被执行时,身份处分的撤销诉讼被提起的案件。在将附条件任用期间制度本身作为前提的基础上,进行处分的裁量过程统制的,是判例的动向。⑤ 在涉及长期的民间的劳动关系中也是一样,有采取试用期间制度的,作为"附解约权保留劳动契约",其形式的要件被视为问题。⑥

有必要留意的是,从法关系的角度来看的话,公务员关系与劳动关系

---

① 鹈饲著:《公务员法》,第 101 页以下。名古屋地方法院判决,昭和 54 年 3 月 26 日,载《劳民集》第 30 卷第 2 号,第 478 页。名古屋高等法院判决,昭和 55 年 5 月 1 日,载《劳民集》第 31 卷第 3 号,第 571 页。

② 最高法院判决,昭和 57 年 5 月 27 日,载《民集》第 36 卷第 5 号,第 777 页;《公务员判例百选》第 6 案件。

③ 参见菅野著:《劳动法》,第 232 页。

④ 参考法令有《国家公务员法》第 59 条,《人事院规则八——十二》第 32 条第 2 款,《人事院规则十一——四》第 10 条第 4 项,《地方公务员法》第 22 条、第 29 条之二第 2 款,鸟取市《关于附条件录用期间中的职员及临时性被任用的职员之身份的条例》。

⑤ 参见中尾祐人著:《案例评释》,载《自治研究》第 93 卷第 10 号,第 126 页以下。

⑥ 参见菅野著:《劳动法》,第 238 页以下。

的差异是存在的,而从人才之确保的观点来看,两者则处于竞合关系。

(三)国籍要件

《日本国宪法》上并没有明文规定的条款,但是,可以解释为,在国民具有选定公务员的权利之中,包含日本国民具有成为公务员的一般性能力。①

与此相对,关于外国人的公务员就任能力,是有争议的。通过平成17年1月26日的最高法院大法庭判决②,在实务上进行了暂且的整理。在东京都的管理职考试中,以没有承认外国人的参加考试资格为理由而进行的损害赔偿案件中,最高法院作为一般论指出:"根据国民主权的原理,关于由国家及地方公共团体进行统治的存在方式,作为日本国的统治者的国民,应当负有最终性的责任(参见《日本国宪法》第1条、第15条第1款),鉴于此,原则上应当认为,设定了具有日本国籍的人就任公权力行使等地方公务员(地方公务员之中,实施那些属于直接形成居民的权利义务,确定其范围等的公权力行使的行为,或者实施关于普通地方公共团体的重要的措施的决定,或者以参与这些活动为职务的人——盐野注)的情形,应该说……外国人就任公权力行使等地方公务员,本来是我国的法体系所没有设定的情形。"

根据该见解,从前作为政府见解而提示,在实务中得以广泛援用的所谓当然的法理("为了成为从事公权力的行使或者国家意思形成的参与、策划的公务员,需要有日本国籍"③),以拓展了概念内容的形式(当然,即使如此,依然存在着界限领域的判定的问题),通过最高法院判决,作为法规范而得以确立。

下面,从公务员法制的见地出发,指出如下几点④:

1. 通过判决,在公务员法制上得以整理的是,公权力行使等地方公务员的职位原则上限于具有日本国籍的人,构筑考虑了这一点的管理职

---

① 鹈饲著:《公务员法》,第116页。
② 载《民集》第59卷第1号,第128页;《地方自治判例百选》第80案件。
③ 参见前田正道编:《法制意见百选》,1986年版,第367页以下。
④ 作为判例分析,从宪法论的角度展开的研究,长谷部恭男著:《外国人的公务就任权》,载《法学教室》295号,2005年,第79页以下,提示了饶有兴趣的视点。关于以最高法院判决为前提、以地方公务员为中心的实务性课题,参见猪野积著:《公务员任用和国籍》(上)至(下),载《自治研究》第81卷第4号、第5号,2005年。

任用制度,对地方公共团体来说是允许的。这种法理,被解释为当然地也适用于国家公务员法制。以下,称这一法理为国民主权原则。

2. 国民主权的原则是否允许例外？如果认为承认例外,那么,对这种例外有没有限定？承认例外的法形式是什么？关于这些,判决并没有明确提示。但是,判决也被解释为,其宗旨并不是认为这一原则完全不承认例外。行政处分权限(例如,公共设施的利用许可权限)的行使及对该权限行使的参与,在宪法上,对具有日本国籍的人以外的人予以承认,认为从国民主权的原理来看一切不予承认的观点,是欠缺实证性根据的,同时,在概念运用上也存在困难。这种例外是否需要有法律根据,或者说,在没有法律根据的情况下,条例单独地作出规定,例如,以公共设施的设置条例规定,公共设施的首长可以任用外国人,这样做是否被允许,成为需要探讨的问题。关于这一点,从没有谈及例外措施的判决之中,求证直接的解答,是不可能的。但是,我认为,在地方公务员法制之下,承认日本的法体系所没有设想的例外,不仅需要条例上的根据,而且需要法律上的根据。当然,这种法律根据并不一定需要是详细的规定。

3. 判决是立足于国民主权的原则的、关于外国人的公务员就任能力的判决。在任用之际,即使认为是根据国民主权以外的原理而否定了外国人的公务员就任能力,只要其是具有合理性的理由,就不是违宪或者合宪的问题。当然,关于在与国民主权的原理相同的程度上,承认排除外国人的原理,到底是什么样的原理的问题,目前尚没有讨论。①

4. 国民主权的原则在现实中广泛地否定外国人的公务员就任能力,反映了日本公务员法制的特色。也就是说,在日本,公务员之中没有身份性差别②,一旦被录用为公务员,便开启了晋升为管理职的路径(存在所谓职业和非职业的区别③),晋升管理职的特别制度几乎不存在(系争的东京都的管理职考试制度是其例外)。进而,现实的意思决定大多是组织性、集团性地作出决定,在这种制度中,仅依据国民主权原则,外国人被排除出去的范围实际上是相当广泛的。

---

① 关于不是国民主权,而是将限制的根据求证于国家主权的,参见山本隆司著:《从判例探究行政法》,2012 年版,第 130 页以下。
② 盐野著:《行政法Ⅲ(第五版)行政组织法》,第 224 页。
③ 参见西尾胜著:《行政学》(新版),2001 年版,第 142 页以下。

5. 国民主权的原则是以国家公务员和地方公务员为对象的(不过,不仅限于一般职,也包括特别职)。所以,关于在国家、地方公共团体、行政执行法人以外的行政主体中勤务的人,在从前的讨论的射程之外。应该解释为,通常的理解是,由于职员被非公务员化,使得外国人的人才录用途径开启。但是,除存在"独立行政法人等的职员不是宪法上的公务员吗?"这样的问题之外,在独立行政法人之中,从事公权力的行使及国家的重要措施的制定的人,作为范畴也并不是不存在的,所以,还有这些事例发生时应该如何考虑的问题。同样的问题,对指定法人的职员来说,也同样存在。如果在现阶段来处理这个问题,那么,在法人化或者委任法制得以制定阶段的该法制中,就应当认为其包含了国民主权的原理的例外。

6. 关于外国人,另外预定了契约上的勤务者的存在。① 这是基于跟日本人同样的处遇的话,难以确保必要的人才这种认识而采取的举措。②

(四)其他要件

公务员关系的要件,除前述国籍要件外,还有如下其他要件:

1. 在成为公务员的要件中,消极要件,在公务员法制上被作为欠格条款来整理,具体地说,有成年禁治产者及准禁治产者;被处以管制以上之刑至该执行终了或者至被免于执行以前者;受到惩戒免职的处分,从该处分之日起未经过两年者;担任人事院的人事官或者事务总长之职,犯了《国家公务员法》第109条至第112条所规定之罪,被处以刑罚者(关于地方公务员,曾在人事委员会或者公平委员会任职者);结成或者加入主张以暴力破坏《日本国宪法》或者在该宪法之下成立的政府的政党及其他团体者。③

2. 关于积极要件,有能力主义(功绩主义)原则,根据某人的考试成绩、人事评价及其他的能力之实证而定。④ 能力主义、成绩主义,这些概念本来不是法令用语,而是实务乃至讲学上的用语。此外,虽然讲的是"主义",但也存在并不一定被严格运用的情形,没想到在平成19年的国

---

① 《国家公务员法》第2条第7款,关于其要件,《人事院规则———七》。
② 《逐条国家公务员法》,第84页。
③ 《国家公务员法》第38条、《地方公务员法》第16条。
④ 《国家公务员法》第33条、《地方公务员法》第15条。

家公务员修改法中(第 27 条之二)得以确认下来。①

三、变更

（一）关于录用后的公务员关系的变更,有升任、降任、转任。② 此外,在《人事院规则》中,在此基础上又添加了配置转换。③ 转任和配置转换都是同等官职之间的移动,但是,转任中任命权者不同,而配置转换中任命权者不变,只是担任其他官职。

（二）在上述的这些勤务关系变更之际,跟录用相同,每一种情形,都适用以能力的实证为基础的能力主义的原则。④ 在此基础上,在现行《国家公务员法》上,作为人事管理的原则,规定不受录用年次及其合格了的录用考试之种类等的限制,应当基于人事评价来进行。⑤ 这是基于对从前的人事惯例的反省而作出的决定。此外,从前,升任的方法也是规定为根据竞争考试来进行的⑥,而现实中并未得以实施,现在是规定根据人事评价来进行(根据地方公共团体的不同,也有地方曾经采用了管理职考试制度——东京都)。

（三）在裁判上有时成为问题的,是转任及配置转换措施的法性质。判例倾向于将其视为行政行为。⑦ 公务员关系的成立、消灭,在任免权者方面来看,其行为形式是行政处分;转任及配置转换属于不利时,和免职处分等的不利处分一样,承认作为行政上的不服申诉的不利审查。由此可以看出,从总体上将转任及配置转换视为行政处分,才是合乎目的的理解。

在实体法上,在配置转换等时,是否以本人的同意为要件,成为需要探讨的问题。关于这一点,《教育公务员特例法》中规定,只要不是根据

---

① 盐野著:《行政法Ⅲ(第五版)行政组织法》,第 247 页。关于成绩主义的语源、用法等,参见鹈养幸雄著:《成绩主义——在公务员制度(改革)之中》,载《立命馆法学》第 325 号,2009 年,第 1 页以下。
② 《国家公务员法》第 34 条第 1 款第 2—4 项、《地方公务员法》第 17 条第 1 款。
③ 《人事院规则八——十二》第 4 条第 5 项。
④ 《国家公务员法》第 33 条、第 58 条。
⑤ 该法第 27 条之二。
⑥ 旧《国家公务员法》第 37 条。
⑦ 虽然没有最高法院的判例,但是,关于下级审判决,可参见东京地方法院判决,昭和 49 年 5 月 27 日,载《判例时报》第 752 号,第 93 页;《公务员判例百选》第 9 案件。关于其他判例的动向,参见该案件的阿部泰隆解说。

公立大学的学长、教员等大学管理机关的审查结果,就不得违反其意愿转任,设置了程序性规定(该法第5条)。同时,关于转任,也存在包括适当与不当乃至合法与违法的界限。《教育公务员特例法》的规定,虽然具有源于教员特殊性的一方面,但是,它被解释为,关于一般的转任,任免权者的裁量也具有界限,这成为该特例的前提。

与此相对比,关于普通的职员,被解释为,虽然转任和配置转换不需要同意,但是,也应该视为裁量权存在界限。关于通常的劳资关系,其逻辑构成各种各样,但是,一般地说,被认为不需要完全的同意,同时,也没有委任给雇用者完全的自由。①

(四)作为公务员关系变更的一种,有"并任"的观念。这是指将现在具有官职的职员,在原封不动地保持其官职的基础上,任用于其他官职。② 在这种情况下,被解释为,失去原职时(免职),所并任的官职也同时丧失。

(五)派遣是实践中经常看到的人事上的措施。③ 这是指使其保留国家公务员或者地方公务员的身份,而从事其他团体等之职。这反映了国家及地方公共团体和其他团体具有密切关系的现实状况。派遣包括如下种类:向地方公共团体及国家根据派遣制度进行的派遣(派遣职员)④、向同样基于法令的公共机关的派遣⑤、向国际机关的派遣⑥等制度上的派遣。

进而,反映近年来的公务员法制动向的两种派遣制度得以创设。其一是《关于有关国家公务员的国家和民间企业之间的人事交流的法律》。⑦ 该法律的目的是谋求推进国家和民间相互之间的人事交流。该制度,对于国家方面来说,有助于人才的培养和行政运营的活性化(该法第1条);对于民间方面来说,也期待其能够导致企业的人才培养和组织的活性化,反映了公务员法制的新动向。此外,该制度的特征是:由国家派遣的人,保有其公务员的身份,同时,基于和民间企业之间缔结的劳动契约,作为民间企业的从业人员,从事其业务(该法第2条第3款)。所

---

① 参见菅野著:《劳动法》,第727页以下。
② 《人事院规则八——十二》第35条以下。
③ 参见渡边贤著:《职员的交流、派遣》,载《行政法的争点》,第192页以下。
④ 《自治法》第252条之十七、《灾害对策基本法》第29条以下。
⑤ 《地方公务员灾害补偿法》第13条第1款等。
⑥ 《关于被派遣到国际机关等的一般职国家公务员的待遇等的法律》《关于被派遣到外国地方公共团体的机关等的一般职地方公务员的待遇等的法律》。
⑦ 平成11年法律第224号。

以，交流派遣职员接受《国家公务员法》上的服务规定、《国家公务员伦理法》的规定的适用。

其二是《关于向公益性法人等派遣一般职地方公务员等的法律》。① 该制度也是应对和民间的团体提携这一现代性课题的制度，但是，其问题的发端却不同于国家公务员的场合。很早以前，在地方公共团体，以对与该团体的事务具有关系的公益法人及股份有限公司进行职务专念义务的免除②等的形式，已经在进行职员派遣了。关于这件事情，也出现对其适法性提出疑问的最高法院的判例。③ 于是，为了从立法上解决法的疑义，制定了前述法律。该制度的特征是，规定了在保持身份的同时被派遣到公益性法人等（由条例规定）的情形（该法第 2 条以下。这种场合，对于派遣职员，原则上作为不支付工资的情形来予以整理，对于一定的业务，根据条例的规定，视为也可以支付工资。不根据条例的制定等程序，采取补助金的方法等措施，无效④）和向特定法人（由地方公共团体出资的、以条例规定的股份有限公司）的退职派遣（该法第 10 条以下）这两种类型。进而，在后者的情况下，当派遣期限届满时，"将该人作为职员予以录用"（该条第 1 款）。这种规定，在公务员法制上是值得注目的。这是针对任命权者的行为规范而作出的规定，也可以作为派遣退职者的权利来把握，所以，任命权者违法地不予录用时，被解释为，如果有不录用处分介入的话，可以提起对于该处分的撤销诉讼。从公务员的录用处于任命权者的广泛裁量之下的现行法的原则来看，可以说，该规定承认了极大的例外的情形。

（六）实务上，作为勤务关系不同的人事异动的手法，有临时调职。临时调职，在一般的劳动契约关系中能够看到⑤，而关于公务员关系，则要办理临时调职原单位的退职、临时调职前往单位的任命之手续。根据关系人的合意而进行，《国家公务员法》《地方公务员法》上都没有规定。

---

① 平成 12 年法律第 50 号。
② 盐野著：《行政法Ⅲ（第五版）行政组织法》，第 272 页。
③ 最高法院判决，平成 10 年 4 月 24 日，载《判例时报》第 1640 号，第 115 页；《行政判例百选Ⅰ》（第六版）第 4 案件；《地方自治判例百选》（第三版）第 69 案件。
④ 参见最高法院判决，平成 24 年 4 月 20 日，载《民集》第 66 卷第 6 号，第 2583 页；《行政判例百选Ⅰ》第 5 案件，白藤博行解说；《地方自治判例百选》第 113 案件。
⑤ 参见菅野著：《劳动法》，第 735 页以下。

可以看到国家公务员作为地方公务员而进行临时调职(相反亦是)等的事例。伴随着国立大学的法人化,曾经依据《国家公务员法》上的转任、配置转换的手法而进行的,现在则是作为文部科学省与国立大学法人之间的人事交流的手段乃至相关事务职员的履历形成的手段的临时调职得以使用。① 在关系人之间,被认为大多存在一定期间后回归之前的勤务主体这种黯然的共识的情形,而制度上则是欠缺透明性的。

四、消灭

公务员关系的消灭,在公务员法制上有离职。具体地说,离职包括失职(该当欠格事由而当然离职的情形②)、免职、辞职等各种不同的类型。

(一)失职,即所谓当然退职,是《国家公务员法》《地方公务员法》承认了特例的情形,关于国家公务员,没有制定有关特例的人事院规则,而关于地方公务员,则制定了规定特例的条例,其内容也是多样的。③ 除此以外,可以称为当然退职的,还有退休的情形④、公务员在公职选举中参加竞选的情形⑤、附任期职员的任期届满的情形等。

(二)关于免职,有身份免职⑥、惩戒免职⑦两种类型。

(三)辞职,是指基于公务员的自发性意思的退职,即一般所说的依申请退职。关于公务员关系的特色,不是基于辞职的意思表示,而是通过任命权者承认辞职申请,才导致关系的消灭。这一点,在法律的层面并不一定明确,但是,人事院规则以此为前提规定,当以书面形式提出辞职申请时,只要没有特别的障碍,就应该予以承认。⑧ 这一点被认为是如下

---

① 从行政学的角度进行的实态分析,参见渡边惠子著:《国立大学职员的人事体系》,2018年版,第248页以下、第255页以下。关于地方公务员,参见桥本著:《逐条地方公务员法》,第269页以下。

② 《国家公务员法》第38条、第76条,《地方公务员法》第28条第4款。对于私企业劳动者,国法上没有相关规范,但是,比照《日本国宪法》第15条等,关于判断其为不是不当的差别的判例,有最高法院判决,平成19年12月13日,载《判例时报》第1995号,第157页。

③ 参见下井康史著:《关于地方公务员的失职特例条例》,载《西埜、中川、海老泽喜寿》,第309页以下。

④ 《国家公务员法》第81条之二,《地方公务员法》第28条之二。

⑤ 《公职选举法》第90条。

⑥ 盐野著:《行政法Ⅲ(第五版)行政组织法》,第260页。

⑦ 盐野著:《行政法Ⅲ(第五版)行政组织法》,第291页。

⑧ 《人事院规则八——十二》第51条。《地方公务员法》上没有特别的规定。

一般性理解在公务员关系中的适用:在行政法关系中通过行政行为而成立的关系,其消灭也应依据行政行为(行政法一般理论中行政行为的撤回)。但是,防止公务的突然性停止,应该说正是其宗旨。

关于公务员的辞职(退职)申请及其是否可以撤回的问题,围绕时期、事由等,提供了一般行政法理论上的素材。①

(四)根据行政法一般理论,惩戒免职处分的效力,自送达被处分者之时发生。不过,在被处分者的所在不明等情况下,有法令的规定时,服从该规定②;没有法令的规定时,根据具体的状况来判定是否已经送达。在对于自己出奔的县职员,采取了与对所在不明的职员实施的从前的惩戒处分程序(对同居的家庭成员交付通知书,在县公报上刊载)相同的方法来处理的案件中,最高法院判决认为,该职员是能够充分了解、获知依据该方法对其作出的处理的。③

五、干部职员的特例

从前,关于次官、局长、部长等所谓干部职员的任用、升任等,公务员法上不曾存在特别的规定,而在平成 26 年的《国家公务员法》修改中,规定了干部职员的任用等相关的特例。④

具体来说,干部职员⑤的任用与从前一样,属于大臣的权限,在任用之际,遵循如下过程:由任命权者进行人事评价等的信息之提供等→由官房长官(由内阁总理大臣委任⑥)进行适格性审查→由官房长官进行干部候补者名簿的制作→向任命权者进行名簿之提示→内阁总理大臣、官房长官与任命权者的协议→由任命权者进行任命。进而,在适格性审查的过程中,规定了由人事院就审查的基准陈述意见。⑦ 此外,关于公务外的

---

① 参见盐野著:《行政法Ⅰ(第六版)行政法总论》,第 311 页、第 314 页。
② 关于国家公务员,参见《人事院规则十二——〇》。
③ 最高法院判决,平成 11 年 7 月 15 日,载《判例时报》第 1692 号,第 140 页;《行政判例百选Ⅰ》第 58 案件。
④ 《国家公务员法》第三章第二节第六款、第七款。
⑤ 参见《国家公务员法》第 34 条第 1 款第 6 项的定义规定。
⑥ 《国家公务员法》第 61 条之二第 5 款。
⑦ 关于以上内容,参见《国家公务员法》第 61 条之二、第 61 条之三、第 61 条之四、第 61 条之七。

人,设定了实务上听取人事官等的意见的程序。① 并且,鉴于人事行政之公正度的重要性,关于干部职员的任用动向,被解释为有必要由人事院设置披露见解的场合。

关于该特例的宗旨,有的观点认为,在于对从前的官僚体系的宗派主义之弊害的纠正,对条条领导行政的纠正、适才适所的人事之确保②,但是,有必要留意的是,这也与干部职员之身份保障过低相关联,其实态则是政治主导,更加实态地说则是向官邸主导倾斜了。③

此外,为了应对将来能够成为干部职员的候补的人才育成之要求,在平成26年《国家公务员法》修改中,干部候补育成课程得以导入。④ 这是为了育成能够成为干部职员之候补的管理职员的制度,是从录用后经过3年以上且勤务期间不少于10年的范围内的职员中,由任命权者选定,赋予其到民间企业、在外公馆中勤务、海外留学的机会等的制度。⑤ 从前也以所谓履历体系而进行并受到瞩目的是,在这个过程中不问该职员的录用之种类。并且,有必要留意的是,在这里也是一样,基准的设定、运用的管理、任命权者间的调整等、内阁总理大臣的广泛的权限得以承认。

---

① 《关于干部职员的任用等的政令》第3条第3款;《逐条国家公务员法》,第443页。
② 《逐条国家公务员法》,第441页。
③ 与干部职员相关的法制度之比较,《逐条国家公务员法》,第451页以下,进行了归纳总结。关于也包括了干部职员在内的公务员制度的研究,村松岐夫编著:《公务员人事改革——结合最新美、德、法的动向》,2018年版,具有参考价值。
④ 《国家公务员法》第61条之九。
⑤ 参见《逐条国家公务员法》,第470页。

第三章 公务员的权利和义务

引 言

以上考察了公务员关系中的公务员的地位,换言之,是与基本关系有关的内容。下面我们将考察从该基本关系中派生出来的个别的权利关系。

公务员的权利、义务,在通常的雇用关系中即雇用契约的内容,在进入个别的内容之前,有必要注意如下两点:

一、和雇用契约不同,在这里,权利、义务的内容大量地由法令规定,即采取勤务条件法定主义。这是其重大的特色。[①]

二、作为一方当事人的国家或者地方公共团体,在劳资关系中处于雇用者的地位,在该关系中,其也以统治权主体的地位与公务员相对,这在制定法上也是能够承认的。如前所述,这在规范形式中已经明显地体现出来了。以前,从这一侧面出发,该关系被作为特别权力关系来把握,即使现在否定了特别权力关系,也不能无视制定法的制度本身。

作为公务员的权利、义务内容的勤务条件的范围,并不一定是确定的,所以,下面,选择其中主要的内容,适当地区分为权利或者义务,分别予以说明。

第一节 公务员的权利

公务员对其勤务主体国家或者地方公共团体享有的权利,大致可以分为职务推行权、财产性权利、劳动基本权等实体性权利及保障这些实体性权利的程序性权利(保障请求权)。

[①] 《国家公务员法》第28条、《地方公务员法》第24条第5款。

一、职务推行权

(一)概念

公务员,享有其官职不被随意剥夺的权利。这种权利是以作为公务员法制理念的功绩主义为基础的。① 所以,这不仅是既得权的维护,而且也有利于确保公务的效率性。

现行公务员法制将其作为身份保障乃至身份来规定。具体地说,职员非因法定事由,不得违反其意愿而降任、休职、免职。② 说到身份保障,似乎有保障公务员这种身份或者职业的感觉,但是,实质上并非如此,而是保障职员所保持的官职。

身份保障的规定是限定列举,所以,不适用于转任、配置转换等。但是,对此也存在裁量权的恣意行使而违法的情况。③ 进而,公立大学的学长、教员等,考虑到其职务的独立性,只要不经过大学管理机关的审查,就不能违反其意愿而转任④,所以,虽然是程序性的,但是,对这些人也存在有关转任的身份保障。

(二)身份处分

身份处分,和惩戒处分⑤一样,都伴随官职的变动,但是,二者性质是不同的。惩戒处分是对职员非法行为追究责任的制度,而身份处分则不包含追究责任的要素(有降任、休职、免职、降薪四种类型⑥)。具体地说,作为以法律规定的事由,在免职及降任中,有如下情形:勤务实际业绩不佳的,身心有故障的,欠缺官职所必要的适格性的⑦,产生废职、冗员的

---

① 鹈饲著:《公务员法》,第116页,从公务员就任权中推导出。
② 《国家公务员法》第74条、第75条,《地方公务员法》第27条。对于地方公务员,有时也根据条例降低工资。关于《国家公务员法》《地方公务员法》上的身份保障及身份处分的词汇,两者的关系,参见鹈养幸雄著:《公务员的"身份保障"》,载《立命馆法学》第329号,2010年,第111页以下。
③ 盐野著:《行政法Ⅲ(第五版)行政组织法》,第253页。
④ 《教育公务员特例法》第5条。
⑤ 《国家公务员法》第74条、第82条以下,《地方公务员法》第27条、第29条。
⑥ 《国家公务员法》第75条,《地方公务员法》第27条。
⑦ 关于这一点,最高法院平成16年3月25日判决(载《判例时报》第1871号,第22页)进行了如下定式化:"起因于该职员所具有的不能简单地矫正的持续性的素质、能力、性格等,被认为对该职务的圆满推行具有障碍,或者具有产生该障碍的高度的盖然性的情形。"

（所以，不能说因为公务员具有身份保障，就不能进行所谓人员削减）；在休职中，有需要长期休养的情形和有关刑事案件被起诉的情形。① 以人事院规则（或者条例）规定的，有研究休职、共同和委托研究休职等。②

　　休职，根据法律的规定，是在违反职员之意的情况下进行的。但是，有时，职员方面也希望休职。前述人事院规则的规定，也不一定是违反职员之意的。此外，在判例中，也存在没有特地将依申请休职判定为无效的事例。③ 随着社会生活的扩展，出现了可以容许在保持官职的同时一定期间内不从事其职的事例，所以，有必要对依申请休职的制度予以探讨。现在，作为从正面承认职员方面的意思的制度，与休职不同的休业得以广泛应用。④

　　降薪制度虽然没有永久地一直实施，但是，作为《国家公务员法》修改的一环，平成21年《人事院规则十一——十》（职员的降薪）得以制定。降薪分为"降格"和"降号"（第3条），而人事评价制度的全体评语被加入考虑要素（第4条第1项第2号、第5条），成为应对平成19年修改中的人事评价制度⑤的规定，这一点是其特征。⑥

　　对于身份处分，从设置了行政上的不服申诉前置主义等情形来看，这明显是《行政事件诉讼法》上所说的处分。在与对其司法审查的关系上，存在关于要件的认定、处分的实施及选择，任命权者是否具有裁量权的问题。最高法院虽然设定了范围，但是，对任命权者既承认了要件裁量，又承认了效果裁量。⑦ 和惩戒处分中被视为不存在要件裁量不同，关于身份处分，被解释为，不限于对被处分者的外形性行为的评价，还需要涉及其身心的全体性判断和有关该职的专门性判断。⑧

---

　　① 《国家公务员法》第79条、《地方公务员法》第28条。
　　② 《人事院规则十一——四》第3条。
　　③ 最高法院判决，昭和35年7月26日，载《民集》第14卷第10号，第1846页；《公务员判例百选》第22案件。
　　④ 参见盐野著：《行政法Ⅲ（第五版）行政组织法》，第263页[（四）]。
　　⑤ 盐野著：《行政法Ⅲ（第五版）行政组织法》，第247页。
　　⑥ 关于降薪制度的详细情况，参见新人事制度研究会编著：《国家公务员的新的人事制度》，2010年版，第189页以下。
　　⑦ 最高法院判决，昭和48年9月14日，载《民集》第27卷第8号，第925页；《行政判例百选Ⅰ》（第五版）第77案件；《公务员判例百选》第20案件。
　　⑧ 关于要件裁量和效果裁量，参见盐野著：《行政法Ⅰ（第六版）行政法总论》，第104页以下。

(三)退休

退休,一般是指人到了一定的年龄,退出至今为止所占据的地位的意思。在民间企业中,很早以前就引进了该制度。与此相对,在公务员法制中,除检察官及大学的教员等特别职以外,在一般职中,以前不存在这样的制度,所以,关于其导入,长期以来成为争论的对象。在昭和56年的法修改中,规定从昭和60年开始,国家公务员及地方公务员均实施退休制度。①

退休制度,在不以个别的职员资质为问题这一点上,和一般的身份处分是不同的(产生冗员的情况下的身份免职处分,针对特定被处分者时,也以各个职员的资质为问题)。在和身份保障原则的关系上,法律是在身份处分之中予以处理的。

国家公务员的退休年龄是60周岁,地方公务员的退休年龄以条例规定(关于退休退职者,有不超过1年范围的再任用的制度②)。并且,正在退休延长的方向上推进相关检讨。

身份保障和退休制度,从另一方面来说,被解释为禁止附任期的录用的宗旨。但是,对应民间的雇用形态的变化,在公务员制度中,也出现了导入多样的勤务形态的倾向。在国家公务员领域,首先制定了《关于一般职的附任期的研究员的录用、工资及勤务时间的特例的法律》③,其后,又制定了《关于一般职的附任期的职员的录用及工资的特例的法律》④。在地方公务员领域,虽然稍微晚了一些,但是,也相继制定了《关于地方公共团体的一般职的附任期的研究员的录用等的法律》⑤和《关于地方公共团体的一般职的附任期的职员的录用的法律》⑥。这些都是作为日本的全面的公务员法制弹性化措施政策之一环的制度⑦,当其任用与特定的政治性课题的推行具有密切的关系时,我认为,有必要对政权交替等情况下的措施进行考虑。

---

① 《国家公务员法》第81条之二、《地方公务员法》第28条之二。
② 《国家公务员法》第81条之四、《地方公务员法》第28条之四。
③ 平成9年法律第65号。
④ 平成12年法律第125号。
⑤ 平成12年法律第51号。
⑥ 平成14年法律第48号。
⑦ 参见盐野著:《行政法Ⅲ(第五版)行政组织法》,第228页。

(四)休业、部分休业

在休职制度之外,关于以职员方面更加积极的意思为前提,保有职位却不从事职务的制度,采用了休业或者部分休业的制度。这种制度中,除有与民间企业相同的育儿休业制度(《关于国家公务员的育儿休业等的法律》[1]、《关于地方公务员的育儿休业等的法律》[2])之外,在地方公务员领域,先于国家层面,新导入了修学部分休业[3]、高龄者部分休业[4]的制度。前者即修学部分休业,与修学被作为职务命令作出,其间的工资予以支付相对,其特色在于:基于公务员的主动意思,通过任命权者的承认而实施;工资也被减额。后者即高龄者部分休业,是对于退休前的高龄者(是否将其称为"高龄者",也许是需要探讨的问题),根据其申请,承认其在一周的部分勤务时间内不勤务的制度。除高龄者方面的原因之外,地域中的志愿者活动的参加、地域中的年轻层的雇用机会的增大(与附任期的短时间职员制度的结合)等,都成为考虑的因素。这些部分休业的制度化,是追求公务员法制的多样化、柔软化的体现,这是无须赘言的。

(五)研修

为了使职员确切地推行其职务,有必要开发该职员的能力。对此,职员本身的努力是前提,并且,这种努力应该作为职员的义务来定位。另外,公务的公正性、效率性的确保,是职员的勤务主体国家和地方公共团体的重要课题。关于国家公务员的研修制度,一直规定由人事院作为中央人事行政机关来主管,而平成26年的《国家公务员法》修改中,则规定内阁总理大臣也应对各种各样的作用分担进行与其所掌管事务相关的研修。[5] 内阁人事局该当其任。[6] 关于地方公务员,规定由任命权者进行[7],而实务上并未限定于此[包括外部委托在内的全国调查,有平成31年2月自治大学校《关于地方公务员研修的实态的调查》。全国规模的

---

[1] 平成3年法律第109号。
[2] 平成3年法律第110号。
[3] 《地方公务员法》第26条之二。
[4] 《地方公务员法》第26条之三。
[5] 《国家公务员法》第70条之六。
[6] 参见《内阁人事局实施的研修之概要》(令和2年)。
[7] 《地方公务员法》第39条。

研修机关有自治大学校(总务省设施等机关)、市町村职员中央研修所、全国市町村国际文化研修所(公益财团法人全国市町村研修财团)]。从这一点来看,对于职员的能力开发,行政主体也负有一定的责任和义务,《国家公务员法》及《地方公务员法》都对任命权者赋课了对职员实施研修的义务。① 关于研修的方法等,存在专门技术性的各种问题,在这里,特指出如下几点:

1. 国家、地方公共团体的机关所实施的研修得以确实进行,对职员本身来说也是重要的关心事项。因此,我认为,关于这件事,即使说职员尚不享有具体的请求权,也应该能够成为勤务条件的措施要求的对象。

2. 关于教育公务员,由于勤务在性质上具有较高的研修必要性,因而采取了和其他公务员不同的对待。具体地说,由《教育公务员特例法》规定(该法第21条至第25条之二),教员在不影响授课的限度内,经所属单位首长的承认,可以离开勤务场所进行研修(该法第22条第2款),这就保障了自主研修的权利,是令人注目的。不过,此时,由于该法以所属单位首长的承认为前提,所以,围绕是否存在该承认(不承认)的要件这个问题,有时候会产生争议。最高法院对在承认时将是否存在对顺利执行授课以外的校务的障碍、研修的特别必要性等作为要件来判断的做法予以承认,支持了校长的裁量性裁判。② 此外,《外务公务员法》第15条也规定了特例。

3. 在地方分权的推进过程中,地方公共团体职员的人才确保及培养,无论如何都是必要的,强烈要求扩大研修制度,特别是充实法学研修。③ 需要留意的是,这一点,在与地方公共团体中的所谓法化现象的增大的关系上,也很重要。④

二、财产性权利

公务员的财产性权利,具体地说,是接受工资、退职金、退职养老金、

---

① 《国家公务员法》第70条之六、《地方公务员法》第39条。
② 最高法院判决,平成5年11月2日,载《判例时代》第870号,第94页。
③ 参见盐野宏著:《地方分权和承受制度》,载《地方公务员月报》第382号,1995年,第7页以下。
④ 参见盐野宏著:《对于地方行政的活性化发挥的法曹的作用》(2010年),载盐野著:《行政法概念的诸形态》,第391页以下。关于其实践性研究,参见出石稔著:《自治体法务知识的标准化与人才育成》,载《铃木古稀》,第87页以下。

公务灾害补偿等的权利。关于这些权利,采取了在《国家公务员法》及《地方公务员法》中规定基本原则①,以此为前提,在个别的法律中设置具体规定的方式。关于个别法,针对国家公务员,有《关于一般职的职员工资的法律》《国家公务员等共济组合法》《国家公务员灾害补偿法》;针对地方公务员,有各地方公共团体的工资条例和《地方公务员等共济组合法》《地方公务员灾害补偿法》等。在本书中,不展开关于这些制度的详细论述,仅从与行政法一般理论的关系上,指出如下几点:

（一）在一般的劳资关系中,工资基本上通过当事人之间的契约来规定。与此相对,在公务员法上,作为勤务条件法定主义的一环,严格地规定了工资法定主义。② 关于国家公务员,在《关于一般职的职员工资的法律》中,除规定工资的准则、基于该准则的工资表以外,特别津贴也以法律规定。此外,在这种工资的等级区分中,在勤务评定阶段加以任命权者的判断,这也是作为裁量权的行使而实施的,不允许契约性的约定。违反工资法定主义的工资支付,是违法的。

关于地方公务员,工资法定主义被作为工资条例主义予以规定。③ 这个道理适用于常勤职员、非常勤职员。④

这样一来,关于和一般的劳资关系不同的严格的工资法定主义,在和劳动基本权的关系上便成为需要探讨的问题。⑤

（二）在以前的官吏法之下,关于工资的性质,其和民间的雇用契约的不同得以强调,被认为不是劳动的对价,而是生活扶养性的给付,即为了保证官吏安心致力于职务的财产性给付。但是,在现行法制下,工资被视为具有勤务的对价性质⑥,这就是所谓职务工资的原则。⑦

（三）在以前有关工资性质的争论中,有的见解认为由于薪金请求权是公权故不允许放弃等,揭示了公法上的权利的特殊性,并且,其是作为

---

① 《国家公务员法》第62条以下、第107条,《地方公务员法》第24条以下、第43条。
② 《国家公务员法》第63条,《地方公务员法》第25条。
③ 《地方公务员法》第25条第1款,《自治法》第204条第3款。
④ 关于前者,参见最高法院判决,平成7年4月17日,载《民集》第49卷第4号,第1119页;《地方自治判例百选》第83案件。关于后者,参见最高法院判决,平成22年9月10日,载《民集》第64卷第6号,第1515页;《地方自治判例百选》第84案件。
⑤ 盐野著:《行政法Ⅲ（第五版）行政组织法》,第279页以下。
⑥ 《关于一般职的职员工资的法律》第4条。
⑦ 《国家公务员法》第64条、《地方公务员法》第24条。

行政法一般理论来论述的。① 在判例上也有依据这一理论的事例②,即使在战后的裁判例中,仍有维持了原则上不能放弃说的判例。③ 最高法院关于地方议会议员的报酬请求权的转让性,承认了其可能性,但是,此时强调了议会议员作为特别职的特殊性④,所以,对一般职公务员进行消极考虑这种推测,也是成立的。

与此相对,有的见解认为,现行法上工资的对价性质,基本上应该以此为原则予以承认。⑤ 不过,从工资法定主义看,关于工资请求权的存在方式,首先有必要按照制定法上的规范来考虑。立足于这样的观点来看,关于薪金请求权的放弃,在现行法所采取的工资法定主义之下,被解释为在决定工资时不应该考虑职员的放弃这种主观性意思。此外,职员方面也并没有因此而产生不利。其次,关于薪金请求权的让渡,从和工资直接支付原则⑥的关系上看,由于工资本身必须对职员支付,由此可见,将此种结果视为法否定了薪金请求权的让渡,这才是合乎实际的态度。⑦ 此外,关于对工资的扣押,和民间的工资一样,禁止超出一定限度的扣押。⑧

(四)关于退职养老金,自官吏法制时代就存在基于《养老保险金法》(《恩给法》)的养老保险金制度(恩给制度)。该制度作为基于天皇恩惠的制度,曾经成为和民间被雇用者相比较的情况下的官吏的特权之一。⑨ 养老保险金制度曾在战后一定期间存在过,昭和34年确立了以保

---

① 田中著:《行政法》(上),第86页。美浓部著:《日本行政法》(上),第745页,强调了官吏薪金的公益性。
② 大审院判决,昭和9年6月30日,载《法律新闻》第3725号,第7页。
③ 仙台高等法院判决,昭和32年7月15日,载《行裁例集》第8卷第7号,第1375页;《公务员判例百选》第49案件。
④ 最高法院判决,昭和53年2月23日,载《民集》第32卷第1号,第11页;《行政判例百选Ⅰ》(第四版)第14案件;《地方自治判例百选》第A21案件。
⑤ 鹈饲著:《公务员法》,第120页以下。
⑥ 《人事院规则九——七》第1条之二第2款。
⑦ 《逐条国家公务员法》,第417页、第497页,指出了工资请求权的让渡、放弃与职员的生活、公务推行的关联性。
⑧ 《民事执行法》第152条、《国税征收法》第76条。
⑨ 关于明治宪法当时开始的养老保险金的推移,高盐纯子著:《恩给制度的概要与变迁》(一)至(四·完),载《自治研究》第90卷第11号、第91卷第2号、第7号、第92卷第4号,2014年至2016年,有详细介绍。对象者的类别,作为公务员法制之一环,也是饶有兴趣的。

险数理为基础的社会保障制度的现行退职养老金制度①(此外,现在依然有接受《养老保险金法》之适用者)。进而,在昭和60年的法修改中,根据公共养老金统合一元化政策,公务员的退职养老金,依据和民间劳动者同一的计算方式,将相当于福利养老金部分和相当于独自的职域养老金部分计算在一起,进而给付国民养老金制度的基础养老金。地方公务员的退职养老金,基本上也经历了同样的过程。

总而言之,必须注意的是,公务员的退职养老金虽然有作为职域养老金的特殊性,但是,由于出现了和民间劳动者的退职养老金制度极其近似化现象,进入了占据社会保障制度之一环的地位之阶段。现在,进一步的近似化成为检讨的对象。

(五)关于退职津贴,《国家公务员退职津贴法》规定了相当于民间之退职金的金额的支付制度。关于其性质,也跟退职金相同,一直被认为具有持续勤务奖励性、生活保障性、工资后支付性的性质。另外,关于退职津贴给付,曾经有以在职中被处以惩戒免职、监禁以上的刑罚的情形为要件而实施退职津贴的支付限制、返还、停止制度。然而,近年来,退职后才发现了相当于惩戒免职处分的事案,以及相当于监禁以上的刑罚的事案,导致严重损害国民对公务员的信赖的事态。于是,平成20年,《国家公务员退职津贴法》的修改得以进行,对实行了该非法违法行为者设定了退职后返还的制度(返还事由的扩大②),该人死亡的情况下,则创设了在与其遗属、继承人关系上的支付限制、返还制度。③这些新的制度,无论哪一种都是在退职津贴制度中的勤务奖励性要素的基础上,认为相当于惩戒免职处分等的公务员不具有受给退职津贴的地位,已经被支付了的情况下,则构成不当得利,遗属、继承人的情况下也是一样,进行同样的法律构成是可能的,是基于这样的理解而规定的。

这样修改退职津贴制度,在对于退职后发现的事案,导入返还制度这一点上,揭示了民间准据的方向,同时也创设了民间雇用法制上不存在的遗属、继承人的返还制度。从这种意义上说,是对于公务员的信赖确保这

---

① 关于国家公务员,《国家公务员法》第107条、《国家公务员等共济组合法》;关于地方公务员,《地方公务员法》第43条、《地方公务员等共济组合法》。

② 《国家公务员退职津贴法》第15条。

③ 《国家公务员退职津贴法》第12条、第16条、第17条。

种政策性考虑发挥了作用的制度,可以说是应对了现在的公务员法制之一般性倾向的制度。① 地方公务员的退职津贴是条例事项。②

（六）关于公务灾害补偿,战前已经存在官吏法独特的制度。战后,对国家公务员及地方公务员,分别创设了灾害补偿制度。关于国家公务员,有《国家公务员灾害补偿法》;关于地方公务员,有《地方公务员灾害补偿法》。关于伴随劳动之提供的灾害补偿,民间也存在同样的问题,现实中的《劳动者灾害补偿保险法》即是该制度性对策。在公务灾害补偿和劳动灾害补偿之间,虽然存在给付方法（是否采取请求主义,不服申诉的方法等）等细节上的法制度的差异,但是,两者的给付内容存在共通的部分③,在这里,也可以说,所谓官民之差异正在缩小。

三、基本的人权

公务员也作为劳动者享有宪法上的劳动基本权。④ 公务员不限于此,还作为一种人格,是思想、表现自由等基本人权的主体。在通常的雇用关系中,雇用者方面对被雇用者的规范,根据通说和判例,被作为宪法的人权保障规定的间接适用问题来处理。⑤ 而在公务员的情况下,与其规范的方式也有关系,则是作为基本人权的直接适用问题来论述的。

以劳动基本权为代表的公务员的基本人权,现实中在公务推行的过程中要服从各种制约。公务员法以公务员享有基本人权为前提,从服务即义务的侧面来处理这一问题,我们将在后面论述其限制的形态。⑥

四、保障请求权

关于职务行为请求权、财产性请求权、劳动基本权及其他的基本人

---

① 参见盐野著:《行政法Ⅲ（第五版）行政组织法》,第228页。关于退职津贴制度修改,有《关于国家公务员退职津贴的支付之存在方式等的检讨会报告书》（平成20年6月,总务省主页）。关于退职津贴法制的全部,有退职津贴制度研究会编著:《公务员的退职津贴法详解》（第六次改订版）,2015年版。

② 《自治法》第204条第2款。

③ 《国家公务员灾害补偿法》第23条规定了均衡的原则。

④ 最高法院大法庭判决,昭和48年4月25日,载《刑集》第27卷第4号,第547页;《公务员判例百选》第81案件。

⑤ 最高法院大法庭判决,昭和48年12月12日,载《民集》第27卷第11号,第1536页。

⑥ 盐野著:《行政法Ⅲ（第五版）行政组织法》,第273页以下。

权,如果受到雇用者国家或者地方公共团体的侵害,承认最终通过法院获得救济。但是,基于即使如此也并不一定能够实现充分的权利保障的现实,在公务员法制中,规定了勤务条件的行政措施要求权和不服审查两种制度。《国家公务员法》将公务灾害补偿包括在其中,确立了保障的观念。但是,在本书中,将前述两种程序性保护制度作为保障来论述。

(一)勤务条件的措施要求权

勤务条件的措施要求权,是满足公务员在勤务上的诸利益(其中也存在被提高为实体法上的请求权的)的特别程序。关于职员的勤务条件,人事院、人事委员会、公平委员会等人事机关要求当局采取必要的措施,人事机关判定案件,基于该判定,人事机关或者自己实行,或者劝告当局实行。①

1. 该制度是以确保职员勤务条件公正性的重要性为前提的。在民间,为此而存在由工会缔结团体协约等制度,与此相对,在公务员,由于不适用《工会法》,故取而代之规定了该制度。这种道理是最高法院所承认的。② 在这种意义上,可以说,该制度是在对公务员也保障了劳动基本权这一基本认识之下所制定的。措施要求并不限于个别的职员,也可以通过已向人事院登记的职员团体提出请求。③ 但是,这并不是赋予职员团体申诉权的规定。《地方公务员法》上没有这种制度。

2. 措施要求的对象,是薪金、工资及其他所有勤务条件。这与一般的劳动条件相对应。与此相对,有的观点认为,管理运营事项不能成为对象事项。④ 但是,法律上并未明确这样规定,管理运营事项的概念本身是不明确的,所以,我认为,属于勤务条件的,不能以其是管理运营事项为理由而予以排斥。

3. 措施要求的制度,是否定缔结团体协约的代偿措施。在这种意义上,如果认为是保护职员权利的重要制度的话,就必须对职员个人承认该制度的运用权。最高法院也认为,勤务条件的判定(驳回、不予受理)是

---

① 《国家公务员法》第86—88条、《地方公务员法》第46—48条。
② 最高法院判决,昭和36年3月28日,载《民集》第15卷第3号,第595页;《公务员判例百选》第44案件。
③ 《人事院规则十三——二》第1条。
④ 《逐条国家公务员法》,第743页。

行政行为。① 根据这种观点,关于违法的不予受理处分、根据违法的程序进行的驳回处分,提出措施要求的职员可以请求撤销。而是否可以进一步将驳回处分的内容违法视为撤销处分的事由,则是需要探讨的问题。在判定中产生实体性违法的情况下,被解释为承认职员可通过不利审查或者民事诉讼的法院救济,对法的问题以该途径予以解决。②

(二)关于不利处分的不服申诉

公务员的身份保障及工资等的财产权的承认,需要有对其侵害的防御装置。此外,在惩戒处分中,要求必须存在确保其公正行使的措施。

关于这一点,公务员法对包括身份、惩戒在内的违反公务员意愿的一般不利处分,除规定应向该公务员交付处分的事由说明书以外,还开设了其向人事院或者人事委员会、公平委员会进行不服申诉的途径。③ 下面特指出应注意的几点:

1. 在人事院进行的不利处分的审查,被作为依《行政不服审查法》进行的不服申诉来定位。④ 但是,鉴于审判机关的独立性得以保障⑤,审理是以口头的公开审理这种近似于对审构造的程序进行的(这由基于法律委任的委员会规则来规定),该制度也被作为行政审判,其程序被作为准司法性程序来定位。⑥

2. 审查的结果是,由人事院等作出处分的承认、修正、撤销的裁定。对该裁定不服者,可以提起撤销诉讼。但是,此时采取了不服申诉前置主义。⑦ 这被解释为是考虑了人事机关的判断之专门性的规定。

3. 必须注意的是,由于成为行政审判的最大特色的实质性证据法

---

① 前述最高法院昭和36年3月28日判决。

② 不限于勤务条件这样的制度性问题,关于包括人间关系在内的职场的苦情,希望能有更加简易的咨询程序,基于这种考虑,在人事院设置了关于包括离职者在内的职员的勤务条件及其他人事管理的苦情咨询(限于与该职员相关的事项)的制度,以与这种希望或者要求相对应。咨询,由从人事院的职员中提名的职员咨询员承担。职员咨询员进行建议、指导和斡旋等[《人事院规则十三——五》(来自职员的苦情咨询)]。

③ 《国家公务员法》第89条以下、《地方公务员法》第49条以下。

④ 《国家公务员法》第90条、《地方公务员法》第49条之二。

⑤ 《国家公务员法》第8条、第9条,《地方公务员法》第9条第6款、第7款。

⑥ 盐野著:《行政法Ⅱ(第六版)行政救济法》,第39页。

⑦ 《国家公务员法》第92条之二,《地方公务员法》第51条之二。盐野著:《行政法Ⅱ(第六版)行政救济法》,第80页。

则、裁决主义未被承认,法院的审理是以原处分为对象进行的,所以,准司法性程序的意义被严重地抹杀了。

4. 作为由任命权者对职员的权利、利益的侵害之防御制度,在和处分的关系上,可以分为事前处分和事后处分,进而分为裁判程序和行政程序。

在《日本国宪法》下,对职员的处分只要侵害其权利、利益,就必须开设裁判性救济的途径。所以,存在作为立法政策上的问题而论述的可能性的,是在行政过程的哪个阶段可以附加对处分的程序性规制的问题。关于这一点,《国家公务员法》及《地方公务员法》以明文规定了事后程序,而对于事前程序,仅规定了处分事由说明书的交付。① 此外,在《行政程序法》中,规定对公务员的不利处分排除适用(该法第3条第1款第9项)。这样一来,在有关制定法规定的程序性统制的限度内,事后程序成为核心。对处分的公正行政程序的要求,使事前、事后的综合考察成为必要。但是,由于日本的不服申诉及诉讼的提起不具有停止执行效果,停止执行要件采取了严格的法制,因存在免职处分等侵害程度严重的情况,所以,不能认为通过现行法这样的事后程序的形式性适用,就能满足公正程序的要求。在处分事由说明书的基础上,事前赋予听证(虽然并没有必须采取《程序法》的听证形式之必要)的机会,被解释为是宪法上所要求的(判例大多是消极的,而学说上则是多数说②)。在明治宪法下,关于官吏身份令、官吏惩戒令中的免职处分,采取了经过惩戒委员会的议决之后作出处分的程序即事前程序。当然,对此的裁判性救济被堵塞了。

第二节 公务员的义务

一、义务的范围

公务员作为全体国民的服务员(《日本国宪法》第15条),为公共利益而执行勤务,在推行职务时,必须倾尽全力专念于其职务。③ 这是现行

---

① 《国家公务员法》第89条、《地方公务员法》第49条。
② 参见晴山一穗著:《围绕公务员的不利处分程序的法的问题点》,载专修大学法学研究所纪要34《公法的诸问题Ⅶ》,2009年版,第119页以下。
③ 《国家公务员法》第96条、《地方公务员法》第30条。

公务员法所规定的服务的根本基准。以此为基础,存在各种服务上的义务。关于其具体化的形式,《国家公务员法》列举了公务员法本身及人事院规则①,现实中《国家公务员法》揭示了义务的范围②。《地方公务员法》上虽然不存在像《国家公务员法》那样有关存在方式的一般性规定,但是,法律本身同样揭示了义务的范围。关于公务员义务的范围,必须注意如下两点:

（一）义务范围列举的内容对国家公务员及地方公务员几乎是共通的。具体包括服务的宣誓、法令及上司命令的服从义务、争议行为的禁止、丧失信用行为的禁止、保守秘密义务、职务专念义务、政治性行为的限制、与私企业的隔离。当然,对于地方公务员的政治性行为的限制,不能涉及该地方公共团体的区域之外③,关于与私企业的隔离,与国家公务员相比较,也存在若干区别,例如对隔离的要求较为缓和等。关于义务范围的个别内容,将在后面简要阐述。

（二）义务范围的列举,可以看出是限定性的。但是,关于上司的职务命令服从的义务,法律并没有就上司发布具体的命令而要求必须另外依据法律的根据。因此,如果职务命令的对象范围广泛的话,则义务的范围也就广泛,这将冲淡义务范围限定列举的意义。例如,除与职务的执行有直接关系的命令（调查命令、出差命令）以外,关于勤务时间内服装的命令（使用制服、戴姓名卡）,也属于职务上命令的范围。当然,职务命令毕竟须和职务执行有关,控制职员私生活之类的命令,不是职务上的命令范畴。④ 因为如果这样扩大职务命令范围的话,就没有必要使用部分社会的概念,进而使用特别权力关系的概念来为所列举范围以外的义务提供根据。

二、服务的宣誓

服务的宣誓,是第二次世界大战后公务员法制首次引进的规定。宣誓的方式由政令或者条例规定。⑤

---

① 《国家公务员法》第 96 条第 2 款。
② 《国家公务员法》第 97—104 条。
③ 《地方公务员法》第 36 条第 2 款但书。
④ 参见鹈饲著:《公务员法》,第 228 页。
⑤ 《国家公务员法》第 97 条、《地方公务员法》第 31 条。

宣誓是新成为职员者所进行的,但是,其如没有宣誓,对任命行为并没有直接的影响。

三、职务专念义务

(一)内容

除法令上有例外的规定以外,职员必须将勤务时间及职务上的注意力全部用于其职责推行上。① 这是公务员职务上的义务的基本内容,而与私企业的隔离②,也是这一义务内容的具体适用事例。

关于具体的案件,有作为工会活动的一环要求在勤务时间使用标语牌及横幅标语的案件。判例认为,使用这些物件,从身体活动方面来看有何影响暂且不论,并没有将精神活动的注意力全部倾注于职务的推行,以此为理由,判定职员违反了义务。③ 但是,该判断是涉及本来无论何人都不能判断的人的内心世界的问题,我认为,这个问题应该从工作场所秩序维持的观点,作为职务命令违反来处理。

职务专念义务的例外,在实践中是作为职务专念义务的免除来处理的。具体地说,除休职及停职以外,还有到职员团体等担任专职干部的许可等。

(二)勤务时间

职务专念义务,是勤务时间内的问题。所以,勤务时间的规定具有重要的意义。勤务时间是勤务条件之一,根据勤务条件法定主义,现在,由《关于一般职的职员的勤务时间、休假等的法律》及条例④来规定。根据这些规定,职员的勤务时间,除休息时间外,一周是 40 小时(第 5 条),从周一到周五,每日被分配 8 小时的勤务时间。但是,关于教育研究性职务,鉴于其很难根据这种标准来适用,对附任期研究员承认了由职员的裁量进行的勤务。⑤ 这种道理,适用于大学的教员也是十分可能的,并

---

① 《国家公务员法》第 101 条、《地方公务员法》第 35 条。
② 盐野著:《行政法Ⅲ(第五版)行政组织法》,第 287 页。
③ 最高法院判决,昭和 52 年 12 月 13 日,载《民集》第 31 卷第 7 号,第 974 页(不过,这是以前电信电话公社时代的案件)。大阪高等法院判决,昭和 51 年 1 月 30 日,载《劳民集》第 27 卷第 1 号,第 18 页;《公务员判例百选》第 63 案件。
④ 《地方公务员法》第 24 条第 5 款。
⑤ 《关于一般职的附任期的研究员的录用、工资及勤务时间的特例的法律》第 8 条。

且,这样做才是适合于实态的,所以,人们曾经期待在法人化之前的国立、公立大学导入所谓裁量勤务制。① 其后,由于在国立大学法人中教员也被非公务员化了,所以,这个问题被作为劳动法制之下的裁量劳动制的适用来处理了。②

勤务形态的多样化,也波及勤务时间。在退休退职者的再任用中,承认对短时间勤务的职位的录用③,而关于地方公务员,新导入了附任期的短时间勤务职员制度。④ 关于附任期的职员,前述法律除为了确保公务运营的效率性而予以承认外,还设想了关于对居民直接提供的服务,需要延长其提供服务的情况等。

四、法令及上司命令服从义务

(一) 概念

公务员的法令遵守义务,其最终的根据在于法治主义。法治主义直接要求行政应该适合于法律⑤,行政由作为行政组织单位的行政机关来推行。但是,进一步说,行政机关实际上是由公务员法上的职员所构成的。所以,通过对这些公务员,作为职务义务而赋课遵守法令义务,法治主义便得以实现。⑥

此外,对于地方公共团体的职员来说,有时因法律和条例的关系而处于两难的境地。但是,不能说因为是地方公务员故应该相比法律而优先适用条例。

与此相对,服从上司职务上命令的义务,目的在于确保组织体的统一性、效率性的运作,和法治主义没有直接的关联性。因此,遵守法令义务和服从命令义务的关系,存在成为有争议问题的余地。⑦

---

① 参见关于大学教官的勤务的存在方式的研究会(人事院)《关于大学教官的勤务的存在方式的研究会报告》,平成 11 年 11 月,第 10 页以下。
② 参见菅野著:《劳动法》,第 544 页以下。
③ 《国家公务员法》第 81 条之五、《地方公务员法》第 28 条之五。
④ 《关于地方公共团体的一般职的附任期的职员的录用的法律》第 5 条。
⑤ 盐野著:《行政法Ⅰ(第六版)行政法总论》,第 58 页。
⑥ 《国家公务员法》第 98 条第 1 款、《地方公务员法》第 32 条。
⑦ 参见盐野著:《行政法Ⅲ(第五版)行政组织法》,第 275 页[(二)2.]。

(二)职务命令的问题要点

1. 对象

职务上的命令,不仅和职务执行有直接关系,而且服装等也属于其对象范围。但是,脱离和职务的关系,涉及公务员的私生活,则是不能允许的。

2. 职务命令的效果

在行政法学上人们喜欢论述的问题,有关于职务命令的服从义务的问题。关于命令的服从义务本身,是法律所规定的;与此相对,是相对方公务员在命令违法时是否可以不服从的问题。从更加实际的观点来说,公务员因违反职务命令而受到不利处分时,在不服审查过程中能否提出该职务命令是违法的这一违法抗辩的问题。进一步说,还有对于违法的职务命令,能否以抗告诉讼来争议的问题。此外,在刑法上也出现了提示犯罪行为的职务命令服从义务的问题,但是,由于其性质有所不同,在这里仅考虑其与公务员法上的制裁的关系。

这一点,以前通说认为,只要不能提出违法之抗辩,因而职务命令不因触犯刑法等而无效的话,职员就必须服从职务命令。此时,关于没有必要服从之情形的要件,有人使用"重大且明显的"用语①,也有人称之为职务命令的公定力等。但是,与只要相对人适当地提起诉讼就能够否定公定力②相对,职务命令,如若像前面所论述那样考虑,相对人就根本不能予以攻击。所以,只要从和职务命令相对人的关系上来看问题,就明显不是公定力的问题。在这种意义上,说职务命令的公定力,作为表述方法,是不正确的。③

这暂且不论。职务命令中有两种类型。其一是训令性的职务命

---

① 田中著:《行政法》(中),第 257 页。

② 盐野著:《行政法Ⅰ(第六版)行政法总论》,第 120 页以下。

③ 在作为居民诉讼的地方议会议员参加棒球大会的旅费等返还请求案件中,最高法院认为,向该棒球大会派遣议员决定是违法的,但是,对于服从旅行命令而随行的职员进行旅费相当额的不当得利返还请求,在引用《地方公务员法》第 32 条的基础上,指出:地方公务员"只要上司的职务命令不存在重大且明显的瑕疵,就负有服从之义务",针对该案件,作出了未满足不当得利的要件的判断(最高法院判决,平成 15 年 1 月 17 日,载《民集》第 57 卷第 1 号,第 1 页)。该案件不是正文所指出的那种违法之抗辩的问题,而是将服从了违法的职务命令的事情作为要件的法效果(不当得利)作为问题的,所以,该案件中的重大明显性的要件,被解释为一般并不能直接涉及违法之抗辩的要件。

令,即作为行政组织之间的指挥监督权而进行的。① 更加准确地说,训令的名义人直接就是行政机关(例如,本乡税务署长),而实际上服从该训令而行动的,则是占有该行政机关之职的公务员(本乡税务署长某野某夫)。其二是职务命令完全是作为有关公务员本身的规范而进行的情形。②

在职务命令具有训令性内容的情况下,对于该职务命令,原则上应该认为,公务员不具有合法性审查权。如前所述,如果不是这样,就不能确保行政组织的统一性,而上司命令服从义务,正是立足于组织运作的观点。与此相对,存在如下反论③的余地:应当使立足于法治主义观点的法令遵守义务处于优越地位。不过,必须注意的是,法令遵守义务与职务命令的介入没有直接关系,作为职务命令之结果所进行的行政作用的相对人,可以请求按照法治主义进行纠正。例如,服从了违法的解释通知的税务处分,由纳税者对此进行争议。

与此相对,关于不具有对行政机关的训令意思的对公务员本身的命令(服装的指定、居住地域的指定、出差命令、论文执笔的限制)等,是与职员的勤务条件甚至基本人权有关的,当该命令违法进行时,最适合于对此予以抑制的只能是该职员。这是因为,在这种情况下,并不是对外部作出的处分。并且,关于通常可以考虑的抑制方法是,因不服从职务命令而受到惩戒处分,则提起抗告诉讼,进行违法之抗辩。也可以考虑直接对该职务命令提起某种抗告诉讼。当然,如果职务命令处分的撤销诉讼被承认的话,便产生有关职务命令处分的撤销诉讼的排他性管辖(公定力),存在反而堵塞违法之抗辩的途径的危险。

---

① 盐野著:《行政法Ⅲ(第五版)行政组织法》,第32页以下。
② 最初认为应该区别这两种类型来论述的研究,是今川成和著:《关于公务员对职务命令的服从义务》,载《杉村古稀》(上),第69页以下。本书以下的观点也依据该今村说。对上述今村说详细地进行了分析的论考,有松户浩著:《训令、职务命令的服从义务》,载《立教法务研究》第9号,2016年,第333页以下。此外,该论文(第342页)认为,本书第四版(第316页)主张,在职务命令具有训令性内容的场合,公务员"原则上不具有违法性审查权",这与今村说是具有悬隔的框架。而拙论并非意味着该职务命令全体的观点。此外,关于其他学说,参见村上博著:《职务命令和服从义务》,载《行政法的争点》,第194页以下。
③ 参见滨西隆男著:《关于行政机关的指挥监督权限与公务员的服务的备忘录(一)》,载《自治研究》第88卷第4号,2012年,第48页以下、第64页。

对于这种学说上的争议,关于公立学校国歌齐唱钢琴伴奏职务命令的最高法院平成24年2月9日判决①进行了一定的整理。即法院认为,《关于钢琴伴奏等的东京都教育委员会教育长对于所属校长的通知》,"限于行政组织内部的作为上级行政机关的都教委对作为相隔下级行政机关的都立学校的各校长的指示或者命令",其本身并不是直接形成、确定教职员个人的权利义务的,故而不是行政处分,法院在作出上述确认的基础上,指出"本案的职务命令的内容,也是以与教科一起构成教育课程的特别活动的都立学校之仪式性活动中,关于教育公务员的职务之推行的存在方式,校长作为上司作出的职务上的指示,并非对教职员个人的身份及勤务条件相关的权利义务带来直接影响的,因此被解释为不该当成为抗告诉讼之对象的行政处分。此外,以本案的职务命令之违反为理由而受到惩戒处分的教职员,在惩戒处分的撤销诉讼等中,除可以就结合了本案的通知的本案职务命令的适法性进行争议外,如后所述,在本案的相关事情之下,在事前救济的争讼方法中也是可以对此进行争议的,关于本案的通知及本案职务命令的行政处分性之有无,对上述那样进行解释的事情,从争讼方法的观点出发,不能说是具有欠缺权利利益之救济的实效性的地方",关于该案的事前救济方法,列举了免职处分以外的惩戒处分(停职、减薪或者告诫)的中止之诉及基于职务命令的公义务之不存在的确认之诉(公法上的当事人诉讼)两种。

该判决,作为与思想、表现自由相关的宪法论②、《行政事件诉讼法》的诉的类型论③,也具有重要意义。并且,通知,以及法院虽然并未明确指出的职务命令本身也被作为行政组织的内部性行为来处理,在否定了处分性的基础上,对于也与公务员的基本人权相关的职务命令,承认了违法之抗辩,在这一点上,可以说,在公务员勤务关系法上,无论是理论上还是实务上,都是具有重要意义的。进而,该案的职务命令与服装、居住地等的指示不同,是"作为与教科一起构成教育课程的特别活动的都立学校之仪式性活动中,作为教育公务员的职务之推行的存在方式的,校长之作

---

① 载《民集》第66卷第2号,第183页;《行政判例百选Ⅱ》第207案件。
② 关于先行于该判决的君之代齐唱、钢琴伴奏案件,参见《法学者平成23年度重要判例解说》,第18页以下,户波江二解说,以及该解说所揭示的文献。
③ 盐野著:《行政法Ⅱ(第六版)行政救济法》,第205页、第207页、第216页。

为上司的职务上的指示",因此,关于前面在作为本书的立场而指出的职务命令之二类型中未涉及的事例,对于承认了违法之抗辩这一点也是有意义的。①

关于承认学说上有争议的职务命令的违法之抗辩的范围,该判决的射程并不一定是广泛的。首先,关于与本书作为前提的个别的职务推行不同的另外的与公务员自身的规范相关的职务命令(发型、打扮等),判决没有特别论及,只要该职务命令包含在公务推行的范畴之中(超越范围的话,可以说作为职务命令将接受无效的处理),处分性就被否定了,而解释为以判决所提示的诉讼类型,可以提出违法之抗辩,这是与判决的旨趣相适合的。其次,根据该案,作为通知的名义人的校长,认为通知违反宪法而没有发出职务命令,以此为理由而受到惩戒处分时,在其抗告诉讼中,作为被处分者的校长提出违法之抗辩是否会被承认?进而,一般地说,从公务员的法令顺守义务出发,是否连公务员的职务命令适法性审查权进而是适法性审查义务也予以承认了?关于这些,该判决没有谈及,从其逻辑构造来看,也被解释为判决的射程外。②

关于服从上司职务命令义务,明治宪法下的《官吏服务纪律》第 2 条规定,"官吏,关于其职务,应当服从所属长官的命令",接下来又规定,"但是,对其命令可以陈述意见"。这种旨趣被《日本国宪法》下的《国家公务员法》所继承,制定时(昭和 22 年),在第 98 条的服从命令义务之规定之后,曾有"但是,对于上司的职务上的命令,可以陈述意见"的规定。该但书在昭和 23 年的法修改③中被删除了,一直延续至现在。不过,即便根据这次删除,也并非意味着职员的意见陈述是被禁止的,这样理解是行政实务上的解释④,无须采取意见陈述之形式,也被认为是符合上下的行政机关的意思形成之实态的理解。所以,意见陈述不能成为异动的理由。

---

① 参见松户浩著:《训令、职务命令的服从义务》,载《立教法务研究》第 9 号,2016 年,第 365 页。

② 此外,对于包括该判决后的自说在内的学说的分析,参见下井康史著:《公务员法的课题》,载《行政法研究》第 20 号,2017 年,第 139 页以下。滨西隆男著:《关于行政机关的指挥监督权限与公务员的服务的备忘录(一)》,载《自治研究》第 88 卷第 4 号,2012 年,从法令顺守义务优先说的立场出发,对没有履行职务命令适法性审查权义务的公务员之惩戒处分,提起了新的问题。

③ 盐野著:《行政法Ⅲ(第五版)行政组织法》,第 225 页。

④ 《逐条国家公务员法》,第 866 页。

与此相对,有观点主张,将意见陈述作为公务员的权利明确地予以定位,进而,将公务员对职务推行本身的介入作为公务员的权利予以承认,是今后的公务员法制的检讨课题。① 这个问题跟国家赔偿法制中公务员的个人责任也相关②,我认为,有必要留意的是,权利的赋予也伴随着负担的危险。

五、争议行为等的禁止

(一)现行法制的概况

职员属于宪法上的劳动者。但是,现行公务员法制虽然承认组织工会权(警察、消防职员的组织工会权被否定),却对所有的职员规定了禁止争议行为,同时也否定了劳动协约缔结权。③ 不过,《地方公务员法》第55条第9款承认了在不违反法令等的限度内,以书面形式缔结协定。此外,行政执行法人的职员④、地方公营企业、特定地方独立行政法人等的职员⑤,拥有劳动协约缔结权。进而,对争议行为的策划、煽动、教唆者等,规定了罚则。⑥ 当然,发展为如此的法制,是从当初不存在禁止争议行为规定的时代变迁而来的。但无论如何,不问官职的种类而一律赋课禁止争议行为的职务义务,并且,对煽动争议行为的行为等以刑罚处置,关于这样的现行法制,很早以前在与保障公务员的劳动基本权的关系上就存在争议。从公务员的义务这一角度来看,其中,只有禁止争议行为成为需要探讨的问题。但是,由于组织工会权、劳动协约缔结权、争议权与之具有密切关系,故出于便利的考虑,也在这里论述。

(二)最高法院判例的变迁

1. 最高法院当初采取了全面禁止争议行为合宪的观点。⑦ 即昭和

---

① 晴山一穗著:《公务员法的理念与课题》,载《专修法学论集》第130号,2017年,第290页以下[盐野著:《行政法Ⅲ(第五版)行政组织法》,第236页脚注①]。
② 盐野著:《行政法Ⅱ(第六版)行政救济法》,第275页以下。
③ 《国家公务员法》第98条、第108条之二、第108条之五,《地方公务员法》第37条、第52条、第55条。
④ 《关于行政执行法人的劳动关系的法律》第8条。
⑤ 《关于地方公营企业等的劳动关系的法律》第7条。
⑥ 《国家公务员法》第110条第1款第17项、《地方公务员法》第61条第4项等。
⑦ 关于最高法院判例的变迁,详细内容参见菅野和夫著:《公务员的劳动基本权》,载《行政法大系9》,第148页以下。

28年4月8日的最高法院大法庭判决①认为,因为公务员作为全体国民的服务员,为了公共利益而执行勤务,所以,关于《日本国宪法》第28条的权利而接受特别的处理是理所当然的,禁止争议行为也不违反《日本国宪法》第28条。关于公共企业体劳动法中禁止争议行为规定的案件,曾有同样的判决。②

2. 进入昭和40年代,最高法院同样在有关争议行为的案件中,变更了上述判例,虽然没有判定现行规定本身违宪,但是,认为公务员进行的争议行为也有不能成为刑事罚对象的。最初揭示该解释方向的,是昭和41年10月26日的所谓全递(东京)中邮案件的最高法院大法庭判决。③ 因为这是有关专管企业职员的案件,所以,并没有直接适用公务员法的刑事罚,而争议行为是否构成对《邮政法》的违反,成为法律上的争论焦点。将该观点发展至违反《地方公务员法》及《国家公务员法》的禁止争议行为的刑事案件的,是昭和44年4月2日的都教组案件的最高法院大法庭判决④和同日的全司法仙台案件的最高法院大法庭判决⑤。后两个判决的特征是:明确地采取合宪的限定性解释的方法,在此基础上,认为成为刑事罚对象的,仅限于给国民生活带来重大损害的,其中的违法性强烈,不是通常伴随行为的事项。

3. 可是,从昭和40年代末至50年代初,最高法院再次变更了关于公务员争议行为的判例。例如,昭和48年4月25日的全农林警职法案件的最高法院大法庭判决⑥、昭和51年5月21日的岩手县教组案件的最高法院大法庭判决⑦、昭和52年5月4日的全递(名古屋)中邮案件的最高法院大法庭判决⑧等一系列的判决。在这些判决中,受到注目的共同点是,不是依据前述2中诸判决所展开的关于国民生活的障碍这一实质性利益衡量

---

① 载《刑集》第7卷第4号,第775页。
② 最高法院判决,昭和30年6月22日,载《刑集》第9卷第8号,第1189页;最高法院判决,昭和38年3月15日,载《刑集》第17卷第2号,第23页。
③ 载《刑集》第20卷第8号,第901页。
④ 载《刑集》第23卷第5号,第305页。
⑤ 载《刑集》第23卷第5号,第685页。
⑥ 载《刑集》第27卷第4号,第547页;《公务员判例百选》第81案件。
⑦ 载《刑集》第30卷第5号,第1178页。
⑧ 载《刑集》第31卷第3号,第182页;《公务员判例百选》第82案件。该案件也和全递(东京)中邮案件一样,是直接违反《邮政法》的刑事案件。

论,而是立足于争议行为和有关勤务条件决定的议会制民主主义相冲突的原理论。在该逻辑过程中,还论及了前述2中诸判决没有从正面作为问题来论述的团体协约缔结权不能成为宪法上的保障对象事宜。

4. 认为禁止争议行为合宪的判决,成为之后最高法院所采取的观点,一直延续至今。① 进而,关于否认公务员的团体协约缔结权的合宪性,根据3中所述判决的宗旨,最高法院在昭和53年3月28日的判决中明确地予以承认。②

(三)小结

对公务员否认团体协约缔结权、禁止争议行为的《国家公务员法》及《地方公务员法》,通过最高法院的判例,合宪性得以确认,其判例也稳定下来。所以,不得不说这是日本所普遍适用的法。

但是,这是不是正确的宪法解释呢? 这种理解应该经常地成为批判的对象。从这种观点来指出若干问题要点的话,有如下问题。

现在最高法院的判例,将公务员的劳动基本权的保障和议会制民主主义这两个宪法价值的调整,基本上委任给立法者。像这样作为立法权者的判断结果而制约公务员劳动基本权的事例,从比较法的角度来看也并不稀奇。

但是,这并不是赋予立法权者完全的裁量。最高法院也是以这种理解为前提的。采取适当的代替措施,成为合宪性判断的一个要素。

所以,问题在于,公务员法制是不是在从总体上充分考虑了作为宪法的基本原理的劳动者劳动基本权的基础上制定的。即立法权者是否像法院所期待的那样采取了真挚的对策的问题。关于这一点,最高法院本身认为现在的立法在其裁量的范围之中。但是,我认为该评价并不适当。即必须注意的是,日本公务员劳动法制基本上原封不动地以整齐划一的公勤务法制为前提。对于这样的整齐划一的处理,仅以现在的以人事院为核心的代替措施,作为维持劳动条件的制度是否充分,成为需要探讨的

---

① 关于《地方公务员法》第37条第1款、第61条第4项,对其合宪性作出判断的有最高法院判决,平成2年4月17日,载《刑集》第44卷第3号,第1页。关于《国家公务员法》第98条第2款,有最高法院判决,平成5年3月2日,载《判例时报》第1457号,第148页。这是以工资的改善等为目的,在勤务时间内进行的所谓"工作场所集会",气象厅职员以分会长的身份参加,因而受到告诫处分的案件。

② 载《民集》第32卷第2号,第259页;《公务员判例百选》第79案件。

问题。可以推测,在以全递(东京)中邮案件为代表的最高法院判决的背景中,也曾经存在对于该统一性处理的立法政策的怀疑。此外,我认为,即使改革现行统一的公勤务法制有困难,考虑保障公务员团体的立法性参与的制度也具有重要的意义。①

平成23年第177次国会上,《关于国家公务员的劳动关系的法律案》及《国家公务员法等的部分修改的法律案》被提出。根据上述法律案,《国家公务员法》所规定的一般职的职员结成劳动组合的团体交涉权、劳动协约缔结权将被承认,劳动基本权的保护法制,进而是通过与新的制度的导入相关联的人事院制度的废止,设定了日本战后公务员法制的巨大变革,但却成为废案,一直延续至今。②

六、政治性行为的限制

关于公务员的政治性行为,如何调整公务员的基本人权和确保行政的中立性,成为需要探讨的问题。由《国家公务员法》和《地方公务员法》调整的结果是,对公务员的政治行为赋课了相当严厉的制约。③ 例如,从前,专管企业的公务员在五一国际劳动节,高举"打倒内阁"的横幅游行的情况,也被认为应服从该限制。④ 进而,违反限制,有的成为惩戒处分及刑事罚的对象。⑤ 下面指出应该注意的事项:

(一)《国家公务员法》关于政治性行为的限制内容,对人事院进行了大幅度的委任,其合宪性成为需要探讨的问题。⑥

(二)作为《国家公务员法》及《地方公务员法》上的范畴而禁止的事项,有通过公选成为候选人,成为政党等的干部等情形,所限制的是以特定的政治目的进行的特定的政治性行为,并不是一般政治性行为成为禁止的对象。

(三)即使在公务员之中,对审议会委员那样的职(在《国家公务员

---

① 关于德国的事例,参见盐野著:《行政组织法的诸问题》,第219页。
② 关于其过程,参见菅野著:《劳动法》,第820页以下。
③ 《国家公务员法》第102条、《人事院规则十四——七》、《地方公务员法》第36条。
④ 最高法院判决,昭和55年12月23日,载《民集》第34卷第7号,第959页;《公务员判例百选》第70案件。
⑤ 《国家公务员法》第110条第1款第19项。不过,对地方公务员没有赋课刑事罚。
⑥ 盐野著:《行政法Ⅰ(第六版)行政法总论》,第79页。

法》上是一般职,而在《地方公务员法》上是特别职)也不适用。反过来说,无论是次官,还是股长,抑或窗口的普通职员,至少在法条文上,均受到政治性行为的限制。

(四)这样一来,政治性行为的限制,也以日本统一的公勤务法制为基础,是整齐划一的。因此,相关立法上的整齐划一的处理,是否适合于宪法上基本人权的保障,成为需要探讨的问题。关于这一点,最高法院在昭和49年11月6日的所谓猿払案件大法庭判决中,承认了现行规定的合宪性①,认为邮局的事务官所进行的发放公职选举的政党公认候补者的选举用海报的行为,该当《国家公务员法》、人事院规则的违反。与此相对,最高法院在平成24年12月7日的两个判决②中,在认为人事院规则应当被"解释为规定了实质上被认为具有损害公务员的职务之推行的政治性、中立性之虞的行为类型"的基础上,认为其有无,"对该公务员的地位、其职务的内容及权限等,该公务员作出的行为之性质、形态、目的、内容等诸般的事情,综合地进行判断,是相当的"。

关于这两个判决,在与猿払案件判决的关系上,两个判决的判断基准之不明确性等,存在应当讨论的问题。在与公务员法制的关系上,能够看到对公务员的一律性规制的批判,进而对公务员的多样化现象的应对,这是值得注目的地方。③

(五)猿払案件的最高法院判决将禁止公务员个人的政治性行为视为行政的中立性运作的保障手段,但是,禁止政治性行为和公正地进行其职务,实质上属于不同的范畴。例如,在行政作用法上,许多处分权限被委任给大臣、知事,而他们作为特别职,不适用《国家公务员法》或者《地方公务员法》上禁止政治性行为的条款。副大臣、大臣政务官也是一样。但是,并没有人说因此其职务便失去公正。所以,我认为,总而言之,现行制度是由如下判断所支撑的:作为确保在国民看来其职务得以公正进行之信赖的手段,对一般的职员,禁止政治性行为是适当的。但是,以相关

---

① 载《刑集》第28卷第9号,第393页;《公务员判例百选》第68案件;《行政判例百选Ⅰ》(第四版)第22案件。
② 载《刑集》第66卷第12号,第1337页;《宪法判例百选Ⅰ》(第七版)第13案件。载《刑集》第66卷第12号,第1722页。
③ 对于猿払判决及前述两个判决从行政法学的角度进行的详细的分析,有晴山一穗著:《公务员的政治性行为的限制》,载《自治总研》第416号,2013年,第1页以下。

抽象的判定,对于为制约国民(公务员也原则上是国民)的基本人权提供基础,是没有说服力的,通过平成24年的前述两个判决,进行了一定程度的考虑,但是,我认为有必要对公务员法、人事院规则进行重新考虑。①

七、政、官接触规制

作为行政乃至公务员的中立性的原则之一环,可以列举的有政、官关系的透明化,而《国家公务员制度改革基本法》作为其实现的手法之一,对政和官接触时进行记录之制作、保存及其他管理等作出了规定(该法第5条第3款)。《国家公务员制度改革基本法》所规定的义务之名义人的直接对象是政府,而政府关于这个问题制定了具体性的措施(参见平成21年9月16日《阁僚恳谈会协议》"政、官的存在方式"),作为职员的行为规范,即作为职务上的义务便会得到评价。该制度,由于不是与公务员的基本人权侵害相关的,故而没有像政治性行为限制中那样的问题点,但关于其运用的困难性,则另外存在着。②

八、保守秘密义务

公务员负有保守秘密的义务。③ 即使退职以后,也依然如故。不过,由于这种情况下惩戒处分不起作用,故完全适用刑事罚。④ 法律将职务上所知晓的秘密(第1款)和职务上的秘密(第2款)分开来写,与前者是指在职务的关系上能够知晓的所有秘密相对,后者是指与职员承担的

---

① 对于公务员的政治性行为,从行政的政治中立性确保的见地出发,课以一定的制约,这在欧美各国是共通的,而日本的一律禁止制度则不具有普遍性。参见晴山一穗、佐伯佑二、榊原秀训、石村修、阿部浩己、清水敏著:《欧美诸国的"公务员的政治活动之自由"》,2011年版。以比较研究为基础,对现行制度的违宪性进行论述的成果,参见晴山著:《从国际比较看我国法制的违宪性》,载晴山一穗、佐伯佑二、榊原秀训、石村修、阿部浩己、清水敏著:《欧美诸国的"公务员的政治活动之自由"》,2011年版,第215页以下。

② 以比政、官关系更广泛的视野,对防止对于职员(包括地方公务员在内)的来自外部的压力概括地进行检讨的成果,有正木宏长著:《关于政官接触之规制的一点考察》,载《立命馆法学》第321·322号,2008年,第405页以下。政、官关系,迄今为止也是作为行政学的研究对象来对待的。赤间祐介著:《政官关系》,载森田朗编:《行政学的基础》,1998年版,第36页以下。关于通过与公务员制度改革之历史的关系,详细地论述该问题的成果,有中野雅至著:《政官关系与公务员制度改革》,载《自治总研》第479号,2018年,第1页以下。

③ 《国家公务员法》第100条、《地方公务员法》第34条。

④ 《国家公务员法》第100条、第109条第12项,《地方公务员法》第34条、第60条。

职务具有直接关系的秘密。总之,所谓秘密,并不限于形式上作为机密(マル秘)来处理的事项,而是指实质上被认为值得作为秘密来保护的事项,采取这种意义上的实质秘密说,是通说和判例的观点。①

下面列举应该注意的事项。

(一)即使采取实质秘密说,关于信息,也存在是否需要事先进行秘密指定(形式秘密)的问题。判例上也并不确定。② 关于这一点,像职务上所知晓的个人或者法人的秘密那样,其本身就应该保守的秘密,被认为是不需要个别指定的。但是,公安上的秘密、征税上的秘密等行政上的秘密,被解释为管辖厅的首长的判断先行(指定秘密),其后才进行是否属于实质秘密的判断。现在,实践中,关于秘密文书的处理,在国家行政组织内部规定了统一的基准③,我认为这是支持前述理解的素材。该基准在运用上得以何种程度的遵守,则是另外的问题。

(二)对于保守秘密义务的违反,赋课刑事罚及惩戒处分。此时,如果被告(人)方面争议秘密性的话,只要采取实质秘密说,法院就必须作出判断。但是,在日本现阶段,根据裁判的公开原则,不存在仅由法官阅览信息的制度(所谓 in-camera 审理),法院只能从证据中来推认其秘密性。此时,我认为,关于行政厅方面作为秘密而予以指定的事项,是否具有使法院信服程度的合理性,成为一个重点。在该限度内,被解释为指定也具有意义。

(三)关于虽不属于实质秘密,但却在形式上被作为秘密来处理的事项,泄漏此种秘密时,有时也构成对《国家公务员法》及《地方公务员法》上的职务义务的违反。如果将《国家公务员法》第 100 条及《地方公务员法》第 34 条规定的公务员的保守秘密义务中的秘密视为实质秘密的话,这种情况就不是对保守秘密义务的违反,而作为与保守秘密有关的职务命令违反来把握,才是合理的。④

---

① 参见石村善治著:《公务员和保持秘密义务》,载《行政法大系 9》,第 201 页以下。最高法院决定,昭和 52 年 12 月 19 日,载《刑集》第 31 卷第 7 号,第 1053 页;《行政判例百选 I》第 41 案件;《公务员判例百选》第 66 案件。
② 参见《公务员判例百选》第 66 案件,石村善治解说。
③ 《逐条国家公务员法》,第 879 页以下。
④ 关于这个问题,参见佐藤英善著:《公务员的守秘义务论》,载《早稻田法学》第 63 卷第 3 号,1988 年,第 14 页以下;右崎正博著:《信息公开制度和守秘义务》,载川崎市编:《为了实现公开化的市政·川崎市信息公开制度纪念论文集》,1993 年版,第 191 页。

此外,更加一般地说,行政机关所持有的文书,因为不是职员的私物,所以,关于其管理,必须服从管辖厅首长的规定,如果违反了该规定,同样也构成职务上的义务违反。

(四)信息公开法制和公务员法上的保守秘密义务制的关系,成为需要探讨的问题。关于这一点,信息公开法并没有设置特别的调整规定。这样规定的宗旨是:"只要根据信息公开法合法地进行公开,就不会被根据《国家公务员法》等的保守秘密义务违反来追究责任,这样理解是可能的。"① 当然,关于不被追究责任的理由,构成要件非该当性说和违法性阻却说这两种观点都是可能成立的,但前者被解释为是妥当的。此外,也可以设想职员错误地进行了公开,而相关事项属于实质秘密的情形。从《国家公务员法》不以过失犯为处罚的对象这一点来看②,被解释为不属于《国家公务员法》第 100 条的犯罪。地方公务员的情况下也是一样。

(五)平成 25 年,《关于特定秘密之保护的法律》得以制定。一般职的国家公务员是该法的特定秘密之处理的从事者,泄漏通过其业务而知悉的特定秘密时,处以 10 年以下的徒刑,或者根据情状,处以 10 年以下的徒刑及 1000 万日元以下的罚金。③ 此时,被解释为与《国家公务员法》的罚则该当《刑法》的观念性竞合,而同样的事例,在其他个别法中也能看到。④

九、丧失信用行为的禁止

职员不得进行损害其官职的信用、有损于官职全体名誉的事情。⑤ 在官吏法制之下,《官吏服务纪律》中有如下规定,"官吏,不论在职务内外,都应该重视廉耻,不得有贪污行为。官吏,不论在职务内外,都不得滥用权威,而应该致力于谨慎恳切"(第 3 条)。对此,有人将之作为"不辱官吏品位的义务"来说明。⑥ 这意味着官吏之特权地位的反面。与此相

---

① 行政改革事务局监修:《信息公开法制》,1997 年版,第 33 页。
② 《逐条国家公务员法》,第 1203 页。
③ 《关于特定秘密之保护的法律》第 23 条第 1 款。关于该法制定过程的详细情况,参见宇贺部:《行政法概说Ⅲ》,第 518 页以下。
④ 《国税通则法》第 127 条、《专利法》第 200 条等。关于以上内容,参见《逐条国家公务员法》,第 881 页以下。
⑤ 《国家公务员法》第 99 条、《地方公务员法》第 33 条。
⑥ 美浓部著:《日本行政法》(上),第 723 页。

对,现行法关于丧失信用行为的禁止,与其说是关于公务员的特别地位的规范,倒不如说是为了确保对更加客观性的公务本身的信赖。

受贿行为这种职务关联性强、非道义性明确的事项,当然包含在其中。而关于什么行为是不直接属于职务的行为且有损于公务全体的信赖,则必须就个别案件进行判断。饮酒开车等构成丧失信用行为,这是实践中的处理方法。

十、与私企业的隔离、退职管理

与私企业的隔离①,是以保证职务公正性为目的的,也是将职务专念义务予以实质化的规定。对此,有通过人事院的承认,地方公务员则是经任命权者的许可而进行限制解除。和与私企业的隔离基本上宗旨相同的有对介入其他事业及事务的限制。② 在《官吏服务纪律》中,规范曾经也适用于家属(第 11 条)。但是,在现行法之下,则难以承认此类规制。

对国家公务员来说,从前有离职后两年内的就职规制,在平成 19 年的法修改中,该规制被废止,取而代之的是创设了总括性的退职管理制度。③ 具体来说,这些退职管理制度包括:作为离职之后的就业之援助机关,人才交流中心(内阁府)得以设置,该中心的业务推行以外的离职后就职信息提供、就职依赖等的禁止,为了确保这些规制的实效性而设置再就职等监视委员会(内阁府),退职管理基本方针的决定、公布(内阁)等。

在维持这种与私企业的隔离的基本原则的同时,承认官民交流的积极性意义的制度的整备也得以推进。其一是关于派遣制度的《关于国家和民间企业之间的人事交流的法律》。法律上的目的是谋求官方的人才培养和组织的活性化,而关于制度的功能,人们也期待国家和民间的相互理解及民的方面的人才培养和组织的活性化。④

---

① 《国家公务员法》第 103 条、《地方公务员法》第 38 条。
② 《国家公务员法》第 104 条,《地方公务员法》则是在和与私企业的隔离相同的条文中予以规定。
③ 《国家公务员法》第 18 条之五至第 18 条之七,第三章第八节(第 106 条之二至第 106 条之二十七)。
④ 盐野著:《行政法Ⅲ(第五版)行政组织法》,第 254 页。

其二是与兼职限制的缓和相关的制度,即研究职员成为营利企业的干部,在一定的要件之下也试图予以承认的制度。①

上述两种制度,都可以说是在对所谓官民黏合防止上予以留意的同时,回应了现代性的要求的制度。但是,必须注意的是,此时,人事院被置于应当发挥重要作用的位置。②

十一、公务员伦理的保持——《国家公务员伦理法》

前面所考察的《国家公务员法》和《地方公务员法》关于服务的规定,所覆盖的范围很广泛,但是,作为职员的具体性的行为基准,却不一定具有具体性。特别是丧失信用行为的禁止,与作为全体国民的服务员不相适应的行为等,更是如此。

另外,作为现实问题,公务员,特别是所谓高级公务员的非法、不当行为接连不断,对此,长期以来是根据公务员法上的服务规范而启动惩戒处分程序。此外,在各省厅也制定了《公务员伦理规程》(训令)。尽管如此,其后依然发生不祥事件等,对从前制度的批判的呼声高涨。于是,作为更加具有实效性的制度,《国家公务员伦理法》(以下简称《伦理法》)不是作为政府提案,而是作为执政党和在野党进行协议的结果,以众议院内阁委员长提案的形式,获得了通过。③ 下面,指出其概要及在国家公务员法制上应该注意的法律性问题。

(一)《伦理法》的概要

《伦理法》由如下五个要素构成:

1. 论理原则的提示(该法第3条)。在这里,列举了公正的职务执行,职务、地位的私人利用的禁止,招致国民的疑惑、不信任之类的行为的禁止等。

2. 国家公务员伦理规程的制定的政令委任(该法第5条)。在这

---

① 《人事院规则十四——十七》《人事院规则十四——十八》《人事院规则十四——十九》。
② 对退职管理根据行政学进行分析的成果,参见西村美香著:《国家公务员制度改革关联四法案与公务员的人事管理》,载《法学者》第1435号,2011年,第37页以下;稻继裕昭著:《退职管理》,载村松岐夫编著:《最新公务员制度改革》,2012年版,第119页以下。
③ 关于立法的过程及该法的概要,参见齐藤宪司著:《国家公务员伦理法》,载《法学者》第1166号,1999年,第59页以下;行政法制研究会:《国家公务员伦理法》,载《判例时报》第1717号,2000年,第17页以下。

里,关于来自利害关系人的赠与等的禁止、限制,与利害关系人的接触及其他招致国民的疑惑、不信任之类的行为的禁止,包含了职员应当遵守的事项。基于此规定,政令得以制定。

3. 赠与等的报告及公开(该法第6—9条)。在这里,规定了赠与等的报告(对象人员是本省科长辅佐级以上的职员),股份交易等的报告(对象人员是本省审议官级以上的职员),所得等的报告(对象人员是本身审议官级以上的职员),报告书的保存及预览。

4. 国家公务员伦理审查会的设置(该法第10条以下)。该审查会设置于人事院,负责就伦理规程的制定、改废向内阁总理大臣提出意见,制定与违反该法相关的惩戒处分的基准等。审查会除了就违反该法的惩戒处分对任命权者进行劝告,也可以亲自作出惩戒处分。

5. 伦理监督官的设置(该法第39条)。规定在各行政机关设置伦理监督官。伦理监督官对于其所属的行政机关的职员有关的伦理的保持进行必要的建议、指导等。

(二)法律性问题

围绕《伦理法》的适用,特别是关于伦理规程,存在产生各种各样的解释上的问题的可能性,并且,也存在这些问题是否会给日本的公务员的信息收集带来龌龊的危险等政策上的问题。在这里,仅限于从《国家公务员法》上的职员的服务规程的关系出发,指出若干问题。

1. 迄今为止,关于公务员的服务,在国家的法令上不存在使用"伦理"这个术语的情形。在这种意义上,在公务员法制上,这是首次使用的事例,可是,《伦理法》本身并没有对此附加定义。不过,《伦理法》所规定的,对于公务员来说,其违反直接成为惩戒处分的对象(该法第26条以下)。在这一点上,它与不是法律上的规范的规定中所使用的伦理性规范是不同的。并且,它不是涉及公务员的私生活的规范,至多是在与职务的关联上,提示了公务员应当遵守的行动基准的规范(该法第1条、第3条)。所以,必须注意的是,它并不意味着从前的官吏关系=特别权力关系论的复活。

2. 从上述的观点来看,与《国家公务员法》上的服务规范的关系,成为需要探讨的问题。关于这一点,在该法成立的过程中,是否充分地进行了得以整理的讨论,是不明确的。在这种意义上,在现阶段,只限于事后性的整理,公务员法上的服务规范和该法,被解释为对公务员的具体性的行为重叠地发挥作用。也就是说,公务员的某种行为,在成为根据《国家公务员法》的规定进行评价的对象的同时,也成为《伦理法》的对象。当然,例如,公务外的汽车事故成为《国家公务员法》上的惩戒的对象,却不成为《伦理法》的适用对象;根据从前的理解,不是惩戒的对象的行为,却构成了违反《伦理法》的情形,也是可能存在的。关于这一点,伴随《伦理法》的制定,《国家公务员法》作为规定了服务的根本基准的实施的规范,列举了《国家公务员法》本身,同时列举了《伦理法》(该法第96条第2款);进而,关于惩戒事由,除列举违反《国家公务员法》的情形之外,也列举了违反《伦理法》的情形(该法第82条第1款第1项)。这样一来,以《国家公务员法》的服务规范和《伦理法》的规范相结合的形式来处理,在实务上是可以应对的。但是,在理论上,仍然存在未整理之感。

3. 在可以考虑重叠性的适用的情况下,任命权者是否可以仅以公务员法所规定的程序来推进惩戒处分,成为需要探讨的问题。从《伦理法》上设置了与对违反该法的行为的任命权者的惩戒处分权限的调整规程(该法第22条以下)这件事情来看,可以认为,在相关案件中,要求根据《伦理法》的程序。

4. 《伦理法》是以一般职的全体公务员为对象职员的,而关于赠与报告等,则不是以一般职的全部为对象,而是使用工资表进行差异性处理。这一点不同于至少在法条文上是一律性的,并且在适用上也呈现出这种倾向的公务员法上的服务规范。在这里,可以看出一般职之中的差异化这种新的倾向。

5. 与《伦理法》同一时期,谋求官民的人事交流的法律、与产学的协力关系相关的法律等得以制定。① 这两类规范,分别是根据时代的要求而产生的,其理念并不是相反的。但是,可以预测,在适用的阶段,会出现需要适切地调整的情形。

6. 《伦理法》,顾名思义,只适用于国家公务员,但是,对于地方公共团体,《伦理法》也要求采取准同于该法的措施(该法第43条)。从这种宗旨来看,不是要修改《地方公务员法》,而是由地方公共团体自主地通过条例予以处理。现在,已有若干的都道府县、政令市制定了职员伦理条例、规则(名称是各种各样的)。于是,前述1—3中的问题,在地方公共

---

① 盐野著:《行政法Ⅲ(第五版)行政组织法》,第289页。

团体层面也会产生。并且,地方公务员法制固有的问题有伦理条例和《地方公务员法》的关系的问题。即通过条例能否规定《地方公务员法》所规定的服务规范以外的规范的问题。这个问题也会根据伦理条例规定方法的不同而产生抵触的问题。

第三节 公务员的责任

一、引言

公务员违反了法律上的义务时,必须追究其责任,以确保公务的公正性。追究公务员责任的制度,以惩戒责任为中心,此外还有赔偿责任、刑事责任的制度。赔偿责任是财产上的措施。刑事责任,虽然也有刑法上的,但是,公务员法上大量设置刑事罚,这是第二次世界大战后公务员法制的特色之一。

二、惩戒责任

惩戒处分,是为了维持勤务关系的秩序,对公务员的个别行为追究责任,对公务员赋课制裁的处分。下面,指出需要探讨的问题要点。

(一)惩戒事由,基本上采用法定主义。具体地说,惩戒事由包括:违反法令、违反职务上的义务、非法行为。[①] 但是,违反职务命令,只要构成职务上的义务违反,就成为惩戒事由,并且,职务命令并不是全部都基于法律根据[②],因而,法定主义并没有得以彻底贯彻。

(二)惩戒的种类有免职、停职、减薪、告诫四种。就告诫而言,似乎被认为仅告诫并不构成特别的实质性不利,但是,在法律上,却被作为正式的制裁,因此,和免职等一样,对其承认作为公务员法上的不利处分而提起不服申诉及诉讼。此外,在实践中实施训诫、警告、严重警告等,由于这些没有法律根据,所以,作为面向将来的惩戒种类而另当别论,至少在现阶段不能作为实质性制裁来赋课。[③]

---

① 《国家公务员法》第82条、《地方公务员法》第29条。
② 盐野著:《行政法Ⅲ(第五版)行政组织法》,第272页。
③ 参见京都地方法院判决,昭和51年2月17日,载《行裁例集》第27卷第2号,第177页;《公务员判例百选》第27案件,芝池义一解说。

(三)惩戒有时被称为惩戒罚。惩戒确实具有制裁性意思,但不是刑罚。所以,惩戒处分和刑罚可以并处。①

(四)任命权者具有惩戒权。② 关于国家公务员,人事院对人事院的职员以外的职员也具有惩戒权。③ 此外,国家公务员伦理审查会对违反《伦理法》的案件也具有独自的惩戒处分权。④

(五)关于惩戒处分,判例认为,任命权者的裁量权被限定于效果裁量,而不涉及要件认定的裁量。⑤ 因此,裁量权的存在仅包括:是否进行惩戒?如果认为应该进行惩戒,那么,应选择什么处分?此时的控制方式成为需要探讨的问题。其指导性判例就是前述最高法院昭和52年的判决(神户海关案件)。不过,该判决也并没有对审查方式提出具体的方法,而使用了"社会观念上显著失当"这一相当广泛的概念,受到人们注目。虽然说没有使用"特别权力关系"这一用语,但是,与民间的情形不同,可以说实质上对任免承担者的判断(行政性判断)承认了优位性。

其后的裁判例也在用语上沿袭了神户海关案件的最高法院判决,但存在加深审查密度的倾向。每一个都是对于地方公务员的惩戒处分事案,最高法院平成24年1月16日判决⑥,关于对与都立学校的毕业式上起立、国歌齐唱相关的职务命令违反课处的告诫处分,判定为适法,而关于更重的减薪处分,认为失之过重。此外,最高法院平成24年1月16日判决⑦,也是公立学校教职员起立、国歌齐唱命令事案,关于被课处停止处分的教职员中的一名(停职1个月),考虑到过去的行动而判定为违法;关于另外一名(停职3个月),也是在考虑过去的行动之基础上,维持了处分。每一个判决,都是准据神户海关案件的最高法院判决,使用了"社会观念"的概念,但是,根据告诫、减薪、停职等的法令所规定的处分类型的不同,从该处分是否"相当"这种角度出发,作出了更加深入的事实关系的判断,我认为,这对于学说、实务中公务员的责任讨论是有助益

---

① 《国家公务员法》第85条。
② 《国家公务员法》第84条、《地方公务员法》第6条。
③ 《国家公务员法》第84条第2款。不过,参见第84条之二。
④ 《伦理法》第30条以下。
⑤ 最高法院判决,昭和52年12月20日,载《民集》第31卷第7号,第1101页;《行政判例百选Ⅰ》第80案件;《公务员判例百选》第36案件。
⑥ 载《判例时报》第2147号,第127页;《地方自治判例百选》第78案件。
⑦ 载《判例时报》第2147号,第139页。

的。这两个判决与宪法、行政法(裁量论、公务员责任论)有关,因此判例评释等有很多。在这里,聚焦于公务员法论,兼顾参考文献,只列举西田幸介著《公务员的惩戒处分中裁量权行使的司法审查》。① 另外,其后,最高法院平成30年7月19日判决②,关于退休后的前都立高中教员的再任用拒绝处分,将任命权者的裁量权作为前提,认为任命权者所作出的基于考虑要素、评价的判断"不能说是严重欠缺合理性的",可以说该判决没有使用"社会观念"的概念,而是进行了判断过程的审查。③

(六)关于《国家公务员法》《地方公务员法》的惩戒处分,不适用《行政程序法》上有关不利处分的规定。④ 另外,《国家公务员法》及《地方公务员法》都将重点置于事后程序。但是,即使在这种情况下,也存在有关公正程序的宪法上的要求的问题。⑤

(七)关于惩戒处分,不存在撤回的问题。⑥

(八)身份处分和惩戒处分,其制度目的是不同的。身份处分是以公务员的职务适格性为问题的⑦,惩戒处分则是对职员具体的非法行为予以责难,课以制裁。⑧ 但是,两者都是不利处分,并且,关于处分事由,两者也有共通的内容。例如,违反保守秘密义务是惩戒处分事由,同时,对本来性格上不擅长保守秘密的职员来说,则是身份上的问题。因此,关于应该选择身份处分和惩戒处分哪一种的问题,被解释为,在一定的范围内存在任免权者的裁量。当然,关于身份处分和惩戒处分之间的违法行为的转换⑨,从两者的制度目的之不同来看,予以否定是适当的。⑩

三、赔偿责任

赔偿责任,是指职员给国家或者地方公共团体带来职务上的损害

---

① 载西田编著:《行政课题的变容与权利救济》,2019年版,第202页以下。
② 载《判例时报》第2396号,第55页。
③ 关于前述案件,参见《法学者平成30年重要判例解说》,第42页,高桥正人解说。
④ 《行政程序法》第3条第1款第9项。
⑤ 盐野著:《行政法Ⅲ(第五版)行政组织法》,第270页。
⑥ 盐野著:《行政法Ⅰ(第六版)行政法总论》,第145页。
⑦ 盐野著:《行政法Ⅲ(第五版)行政组织法》,第260页。
⑧ 盐野著:《行政法Ⅲ(第五版)行政组织法》,第291页。
⑨ 盐野著:《行政法Ⅰ(第六版)行政法总论》,第139页。
⑩ 关于否定转换的判决,参见仙台高等法院判决,昭和36年2月25日,载《行裁例集》第12卷第2号,第344页;《公务员判例百选》第19案件。

的,对该损害予以赔偿。关于地方公务员,《自治法》使用了"赔偿"这一用语(第243条之二),而不是"弁偿"。在这种限度内,似乎仅以作为损害赔偿法的一般法的《民法》来处理也是可能的。但是,基于职员是否真正承担了公务,关于承担责任的职员的范围、损害赔偿责任成立的客观性要件、请求权的实现方法等,存在加入政策性考虑的余地。作为这些情况的反映,有关国家公务员和地方公务员的损害赔偿责任存在若干不同,因此,下面我们将分别概略阐述。

(一)国家公务员的赔偿责任

有关国家公务员的赔偿责任,《会计法》《物品管理法》和《关于预算执行职员等的责任的法律》作出了规定。关于成为对象的职员等,由于制定法律的时期不同而存在若干不同。① 下面指出其特征和问题要点。

1. 适用有关赔偿责任的三个法律的职员,有出纳官吏、物品管理职员和预算执行职员。

2. 主观性要件,对物品管理职员和预算执行职员来说,是故意或者重大过失;而对出纳官吏来说,则是赋课善良的管理者的注意义务。

3. 关于是否存在赔偿责任,由会计检查院检定,根据该检定,有权限的机关对职员命令赔偿。② 不过,有权限的机关也可以在会计检查院检定之前命令赔偿。此外,关于预算执行职员,有依职权或者依请求进行再检定的制度。③ 在关于是否存在赔偿责任而发生争议的情况下,是应该通过对会计检查院的检定或者赔偿命令进行撤销诉讼,还是应该通过围绕是否存在债权的民事诉讼(在保留了所谓公法上的当事人诉讼的可能性的基础上),是需要探讨的问题。鉴于存在检定前的赔偿命令制度,直接受该制度拘束的是发布命令的行政机关等,可以说,虽然会计检查院的检定、再检定采取了慎重的程序,但是,在和相对人的关系上,关于是否可以视为具有确定权利、义务关系之效果的处分,依然存有疑问的余地。④ 此外,赔偿命令虽然使用了"命令"这一用语,但是,其实体不过是客观上成立的损害赔偿请求权的行使而已。鉴于不存在对行政上的不服

---

① 关于这一点的详细情况,参见杉村章三郎著:《财政法》(新版),1982年版,第291页以下;中西又三著:《会计职员的责任》,载《行政法大系10》,第322页以下。
② 《会计检查院法》第32条、《关于预算执行职员等的责任的法律》第4条。
③ 《关于预算执行职员等的责任的法律》第5条。
④ 相同宗旨的有中西又三著:《会计职员的责任》,载《行政法大系10》,第341页以下。

申诉的特别规定,命令被视为不具有处分性。

4. 关于不适用《会计法》等的职员,不存在有关赔偿责任的特别规定。因此,这些一般职员是否不负有对国库的赔偿责任? 是否负有根据《民法》一般法理的不法行为责任? 这些均成为需要探讨的问题。赔偿责任具有从明治宪法当时的沿革。当时,是从官吏的公法上的责任这一角度来归纳处理的,所以,可以看出,确立了除适用法的职员以外均不负赔偿责任的制度。即使认为现行制度继承了这样的观点,也是以公法和私法的区别为前提的,但是,在现行法制之下,在损害赔偿法的领域使用该区别是有疑问的。① 如果要勉强对此加以说明的话,那么,《会计法》等特别法的宗旨在于放弃了国家对一般职员的损害赔偿请求权。然而,作出如此重大的判断的宗旨,在制定法上却欠缺充足的依据材料。从这种观点来看,关于一般职员对国家的损害赔偿责任,被解释为,不问职务推行的内外,均适用《民法》上的不法行为法。不过,从与适用《会计法》等的职员的均衡来看,主观性要件限于故意或者重大过失。②

(二)地方公务员的赔偿责任

在地方公务员的赔偿责任制度中,关于相当于国家的出纳官吏等的会计管理者等特定的职员,《自治法》上设置了特别的规定(该法第243条之二)。顺便说一下,首长不属于特定的职员。③ 关于首长,只有作为居民诉讼的损害赔偿请求诉讼④才能适用。和国家的情形的不同点有:主观性要件一律是故意或者重大过失(不过,现金问题为过失);相当于会计检查院的检定的,是监查委员的决定,但是,首长的赔偿命令不存在于该决定之前;对首长的命令确定了审查请求的途径。关于这种制度,在与国家公务员的赔偿责任的关系上,必须注意如下几点:

1. 对会计管理者等的赔偿命令,由于法律上赋予了处分性,所以,对其不服者,必须选择抗告诉讼的途径。

---

① 以公法和私法的区别,提出有关一般职员的赔偿责任不适用的结论的,有杉村章三郎著:《财政法》(新版),1982年版,第289页。

② 同样宗旨,有田中著:《行政法》(中),第281页;中西又三著:《会计职员的责任》,载《行政法大系10》,第324页。

③ 参见最高法院判决,昭和61年2月27日,载《民集》第40卷第1号,第88页;《地方自治判例百选》第108案件。

④ 盐野著:《行政法Ⅲ(第五版)行政组织法》,第185页。

2. 对会计管理者等,除根据该制度进行赔偿请求之外,是否可以通过居民诉讼(所谓"四项请求")来追究赔偿责任,曾经是需要探讨的问题。① 由于居民诉讼本来是地方公共团体的机关(现实上占有其职位者)的意思和居民的意思相背离时而使用的制度,所以,在首长不追究基于《自治法》的赔偿责任的情况下,提起基于居民诉讼的"四项请求",被解释为是可能的。在平成14年的《自治法》修改中,成为居民诉讼的对象这件事情得以明确。②

3. 关于地方公务员中的一般职员,也可以和国家公务员同样考虑,应解释为,这些职员在执行职务时负有民法上的不法行为责任,但是,根据条例,可予以部分减免。③ 这是考虑了与居民诉讼之关联的措施。④

四、刑事责任

关于公务员的刑事责任,有刑事罚和行政罚两种。

(一)刑事罚

刑事罚包括两种刑罚:对滥用职权等执行职务行为本身侵害法益(职务犯罪)的刑罚⑤;对收受贿赂等与职务相关联侵害法益(准职务犯罪)的刑罚。⑥ 两种都是身份犯。

对此,虽然不是身份犯,但是,对公务员科处刑事罚的事例,有业务上过失致死伤罪。业务上过失致死伤罪,由于不问行为的主体性,所以,也适用于公务员是当然的前提。关于其适用场合,设定了发端于属于公权力的行使的事实行为的事故、国公立的病院事故、学校事故,虽然数量不多,但还是有若干的事例。不过,也许是由于不曾有规制权限的行使相关的事例,故而经历了一直没有成为行政法学所关心的对象的阶段。但是,在作为药害艾滋案件之一的药害艾滋厚生省路径案件中,对前厚生省

---

① 详细情况参见关哲夫著:《居民诉讼论》,1986年版,第216页以下。
② 参见《自治法》第242条之二第1款第4项但书。
③ 《自治法》第243条之二。
④ 参见松本著:《逐条地方自治法》,第1067页、1077页以下。
⑤ 《刑法》第193—196条。
⑥ 《刑法》第197至197条之五。

生物制剂科长的不作为,适用了该罪①,使得业务上过失致死伤罪与公务员法制、《国家赔偿法》(第1条),进而与一般行政法的关系再度成为需要探讨的问题。②

也就是说,在该艾滋案件中,自第一审法院判决以来,作为厚生劳动省科长公务员的不作为一直被视为问题,而该不作为(反过来说的话是应当采取的作为)与行政指导的关系,以业务上的过失致死伤,并没有得以从正面提出,而在上告理由中以行政指导为根据进行了无罪的主张,最高法院以对此主张予以回答的形式指出,"行政指导本身是督促任意的措施的事实上的措施,实行该措施不能说是从法上被赋课了义务的,并且,药害发生的防止,第一责任是制药公司和医师的责任,国家的监督权限,是第二次性、后见性的,关于其发动,由于是由公权力进行介入,故而有必要在对各种要素进行考虑的基础上进行。从这种观点出发的话,关于这些措施的不作为,即便也认为存在让公务员的服务上的责任和国家的赔偿责任发生的情形,也应当说,并不是意味着可以超过这一点而对公务员直接使其产生作为个人的刑事法上的责任的问题",揭示了顺从上告人意见的见解。同时,关于该案,基于认定事实,作出了如下判断:"在药务行政上,不仅可以说发生了为了防止而应当采取必要且充分的措施的具体性义务,而且在刑事法上,对于本案中与非加热制剂的制造、使用和安全确保相关的药务行政担当者,应当说产生了社会生活上作为防止因药品导致危害发生之业务的从事者的注意义务。"进而,关于注意义务的形态,更加具体地说,"当通过督促任意的措施可以达成防止的目的,这件事情能够合理地期待时,这是否称为行政指导姑且不论,应该说也包含了那样的措施"。进而在上告理由中,也谈及被告人所管辖的科不具有《药事法》上的监督权限这一点,指出:"本案中的非加热制剂,系被告人作为科长的生物制剂科管理的血液制剂,因此是处在厚生省中同制剂相关的艾滋对策的中心性的立场,处于辅佐厚生大臣,一体推进防止因药品带来危害的

---

① 第一审,东京地方法院判决,平成13年9月28日,载《判例时报》第1799号,第21页以下。第二审,东京高等法院判决,平成17年3月25日,载《刑集》第62卷第4号,第1187页。上告审,最高法院决定,平成20年3月3日,载《刑集》第62卷第4号,第567页。
② 在刑事法学的领域,先于该案件,对《国家赔偿法》(尤其是第2条)和公务员的业务上过失致死罪的关系加以分析的成果,有岛田聪一郎著:《国家赔偿与过失犯》,载《上智法学论集》第48卷第1号,2004年,第1页以下。

药务行政的立场,所以,对于被告人来说,负有包括根据需要与其他部局等进行协议,督促其采取所需要的措施在内的应当谋求药务行政上必要且充分的应对之义务,这件事情也是清楚的。"

最高法院的该案决定,是直接地与业务上过失致死罪的构成要件之解释相关,而从行政法理论来看也包含了应当注目的论点,因此,指出以下几点①:

1. 该决定的意义在于,通过业务上过失致死罪的适用这个手法,增加了占据规制行政之一环的安全强化对策的实效性确保手段之一。一般地说,与药务行政相关的行政权限不行使,是关于国家赔偿诉讼,确立在其违法性被承认的场合存在的判例。② 本来,关于过失的要件,应当留意的是,刑事法上的要件与《国家赔偿法》上(即民事上)的要件是不同的。③ 在《国家赔偿法》上,采用国家的代位责任制度,公务员个人在与相对方的关系上,不承担责任。④ 此外,考虑到实务上国家的求偿权得以行使的情形很少⑤,从法制度的整合性的观点来看,今后有必要从法政策的观点出发进行检讨。

2. 该决定对属于不直接掌管《药事法》(当时)的监督权限的行政机关(科)的人也强调:"对于被告人来说,负有包括根据需要与其他部局等进行协议,督促其采取所需要的措施在内的应当谋求药务行政上必要且充分的应对之义务,这件事情也是清楚的"。不单纯限于信息提供性乃至调整性行为,关于应当说是组织内的行政指导的事务以怎样的根据才能推导出来的问题,并没有在与该科的所掌管事务的关系上进行理论性的说明,因此,从表面上看,大凡在担当安全行政的部局占

---

① 对于该决定,主要有从刑事法的领域推出的大量判例评释。参见《法学者平成20年度重要判例解说》,第172页以下,齐藤彰子解说及该解说所揭示的文献。
② 盐野著:《行政法Ⅱ(第六版)行政救济法》,第256页以下。
③ 关于两者的相异点,从刑事法学方面指出来的,参见岛田聪一郎著:《国家赔偿与过失犯》,载《上智法学论集》第48卷第1号,2004年,第10页以下、第18页;齐藤彰子著:《公务员的职务违反的不作为与刑事责任》,载《金泽法学》第49卷第1号,2006年,第45页以下;林干人著:《国家公务员的刑法上的作为义务》,载《法曹时报》第60卷第7号,2008年,第57页以下、第69页。
④ 盐野著:《行政法Ⅱ(第六版)行政救济法》,第275页以下。
⑤ 参见西埜章著:《国家赔偿法逐条解释》(第三版),2020年版,第884页以下。惩戒权的发动也不是当然的。

据职位者(无论是科长,还是辅佐),即便不具有直接的监督权限,也总是成为业务上过失致死罪适用的对象,前面所列举的与国家赔偿法制的不均衡进一步增大。鉴于该决定原封不动地维持了该科及科长事实上处于安全性确保的中心性存在这种下级审判决的事实认定,可以说,这不是将具体的行政机关的所掌管事务的严密的分析作为出发点,而是着眼于行政运营的实态,推导出了结论的决定。① 这样的研究方法,与对行政过程的实态批判性地进行分析,并主要着眼于其统制的行政法的观点相比,是非常异质的东西,并且,被解释为作为展开行政权限的不行使之预防制度一般论的素材,也并不一定是适当的。但是,在将安全确保作为主要课题之一的现代行政中,这种研究方法提供了横跨作用法与组织法的主要的检讨课题。

3. 该案并不是就行政指导不作为而追究业务上过失致死罪的,我认为,行政指导不作为事案也进入了该判决的射程。另外,该决定是以《药事法》的规定及设置法令为前提的,因此,不能解释为,在政府的规制权限不存在的情况下,行政指导的义务发生了,并且,更不能解释为,担当职员的业务上过失致死罪被适用也是该决定的射程所涉及的。

4. 在行政过程论、行政救济论(特别是抗告诉讼论)之中,作为抽象性的行政机关,行政厅的决定之法适合性成为中心性论点,而作为实际上采取行动的自然人,公务员的主观性要素并没有被视为重点(作为行政行为的瑕疵类型的意思的欠缺、裁量权的滥用的类型之一的目的或者动机违反,也存在追究公务员的内心的意思的情形)。在《国家赔偿法》上,国家公务员的故意、过失这种主观性要素也成为要件,但是,《国家赔偿法》上的现代性课题,不是满足个别的公务员的主观性要件,而是组织性过失的认定。② 在公务员法也是其一部分的行政组织法上,专决、代决也广泛地存在着。

与此相对,在对公务员业务上过失致死伤追究刑事责任之际,正是作为自然人的个别公务员的业务上的注意义务违反成为需要探讨的问题。推导出该结论的所掌管事务的规定本身,是关于科这种作为组织体的行

---

① 参见齐藤彰子著:《公务员的职务违反的不作为与刑事责任》,载《金泽法学》第49卷第1号,2006年,第95页。

② 盐野著:《行政法Ⅱ(第六版)行政救济法》,第270页。

政机关的抽象性所掌管事务的规定,所以,必须解决将其凝缩于个人而不是组织的注意义务违反这个问题。就该案而言,从科的所掌管事务能否直接推导出科长对于行政指导的职责,这是需要探讨的问题。这种推导工作,对于行政过程论和行政救济论中的行政的作为义务的认定来说,是不必要的。此外,注意义务违反、过失的认定,不是在损害赔偿中的抽象性的人,在专门领域是不同的,判决也是以此为前提的。我认为,这样的、对应了被个别化了的具体的职员的特性的注意义务,与行政过程论、行政救济论,在性质上是极其不同的。这是作为刑事罚的业务上过失致死伤罪的特质,在该限度内,与行政法是无缘的。这样说的话,也是一种解决的办法。但是,如果立足于刑罚也是一种抑制违法行为的手段这种观点的话,那么,可以认为,在业务上过失致死伤罪中确立了的行为规范,要求具备作为事后的公务员的行为规范而妥当的一般性。在这种意义上,也可以说,业务上过失是占据公务员责任法上之一角的事项。这是为今后的研究留下了余地的领域(关于和一般的业务上过失致死伤罪的关系,是迄今为止还没有从行政法学的角度展开研究的领域,但是,关于药害艾滋厚生省路径案件的判决,有的研究提示了行政法的论点①)。

(二)行政罚

公务员法上设置了若干的规定,对违反这些规定的公务员设置了罚则。②

在公务员以外,对危害公务员所承担的职务的行为,也规定了处罚该公务员的法规范(《公职选举法》第226条、第227条)。

但是,一般地说,关于公务员在行政作用法上的职务权限行使违反、惩戒、刑法上的刑事罚,根据《国家公务员法》和《地方公务员法》来处理,曾经是公务员法制的基本态度。在《关于行政机关保存、持有的个人信息的保护的法律》(简称《行政机关个人信息保护法》)中也是一样,存在被立法化的过程。即,在当初的政府法案中,曾经不存在与公务员相关的处罚规定,而在再度提出的法案中,增加了保守秘密义务的罚则的加重

---

① 常冈孝好著:《基于行政的不作为的刑事责任》,载《法学者》第1216号,2002年,第19页以下;《座谈会·围绕药害艾滋案件》,载《法学教室》第258号,2002年,第22页以下,提示了饶有兴趣的论点。

② 《国家公务员法》第109—111条等、《地方公务员法》第60—62条等。

规定(该法第53条)、由公务员进行的个人信息的不正使用的罚则(该法第54条)等。有人将其称为"对公务的信赖性的重大毁损行为予以处罚的规定"①。有必要注意的是,这种说明即便具有应对个人信息这种现下的重要课题的一面,但是,这种道理,在某种意义上,也具有普遍地适用于行政作用的成分。

综上所述,公务员的刑事责任呈现出扩大的倾向。对此,可以考虑公务的性质发生了变化,对于公务员的责任的看法发生了变化等诸多情况,将惩戒责任、赔偿责任等与公务员相关的责任法制置于视野之中,在责任追究的同时,添加上引起违法行为的效果性抑制的视点,则是期待今后展开探讨的课题。

---

① 藤井昭夫著:《个人信息保护法的成立和概要(三)》,载《自治研究》第79卷第12号,2003年,第89页。

第三部 公 物 法

第一章 公物法的概念

引 言

在实现行政目的时,物的手段之存在是不可欠缺的。行政的目的本身,有的就是物的设施的提供或者管理。例如,公园、道路、河川等即是这种情形。这样一来,物,除直接提供用于公共行政的情形以外,有时还间接地作为推行某种目的的手段而使用。例如,国家政府机关及地方公共团体机关的土地、建筑物、桌子,职员用的电脑、铅笔等物品即是这种情形。这些物,其本身并没有被直接提供于公众之用。但是,没有这些物,行政则无法推行,这是不言而喻的。包括后一种形态的物在内,在以前的日本行政法学中,将应该作为服务于行政的推行而存在的物称为公物,将关于公物的法称为公物法,并视其为行政法的一个领域。[1]

提供于公共之用的物,需要人的某种程度的管理,因此没有行政组织是不行的。在这种意义上,存在如下问题:与其说将公物作为物体来把握,倒不如将物作为一个要素,将其全体作为组织体的"设施"来把握。此外,在以前的公物法制中,对于和环境的关系的考虑并不充分,即存在内在的历史性制约。可以看到从各种各样的角度对于公物法概念的批判。[2] 但是,由于这些批判并没有否定有关公物的法现象的存在,或者有关公物的法制度的存在,所以,如果一开始就进入概念争论,并不具有建

---

[1] 美浓部著:《日本行政法》(下),1940年,第775页以下;佐佐木惣一著:《日本行政法论总论》,1924年版,第229页以下;田中著:《行政法》(中),第298页;柳濑著:《行政法教科书》,第227页以下。

[2] 盐野著:《行政法Ⅲ(第五版)行政组织法》,第349页以下。

设性。因此,在本书中,将对围绕公物的新问题适宜论及,将关于这些的体系争论,置于本编的末尾作为补论来阐述。

第一节 概括性公物的概念

与作为人的手段的公务员在各国都承担行政的推行一样,公园、河川、道路、国家政府机关和地方公共团体政府机关的土地、建筑物,作为行政的物的手段,在任何国家都存在。但是,与公务员或者公务员法制度在各国普遍存在(其具体的内容虽然各种各样)不同,公物或者公物法制度这一概括性概念,有的国家存在,有的国家则不存在。法国是存在概括性概念的国家的一个代表,domaine public(被译为"公产")即是与"公物"相对应的概念。在法国,在 domaine public 观念之下,除海滨、道路等以外,还包括公共图书馆的图书、国家政府机关及地方政府机关的办公大楼等。关于这些,不是民法上的私所有权,而是成立公所有权(propriété publique),其和私所有权的区别成为议论的对象。① 在德国行政法学中,也有概括性的 Öffentliche Sache 的概念,关于提供于公共之用的物,形成了特别的法理。②

与此相对,美国则不存在概括性公物的概念或者公物法。美国当然也存在道路、河川、海岸等,但是,这些是由《天然资源法》《水法》等,按照个别的法领域予以处理的。不过,在管理这些物时,判例上出现了作为英国普通法上的理论而发展起来的公共信托的理论,这成为美国的特征。③

---

① 参见广冈隆一著:《公物法理论的省察》,载广冈著:《公物法的理论》,1991 年版,第 32 页以下;小幡纯子:《法国的公物法》,载《公法研究》第 51 号,1989 年,第 238 页以下。此外,从公物的有效利用这种观点出发对法国的公物法近年来的发展进行的考察研究,有小幡纯子著:《公物的有效利用和公物占有权》,载《上智法学论集》第 41 卷第 3 号,1998 年,第 33 页以下。

② 在 1931 年公布的《魏尔泰博尔克行政法典(草案)》中,第 174 条至第 187 条是关于公物的。关于其修正草案,参见田中二郎著:《关于行政法通则的一个资料》,载田中著:《公法与私法》,1955 年版,第 368 页以下。此外,包括德国公所有权争论在内,关于德国公物法,参见盐野宏著:《奥特·玛雅行政法学的构造》,第 210 页以下;矶村笃范著:《德国行政法学中公物理论的展开》(一)至(二·完),载《大阪教育大学纪要》第 38 卷第 1 号、第 2 号,1989 年;土居正典著:《公物法理论成立史》(一)至(九·完),载《秋田法学》第 14 号至第 30 号,1989 年至 1997 年;大桥洋一著:《公物法的日德比较研究》,载大桥著:《行政法学的构造性变革》,1996 年版,第 207 页以下。

③ 关于美国的情况,参见茌原明则著:《美国的水、沿岸、公有地的利用和管理》,载茌原著:《公共设施的利用和管理》,1999 年版,第 29 页以下。此外,在美国法中,也存在 public domain 的观念。此观念在广义上指公有地、国有地的全部;在狭义上意味着能够进行由政府向民间出售等处分的公有地(田中英夫主编:《英美法辞典》,1991 年版,第 682 页),和法国法在内容上是不同的。

在日本,明治宪法时代引进了德国的理论,此时,Öffentliche Sache 被用于公物的翻译对应词。① 即使现在,也基本上原封不动地维持了当时的概念界定,可以说日本是使用概括性公物概念的国家。不过,有必要注意的是,并没有制定作为成文法典的关于公物的通则,而且,公物乃至公物法这种用语本身并没有被作为法令用语使用,仍是学术上的用语。

自明治宪法时代开始,日本行政法上一直维持下来的公物的概念界定是:"公物,是指国家或者公共团体直接为了公共目的而提供使用的有体物。"②

第二节　公物法的存在形式

一、公物法一般理论

(一)公物法一般理论的概念

关于公物,并不存在统一的法典。并且,即使在个别法令上,也没有"公物"这一用语。在这种意义上,其是行政法学上,即讲学上的概念。但是,日本的行政法学并不是仅将公物作为说明性概念来使用,而是概括整理围绕公物的法现象,系统地构成了应适用于公物的法,因此,可以将其称为公物法一般理论。

所以,公物法一般理论不限于概括整理或者说明既存的制定法(《道路法》《河川法》等),而且与是否存在制定法无关,还包括发现应该适用于个别关系的法的体系。这种体系,将在制定法律时成为指导性概念,同时,作为制定法的解释原理,也将发挥作用。可以说这是概念构成性行政法学的典型成果。

本来,与学说的构成相关的法理,仅此还不能直接成为法源。只有被法院作为判例而采用,进而在制定法中也引入后,才具有作为实定法的意义。在该过程中,本来就存在原有法概念发生内容变化的情况,在学说相

---

① 美浓部著:《日本行政法》(下),第 775 页以下。当初也曾受到法国法的影响。参见广冈著:《公物法的理论》,第 3 页以下。

② 美浓部著:《日本行政法》(下),第 776 页。原著:《公物营造物法》,第 61 页;田中著:《行政法》(中),第 305 页,也完全是相同宗旨。

互间存在争议的情况下,更容易在争议过程中进行取舍选择。关于公物的法理论也是其例,对于现实的判例、制定法的形成,一直发挥着巨大的作用。①

公物法,与行政法一般理论的形成也具有密切的关系。这种密切关系尤其是在以公法和私法的区别为前提的、对于公物的私法适用论中能够看出②,对于行政行为论也提供了检讨的素材,正如本书以下叙述所揭示。

(二)公物法一般理论的界限

必须注意的是,公物法一般理论中也存在时代制约的要素。和当时的行政法学上其他的法理一样,公物法理也是在区别公法和私法的前提下成立的。基于此,在否定实定法上公法和私法区别的观点或者对其有用性予以消极评价的观点看来③,似乎可以说公物法一般理论是难以普遍适用的。但是,虽说公物法一般理论是以公法和私法的区别为前提而成立的,但也存在强烈地受到公法和私法的区别相对化现象影响的情况。此外,其也由如下极其实务性的问题关心所支持:应如何合理地管理道路、公园等现实中提供于公共之用的物。进而,公物法一般理论,是与《河川法》及《道路法》等个别的公物管理法保持密切的关系而发展起来的。公物法是以公法和私法区别为前提而成立的,必须始终不忘这一界限。但是,并不能因此而作出公物法一般理论全部都属于过去的理论这一断定。

---

① 对日本的公物法一般理论的内容及其问题展开研究的成果,有土居正典著:《公物管理和公物利用的诸问题的检讨》,载《雄川献呈》(上),第 507 页以下。

此外,矶部力著:《从公物管理到环境管理》,载《成田退官纪念》,第 43 页,批判了现在的公物法理论中随处可见的强烈的"制定法万能主义"。关于公物,如果制定了《公物管理法》,在该限度内,就容易作为个别制定法的形式性解释问题来处理。但是,这和制定法万能主义是不同的。进而,关于公物,存在尚未制定个别管理法的领域,因此在这里必须注意的是,以制定法未整备的状态为前提而构成的公物法一般理论,依然在学说上得以主张,也被判例所采用|成为论者目前批判对象的田中说也并不是制定法万能主义,比较有关皇居外苑使用不许可处分案件[盐野著:《行政法Ⅲ(第五版)行政组织法》,第 340 页]的判例解说[《行政判例百选Ⅰ》(初版),1979 年版,第 188 页以下,田中二郎解说]来看,是明显的。有的观点认为,这里存在以前行政法理论的残渣余孽|。

② 田中二郎著:《公物的法律性构造》(1940 年),载田中著:《公法与私法》,第 151 页以下;原著:《公物营造物法》,第 135 页以下。

③ 盐野著:《行政法Ⅰ(第六版)行政法总论》,第 21 页以下。

公物法一般理论的限定的另一个侧面,和其形成的时代有关。在公物法的形成过程中,主要关心的对象是以道路、河川、公园等当时的利用形态为前提的物本身的管理事项。① 但是,随着时代的进展,一方面,随着公共服务范围的扩展,便产生了在多大范围内作为公物法的问题来把握的问题。另一方面,随着利用形态的变化,出现了管理方式的关心之所在也发生变化的现象。特别是公物的利用对公物外的环境具有较强影响时,便产生了以原来的公物法通则的法理无法处理的问题。在这种意义上,有必要在注意公物法通则的外在界限的同时,对适用于公物的法理展开阐述。②

二、公物管理法

(一)国家的公物管理法

关于个别的公物,分别在国法层面制定了法典。例如,提供于一般之用(公共用物)且为人工制造的公物(人工公物),有关于道路的《道路法》,关于都市公园的《都市公园法》。自然存在的公物(自然公物),有关于河川的《河川法》,关于海岸的《海岸法》。这些被称为实务上公物管理法。只要物是公物管理法上的公物,就适用相关法律。这些虽然是与各自的公物特殊性质相对应的规范,但必须注意的是,在制定过程中,是以公物法一般理论为前提的。

此外,关于国家政府机关的办公大楼等,以提供于特定的关系者之用为前提的物(公用物),虽有《国有财产法》的规定涉及(后出"三、财产管理法"),但关于个别的公用物并没有制定特别的法律。

(二)地方公共团体的公物管理法

地方公共团体作为公物的管理主体,对其提供的公物予以规范本来也是可能的。当然,《自治法》采取了公共设施的条例主义,并且设置了原则性规定。③ 该公共设施,被解释为包含公共用物。因此,与公共设施有关的条例也是公物的重要法源。此时,个别公物管理法与个别公物管

---

① 指出这一点的研究,参见横山信二著:《海的利用关系》,载《松山大学论集》第5卷第3号,1993年,第46页。
② 此外,参见盐野著:《行政法Ⅲ(第五版)行政组织法》,第347页以下的"补论"。
③ 该法第244条以下。盐野著:《行政法Ⅲ(第五版)行政组织法》,第194页。

理条例之抵触的问题便可能发生。关于这一点,最高法院昭和53年12月21日判决①作出判断:市的普通河川管理条例对适用《河川法》的河川作出比《河川法》的规定更严格的规定,是不被允许的。② 该判旨,乍一看似乎可以理解为从形式上广泛地把握了法律的先占领域,与此同时,由于是立足于河川和《河川法》的适用关系的结构解释之上,故而可以进行如下理解:在与作为地方分权措施政策之一环、普通河川也曾是其一种的法定外公共物法制的改革③的关联上,以《河川法》为代表的个别公物管理法与个别公物管理条例的关系,也应当进行符合地方分权之宗旨的整理。

关于地方公共团体的办公大楼,也没有制定特别的法律。

(三)公物管理规则

关于国家的公物管理,没有明确规定法律主义,因此,关于个别公物管理法适用外的公物④,便产生了不基于法律委任的规范制定的问题。在现实行政实践中,对公物管理法适用以外的公园制定了公园管理规则(《国民公园、千鸟之渊阵亡者墓苑及战后被强制扣留及收回死亡者灵牌苑地管理规则》——环境省令——《环境省设置法》第4条第1款第15项)。

关于前述公园管理规则(当时是厚生省令),在因为五一国际劳动节而皇居外苑使用不许可处分案件中,最高法院认为,基于该管理规则的管理权者的不许可的意思决定是行政处分。⑤ 最高法院在此时没有对公园管理规则的法性质论及其根据论展开深入的探讨,将厚生大臣(当时)的管理权作为其根据,进而将其管理权的根据规定置于《国有财产法》(第5条)。由于这是战后不久作出的判决,所以,是否可以将其作为有关公物管理规则的主要判例来定位,是需要探讨的问题。但是,其后的法状态也没有变化。在日本的实定公物法制中,存在没有法律的具体委任规定的公物管理规则,实行以此为基础的行政处分的法制,通过最高法院判决得以承认,这一事实依然存在。假定该规则被承认了法规性,和依法律行政

---

① 载《民集》第32卷第9号,第1723页。
② 盐野著:《行政法Ⅲ(第五版)行政组织法》,第161页。
③ 盐野著:《行政法Ⅲ(第五版)行政组织法》,第315页。
④ 关于详细内容,盐野著:《行政法Ⅲ(第五版)行政组织法》,第314页以下。
⑤ 最高法院判决,昭和28年12月23日,载《民集》第7卷第13号,第1561页;《行政判例百选Ⅰ》第63案件。

的原理,特别是和法律的法规创造力①的关系,是需要探讨的问题。②

以前,有的观点将公物权者对物的支配权视为公物管理规则的制定根据。③ 将对物的支配权(所有权等)视为公物管理权的根据,被认为是正当的观点④,似乎也可以解释为,最高法院采用了包括该意义上的规范制定权在内的公物法理论。但是,要成为比以前更应该严格适用法治主义原则的现行法上的规范制定权的根据,却是不充分的,被认为这是法制需要健全完善的领域。⑤

与此相对,在地方公共团体,由于采用了公物管理中的条例主义,关于其公共用物,不基于条例委任而制定规范的余地是不存在的。当然,不适用公共设施条例的临时性小规模的公园等也是可能存在的⑥,一旦就此制定了规则,便产生和国家的公共用物相同的问题。

(四)政府办公大楼管理规则

关于作为公用物的厅舍(政府办公大楼),制定了作为组织规程(训令)的政府办公大楼管理规则。关于这一点,通说和判例都认为不需要有法律根据。⑦ 这也可以看作是基于该规范的名义人基本上是内部关系者,即基于部分性秩序的法理⑧而成立的。⑨ 但是,管理规程的对象并不一定限于职员,所以,在这里也和公共用物一样,我认为,将所有权及其他物的支配权视为管理规则制定的根据,是适当的。此外,在这种情况下,只要利用公用物是职员的职务上的情形,规范就被作为职务命令而内部化了。但是,在与职员团体、外来的访问者等的关系上,也存在外部效果成为问题的余地。⑩

---

① 盐野著:《行政法Ⅰ(第六版)行政法总论》,第58页。
② 参见《行政判例百选Ⅰ》第63案件,大久保规子解说。
③ 美浓部著:《日本行政法》(下),第817页。
④ 盐野著:《行政法Ⅲ(第五版)行政组织法》,第323页。
⑤ 原著:《公物营造物法》,第238页,基于法治主义原则,认为公园等公共用物的管理规定需要有法令的根据,但是,没有论及前述公园管理规则的性质。
⑥ 盐野著:《行政法Ⅲ(第五版)行政组织法》,第195页。
⑦ 原著:《公物营造物法》,第238页。最高法院判决,昭和57年10月7日,载《民集》第36卷第10号,第2091页;《行政判例百选Ⅰ》(第四版)第72案件。该判决并没有特地将旧《邮政省办公大楼管理规程》的法根据作为问题,而是直接作出了判断。
⑧ 盐野著:《行政法Ⅰ(第六版)行政法总论》,第30页。
⑨ 原著:《公物营造物法》,就是基于该原理的。
⑩ 盐野著:《行政法Ⅲ(第五版)行政组织法》,第344页。

三、财产管理法

与个别的公务管理法不同,关于国有财产,有《国有财产法》;关于公有财产,《地方自治法》上有规定(该法第238条至第238条之七)。根据这些规定,国有财产、公有财产分为普通财产和行政财产,行政财产进而分为公用财产和公共用财产。这些公用财产和公共用财产,是和公物分类学上的公用财产和公共用财产相对应的。[1] 进而,《国有财产法》规定,"关于国有财产的取得、维持、保存和运用(以下称为'管理')以及处分,除其他法律有特别之规定的情况外,依据本法律的规定"(该法第1条)。由此可以看出,《国有财产法》《地方自治法》是有关国有公物和公有公物的一般法。事实上,有的观点认为,《道路法》《河川法》等可以作为《国有财产法》的特别法来定位。[2]

但是,必须注意的是,个别公物管理法和《国有财产法》《地方自治法》的关系,与通常的一般法和特别法的关系具有不同之点。下面以《国有财产法》为例加以说明。

(一)《国有财产法》上关于行政财产(公物)的主要规定,不过是行政财产的管理机关(该法第5条)、财务大臣的措施要求(该法第10条)、处分等的限制及目的外使用的许可(该法第18条)。换言之,在这里没有提出作为实现公物的本来目的的作用之管理作用的具体内容规范。

(二)将《国有财产法》上关于行政财产规定的状况和下面考察的个别公物管理法的内容进行比较,实质上也不是一般法和特别法的关系,我认为如下观点也是可以成立的:《国有财产法》是主要着眼于行政财产的财产侧面的规范,关于行政财产的公物的规范,本来并没有预定作为一般法的地位。[3]

---

[1] 盐野著:《行政法Ⅲ(第五版)行政组织法》,第313页。

[2] 国有财产法研究会:《国有财产》(改订版),1991年版,第5页。原著:《公物营造物法》,第99页,也是同样宗旨。

[3] 森田宽二著:《关于国有财产的理解的疑问(下)》,载《自治研究》第74卷第3号,1998年,第9页以下,认为,《国有财产法》第18条所规定的"出借""出卖"的禁止规定,是对作为实现公物的本来目的之作用的管理作用划定内容性界限的规范,那的确是从公物方面进行的规范,《国有财产法》具有作为个别的公物管理法的一般法的地位。这是关于一般法和特别法的理解的观点。但是,《国有财产法》上没有从正面对作为公物法的最大关心事项的利用关系本身作出规定,其主要的关心被倾注在了财产管理的侧面,这种认识成为本书关于《国有财产法》不是公物一般法这种认识的基础。

（三）不过，有必要留意的是，关于公物的管理，并不能明确地切割开来：《国有财产法》负责财产管理，个别公物管理法负责功能管理。即《国有财产法》上也设置了为了维持行政财产之功能即为了功能管理的规范［前述（一）］，管理委托制度也被作为《国有财产法》的运用之一种来定位。① 进而，也有必要留意的是，财产管理与功能管理的作用本身也并不一定是截然分开的。②

此外，关于作为动产的公物，《物品管理法》和《地方自治法》（该法第239条）在财产管理方面设置了规定。③

（四）由于《国有财产法》的对象是国有的财产，因此，独立行政法人、国立大学法人等所有的不动产等，不是《国有财产法》上所说的财产。所以，当这些法人被作为行政主体来归纳处理，其所有的有体物被供于公共之用时，这些便是公物，但是，并不接受国有财产的法规范的适用。④ 从这一点来看，也不能说《国有财产法》是公物法的一般法（《物品管理法》也相同）。

四、民法

这样一来，关于公物，除适用公物法一般理论上的法原则、公物管理法、财产管理法以外，必须注意的是，在与公物法通则的方式的关系上，还有必要考虑适用民法的可能性（例如，公物管理与占有权⑤）。

---

① 盐野著：《行政法Ⅲ（第五版）行政组织法》，第326页。
② 盐野著：《行政法Ⅲ（第五版）行政组织法》，第334页。
③ 《国有财产法》《地方自治法》所规定的国有、公有财产，基本上是以不动产，并且是国家或者地方公共团体拥有所有权的情况为中心的，关于所有权以外，有关地上权、地役权及准同于这些权利的权利，仅限于将其视为国有财产和公有财产（《国有财产法》第2条第1款，《自治法》第238条第1款）。所以，即使国家或者地方公共团体获得了某种权利根据，将某土地供于公共之用，即就算是公物，只要该权利根据不属于所规定的权利（租地权、租房权被解释为不包括在其中。参见松本著：《逐条地方自治法》，第991页；小林紘等著：《地方公共团体的财务管理》，1978年版，第326页。根据使用借贷的权利，也当然不属于该权利。参见东京高等法院判决，平成5年9月28日，载《行裁例集》第44卷第8·9号，第826页），那就不是作为国有、公有财产的行政财产。此外，关于动产，基本上对国家适用《物品管理法》，对地方公共团体适用《自治法》上的有关物品的规定（第239条），所以，是动产且属于公物的物，也不是行政财产。由此可以看出，《国有财产法》、《地方自治法》（第238条至第238条之七）本来就不能说是公物的一般法。
④ 参见田中著：《行政法》（中），第306页注（1）。
⑤ 盐野著：《行政法Ⅲ（第五版）行政组织法》，第334页。

第二章 公物法通则

引　言

在这里,所谓公物法通则,是指以公物法一般理论为基础而形成的有关公物法的通则性规范。虽然说是公物法通则,但是,在具体的论点上,存在许多学说和判例的不一致。此外,关于公物法一般理论和个别公物管理法、财产管理法的关系,依然存在没有充分归纳整理的部分。在这种意义上,必须注意的是,这里并不是存在千篇一律的严格的法理、法原则,而是存在有待于今后解释的问题。

第一节　公物的要素

以公物的定义为前提,分析其具体的内容如下:

一、即使行政主体对物曾经具有某种权利根据,只要该物没有供于公共之用,那就不是公物。这些物,是国家拥有的财产,在这种意义上也是国民的共有物,因此需要努力保证管理的公正性。为此而制定了《国有财产法》和《物品管理法》。关于公共团体的物,也有《自治法》(第237条以下)。制定法上,这些物被称为普通财产。此时,在日本立于如下理解:关于这些物,基本上适用《民法》,《国有财产法》《自治法》的规定是《民法》的特别法。[①]

二、行政主体在将物供于公共之用时,需要拥有对该物的支配权,即需要有权利根据。但是,该权利根据并不一定要求是所有权。[②]

---

① 盐野著:《行政法Ⅰ(第六版)行政法总论》,第21页。
② 盐野著:《行政法Ⅲ(第五版)行政组织法》,第310页脚注③。

三、供于公共之用的主体,在公物的概念规定上,限定于行政主体。① 此时,并不是在公物法一般理论上展开了独自的行政主体论,所以,这里所说的公共团体、行政主体,是指行政组织法上的行政主体。

所以,某资产家将自己的庭园广泛地开放,提供于市民利用,该土地也并不因此而成为公物。此外,私道也在事实上提供于道路交通之用,但是,该私道也并不因此而成为公物。进而,此时,即使有行政厅的许可、认可行为,仅此也不能使其成为公物。例如,通过《道路运送法》上的汽车道事业的许可而提供的汽车专用道路。不过,与此不同,通行该道路的人及车辆是否成为《道路交通法》的规制对象,则是另外的问题。在《道路交通法》的道路定义中,明确地将《道路运送法》上的汽车道规定在其中(第 2 条)。

四、公物,从概念规定来看,是有体物。既可以是动产(例如,公立图书馆的书籍类),也可以是不动产。不过,公物一般法通则主要是以不动产的公物为对象的。虽然也包括水等流体,但是,空气等气体却不包括在其中。这被认为是基于本来不能成为支配管理的对象这种属性而定的。与此相对,确实提供于一般公众的利用,并且国家也实施管理,但是,电波却不包括在公物之中。本来,将公物法中的观点类推适用于规定电波管理的《电波法》的解释,也是可能的,但是,电波没有进入公物法的范畴。存在概括性公物概念的德国、法国也是一样,没有一个国家将电波作为公物从正面展开论述。这主要是基于历史性理由,即创建公物法的时候,电波尚未成为人类支配管理的对象。②

五、要成为公物,属于有体物是必要条件,因此,利用的结果是被消

---

① 美浓部著:《日本行政法》(下),第 281 页——国家或者公共团体;田中著:《行政法》(中),第 305 页——行政主体。

② 电波是贵重的资源,在这一点上有类似于流水的成分。从电波公物的构思出发,即从电波为国民共有的财产这一角度出发,试图将对电波利用的公共规制正当化的尝试,有时也得以进行。并且,这种理论经常被作为内容性规制,即作为革除庸俗恶劣的电视节目的根据而使用。当然,与此相对,也存在如下争论:由于是国民共有的财产,当然应该提供国民喜爱的节目,即提供视听率更高的节目,其中是否偶尔有庸俗恶劣的内容,是主观性的问题。不过,这种电波公物论,作为类推并不适当。在这种情况下,如何才能确保自由的言论市场,才是基本的问题,而电波公物论并不能成为解决该问题的适当的手段概念[盐野宏著:《广播事业和行政介入》(1970年)、《广播的特殊性质和广播事业》(1974年),载盐野著:《广播法制的课题》,第 77 页、第 81 页、第 139 页、第 143 页]。

费掉了的,不是公物。所以,矿物、石油等,本来就没有被作为公物来论述。①

第二节 公物的种类

一、公物的分类

关于公物,从各种不同的角度进行分类,都是可能的。但是,通常进行如下分类:

(一)公共用物、公用物

这是根据公物的利用目的进行的区别。公共用物(也称为公共物),是提供于公众之用的物,例如,道路、河川、海岸等。公用物,是直接提供于国家政府机关和地方公共团体政府机关使用的物,国家的府、省及县政府和市政府等的建筑物及其占地,即是公用物。这种区别,对使用关系具有意义。② 当然,提供于公共之用的物是否能够一目了然地归类于其中一类的问题另当别论。例如,行政主体保管的公文书,一方面是公用财产,但是,另一方面,在信息公开制度之下,所有的人都可以利用,从这种意义上说,是和公共图书馆的图书同样的意思,似乎也可以称为公共用物。③ 此外,这种区别在《国有财产法》上也采用了,但是,该法是以不动

---

① 在这一点上的例外是河川的流水[关于"流水"之观念的详细的分析,参见樱井敬子著:《水法的现代性课题》,载《盐野古稀》(下),第706页以下]。此外,关于地下水,在日本法上不是公物,并且也不存在一般的管理规范。所以,地下水一直被认为基本上是属于私土地利用权范围的私物(参见金泽良雄著:《水法》,1970年版,第150页以下;三本木健治著:《地下水法论》,载金泽良雄、三本木健治著:《水法论》,第147页以下)。

此外,平成26年《水循环基本法》得以制定,作为该基本法的实施法,《地下水管理法》的制定也成为争论的对象,该法被解释为并未被作为预定了地下水的公物化的法律。参见三好规正著:《水循环基本法的成立与水管理法制的课题(二)》,载《自治研究》第90卷第9号,2014年,第79页以下。

② 盐野著:《行政法Ⅲ(第五版)行政组织法》,第336页以下。

③ 对保存于国立公文书馆的行政文件的公共用物性的侧面之理解的必要性进行说明的成果,参见木藤茂著:《关于行政活动和作为其记录的文书的法的考察(下)》,载《自治研究》第82卷第10号,2006年,第133页。宇贺著:《行政法概说Ⅲ》,第55页,认为行政文书"也有作为公共用物的性质"。此外,关于既存的公物的港湾、空港,以港湾为例,参见木村琢磨著:《港湾的法理论与实际》,2008年版,第163页以下。

产为主体的。

(二)自然公物、人工公物

根据公物是由人之手予以加工后提供于公共之用,还是保持自然的形态而被利用,可以区别为人工公物和自然公物。自然公物有河川、海岸等。自然公物的观念,通过对其注入"资源"的要素,对于考虑管理、利用的存在方式,具有重要的意义。① 人工公物有道路、公园等。当然,即使是河川,也不存在完全保持自然形态的,特别是通过河川工程另外设置了水路的话,从定义上看,似乎应该是人工公物。

(三)国有公物、公有公物、私有公物

这是根据公物所有权的归属进行的分类。这种区分,在公物的概念上,是以国家、地方公共团体不拥有所有权的即私人拥有所有权的物,也能够成为公物为前提的。②

(四)自有公物、他有公物

在以前述第(三)部分的区分为前提的基础上,公物的管理主体和所有权的归属一致的是自有公物,不一致的是他有公物。

(五)动产公物、不动产公物

这是将公物区分为动产和不动产的分类,也是不很流行的分类。不过,公物法通则几乎全部是以这里所说的不动产公物(包括河川的流水)为对象的。

二、法定外公共用物

除前述标准的公物分类之外,关于公物的种类也需要注意的是,存在由法律规定作为公共用物管理的公物以外的公物。

《河川法》及《道路法》等公物管理法,是以主要的公共用物为对象的,但是,并没有包括全部的公物。

例如,《河川法》上的河川,存在一级河川和二级河川之分。此外,准用《河川法》的,有准用河川。此时,一般被视为河川的,并非在性质上当

---

① 参见盐野宏著:《自然公物之管理的课题和方向》(1979年),载盐野著:《行政组织法的诸问题》,第315页以下。

② 盐野著:《行政法Ⅲ(第五版)行政组织法》,第318页。

然是作为一级河川、二级河川和准用河川而得以客观地归类处理的,而是分别经过正式的程序以后,才被赋予法的定位的。因此,只要不经过这样的程序,即使其实际形态是河川,也是不适用《河川法》的河川。其中虽然也有大河川的深山支流,但是,更多的是流经城市的小河川。这些在实务上被称为普通河川。

关于道路也是一样。规定作为公共用物的道路管理的法律,有《道路法》。但是,该法并不适用于作为公物的道路的全部。这是因为,《道路法》上的道路是基于《道路法》所规定的程序,经过路线的认定等,作为道路而提供使用的道路(所谓认定道路)。可是,现实中存在不仅现行的《道路法》,甚至在明治时代的《道路法》中也没有被赋予制定法上地位的道路。这就是现在一般被称为"里道"的道路,在地方依然被作为生活道路而使用的事例较多。

这些里道、川、水路、广场等,明治以前,即日本导入近代法的体系以前就已经存在了,并且,近代法导入之后,从其存在形态来看,也没有必要进行像其他公物中所看到的形式那样以严格的国家法介入。此外,将这些从法的角度也作为公物来理解的,是明治7年的太政官布告第120号《地所名称区别》。根据该布告,"山岳、丘陵、丛林、原野、河海、湖沼、池泽、沟渠、堤坝、道路、水田、旱田、房地等及其他不属于民有地的",被视为第三种官有地,即视为国有。① 因此,这些在制定法上的公物管理法规定之外的、在历史上被视为国有财产的国有的公物,一直被称为法定外公共用物。②

在这种意义上的法定外公共用物,虽然是国有财产,但是,国家实际上并未进行公物管理,而是由地方公共团体进行实际上管理的事例较多。此时,也看到了以条例来谋求管理之适正的事例。关于普通河川条例与《河川法》关系的昭和53年最高法院判决,作为关于法律与条例的关系的主要判例之一而受到注目。③ 在该案件中,关于另外的争

---

① 关于该布告中所说的"官有地"的观念之严密的考证,参见人见刚著:《关于明治初期的土地之官民有区分中的"官有地"概念》,载《兼子古稀》,第139页以下。

② 参见原著:《公物营造物法》,第352页以下;盐野宏著:《法定外公共用物及其管理权》(1990年),载盐野著:《行政组织法的诸问题》,第327页以下;宝金敏明著:《里道、水路、海滨》(第五版),2019年版,第3页以下。作为实务上的用语,"法定外公共物"好像是普通的用法。

③ 盐野著:《行政法Ⅲ(第五版)行政组织法》,第162页。

点,曾经有究竟普通河川的管理是否该当地方公共团体的事务这个问题。最高法院揭示,平成11年修改前的《自治法》第2条第3款,作为地方公共团体的事务之例示,列举了河川的管理,承认了关于普通河川的地方公共团体的管理权限及条例制定权。但是,《自治法》的该规定,是事务的例示,并不能从这里直接承认河川的管理权限(在平成11年的《自治法》修改中,例示规定被删除了)。① 于是,从前就被要求进行制度整备的领域,作为地方分权的一环,整备了国家将法定外公共用物(河川等、道路)的所有权让渡给地方公共团体的程序(《国有财产法》《国有财产特别措施法》的部分修改),规定了要采取市町村对财产管理和功能管理进行一元化处理的体制。一旦该程序终结,则法定外公共用物的大部分将在概念上消灭。②

此外,关于海岸,通过《海岸法》的修改,对所有的公共海岸皆适用《海岸法》,使得法定外公共用物的观念不复存在。③

但是,关于海,制度性整备其后并没有进行。并且,对于采取了制度上的措施的物,也是过渡性的,从前意义上的法定外公共用物事实上依然存在,而在让渡给市町村之后,若提供于公共之用的话,只要不采取《道路法》《河川法》《公共用物条例》等的特别的程序,就不能成为个别公物管理法的适用对象的公物,将依然存在着。也有人指出,从前就是公有公物,但没有成为个别公物管理法的对象的公物是存在的。在这种意义

---

① 参见盐野著:《行政组织法的诸问题》,第329页以下。
② 参见小幡纯子著:《法定外公共物的管理体制》,载《创造分权型社会》(第9卷),2000年版,第211页以下。龟田健二著:《法定外公共物》,载《行政法的争点》(第三版),2004年版,第194页以下。对《沼津市关于里道的条例》的制定过程进行分析,并指出其问题点的事例研究,有渡边成彦著:《法定外公共物(里道)的变迁与分权让与后的管理》,载《自治总研》第474号,2018年,第1页以下。新条例是《沼津市里道等管理条例》,"里道"的名称,留在了法令上。此外,荏原明则著:《普通河川的管理与法的课题》,载《水野古稀》,第308页以下,广泛对普通河川相关条例的存在方式(与法定外道路是同一的条例)进行实态调查,提出了疑问。
③ 参见成田赖明著:《新的海岸管理的存在方式》,载《自治研究》第75卷第6号,1999年,第13页以下;宝金敏明著:《里道、水路、海滨》(第五版),2019年版,第12页以下。此外,大久保规子著:《法定外公共用物问题》,载《地方自治、地方分权》,第146页,鉴于修改《海岸法》中公共海岸的水面部分被限定为低潮线,并且,水面部分被排除出占用许可的对象,认为存在由地方公共团体以条例进行功能管理的余地。在那里所说的功能管理,并不限于公物警察[盐野著:《行政法Ⅲ(第五版)行政组织法》,第332页],还将公物管理包括其中的话,则其权利根据便成为需要探讨的问题。

上，除作为过渡性的国有公物的法定外公共用物之外，个别公物管理法的适用对象外的公物依然存在着。①

一般来说，只有具有前述历史性意义的公物才被作为法定外公共用物来整理。但是，和这些公共用物不同，存在着一方面国家设立、经营特定的广场等，提供于公共之用，另一方面却不接受个别制定法适用的公物。如皇居外苑、新宿御苑、京都御苑、千鸟之渊阵亡者墓苑等。地方公共团体中也可能存在。公物管理法中，像《道路法》《河川法》那样，有的在明治宪法下已经制定（不过，其后进行了全面修改），这些公物管理法并不是同时制定出来的。在这种意义上，在和法定外公共用物不同的意义上，公物管理法的规范不涉及的公物（《道路法》制定前设置的道路、《都市公园法》制定前的都市公园）一直存在，现在也依然存在着。

此外，关于动产公物，并未制定共通法、个别法，因此，无法适用法定外公共用物的观念，但可以考虑，存在公物法一般理论涉及的可能性。

所以，在本书中，将包括国有、公有双方在内的不能成为个别公物管理法的适用对象的公物，称为法定外公共用物，并予以考察。

三、预定公物

预定公物，是指尚未成为公物，但预定将成为公物，对其管理处分予以公共规制的物。在这种意义上，这并不是公物的分类。预定公物的概念，是以作为制定法的公物管理法为前提的，公园预定区域②、河川预定地③、道路预定区域④即是其例。

---

① 关于以上内容，参见盐野宏著：《法定外公共物法制的改革》（1999 年），载盐野著：《法治主义的诸形态》，第 492 页以下。此外，关于被让渡给市町村之后的法定外公共用物，作为《地方自治法》的公共设施而指定了管理条例（同样宗旨，大久保规子著：《法定外公共用物问题》，载《地方自治、地方分权》，第 145 页）。不能说因为没有履行该程序，便丧失了其作为公物的性质，所以，这种情况下，便根据公物法一般理论来进行管理运营。宝金敏明著：《里道、水路、海滨》(第五版)，2019 年版，对于旧法定外公物在现行制度上的理论性、实务性问题，详细地进行了检讨，具有参考价值。

② 《都市公园法》第 33 条。
③ 《河川法》第 56 条。
④ 《道路法》第 91 条。

第三节　公物和交易秩序

公物,具有其利用被提供于公共之用的特色。但是,一方面,从作为土地及其他物的特殊性质来看,不得不说和私交易秩序具有密切关系。另一方面,从维持公物的效用的角度看,要求公物尽量独立于交易秩序。此外,反过来说,有的公物根本就难以成为私交易的对象(如海面下的土地)。由于公物的这种特殊性质,对于公物适用民事法的问题,便成为公物法一般理论的对象。这里呈现出各种不同的局面。

一、公物和私所有权

关于公物,并不当然地否定私人的所有权。所有权属于私人的公物,即私有公物(他有公物)的存在,被视为公物管理法①及财产管理法②的前提。所以,所有权的转移是可能的,但是,此种情况下,并不丧失作为该公物的法的地位。这也是在公物管理法上得以明确的。③

进而,以法律明确否定私所有权的,有适用《河川法》的河川的流水。④ 此外,关于海面下的土地,虽然没有明文规定,但是,最高法院指出:海"自古以来保持着自然的状态,被提供给一般公众共同使用,是所谓公共用物,应服从国家的直接的公法性支配管理,是不能允许由特定人进行排他性支配的。因此,在自然的状态下,应该说,不属于作为所有权客体的土地"⑤。

---

① 《道路法》第 4 条、《河川法》第 2 条。
② 《国有财产法》第 2 条、《自治法》第 238 条。
③ 《道路法》第 4 条、《都市公园法》第 32 条。
④ 《河川法》第 2 条第 2 款。旧《河川法》(明治 29 年法律第 71 号)否定了有关河川用地的私权之成立(第 3 条)。但是,该规定被认为是"担心对河川用地行使财产权,给河川管理带来障碍"的结果(河川法研究会编著:《河川法解说》,第 26 页)。
⑤ 最高法院判决,昭和 61 年 12 月 16 日,载《民集》第 40 卷第 7 号,第 1236 页。
此外,似乎可以认为,最高法院在这里是以属于公共用物为理由,作出不能成为所有权客体的结论。但是,公共用物和所有权的非客体性是不同的,正如我们在前面已指出的那样。最高法院所要论述的,如果参见其后的说明的话,则是若置之不理就要视为一般的私交易对象,便欠缺作为物的范围的明确性。
同样宗旨,最高法院判决,平成 17 年 12 月 16 日,载《民集》第 59 卷第 10 号,第 2931 页。关于学说的状况,阿部泰隆著:《海面下的土地所有权的存否》,载阿部著:《行政法的解释》,1990 年版,第 1 页以下;宝金敏明著:《里道、水路、海滨》(第五版),2019 年版,第 176 页以下。

二、公物和公所有权

关于是否应该将自有公物中的公所有权视为公法上的所有权的问题，很早以前就成为公物法通则上争议的问题。进一步说，还存在是否对所有的公物都可以适用所有权概念的问题。① 但是，公物是自有公物，这是通常的理解。

三、以前存在一种观点认为，对公物，不适用民事上的强制执行。② 但是，从公物中的私所有权并没有被绝对排除来看，我认为，不能断然认为强制执行当然不可能。现在，这种理解是通说。③ 不过，即使承认强制执行，也并不丧失作为公物的法的地位。这一问题的存在，和其他公物的所有权转移的情况相同。

四、关于公物，存在私人长期占有，因此根据取得时效而取得所有权（这种情况下，无条件）是否得以承认的问题。这是学说上有争议的问题。在对公物的默示的公用废止④得以承认的情况下，对该物承认私人方面根据时效取得所有权。这是最高法院所确立的判例。⑤

五、关于公物是否成为《土地收用法》的对象，也是有争议的问题。

---

① 关于这一问题，盐野著：《行政法Ⅲ（第五版）行政组织法》，第323页。
② 美浓部著：《日本行政法》（下），第803页。
③ 参见田中著：《行政法》（中），第311页；原著：《公物营造物法》，第156页。
④ 盐野著：《行政法Ⅲ（第五版）行政组织法》，第321页。
⑤ 最高法院判决，昭和51年12月24日，载《民集》第30卷第11号，第1104页；《行政判例百选Ⅰ》第32案件。最高法院判决，平成17年12月16日，载《民集》第59卷第10号，第2931页。关于这个问题，我从很早以前就一直支持如下见解：没有必要根据默示的公用废止这种虚拟的法律构成，而应该直截了当地对公物也适用取得时效的制度[参见盐野宏著：《判例解说》，载《行政判例百选Ⅰ》（初版），第82页以下]。并且，我认为没有必要变更这种学说。我认为，在默示的公用废止说中，存在公物需要公用废止这一国家意思，换言之，公物是以提供于公共之用这一国家意思的存在为必要条件的理解。但是，公物的取得时效成为问题的，既有自然公物，也有人工公物。像法定外公共用物那样，存在公用开始行为本身不明确的情形。所以，我认为，过于执著于国家意思，是没有意义的。此外，关于这一问题的详细情况，参见宝金敏明著：《里道、水路、海滨》（第五版），2019年版，第73页以下。该书采取默示的公用废止说（第78页以下）。关于其论据，列举了作为行政行为的公用开始决定的公定力。从本书的立场出发的话，则不是公定力，而是规范力的问题[盐野著：《行政法Ⅰ（第六版）行政法总论》，第116页以下]，这个问题姑且不论，无论是明示的，还是默示的，行政行为之效力的事后消灭，在行政行为论上是作为行政行为的撤销、撤回的问题来论述的，并没有使用行政行为的"废止"这个术语。这一点也可以说是公物法论上行政行为论的特色，而"默示"的行政行为之撤销、撤回，作为行政行为的一般论，则没有成为争论的对象。此外，我认为，根据是否承认这个概念，也不会有法院的审查之考虑要素有所不同的事情。

有的学说认为,由于公物的收用违反公物的目的,所以,在无论如何也需要取得该物的情况下,程序上需要采取公用废止。① 在一个公共团体内部变更物的用途的情况下,适用内部的调整程序,但是,在团体不同的情况下(有必要作为国道而取得地方公共团体的都市公园的一部分的情况,也有相反的情形),公用废止的程序在法律上不存在强制的手段。此外,能否收用需加以讨论,可以设想有国家和地方公共团体的意思不一致的情形。在这种情况下,依据法的手段处理问题,我认为只能依据《土地收用法》。②

六、公物法一般理论是以某种物整体作为公物为前提的。但是,即使在公物现实地提供于公共之用的情况下,有时也会存在与私人的私所有、使用相关的物,呈现出所谓斑驳混杂的情形。河川的用地就是这种情形之一③,其依然被视为例外。与此相对,作为公共用物的一种类型而被举例的港湾④,存在被委任给私所有、使用的物,乃是其常态。⑤ 伴随着公物的管理不断高度化,从一元化的公物管理,转变为以公物为中心,同时添加上不属于公物的物的设施,提供于公众之便利,这样的事例,今后将不断增加(关于道路,有与汽车专用道路相联结的设施——参见《道路法》第48条之四以下)。如何从公务方法的角度来归纳处理这些斑驳混杂的现象,当是今后的课题。

第四节 公物的成立及消灭

公物之中,有关自然公物,根本就不存在"成立"的观念。这是因为,在日本,存在海岸、河川本来就是以自然的形态提供于公共之用的前提。这一点,《河川法》上有根据政令的水系指定由国土交通大臣进行的

---

① 田中著:《行政法》(中),第311页。
② 有人认为,《土地收用法》中也包含预定了公物收用的意思。参见小泽道一著:《逐条解说土地收用法》(上卷,第四次改订版),2019年版,第119页。
③ 盐野著:《行政法Ⅲ(第五版)行政组织法》,第324页脚注⑤。
④ 参见原著:《公物营造物法》,第66页。
⑤ 木村琢磨著:《港湾的法理论与实际》,2008年版,第174页。关于民营港湾设施的具体事例,参见多贺谷一照著:《详解逐条解说港湾法》(三订版),2018年版,第31页以下。多贺谷一照著:《对港湾管理的法的视觉》,载《千叶大学法学论集》第19卷第1号,2004年,第105页以下,从这种事情出发,对将港湾作为公物来把握提出了疑问。

显示一级河川区间的指定的观念(该法第4条),这是《河川法》上管理的问题,并不是由于一级河川的指定,该河川才成为公共用物。

与此相对,关于人工公物,何时提供于公共之用,一般地说,则可能成为需要探讨的问题。即公物的成立时间成为需要探讨的问题。不过,在人工公物之中,特别是公共用物的成立属于法律问题。这是因为,在公用物的情况下,其利用者基本上是勤务的职员,从何时开始让这些人使用办公大楼,根据内部性规范即可。可是,关于提供于公众的一般性利用的公共用物,由于在其成立的同时,公众就可以自由地利用该物,所以,将这种事实予以明确化的行为,就是公物成立的要件。

下面,论述公物通则法上应该注意的问题。

一、作为用语的问题,行政法学上将使公物成立的行为称为"公用开始"。个别公物管理法,例如,《道路法》等使用的是"供用开始",这和"公用开始"同义。废止公物的行为,称为"公用废止"或者"供用废止"。

二、关于公用开始行为和公用废止行为的性质,存在争议。有的学说认为,这和百货商店开业一样,只是单纯的事实上的行为。[①] 但是,通过公用开始行为,该物被赋予了作为公物的法的地位,由此而来的是,在和私人的关系上,便发生时效取得、利用关系的方式等各种各样的效果(如果采取公法和私法的区别论,则是私法上的存在变为公法上的存在,效果更为明显),所以,可以将其视为法的行为形式(公用废止行为,则具有与此相反的法效果)。另外,公用开始行为显然也不是法规的制定。在这种意义上,将其视为以私人(公众)为名义人的行政行为的一种,是通说和判例的观点。[②]

---

① 美浓部著:《日本行政法》(下),第789页。
② 原著:《公物营造物法》,第70页。荏原明则著:《公物、公共设施的成立和消灭》,载荏原著:《公共设施的利用和管理》,1999年版,第10页。福冈高等法院那霸支局判决,平成2年5月29日,载《判例时报》第1376号,第55页,认为市道废止处分是对物的行政处分。此外,关于公物废止行为的原告适格的诸判例,也将废止行为作为处分来把握。

以将公用开始看作一种行政行为的通说性见解为素材,就一般处分论(行政行为与规范定立行为的区别)、对物处分论(物的法的地位论)、一般处分与对物处分关系论,并将德国的学说和法国的学说作为素材,进行深入考察的论考,有上井翼著:《无名义人行政行为的法的构造》(一)至(六·完),载《国家学会杂志》第131卷第10号至第132卷第9·10号,2018年至2019年,作为以公物法解释学为素材,也论及行政法一般论(行为形式论、诉讼类型论)的研究而受到注目。

关于公用开始行为的形式,有时在公物管理法中设置规定。① 即使在没有这样的规定的情况下,对于公共用物来说,其性质决定了也应该履行一定的公开表示程序。②

关于公用开始(废止)行为的处分性,在像《道路法》那样其形式得以法定的情况下,其处分性是比较容易得以承认的。与此相对,关于适用公物管理法以外的公物(在法定外公共用物的情况下,只有废止行为成为需要探讨的问题),要发现制定法上的依据则是困难的。③ 因此,可以作如下说明:是以因公用开始(废止)行为而单方性地发生适用公物法通则这一公物法理为根据的。

三、无论如何把握公用开始的法性质,通过公用开始,法意义上的人工公物便告成立。但是,人工公物要有效地成立,行政主体对该物必须享有权利根据。在没有权利根据的情况下,则必须认可基于所有权的交还请求。这是因为,公用开始行为本身对土地的归属不具有任何效果。这一道理,也是最高法院所承认的。④

当然,在姑且合法地取得了权利根据之后,由于欠缺登记,在和从原所有者那里取得所有权并经过登记的第三人的关系上,应该如何处理,仍是需要探讨的问题。对此,最高法院判决的观点是:因公用开始而产生的公用限制,其存在与权利根据的得失无关。也就是说,第三取得者不是取得单纯的所有权,而是取得了道路这一附带公用限制的土地。⑤ 当然,此时,第三取得者能否以利用限制为根据,请求金钱性给付,则是需要探讨

---

① 《道路法》第18条第2款。

② 原著:《公物营造物法》,第71页。
有承认了"默示的公用开始决定"的判决例(东京地方法院判决,平成26年5月28日,载《判例时报》第2227号,第37页)。不过,该事业具有如下背景,是关于接受私人捐赠,作为所谓预定公物,和从前一样一直供于公众之自由通行的土地之一部分。对此,土田伸也著:《关于默示的公用开始》,载浜川清等编:《行政的构造变容与权利保护体系》,2019年版,第289页以下,包括更加一般性的法定外公共用物在内,介绍日本的学说及德国的状况,论述了默示的公用开始决定论,很有趣。但是,我认为,近代法的导入以前便被提供于公共之用的"里道"之说明,追踪其历史性过程的从前的整理方法(例如,宝金著,前出书,第95页以下),应该也就足够了。

③ 关于处分性的认定基准,参见盐野宏:《行政法Ⅱ(第六版)行政救济法》,第81页以下。

④ 最高法院判决,昭和44年12月4日,载《民集》第23卷第12号,第2407页;《行政判例百选Ⅰ》第63案件。关于至该判例为止的学说和判例,参见大林正平著:《私有地上的公道》,载《现代的法和行政·矢野胜久教授还历纪念》,1981年版,第379页以下。

⑤ 参见前述最高法院昭和44年12月4日判决。

的问题。前述最高法院判决对此予以了否定,并且,既然取得了附有利用限制的土地,被解释为,原则上是存在困难的。①

第五节　公物管理权

一、公物管理权的概念及其根据

(一) 概念

有的公物,其存在本身已经被供于公共之用。自然公物即是。例如海岸,不加任何人工,便被公众利用于海水浴、散步等。但是,包括自然物在内的公物,在大多情况下,都需要具备以增进其目的或者防御妨碍实现其目的的行为的作用和管理作用。属于自然公物的河川,也离不开构筑堤防及疏浚等河川工程,或者离不开河川区域内的土地占用许可等管理作用。关于公物的行政作用,全部作为公物管理权而体现出来。

(二) 根据

关于公物管理权的法根据,在公物法一般理论上存在观点的对立。一种观点是公所有权说。该学说认为:"属于私人的所有权,是为了自己的私人目的而支配物的权利,所以,和纯粹的私权相反,属于国家或者公共团体的所有权,不限于能够以和私人同样的手段来支配物,还以为了国家或者公共团体所特有的公共目的而能够支配物为其内容,故在其所有权的效果是以为了公共目的而对物的支配体现出来的限度内,所有权具有公权的性质。例如,在国家将自己的所有地作为道路提供于公共之用的情况下,国家之所以能够将该土地变为道路,是因为国家拥有该土地的所有权,那只不过是所有权的效果而已。但是,那是公共行政权的作用,而不是根据《民法》的使用权收益处分的作用,即这种场合的土地所有权是以公法性效果为内容的。以公法性效果为内容的权利,必然是具有公权性质的权利,所以,只要所有权的效果是公法性的,其就是公权,即属于公所有权。"②

---

① 参见福永实著:《判例解说》,载《行政判例百选Ⅰ》,第129页;荏原著:《公共设施的利用和管理》,1999年版,第154页以下。

② 美浓部著:《日本行政法》(下),第785页。

与公所有权说相对,认为自有公物中国家及地方公共团体的所有权和私人的所有权本来是相同的观点,曾经是私所有权说。但是,近年来,出现了认为公物管理权是与这样的所有权不同的对公物的概括性管理权能的见解。即"所谓公物管理权,是指行政主体为实现作为公物本来功能的供于公共用或者公用的目的,而对公物拥有的特殊的概括性的权能"。"公物管理权,不是作为物本身的所有权及其他私法名义的效果而得以承认的,应该解释为,是根据公物法(实定法或者惯例)被赋予的"。① 进而,与概括性管理权能说不同,其是将之作为行政作用的一种管理作用来归纳处理的。②

公物的管理作用是行政作用,在这一点上是不存在异议的。但是,问题在于能够对物发挥作用的法的根据何在。我认为,若对此回答曰:"是行政作用",则不成其为回答。公所有权说也是在以公物管理权是行政作用为前提的基础上,将所有权视为其法的根据。的确,在作为制定法的个别公物管理法上规定了管理权限的情况下,通常作为法的根据,是没有必要特地溯及所有权的。问题在于存在没有相关公物管理法的情况,仅将惯例视为其法根据的话③,由于是关系到公物管理根本的问题,所以,不得不说,作为法的说明,是欠缺说服力的。在这种意义上,我认为,主张对于物的另外的权利根据即所有权及其他利用权是管理权的根据,只要制定了公物管理法,管理权的根据就被该管理法所吸收④的观点,是适当的。⑤

---

① 田中著:《行政法》(中),第317页。被认为采取了概括性管理权能说的,有原著:《公物营造物法》,第219页;松岛谆吉著:《公物管理权》,载《行政法大系9》,第299页。
② 田中著:《行政法》(中),第318页;田中著:《行政法》(上),第83页。
③ 田中著:《行政法》(中),第317页。
④ 关于也存在无法全部覆盖的场合,盐野著:《行政法Ⅲ(第五版)行政组织法》,第334页。
⑤ 矶部著:《从公物管理到环境管理》,载《成田退官纪念》,第46页,认为管理权限的最终根据在于公物所具有的本来的公共性,由此,条理法(自然法)上的公物管理权者的地域自治体的形态便得以体现。此外,矶村笃范著:《公物管理法理论的变化及纷争事例的再检讨》,载《芝池古稀》,第3页以下,对围绕公物管理权的理论状况进行分析,作为结论,并不是根据担当者而区分为公物和私物,而是进行了着眼于社会性、有用性的物的区别,在此基础上,认为将管理者与利用者之间成立的行为规范予以明确是课题(该书第29页)。进而,三浦大介著:《自治体的公物与居民》,载《兼子古稀》,第166页以下,在参照了所有权说(本书)及本来的公共性说(矶部前述论文)的基础上,以"公共所有"来看公物管理权的本来性渊源(第171页)。此外,三浦大介著:《公物法的课题》,载《行政法研究》第20号,2017年,第156页,批判对于公物的(转下页)

在公法上的所有权这种意义上的公所有权的观念,和私法上的所有权不同,我认为,具有对所有权者(在这里,是公物管理权者)的恣意管理加以限定的意思。此外,将所有权和管理权相分离的观点,也可以看作是注意了对所有权的恣意性的排除。但是,作为法概念的公物,本来就被赋予了供于公共之用的目的,管理作用(所有权的行使)也要受到该公物目的的拘束,这是当然的归结,被解释为没有勉强为此而设想公法秩序的必要。在公法一般法理中,关于公物的目的拘束性本身,是没有异议的,在日本的法中固定了下来,而关于法的说明方法在这里成为需要探讨的问题。由此可见,在否定了公法和私法区别的现在,直截了当地作为公物主体所拥有的所有权(及其他权利根据)的内容拘束性来理解,被认为就足够了。① 此外,通过这样考虑,可以将公物更加直接地作为国民共有的资

(接上页)国家所有权论,认为公共用物应当作为"国民全体的物"来把握。这被认为是意图阻止公物论中国家的恩惠性开放的疑念之作,而公物法制本来就是意图排除行政主体的恣意性利用的制度,这也是论者自身所承认的。无论如何,我都认为这是包含了对公物管理权论,进而对具体性的管理制度的重要启迪的成果,但是,仅有公共性和条理,或者仅有"公的所有",要作为实定日本法中的法律论使人信服,我认为是有困难的。

三本木健治著:《公物法概念的周边性诸问题》,载《公法研究》第51号,1989年,第279页,也提倡公共空间的概念,对此,认为如何从法的角度来构成不拘泥于传统的所有权概念的公共管理的可能性,是需要探讨的问题。公共空间是否包括电波空间在内,是并不明确的(关于电波空间论,参见伊藤正己编:《广播制度——其现状和展望1》,1976年版,第183页以下)。但是,在今后构筑法制度时,这种着眼点是具有魅力的。不过,作为现行日本法的解释论,以所有权概念为基础的话,作为法律论则比较容易说明。这是本书的观点。

关于河川,在公物法一般理论中,其公水曾经是以国家的公法上的所有权为观念的[美浓部著:《日本行政法》(下),第784页];关于河川的用地没有特别地谈及,但一直被作为与公水一体化了的自然公物的河川相关的公物管理权之对象。当然,此时,设定了私人的所有权存在的场合,关于这种情况,曾经是以公物限制的法理(包括条理)来对应的[美浓部著:《日本行政法》(下),第755页],对于私有地以外的河川之用地,并非公法上的所有权被否定了。旧《河川法》不限于流水,还对河川之用地设置了私权排除的规定(旧法第3条),与此相对,现行《河川法》只针对流水设置了私权排除的规定(该法第2条第2款)。关于其经过,参见河川法研究会编著:《河川法解说》,第26页以下、第154页)。关于作为私有地的河川之用地的公物限制的范围,在制定法上被明确化了(《河川法》第24条以下)。从公物法一般理论来看,可以说该法修改是通过制定法对公物限制缓和的措施。

① 与以上的公物管理权教条主义不同,将公共用物之上是否被解释为存在国家等的私所有权这件事情能够带来怎样的逻辑性归结作为考察之对象的研究成果,有仲野武志著:《公物与私所有权》(一)至(五·完),载《自治研究》第92卷第5号、第6号、第8号至第10号,2016年。在这里,作为法令用语的官有、国有、所有等的词汇是指私所有权以外的内容,或者被解释为包括的场合,称作公所有权,而其是被作为记述概念来使用的。对象主要是关于水域的公共用物,关于相关法令及行政解释,详细地分析了这些展开过程。

产来把握,关于其管理的方式,也可以进行合理的展望。①

此外,关于像海面下的土地那样,大体上私所有权不涉及的土地,所有权概念是否不会涉及,是需要探讨的问题。如果将所有权概念理解为对物的支配权的话,我认为,对于尚未成为私交易对象的物自不必说,而对国家的支配权涉及的物,可以考虑国家所有权的概念。②

二、公物管理权的主体

公物管理权的主体,如果认为管理权本身是以所有权为基础的,则是所有权(其他权利根据)归属的行政主体。关于行使该管理权限的行政机关,便应该依据组织法的权限分配规定。

(一)关于属于国有财产的公物,规定由各省、各厅的首长管理所辖的行政财产。③ 具体地说,根据规定所辖事务的组织规范而得以特定。

(二)关于属于公有财产的公物,立于同样的观点,以首长为代表的各执行机关行使管理权。④

(三)关于地方公共团体以外的行政主体的公物,只要没有特别的规定,则作为该行政主体的法人行使管理权。此外,关于国家、地方公共团

---

① 关于以上观点,另外参见盐野宏著:《自然公物管理的课题和方向》(1979年),载盐野著:《行政组织法的诸问题》,第317页以下。

② 参见盐野著:《行政组织法的诸问题》,第318页。此外,关于围绕海的学说、判例,宝金敏明著:《里道、水路、海滨》(第五版),2019年版,第168页以下,有详细的分析。关于海,对于其利用关系是否不适合于公物法一般论的适用这一点,很早以前就被作为需要探讨的问题。添加了关于海的管理的详细的研究,有横山信二著:《海洋公物管理论》,载《松山大学论集》第2卷第2号,1990年,第53页以下;横山信二著:《海洋构筑物的法的性质》,载《松山大学论集》第3卷第5号,1991年,第53页以下;横山信二著:《海的利用关系》,载《松山大学论集》第5卷第3号,1993年,第43页以下;横山信二著:《关于海的管理与利用的法》,载《松山法学》第3号,2001年,第1页以下。以海上风力发电所为素材,论述公物法理的可能性与界限的成果,参见洞泽秀雄著:《围绕海的公物法、环境法——以洋上风力发电所为中心》,载《论究法学者》第28号,2019年,第54页以下。立足于一般公物法之视点的基础上,对关于海及海岸的公物法概念的界限进行论述的成果,包括参考文献,参见樱井敬子著:《公物理论的发展可能性及其界限》,载《自治研究》第80卷第7号,2004年,第24页以下、第41页以下;樱井敬子著:《行政法讲座》,2010年版,第146页以下。不过,我认为,即便根据关于海的新视点而构成管理法制,在达至该目标的过程中的公物法理的妥当性如何的问题也保留下来了,并且,关于海的各种各样的管理上的问题,公物法理的适用可能性也作为讨论的对象而保留下来了。

③ 《国有财产法》第5条。

④ 《自治法》第238条之二。

体以外的行政主体的公物管理权的存在方式,有必要考虑不同的途径。①

（四）关于法定外公共用物,基本上是市町村成为管理权的主体。② 但是,在所有权依然属于国家的情况下,可以认为,像从前那样的二元性管理体制依然存在。③

（五）关于前述的原则,从前是对于国有公物,在个别法上作为例外性措施导入了管理委托的制度。④ 即便是这种时候,该国有公物也并非失去了《国有财产法》上的作为公共用财产的法的地位,而是包括公物管理作用的权限,根据委托契约被委任给了作为相对方的地方公共团体,这是行政解释的立场。⑤ 关于公有公物,在平成15年的《地方自治法》修改前,有公共设施的管理委托的制度,委托的基本事项由条例规定,而细目则是契约事项。⑥ 该制度通过平成15年的指定管理者制度的导入⑦而被废止。此外,上述的委托契约,与通常的事务委托⑧及行政上的委任⑨不同,管理权限被理解为与民法上的委托契约相等,被保留了作为委托者的国家和地方公共团体的机关。⑩

在这种从前的制度的基础上,在地方分权、规制缓和、民营化政策的进展之中,例外性现象正在扩大。首先,有与一般公物相关的,作为规制缓和政策之一环的民间资金活用(PFI)、指定管理者制度的导入。这些制度,也被适用于公物管理,变成直接的管理权限由行政主体以外者行使。不过,在这种场合,与为委托制度同样,将该物直接供于公共之用的是行政主体,因此,可以解释为限定在前面的原则之范围内。

与此相对,在与个别公物法的关联上,在地方分权推进的过程中产生

---

① 盐野著:《行政法Ⅲ(第五版)行政组织法》,第342页、第346页。
② 盐野著:《行政法Ⅲ(第五版)行政组织法》,第323页。
③ 关于从前的二元性管理及其问题,参见盐野著:《行政组织法的诸问题》,第327页以下。
④ 原著:《公物营造物法》,第230页以下。例如,《港湾法》第54条、第54条之二。盐野著:《行政法Ⅲ(第五版)行政组织法》,第107页。
⑤ 昭和34年2月19日《法制意见》。前田正道编:《法制意见百选》,1986年版,第497页以下。关于制度理解的详细内容,参见木村琢磨著:《港湾的法理论与实际》,2008年版,第176页以下。
⑥ 长野士郎著:《逐条地方自治法》(第11次改订新版),1993年版,第904页。
⑦ 《自治法》第244条之二第3款。
⑧ 盐野著:《行政法Ⅰ(第六版)行政法总论》,第164页。
⑨ 盐野著:《行政法Ⅲ(第五版)行政组织法》,第28页。
⑩ 前述前田正道编:《法制意见百选》,1986年版,第501页。

的现象受到注目。其中一个是《河川法》,在平成11年的《自治法》修改中,机关委任事务的制度被废止,与之相伴,《河川法》的二级河川的管理,作为法定受托事务,成为都道府县知事所管事项。① 原则上,按照道理应当将属于作为该二级河川的管理权者的知事所属的地方公共团体规定为所有权者。但是,根据昭和39年《河川法施行法》第4条,除存在私权的河川之用地以外,被规定为归属国家,因此,即便机关委任事务制度被废止,这一点也没有变更,实务也被解释为是在该施行法之下通过通知②来进行的(通知没有一级、二级之区别,作为国家的公共用物通过河川工事取得的土地,登记为国有的通知)。换言之,关于作为地方公共团体的统辖机关的知事的河川管理,没有对成为其前提的权原设置特别的规定。这样的话,二级河川也跟从前一样似乎能够成为国有的公共用物,这个问题将在后面论及。③

在作为个别公物法之一的《道路法》上也可以看到同样的现象。即关于《道路法》的一般国道的指定区间外的道路,规定新设、改筑由国土交通大臣进行;而其他的管理则由都道府县进行④,故而,虽然是部分现象,可以说公物的归属主体与管理主体在制度上是分离的。

与此类似的问题,以更加复杂的形式,存在于跟规制缓和、民营化施策的关系中。即高速汽车国道的管理被规定为由国土交通大臣进行⑤,而广泛的例外措施(代行措施)在《道路整备特别措施法》中得以规定:道路的新设、改筑、费用征收、维持修缮等,由东日本高速道路股份有限公司等公司(特殊法人)进行(该法第3条);管理业务之中,公权力的行使,规定由独立行政法人日本高速道路保有、债务清偿机构则代行作为道路管理者的国土交通大臣的权限(该法第8条)。进而,道路之用地等构成道路的物,作为道路资产,规定由该机构保有,并将道路资产向公司出租。⑥ 此外,也有必要留意的是,作为道路管理者的大臣的权限中的道

---

① 《河川法》第5条、第10条、第100条之三第1款第1项。关于事务分类,参见盐野著:《行政法Ⅲ(第五版)行政组织法》,第138页以下。

② 昭和40年3月29日《建设省事务次官通知》。

③ 河川法研究会编著:《河川法解说》,第37页,认为"二级河川是国家的公物"。

④ 《道路法》第12条、第13条。

⑤ 《高速汽车国道法》第6条。

⑥ 《独立行政法人日本高速道路保有、债务清偿机构法》第2条第2款、第12条第1款第1项。

路的公用开始、公用废止被保留给了大臣。①

关于《港湾法》，本来在已经考察过的公物法制中作为管理委托的典型例子进行了列举,这种制度原封不动地作为现行制度得以存续的同时,在此基础上,根据平成23年的法修改,关于特定的港湾,导入了如下手法:区别为作为国有的行政财产的码头群的管理和运营,关于后者,由国土交通大臣所指定的一个运营主体(股份有限公司)来进行,对该公司出租码头群。②

（六）也有观点将个别公物管理法中的这样的状况,换言之,将公物管理的多样化,作为现代的要求而积极地予以评价。③

但是,在这里,也有必要留意的是,作为规制缓和等的现实政策之实现过程并不能解决的理论上的问题被留下来了。即关于公物管理权的根据,即便采取所有权说、总括性管理权能说,对于物,管理主体需要有某种权原这件事情是没有变化的。可是,关于《河川法》上的二级河川、《道路法》上的指定区间,作为管理者的知事(作为其归属体的地方公共团体),与从前的机关委任事务制度不同,对于该公共用物具有怎样的权原,是不明确的。也可以将此与代替了曾经以国家的权原为基础的管理委托的法定委托切割开来,但是,那的确是法定受托事务真正成为"受托"事务,因此与作为分权的一个里程碑的事务分类存在不协调。另外,对于公物的成立来说,不需要管理主体自身的权原,只要有权原保持者的默示的承诺就足够了,认为作为国法的《河川法》《道路法》的诸规定都包含了其旨趣。可是,这种默示的承诺,作为法律论的话,是有些牵强的。

关于管理权限的行使和权原,《高速汽车国道法》的结构更具有技巧性,存在以从前的公物论无法进行说明的部分。关于《港湾法》,管理委托制度以委托者、权原保有者国家的委托契约为基础的国家的指挥监督权,与根据现在的事务分类进行的港湾管理者的事务之自治事务化的调整(指挥监督权限的缩小或者港湾管理者的特殊性之强调)成为问题。④ 进而,港湾

---

① 《高速汽车国道法》第7条第2款。

② 《港湾法》第43条之十一、第55条。关于详细情况,参见多贺谷一照著:《详解逐条解说港湾法》(三订版),2018年版,第316页以下、第444页以下。

③ 参见洞泽秀雄著:《从空间的观点看公物法的再检讨》,载《札幌学院法学》第26卷第1号,2009年,第31页以下。

④ 关于以上诸点,木村琢磨著:《港湾的法理论与实际》,2008年版,第190页以下。

运营公司的业务运营的基本原则是"事业的适正实施"①，这也留下了如何看待该基本原则与公物利用的一般原则的关系的问题。这件事情本身可以进入港湾中的一般利用之原则的相对化②这种说明之射程范围，而从这里再进一步，对港湾利用中自由使用原则的疑问，进而对港湾作为公共用物的定位的疑问，也都被提示出来。③ 但是，只要是以公物法理为前提的话，我认为，此时也必须对于从以自由使用为核心的公物一般法的基本原则乖离出来的合理性进行检证。

上述内容是将重点置于理论上的整理课题而指出的。作为更加现实性的法解释论上的课题，根据观点的不同，与责任的所在扩散了的新的公物管理作用相伴的国民的受害救济，具体地讲，《国家赔偿法》(第2条)上与营造物的设置管理的瑕疵相关的赔偿责任之所在的判断，以及管理作用之中与公权力的行使相关的场合，作为行为者的公务员的特定，将更加复杂化。

三、公物管理权的内容

(一)内容的范围

公物管理权的内容，抽象地说，是使公物适合于公共目的的作用，这种作用被分为适合于该目的而采取措施的制度作用和调整公共用物的公共利用的作用。④ 其具体的内容因河川、海岸、道路、公园等公物的不同而各异，但是，在公物通则法上作为一般的范围而列举的，有如下内容⑤：

1. 公物范围的确定(《道路法》第18条第1款)；
2. 公物的维持、修缮(《河川法》第16条以下)；
3. 防止对公物的障碍(行为规则——《道路法》第43条)；
4. 对于公物邻接区域的规制(《道路法》第44条，《河川法》第54条、第55条)；
5. 他人土地的进入、短期使用(《道路法》第66条)；

---

① 《港湾法》第43条之十七。
② 多贺谷一照著：《详解逐条解说港湾法》(三订版)，2018年版，第4页以下。
③ 木村琢磨著：《从法的观点看港湾的现代性课题》，载《都市问题研究》第62卷第2号，2010年，第53页。
④ 美浓部著：《日本行政法》(下)，第806页。
⑤ 参见原著：《公物营造物法》，第220页以下。

6. 使用关系的规制。

这些都是为了实现作为公物的物的效用,在这一点上,和《国有财产法》《物品管理法》是以为了实现作为财产的保存为内容是不同的。

此外,在公物管理权中,由于成为其中心的是使用关系,所以,关于使用关系,将在后面第六节中另作论述。

(二)范围

公物管理权是为了实现公物目的的作用。所以,其适用的主要区域是在公物的范围内。此外,超出供于公共之用的公物范围的管理作用,也是为了实现公物目的的作用,如沿道区域①、河川保全区域②、港湾邻接地域③的设定,其目的无论何者都在于道路、河川、港湾的功能维持乃至增进。

此处存在两个问题:对公共管理行为应予制约的问题和应予扩大的问题。

1. 公物管理权所涉及的上下范围的问题。有的观点将此范围解释为和私所有权的范围相同。但是,公物管理权和私所有权不同,如果认为应该限定于公物的供用目的的范围的话,可以认为公物管理权的范围比私所有权的范围狭窄。在土地利用的方式多样化的现在,我认为,后一种观点是合理的。④ 根据《关于大深度地下的公共性使用的特别措施法》获得使用认可的道路等的公物管理权,当然限于该事业区域(大深度地下的一定范围中的立体性的区域——参见该法第2条第3款)之内。

2. 关于公物的存在及其利用,围绕公物的环境的负面影响(噪声、大气污染),是以前的公物法一般理论的视野中所没有的。⑤ 但是,如果从合理地利用国民的资产这一角度来考虑公物管理的话⑥,将公物作为和

---

① 《道路法》第44条。
② 《河川法》第54条。
③ 《港湾法》第37条第1款。
④ 参见矶村笃范著:《公物管理权的空间范围》,载《行政法的争点》(新版),1990年版,第160页以下。
⑤ 指出这一点的研究,参见保木本一郎著:《围绕公共设施的法的诸问题》,载《公法研究》第51号,1989年,第205页。原著:《公物营造物法》,在所揭示的公物管理权的范围中,没有列举环境考虑的作用。松岛谆吉著:《公物管理权》,载《行政法大系9》,第290页以下,也没有明确地指出这一点。
⑥ 盐野著:《行政法Ⅲ(第五版)行政组织法》,第325页。

环境隔绝的物来考察是不适当的。我认为,对于环境的考虑,也应该作为公物管理的一环来考虑。①

《国家赔偿法》上的营造物(公物)的设置管理的瑕疵,不限于和利用者的关系上的瑕疵,也承认了和第三人的关系上可以考虑的所谓功能性瑕疵的存在(空港噪声)②,对停止的可能性展开了争论。③ 在实践中也作为公物管理者方面的噪声对策(遮音壁的设置等)来考虑。

关于这一点,近年来,制定法也将努力确保干线道路沿途良好的生活环境,规定为道路管理者的责任和义务,受到人们的注目。④ 此外,以前的河川管理将重点置于治水及水利,而现在,从水质污浊的问题及地域环境整备的关系的角度,在行政运营上,人们开始认识到河川环境管理(水环境管理、河川空间管理)的重要性。⑤ 通过平成9年的《河川法》修改,在法律的目的中追加了"河川管理的整备和保全"。《海岸法》上也是一样,在平成11年的修改中,将"海岸环境的整备和保全"规定进了法律的目的之中。

不过,公物和环境的问题,大概在公物法的范围内进行完结性考察是不适当的,我认为,还应该作为环境法的一环予以论述,才是合理的。⑥

(三)公物管理与公物警察

和公物管理作用的范围相关联,根据公物法一般理论,公物管理作用被认为与在相同物上行使的警察作用是不同的。⑦ 在这里,警察作用,并不限于作为《警察法》⑧所规定的组织体的警察所进行的作用,还广泛地指为了维持社会公共的安全和秩序,基于一般统治权,对国民进行命令、强制的作用。⑨ 这样的作用,在道路上及湖泊上也是可以考虑的。与此

---

① 参见盐野宏著:《国土开发》,1976年版,第174页;盐野著:《行政组织法的诸问题》,第323页。
② 盐野著:《行政法Ⅱ(第六版)行政救济法》,第285页。
③ 盐野著:《行政法Ⅱ(第六版)行政救济法》,第96页。
④ 《关于干线道路的沿途整备的法律》(昭和55年法律第34号)。道路管理者的责任和义务规定——第3条。
⑤ 参见河川环境财团编:《解说河川环境》(第四版),1989年版。
⑥ 盐野著:《行政法Ⅲ(第五版)行政组织法》,第349页以下。
⑦ 美浓部著:《日本行政法》(下),第808页以下;原著:《公物营造物法》,第247页以下。
⑧ 昭和29年法律第162号。
⑨ 盐野著:《行政法Ⅰ(第六版)行政法总论》,第7页、第69页。

相对,公物管理作用是有关物的本来效用的维持和增进的作用。对坏了的道路及桥梁予以修缮,是道路管理作用的典型,而不是警察作用。此外,承认在道路之下铺设煤气管道及光缆,也是道路管理的问题。与此相对,在道路交叉点进行交通疏通;在公园举行集会时群众一拥而上,发生危险状态的情况下,对群众实施规制:都可以视为警察的任务。

公物管理作用和公物警察作用,在概念上姑且可以作如上所述的区别,但是,关于两者的关系,有如下几点应该注意(关于海,有人指出,"公物"警察这种范围限定性的概念本身本来就难以通用①):

1. 虽然存在被解释为排他性的公物管理作用(前述事例),但是,公物管理权也是以从确保公物的合理利用的角度进行公物利用的调整乃至规制为其对象的,所以,发生与立于公共安全观点在利用者之间进行调整的公物警察竞合的情况。对此,例如,关于《道路法》上的道路占用许可和《道路交通法》上的许可,分别设置了有权限的行政机关相互协议的规定。② 该协议并不是预定了两个行政机关的合意,而是被解释为在协议之后分别作出决定。

2. 在具体的情况下,公物管理法是否能对警察作用进行授权? 还是应该限于管理作用? 关于管理作用,应该承认什么样的作用? 这一系列问题都是不明确的,需要进行解释。在一级河川的流水上,无执照者操纵没有登记的比赛用的旧摩托艇,撞在大学驳船部的八人划的赛艇上,八人划的赛艇上的船员死亡、负伤,因而,受害者以国家为被告,以对摩托艇的操纵等的取缔上有瑕疵为理由,提出赔偿请求。对此,判例认为,《河川法》所规定的河川管理和公物警察权不同;因摩托艇的航行并没有形成对成为河川管理对象的河川的排他性、独占性占用,所以,该航行没有成为建设大臣(当时)河川管理权的对象。③ 并且,现实中有通过地方公共团体的条例,如《东京都水上取缔条例》,有公物警察进行水上交通取缔的事例。与此相对,在基于《河川法》第28条的《河川法施行令》第16条之二第3款中,规定了河川管理者的水域指定、船舶的通行指定的权限,现在,实践中甚至被解释为根据

---

① 参见樱井敬子著:《公物理论的发展可能性及其界限》,载《自治研究》第80卷第7号,2004年,第42页以下。
② 《道路法》第32条第5款、《道路交通法》第79条。
③ 东京地方法院判决,昭和57年3月29日,载《判例时报》第1044号,第407页。

该规定对游览船等的规制也是可能的。① 在河川的利用多样化了的现在,管理权的作用也必须与此相适应,所以,我认为,公物管理法的解释也要求具有灵活性。②

3. 关于公用物,产生公物管理和公物警察的问题。一般地说,关于公用物,特别是办公大楼的管理,《国有财产法》没有设置特别的规范,也不存在特别的法律。因此,办公大楼管理者所能够行使的,被解释为仅限于管理作用,不允许行使警察权。所以,办公大楼等即使被外部的人等所占据,公物管理权者也只能提出退却的请求,而不能采取实力进行退却强制,而必须等待一般的警察权的行使。

另外,关于法院的法庭,有《法院法》(第71条以下)、《刑事诉讼法》(第288条)、《关于法庭等的秩序维持的法律》,其秩序维持作用被视为法庭警察权予以说明。③ 此被认为源于视法庭的秩序维持和公共秩序的维持具有直接关系的观点。④

(四)法的性质

由于公物管理作用存在各种各样的形式,所以,其法性质也不一样。

公物管理权的作用,既有法行为,也有维持保存工程等的事实行为。从公权力的行使这种观点来看,维持保存工程本身也被视为非权力性行为的典型。除工程以外,以防止道路上的事故为目的的行政指导等非权力性行为也是管理权的行使。与此相对,公用开始行为及公用废止行为、

---

① 参见河川法研究会编著:《河川法解说》,第223页。
② 关于游览船,另外存在对河川内停留应采取《河川法》上的什么手段[流水的占用许可(第23条),土地的占用许可等(第24条、第26条、第27条),对具有成为河川管理上的障碍之危险的行为的禁止等(第29条)]的问题。虽然实务上是作为土地的占用许可等的案件来处理的(参见河川法研究会编著:《河川法解说》,第138页),但是,我认为,与其采用土地的占用许可等既存的制度,倒不如基于《河川法》第29条的政令从正面采取对策,才是更合理的[参见岛田茂著:《对于小型船舶的放置的法规制(上)》,载《自治研究》第65卷第10号,1989年,第82页以下]。

关于市民会馆(公共设施)条例的许可基准中的"存在扰乱公共秩序的危险时",最高法院没有触及公物管理和公物警察的观念而推导出了结论(最高法院判决,平成7年3月7日,载《民集》第49卷第3号,第687页),但是,园部逸夫大法官在补充意见中指出:因为该条例是公物管理条例,所以,不能成为公物警察权的行使根据。我认为这是正确的见解。

③ 平野龙一著:《刑事诉讼法》,1958年版,第170页。最高法院判决,平成元年3月8日,载《民集》第43卷第2号,第89页,也使用了这一概念。

④ 美浓部著:《日本行政法》(下),第822页,设想了法庭的秩序维持成为公物管理权的范围的情况。

为了利用规制的使用许可等,可以说是作为以权力性法的行为形式的行政行为,在公物法理上而形成的。此外,利用规则起初就被视为属于行政规则的范畴。①

(五)妨碍排除措施

对于正在阻碍公物之利用者,努力排除妨害的事情本身当然地属于管理作用的内容事项。此时,《道路法》《河川法》等个别公物管理法上有规定的话,便采取服从该规定的措施。具体来说,有原状恢复命令。② 不过,关于以这些制定法无法应对那样的场合,根据公物管理主体所拥有的民法上的权原(所有权、占有权),能否进行妨害排除请求便成为问题。关于这一点,最高法院平成18年2月21日判决③指出:"地方公共团体,为了将道路提供于一般交通之用而进行管理,根据其管理的内容、形态的不同,在社会通念上,被认为该道路处于应当说是属于该地方公共团体的事实性支配的客观性关系的场合,该地方公共团体,与是否具有《道路法》上的道路管理权无关,可以根据为了自己而进行的意思,主张所持该道路,因此应当说对于构成该道路的用地具有占有权。"在此基础上,对于该案,将排斥了根据《民法》第199条的原告(地方公共团体)的占有保全之诉的原审判决,予以撤销发回重审了。

该最高法院判决被解释为行文上完全立于作为财产权的占有权之保全的见地。但是,我认为,事案的确是在于道路的维持、保全,因此该诉讼的提起,在功能上可以视之为公物管理权行使,这与将公物管理权的根据求证于所有权(其他的权原)的本书的立场也是一致的。④ 此外,有见解认为,在像该案这样将根据民事法上的占有权的公共用物的管理权行使作为穷极之策的同时,应当将其予以一般化,将公共用物管理权的基础理解为为了自由的使用而排除物的支配那样的形态之占有。⑤ 但是,道路管理上,关于基于所有权的妨害排除的可能性,鉴于该最高法院判决并没

---

① 田中著:《行政法》(上),第166页。
② 《道路法》第71条、《河川法》第75条。
③ 载《民集》第60卷第2号,第508页;《地方自治判例百选》第56案件。
④ 关于财产管理与功能管理竞合的事情,参见宝金敏明著:《里道、水路、海滨》(第五版),2019年版,第231页。
⑤ 山本隆司著:《行政与民事法(一)——由公共用物管理者进行占有之诉》,载《法学教室》第351号,2009年,第69页以下、第74页。

有否定,实务上也广泛地予以承认①,可以认为,基于占有权的妨害排除,在无法主张所有权的场合,作为穷极之策,这样进行定位是适切的。

再进一步说,在相对人不服从的情况下,基于所有权等的妨害排除请求权的实现根据民事上的强制执行程序进行,并且,关于行政上的强制执行,只要满足了代执行法的要件,就应该考虑其适用。关于物件的交还、腾出等的涉及直接强制的实力行使,需要有个别的法律根据。②

但是,关于公物管理权者的管理作用之物理性行使的界限,是否可以和民事上的自力救济的限度进行完全相同的考虑,是需要探讨的问题。为了河川(也是渔港)中船舶航行的安全和防止居民的危难,渔港管理者将非法停留设施撤除,引起了居民诉讼。最高法院将其和《民法》上的紧急避险(第720条)的法意相比较作出了判断。③ 但是,从公物管理权的根据在于行政主体对物的所有权的观点来看,在不存在个别的公物管理法(或者不能适用)的情况下,我认为,应该对公物管理权者承认一定的自力救济,作为此时的考虑要素,通过使其包含公共安全等公共利益,以和民事上纠纷的自力救济之间划上一条不同的境界线。④

(六)公物管理行政过程

公物法一般理论具有伴随着明治宪法之下得以形成这种经历的界限。其界限之一,是公物管理法制对行政过程的关心之欠缺。在那里,关于供用开始、供用废止等的管理行为之法的行为形式被作为考察的对象,而对关于这些行为的行政程序的考察,进而关于相关居民的参与、协动的侧面,当时则没有被放入视野。与此相对,在行政法一般理论中,对行政程序、居民参与法制的检讨得以推进,地方分权论、环境保护论作为主要政策论而出现

---

① 宝金敏明著:《里道、水路、海滨》(第五版),2019年版,第355页。
② 关于和办公大楼管理权的关系,参见盐野著:《行政法Ⅰ(第六版)行政法总论》,第193页。
③ 最高法院判决,平成3年3月8日,载《民集》第45卷第3号,第164页;《行政判例百选Ⅰ》第101案件。此外参见盐野著:《行政法Ⅰ(第六版)行政法总论》,第63页脚注②。
④ 参见盐野宏著:《法治主义的诸形态》(1992年),载盐野著:《法治主义的诸形态》,第127页以下。
按照平成3年3月8日最高法院判决的案件来说,该町长(当时)具有渔港的管理权,但是,存在其管理权限是否应在《渔港法》所规定的限度之内的问题。换言之,存在是否没有对町长概括地赋予以所有权为根据的公物管理权的疑问。但是,被解释为,将管理权的赋予进行如此限定性解释,是没有意义的。此外,参见早坂禧子著:《公物管理行政和实力行使的界限》,载《菅野古稀》,第348页以下。

等,应对状况的变化,公物法制中的行政程序、居民参与、公私协动的重要性越来越受到人们的重视。那是在《道路法》《河川法》等领域可以显著看到的现象①,而观点本身则是与一般公物相通的。② 相关动向也可以说具有行政法一般理论对公物法理的影响这一侧面,而实质上则可以说,是公物法制中的实体的展开,给行政过程论提供了重要的素材。

第六节 公物的使用关系

一、问题所在

一般地说,公物被提供于公共之用,但是,公共用物和公用物的本来用法是不同的。即道路、河川等公共用物,以提供于不特定多数的公众之利用为其本质。公物法一般理论,以这种公共用物由公众利用为中心,试图对使用关系进行分类整理。③ 该一般理论,虽因各种各样的公物性质的不同而发生内容的变化,但被《道路法》《河川法》《都市公园法》等个别公物管理法所采用,或者处于在解释之际被参照的关系之中。④

与此相对,关于以国家政府用的办公大楼及国立、公立学校的校舍等为对象的公用物,实际上,特别是法律上,是以由限定范围内的人利用为前提的。关于国家政府的建筑物,虽然外部的各种人员也可进入,但是,其主要的目的是作为公务员的勤务场所而提供的。此外,关于公用物,无论是国家政府用设施,还是国立、公立的学校设施,都不存在与对于公共用物的公物管理法相对应的意义上的特别管理法。于是,被作为法律问题来论述公用物使用关系的,主要是与公用物本来的目的不同的供于外部利用的情况,这被作为《国有财产法》及《自治法》上的行政财产的目的外使用的问题来论述。

下面,分别论述公共用物的使用关系和公用物的使用关系。

---

① 关于道路法制,参见洞泽秀雄著:《从空间的观点看公物法的再检讨》,载《札幌学院法学》第 26 卷第 1 号,2009 年,第 23 页以下。关于河川法制等,三好规正著:《流域管理的法政策》,2007 年版,第 154 页以下。
② 参见三浦大介著:《自治体的公物与居民》,载《兼子古稀》,第 179 页以下。
③ 美浓部著:《日本行政法》(下),第 815 页。
④ 河川法研究会编著:《河川法解说》,第 24 页以下。

二、公共用物的使用关系

（一）使用关系的分类学

根据公物法一般理论，公共用物的使用关系，通常以一般使用（自由使用）为基本使用，进而与此相对照，创制出了许可使用、特许使用（特别使用）。具体地说，这些使用关系的内容如下：

1. 一般使用

一般使用，是指不需要任何意思表示，而对公众承认公物利用的情形（道路的交通、河川的航行、海岸的海水浴、散步等）。这被作为公共用物的基本存在方式来定位。本来，这并不意味着完全自由，有时要服从法律或者公物管理者所规定的限制。① 此外，还有通过公物警察进行的限制（基于《道路交通法》的交通规制）。

2. 许可使用

许可使用，基本上也属于自由使用的范畴，不过，是在事先设定行为禁止，基于申请予以许可而解除该禁止的制度之下的使用。关于该许可，概念上也存在作为公物管理作用的许可和作为公物警察的警察许可两种。露天商店的设立和经营、工程作业等，需要《道路法》和《道路交通法》双方的许可②，存在难以进行明确区别的许可。关于这一点，设置了调整规定。③

3. 特许使用（公物使用权的特许）

特许使用，是指从公物管理者那里获得特别使用权的设定而使用公物的情形。在道路上树立电线杆，路面下埋设煤气管道，是其典型事例。河川的流水占用也属于此类。其不是自由使用，而是就公物对特定人承认特定的排他性利用。不过，即使在这种情况下，由于是公共用物，故其排他性是有界限的。④

（二）使用关系的问题要点

在明治宪法下，公物法一般理论上创设的使用关系的分类学，被导入

---

① 《道路法》第43条、第46条，《河川法》第28条，《海岸法》第37条之六。
② 《道路法》第32条第1款，《道路交通法》第77条第1款。
③ 《道路法》第32条第5款，《道路交通法》第79条。
④ 关于河川的流水占用权，参见最高法院判决，昭和37年4月10日，载《民集》第16卷第4号，第699页；《行政判例百选Ⅰ》第18案件。

立法实务和判例,并且,即使现在也比较好地保持了其原型。但是,有必要注意如下几点:

1. 关于公物的使用关系的公物法一般理论,具有时代性、历史性界限。① 此外,在其适用中,有的需要对各种公共用物分别进行探讨,进而,存在制定法时,当然应该对该个别公物管理法进行仔细斟酌。

2. 公物的使用关系之中,自由使用是公共用物的使用形态的原型,这里存在公共用物的最大特色。这也是与私人在社会中本来被承认了自由的活动相对应的。但是,和承认私人本来的自由领域不同,该自由利用是以公共用物现实上被提供于公共之用为前提而创设的。由此可以说,该使用"限于对一般人承认使用的自由,而不是设定使用的权利"②。具体地说,即使由于道路的废止而不能自由使用,以前的利用者也不能主张该自由使用权而指控该废止行为违法,即其不具有道路供用废止处分的原告资格。

关于这一点,单纯作为一般公众的道路利用者没有原告资格,但是,在对日常生活或者日常业务产生严重障碍的情况下,对该人承认原告资格,是下级审判决近年来的倾向。③ 关于海滨,法院对此的思路也相同。④

在公物法一般理论中,公用废止并不属于管理者的完全裁量,"由于管理者负有维持、保存公物,使公物适合于公共目的的义务,所以,不能自由地废止其公用,只有在其失去应该提供于公共目的之必要的情况下,才能废止其公用"⑤。此外,作为公物管理法的《道路法》,在其第 10 条第 1 款中也规定了同样宗旨的废止要件:失去了提供于一般交通之用的必要时。进而,虽然说是一般使用,公物确实是提供于现实利用的,所以,公物和利用者的关

---

① 盐野著:《行政法Ⅲ(第五版)行政组织法》,第 305 页。
② 美浓部著:《日本行政法》(下),第 817 页。
③ 关于里道及水路(法定外公共用物)的用途废止,松山地方法院判决,昭和 53 年 5 月 30 日,载《行裁例集》第 29 卷第 5 号,第 1095 页;其控诉审,高松高等法院判决,昭和 54 年 8 月 30 日,载《行裁例集》第 30 卷第 8 号,第 1444 页。关于市道路线废止,京都地方法院判决,昭和 61 年 5 月 8 日,载《行裁例集》第 37 卷第 4·5 号,第 667 页;其控诉审,大阪高等法院判决,昭和 62 年 4 月 28 日,载《行裁例集》第 38 卷第 4·5 号,第 382 页。判断路线废止无效的,有东京高等法院判决,昭和 56 年 5 月 20 日,载《判例时报》第 1006 号,第 40 页。
④ 关于进入海滨权诉讼,参见松山地方法院判决,昭和 53 年 5 月 29 日,载《行裁例集》第 29 卷第 5 号,第 1081 页。
⑤ 美浓部著:《日本行政法》(下),第 795 页。

系是多种多样的。换言之,必须注意的是,根据利用形态的不同,存在该人的利益不能被公众的一般利益所吸收的情况。如果以这样的实体公物管理法的规范及现实的利用状况为前提的话,即使在利用者之中,着眼于具有生活上的特殊利益者,对该人承认原告资格,被解释为属于最高法院的原告适格判断构造框架的范围内。① 但是,在修改《行政事件诉讼法》之下,要进行该法第9条第2款所规定的需要考虑事项的判断。② 该规定为对一定范围内的利用者承认原告适格的裁判例提供了制定法上的根据。

3. 关于在现实上承认了自由使用的情况下,如果该自由使用被私人妨害的话,是否不能给予任何保护的问题,在公物法一般理论上,并没有得以明确地论述。但是,最高法院判例认为,自由使用的妨害,可以成为《民法》上的不法行为的问题,并且,这种情况也适合于以自由使用为核心的公物法一般理论。③

4. 自由使用权的内容本身是并不确定的,是随着场所和时代的变化而可变的。公物法一般理论也承认这一点。④ 在这种意义上,有必要以不妨害他人的自由使用为基本的前提,并以社会的发展、价值的多样化为前提,对自由使用的内容进行灵活的解释[自然公物的自由使用之多样化现象,给国家赔偿法论(营造物设置管理责任论)也带来了影响]。⑤

5. 许可使用、特许使用中的许可和特许,是和行政行为的分类学相对应的。⑥ 个别的公物管理法明显地也是以处分性构成为前提而设置许可制的。⑦ 与此相对,关于国有的法定外公共用物,就道路的使用关系而言,是否采取许可制,当然是不存在明文规定的。因此,对此便产生了采取契约性行为形式的解释余地。但是,最高法院并没有明确理由,关于没

---

① 对判例的详细分析,参见石井升著:《道路的自由使用和私人的地位》,载《南古稀》,第13页以下。
② 盐野著:《行政法Ⅱ(第六版)行政救济法》,第110页。
③ 最高法院判决,昭和39年1月16日,载《民集》第18卷第1号,第1页;《行政判例百选Ⅰ》第17案件。
④ 美浓部著:《日本行政法》(下),第819页。
⑤ 参见福永实著:《自然公物的自由使用与国家赔偿责任》,载《广岛法学》第36卷第1号,2012年,第55页以下。
⑥ 参见盐野著:《行政法Ⅰ(第六版)行政法总论》,第97页。
⑦ 《道路法》第32条以下,《河川法》第23条以下,《海岸法》第8条、第37条之五,《都市公园法》第6条以下。

有制定公物管理法的皇居外苑广场(公共用物)的使用,以设有许可制为前提作出了判断。① 当然,最高法院的这种判断,是将铺设许可制视为习惯法,还是作为解释论导入公物法一般理论,是不明确的。

此外,由于法定外公共用物是《国有财产法》上的行政财产(公有财产的情况下,是《自治法》上的行政财产),所以,在具体的使用方法是公共用目的以外的情况下,则需要许可,该许可的法性质是行政处分。这是通说和判例的观点。② 因此,如下解释论也是能够成立的:将法定外公共用物的合乎目的的使用和"许可"相关联时,考虑到二者的均衡,该"许可"的行为形式也是行政处分。对于公有的法定外公共用物来说,作为《地方自治法》上的公共设施,只要制定了其设置和管理条例,利用许可便是处分(该法第244条之四)。

6. 许可使用和特许使用的区别,在于自由的恢复和权利赋予的对比,类似于行政行为论上的营业许可和公企业特许的区别。但是,和该区别在行政行为论上成为批判的对象一样,在公物法论上,区别也是不明确的。许可使用和特许使用的区别,是在与自由使用的关系上来论述的,而所谓许可使用,由于物成为对象,所以,必然地对物产生占用的状态,具体的许可制应属于哪一种的判定,在概念上是困难的。

《道路法》《河川法》《海岸法》等公物管理法,也没有明文采用这种区别。

7. 有人将自由使用、许可使用和特许使用的区别,作为是否公共用物本来用法的区别予以说明。③ 但是,现在看来,关于河川的利用,游泳及洗衣是其本来的用法,而作为自来水来利用(需要流水占用许可)则不是其本来的用法。这样把握的话,则有不协调的感觉。关于道路也是一样,从现在的存在方式来看,和提供于人的交通之用一样,在道路用地里设置光缆,提供于信息的流通,根据考虑方法的不同,可以说哪一方都不是其本来的用法。④ 在这种意义上,认为自由使用以外的使用本来是不能存在的使用的观念,是不正确的。但是,不能忘记的是,应该将公共

---

① 最高法院大法庭判决,昭和28年12月23日,载《民集》第7卷第13号,第1561页;《行政判例百选Ⅰ》第65案件。
② 关于目的外使用,盐野著:《行政法Ⅲ(第五版)行政组织法》,第344页。
③ 原著:《公物营造物法》,第252页、第270页。
④ 指出这一问题的,参见三本木健治著:《公物法概念的周边性诸问题》,载《公法研究》第51号,1989年,第281页。

用物的一般使用的原点置于公物法一般理论。关于其利用的调整,也必须经常地注意这一点。

从以上诸点来看,与其建立许可使用和特许使用的区别,倒不如将之作为许可使用(使用许可)内容的不同种类来考察更为正确。下面本书的叙述,也依据此观点。

8. 在公共用物的使用许可中附加附款,已成为通例。或者可以说,行政行为的附款论的最适当的素材正在这里。①

期限是被附加于使用许可的典型事例。此时,大多是附加一年或者二年等比较短期的期限。但是,必须注意的是,根据情况的不同,必须将其作为预定了更新制度的制度来理解。②

对公物使用者赋课占用费及使用费的缴纳义务,也是附款中的负担之一。关于没有特别的法律根据而承认占用费等的征收权限,在明治宪法时代,有的学说着眼于使用权的设定本身的利益授予性质,将其视为明治宪法第 62 条第 2 款所说的"属于补偿的行政上的手续费"。③ 在《日本国宪法》下,则是从是否属于租税法律主义的范围的角度来看,公物公用费及使用费等的征收成为争论的对象。但是,鉴于占用费征收的正当化根据最终在于公物管理者对物的所有权,我认为,设定基于所有权的使用权时的对价征收,不需要有法律根据。

此外,在现行法制中,个别公物管理法上设置了有关占用费征收的特别规定。④ 不过,在这种情况下,占用费是以和使用许可不同的独立处分来构成的⑤,因而不是附款的问题。此外,《自治法》上也存在有关使用费的规定(第 225 条)。

9. 许可使用的更新拒绝或者使用期间内的许可撤回,也是使用行政行为的撤回法理的情形,换言之,是提供素材的场所。关于作为撤回的法理之一的伴随补偿的撤回的容许性⑥,公物管理法上以明文作出了规定。⑦

---

① 关于一般附款论,盐野著:《行政法Ⅰ(第六版)行政法总论》,第 149 页以下。
② 参见盐野著:《行政法Ⅰ(第六版)行政法总论》,第 151 页。
③ 美浓部著:《日本行政法》(下),第 835 页。
④ 《道路法》第 39 条、《河川法》第 32 条。
⑤ 由于在《河川法》上,占用许可权者和占用费征收权者相分离,故这一点是明确的。《道路法》也被解释为同样宗旨。
⑥ 田中著:《行政法》(上),第 157 页;盐野著:《行政法Ⅰ(第六版)行政法总论》,第 148 页。
⑦ 《道路法》第 72 条、《河川法》第 76 条、《海岸法》第 12 条之二、《都市公园法》第 28 条等。

10. 关于国家、地方公共团体以外的行政主体(国家、地方公共团体的独立行政法人),鉴于其大多以教育、调查研究为业务,难以设定与公共用物对应的"物"。与此相对,关于图书馆所有的书籍,美术馆、博物馆等所收藏的绘画、雕刻、化石等,可以将公众的利用(观览、学习)作为本来之业务的一部分。不过,此时,与像公文书公开那样个别的人请求个别的物之开示不同,通过收藏物进入展示会场的入馆,采取接触展示物这种形态,是其通例。并且,防止由利用者对展示物的毁损也成为重要的课题。于是,关于这种公物,鉴于其不适合于自由使用,便设置了由管理者设定的入馆许可制度[参见《独立行政法人国立科学博物馆入馆及入园规程》(馆长裁定)、《独立行政法人国立科学博物馆观览规则》]。实务上是根据这样的方法来处理的,而从公物法理来看的话,则难以设定与公物管理的诸类型(自由使用、许可使用、特许使用)相应的形式。在这种意义上,关于美术馆、博物馆等的独立行政法人的作用,设定公物法体系之适用场合的做法是不适切的。这里的课题是,该法人作为行政主体而行动,即在行政作用的情况下进行的法制度之确保成为课题。在这作用法层面,是阅览的公正性、公平性、容易性是否得以确保的问题。进而,围绕阅览的法人与阅览者等的纷争处理的方法(阅览拒绝的处分性、阅览的过程中产生的损害赔偿的适用法令)成为问题。从如上几点出发,关于现存的美术馆、博物馆等独立行政法人的业务与一般公众的关系,在公物法论的范围外,被认为应当由行政法一般论来处理。

此外,在地方公共团体层面,只要美术馆、博物馆不推行独立行政法人化①,就属于公共设施的范畴,包括指定管理者的行为在内,被认为具有行政作用法、行政救济法之适用余地②,物的种类之争论作为其形式也就不会出现了。

11. 关于近年来从民间资金活用的见地导入的公共设施等运营权制度(concession方式)中的运营权③的行使,《水道法》《道路法》《河川法》《航空法》等关联法令的特例规定,在民间资金活用法(PFI法)上没有予以规定,因此关于该事业的运营也被解释为,适用成为这些公物法理论之

---

① 盐野著:《行政法Ⅲ(第五版)行政组织法》,第98页以下。
② 盐野著:《行政法Ⅲ(第五版)行政组织法》,第195页。
③ 盐野著:《行政法Ⅲ(第五版)行政组织法》,第108页。

素材的相关法令,因而适用公物法理。

三、公用物的使用关系

(一)公用物的本来的使用

公用物,无论是国家政府机关、地方公共团体机关的建筑物,还是国立大学法人的建筑物,都是为该建筑物所服务的特定行政目的而提供的。管理者有义务进行符合该目的的管理,进入该公用物者,应该服从管理者的管理权(办公大楼管理权、校舍管理权、医院管理权)。此时,管理权的行使并不完全属于裁量,在和勤务者的关系上,作为勤务条件的内容,成为措施要求权的对象,即使是校舍及医院,当进行不符合其各自目的的管理时,也可能成为苦情处理的对象。不过,在具体的情况下,要在裁判上追究纠正等责任,则是困难的。

(二)目的外使用

关于公用物的管理,并没有制定特别的管理法。不过,由于公用物都是《国有财产法》或者《自治法》上的行政财产,所以,管理者"在不妨碍其用途或者目的的限度内,可以许可其使用(或者收益)"[①]。这一般称为行政财产的目的外使用(的许可)。

目的外使用,概念上也涉及公共用物,但是,当存在《道路法》和《河川法》等公物管理法时,则被该法律的许可制度所吸收。所以,《国有财产法》或者《自治法》上的目的外使用的制度所涉及的,只有法定外公共用物及公用物,而实践中比较多见的是关于后者的适用。下面,以公用物的目的外使用为中心,指出其成为问题的情形。[②]

1. 关于目的外使用关系的法性质,以前是以是否属于私法上的契约

---

① 《国有财产法》第 18 条第 6 款、《自治法》第 238 条之四第 7 款。
② 森田宽二著:《关于国有财产法的理解的疑问》(上)(中)(下),载《自治研究》第 73 卷第 12 号、第 74 卷第 1 号、第 3 号,1997 年至 1998 年,主张规定了目的外使用的条款通常所理解的《国有财产法》第 18 条第 3 款(现第 6 款)(本书也是如此),是关于存在于目的障碍之外使用的规定,只要在其范围内,便不问是目的外的使用,还是目的内的使用。这是通过对"使用"和"利用"的语意进行精密的分析而得出的立论,但是,现行《国有财产法》的规定由来于明治宪法下的《国有财产法》(第 4 条但书),本来这就是被作为承认了私法上的使用契约的宗旨来理解的,所以,在该限度内,被解释为其是以目的外的使用为前提的。这种宗旨,在现行《国有财产法》上也得以继承(关于该规定的由来、解释,此外参见原著:《公物营造物法》,第 315 页以下)。

关系的形式成为人们争论的对象的,而通说和判例认为,现行《国有财产法》或者《自治法》上以制定法的用语明确了其处分性。① 不过,国有财产和公有财产都是对国家、地方公共团体、以政令规定的法人进行地上权的设定等,为了国有财产和公有财产的有效利用(所谓合筑即是其例)而承认的。②

2. 目的外使用的许可也具有适用行政行为论的意义,反过来说,即具有作为素材之提供场所的意义。例如,关于与一般公共海岸区域内的土地相关的占用不许可处分撤销请求案件的最高法院判决③,关于因公立学校设施之目的外使用不许可处分而进行损害赔偿请求案件的最高法院判决④,无论哪一个判决都是作为关于裁量处分,明示性地采用了判断过程的统制手法,并使其固定下来的判决,在行政过程论中的裁量统制论中,也是令人注目的地方。⑤ 关于附款论、撤回论,存在和公共用物之使用许可的场合相同的问题。

3. 具体的使用形态,是属于目的外使用,还是属于本来的公用(或者准同于公用的使用),其判定并不是容易的事情。例如,在国家政府机关、地方公共团体机关建筑物中经营职员用的食堂,或者开设小卖店,或者设置职员团体的事务所等情况。以前的运用似乎将这些都作为目的外使用来处理的。⑥ 但是,在一定规模以上的政府办公大楼不设置职员食堂,这通常是无法想象的。此外,从国立、公立学校的设施之利用状况等来看,是目的外使用还是目的内使用,并不一定是截然分开的。⑦ 美术馆、博物馆展示相关的绘画、雕刻、化石等也是一样,是公共用物还是公用物,无法进行非此即彼的区分。⑧

不过,作为实际问题,我认为,论述是目的外还是目的内,缺乏实际意

---

① 田中著:《行政法》(中),第 324 页以下,解释为在现行法之下设置了许可制度,但是,认为依然存在承认私法上的契约的余地。
② 《国有财产法》第 18 条第 1 款、《自治法》第 238 条之四第 2 款。
③ 最高法院判决,平成 19 年 12 月 7 日,载《民集》第 61 卷第 9 号,第 3290 页。
④ 最高法院判决,平成 18 年 2 月 7 日,载《民集》第 60 卷第 2 号,第 401 页;《行政判例百选 I》第 73 案件。
⑤ 盐野著:《行政法 I (第六版)行政法总论》,第 114 页。
⑥ 原著:《公物营造物法》,第 322 页。
⑦ 参见宇贺著:《行政法概说 III》,第 555 页。
⑧ 盐野著:《行政法 III (第五版)行政组织法》,第 343 页。

义。即使是目的内,也有需要许可的情况,这与法定外公共用物的情况是相同的①,并且,使用费的征收,不论是目的外还是目的内,都是可能的。

4. 如上所述,目的外使用与目的内使用,在概念上往往难以进行明确的区别,而《国有财产法》被解释为是从行政财产的有效利用的观点来对此进行规范的。② 行政财产的有效利用,是作为对于从前地方公共团体等的所谓合筑制度、铁道设施等的地上权(区分)的制度而导入的。③ 不过,在这种情况下,也不是以财产性收益本身作为目的的,这与目的外使用的制度相同。

可是,平成18年,从国家、地方公共团体财政状况的观点出发,出现了追求重视效率性的国有财产行政的转换趋势,作为其一环,关于政府办公大楼等的公用财产,在目的外使用的制度之外,试图导入向民间借贷的制度(《关于为了推进国有财产的效率性的活用而部分修改国有财产法等的法律》),将政府办公大楼等的剩余部分用于民间借贷的制度(《民法》上的契约法制),作为《国有财产法》第18条第2款的一个项目添加了进来。④

不过,在导入新的制度的同时,目的外使用制度完全保留了以前的状态,所以,这两种制度如何进行作用分担,作为新问题摆在了人们的面前。本来就存在从概念上对目的内使用和目的外使用进行区分的困难性。此外,根据其运用的状况如何,与以重视公用为基本的第18条第1款(这项规定是修改前第18条正文的内容,原封不动,没有变更)的关系,将成为需要探讨的问题。重视效率性的观念,可以从新设的第9条之五(管理及处分的原则)中看出,所以,与第18条第1款的关系,也许可以理解为已

---

① 盐野著:《行政法Ⅲ(第五版)行政组织法》,第341页的皇居外苑之例。
② 对将作为《自治法》上的行政财产的县营住宅的用地,为了建设煤气公司的设施,而作出行政财产使用许可处分(《自治法》第238条之四第4款),邻地的所有者提出许可处分撤销请求,法院判决认为,法的宗旨在于期待行政财产公正且效率性的管理,所以,不是为了保护周边居民的个别性利益(千叶地方法院判决,平成3年9月13日,载《行裁例集》第42卷第8·9号,第1496页)。在相关的情况下,近邻居民完全应该通过《民法》上的手段来寻求救济。与此相对,对于作为企业用财产的国有林野被指定为保安林的土地作出《国有财产法》上的使用许可处分,针对该处分的附近居民的原告适格,则出现了能否将《森林法》上的保护法益作为使用许可处分的要件引进的问题(参见石崎诚也著:《对于国有财产使用许可处分的居民的原告适格》,载兼子仁、矶部力编:《程序性行政法学的理论》,1995年版,第367页以下、第378页以下。进行消极解释的裁判例,有宫崎地方法院判决,平成6年5月30日,载《判例时报》第1532号,第61页)。
③ 参见《国有资产法》第18条第2款。
④ 《国有财产法修正案》第18条第2款第4项。

经进行了归纳处理。不过，即使这样理解，也依然存在欠缺原则和例外的均衡的问题。

5. 国家和地方公共团体以外的行政主体（独立行政法人、地方独立行政法人、国立大学法人等）的公用物，不适用《国有财产法》及《自治法》。① 并且，即使在各自的法人通则性法典上，也不存在关于公用物的特别规定，只限于设置了关于财产的处分等的程序规定（主务大臣等的认可）。② 所以，关于这些国家、地方公共团体以外的行政主体的公用物的制定法上的实体规定，现在尚不存在。目的外许可这种行政法手法，在该领域也是不存在的。

综上所述，公物法论上存在如下问题。即这些行政主体所管理的建筑用地、建筑物，只要将其供于该法人的公用，就适用公物法一般法理，所以，该行政主体便行使了公物管理权。不过，像目的外使用的许可之类的财产的使用关系，基本上全部根据民事法的规定。在公物法一般理论中，与公用物相关的所谓目的外使用关系，曾经是被作为私法上的契约关系来理解的③，因此，关于不适用《国有财产法》《自治法》及其他特别的制定法的独立行政法人等的财产之利用关系，可以说民事法适用更适合于公物法一般理论所蕴涵的法意。当然，在其使用方法上，存在来自该行政主体的公物实体法上的制约，这被解释为公物法理的归结。可是，对于违反该制约而设定了的使用关系的法效果，具有什么样的影响的问题，对这些问题进行明确的解释只能留待今后研究。进而，关于归属于该行政主体的不动产、动产，法令上并没有像《国有财产法》那样进行行政财产和普通财产的区别，这也是现状，有必要在考虑《国有财产法》上的公用财产规范动向的基础上，展开相关问题的检讨。

补　论　公物法论的定位及界限

一、公物法论的定位

在本书中，将公物法定位为和公务员法并列的广泛意义上的行政组

---

① 盐野著：《行政法Ⅲ（第五版）行政组织法》，第 310 页。
② 《独通法》第 48 条、《地方独立行政法人法》第 44 条、《国大法人法》第 35 条。
③ 美浓部著：《日本行政法》（下），第 842 页以下。

织法。这源于将公物作为公共行政的物的手段来把握,从这种角度看,首先着眼于围绕公物的法现象。本书中也对相关方面进行了考察。

但是,从本书的叙述中可以明确的是,公物法理的重要侧面在于其利用关系。在这种意义上,也可以将公物法的本来的问题所在置于作用法领域,将组织法上的问题仅作为其附带性的问题来处理。事实上就存在将公物法作为行政各个领域的法之一,在"警察法""保护及统制的法"之后,以"公企业及公物的法"来定位的事例。①

是否将某种成批的法现象纳入行政法教科书中进行处理,假定作为教科书的内容来处理,应该将其置于什么位置的问题,一方面是学术体系上的问题,而另一方面也是由作为教科书的教育上的观点所左右的。

《行政法》(Ⅰ、Ⅱ、Ⅲ)这套书,主要是作为大学行政法授课讲义而写成的,也对在理论和实务两方面,作为日本行政法上的概念一直发挥重要功能的公物进行论述,是适当的。另外,我对作为分论的行政作用法论②持有疑问③,并且,在行政过程论中全面论述公物法,是有困难的。

基于这些情况,本书将公物法作为广义的组织法来定位,其中也论述了利用关系这一行政过程论的问题。这样的公物法定位,已有先例。④

此外,有的学者将营造物法和公物法并列来论述。⑤ 营造物,在明治宪法下,作为德语 Öffentliche Anstalt 的翻译用语而使用,所以,其内容也模仿奥特·玛雅的概念规定,被认为是"由国家或者公共团体等行政主体提供用于公共目的的人的及物的设施的综合体"⑥。作为具体事例所列举的是国立、公立的学校、医院和图书馆等。营造物和公物的区别在于:公物法作为对象的物本身,构成营造物概念的要素的一部分。所以,从营造物这种观点来看,本书中所揭示的有关物的论点(时效、强制执行、管理权的根据论等),都不在其视野之内。因此,营造物法论的主要观点是利用关系的存在方式和营造物组织法的观点。但是,在日

---

① 美浓部著:《日本行政法》(下);柳濑著:《行政法教科书》,也基本上相同。
② 美浓部著:《日本行政法》(下)是其模范。
③ 关于这一点,参见盐野宏著:《行政作用法论》(1972年),载盐野著:《公法与私法》,第197页以下。
④ 田中著:《行政法》(中);广冈隆一著:《四订行政法总论》,2000年版。
⑤ 参见田中著:《行政法》(中),第325页以下。
⑥ 原著:《公物营造物法》,第358页。

本，营造物的组织法的问题，首先被行政主体论所覆盖，同时，在公务员法的领域，营造物概念也并不具有特别的意义。① 进而，关于利用关系，在日本，本来就不曾存在过将营造物利用关系作为公法的一元化把握的观点，所以，被委任给个别的法解释论（学校关系、医院关系、水道关系等）。并且，关于地方公共团体的营造物（公共设施），《地方自治法》上设置了基本的规定。② 在这种意义上，关于日本法，在现阶段缺乏将营造物法论和公物法并列论述的意义。

从公物法和营造物法的对象领域重叠性的观点出发，有的见解主张将公物法作为公共设施法来对待（当然，公共设施概念也不是都一样的③）。但是，我认为，公共设施的利用关系，适于按照各种各样的利用关系分别进行考察，而不适于将其作为与利用关系一般理论的展开相对应的场所来架构④，同时，将以自由利用为中心的公物利用关系和营造物利用关系一起把握，会丧失其特色。也有人披露了将公用物包含其中，进而不仅包含行政主体的，而且也将私人提供的设施包含其中，全部视为检讨之对象的观点。⑤ 这对于考虑该领域今后的展开来说是重要的提示，但考虑到超出了本书作为对象的行政手段论的界域，故而在这里就不深入展开了。

二、公物法的界限

有人指出了公物法理论本身的原理性的所谓内在界限和着眼于公物法概念的视野的狭隘性的所谓外在的问题。

---

① 在德国，情况则不同。关于这一点，参见盐野宏著：《给付行政的展开和公务员的地位》（1970年），载盐野著：《行政组织法的诸问题》，第237页以下。

② 盐野著：《行政法Ⅲ（第五版）行政组织法》，第194页以下。

③ 关于公共设施概念的诸形态，参见小081高著：《行政法各论》，1984年版，第246页；，矶村笃范著：《公物、公共设施的利用关系》，载《行政法的争点》，第226页以下。此外，关于公共设施概念出现的意义，参见冈田雅夫著：《关于公共设施法的一点考察》，载《公法研究》第51号，1989年，第264页。

④ 采取相同宗旨的见解，有冈田雅夫著：《关于公共设施法的一点考察》，载《公法研究》第51号，1989年，第272页；广冈隆一著：《公共设施的利用关系》（1990年），载广冈著：《公物法的理论》，第116页。

⑤ 木村琢磨著：《关于公共设施的整备、运营的法整备》，载《行政法研究》第30号，2019年，第217页以下；矶村笃范著：《公物管理法理论的变化及纷争事例的再检讨》，载《芝池古稀》，第29页。

（一）关于公物法理论的内在界限，由于公物法理论是明治宪法时代形成的，所以，除公法和私法这一框架以外，从法治主义的观点来看，被视为问题的较多，这是事实。不过，这并不是当然否定公物法这一框架本身的。本书中的公物和交易秩序的关系、利用者的保护等观点，从公物法理在《日本国宪法》之下的发展这一角度来论述，是可能的。由于公物的使用关系的复杂化，依以前的利用形态分类学已不能确切地把握该使用关系，这也是事实。但是，如果法概念不随着时代的变迁而发展的话，就存在陷于总是停留在以用语方法为中心的缺乏建设性的概念争论之结果的危险。在与此的关联上，关于公物法所着眼的物本身的问题意识，基于将作为各个物的构成要素的有体物单独抽出是欠缺意义的①这一理由，也提出了公物法概念无用论等。但是，作为法律论，如前所述，这一点才是在行政法和民法的接触点上令人感兴趣的论点。体系上的整理方法姑且不论，单说行政活动的分析上，是不能将与公物有关的这种问题置之度外的。② 此外，也有必要留意的是，由于公物包含河川、道路、下水道等各种各样的物，所以，对于公物一般法论的适用来说，按照种类的不同分别予以应对便成为必要。

（二）在日本从前的公物一般法论中，没有引入资源的观点。这种观点，尤其是对于自然公物的管理、利用关系具有重要的意义，这也是本书所指出的。③ 我认为，有必要在今后的公物法理论中进一步展开该问题的探讨。④

（三）公物法一般理论最为欠缺的，我认为似乎是广阔的视野。人们的视点局限于公物的内侧，也就是将公物这种物的存在，与周围环境相隔绝来把握。⑤ 但是，围绕公物的现代的问题状况，不限于公物和利用者的关系，还在于公物给环境带来的影响，并且，正是由于这种缘故，公物的成立才成为需要探讨的问题。其中的一定部分，在公物管理法的体系之中

---

① 田村悦一著：《公物法总说》，载《行政法大系9》，第249页。
② 阿部泰隆著：《行政的法体系》（上册，新版），1997年版，第185页以下，指出了问题所在和论点。
③ 盐野著：《行政法Ⅲ（第五版）行政组织法》，第314页。
④ 土居正典著：《公物管理和公物利用的诸问题》，载《雄川献呈》（上），第531页以下，也是从公共信托论、资源论的见地发现了公物法的问题解决的端倪。
⑤ 盐野著：《行政法Ⅲ（第五版）行政组织法》，第306页。

也可以处理。但是,在和环境的关系上,有必要立于比物本身更广泛的包括其运作要素在内的视角。① 要考察这种问题,我认为,包含法政策性观点在内,更加广泛地以环境法的框架来考虑则更为适当。有人从这个方向进行了展望未来的尝试②,有人从"流域"这种观点出发来设定管理对象,论述了包含地下水的水循环的观点③,此外,有人主张自然公园及森林也应当被纳入视野。④ 这些都是重要的视点之提示,但是,管理的对象超出了以前的公物范畴,一旦超出水(也应该包括地下水)、大气、土地(看似包括现实中成为私所有权对象的土地。但是,看似不包括电波空间),我认为,要将公物管理作为其法理论的原型来把握,则是困难的。这是因为,法概念的意义与其外延的扩展成反比例。

如前面所考察,从前的公物法论在当下具有界限这件事情,必须率直地承认。不过,鉴于在本书中所揭示的公物法上的诸法概念作为道具概念,在实定法制度、裁判实务、行政实务中,现在依然具有其妥当的一面,承继这些的适切的场合是否准备好了(例如,在环境法学中,能否自足地形成),则是不明确的,作为行政法学的一部分的公物法论被认为依然是具有意义的部分。⑤

---

① 关于道路和环境的先驱性研究,参见山田洋著:《道路环境的计划法理论》,2004年版。
② 从这种方向展开对未来的展望的研究,参见矶部力著:《从公物管理到环境管理》,载《成田退官纪念》,第27页以下,特别是第41页以下。
③ 三好规正著:《持续性的流域管理法制的考察》,载《阿部古稀》,第439页以下;三好规正著:《水循环基本法的成立与水管理法制的课题》(一)至(三·完),载《自治研究》第90卷第8号至第10号,2014年。
④ 三浦大介著:《公物法的课题》,载《行政法研究》第20号,2017年,第157页以下。
⑤ 石塚武志著:《公物管理与环境管理》,载《行政法的争点》,第228页以下,认为公物管理中应当在怎样的程度上使环境管理的要求"内在"其中,成为今后争论的大框架。

判 例 索 引

- **大审院·最高法院***

大判昭和 9 年 6 月 30 日,载《法律新闻》第 3725 号,第 7 页 …………… 266
昭和 28 年 4 月 8 日(大),载《刑集》第 7 卷第 4 号,第 775 页 …………… 280
昭和 28 年 12 月 23 日(大),载《民集》第 7 卷第 13 号,1561 页(皇居
 外苑使用不许可处分案件)…………………………………… 305,307,341
昭和 29 年 7 月 30 日,载《民集》第 8 卷第 7 号,第 1501 页 ……………… 87
昭和 30 年 6 月 22 日(大),载《刑集》第 9 卷第 8 号,第 1189 页 ………… 280
昭和 31 年 11 月 27 日,载《民集》第 10 卷第 11 号,第 1468 页 …………… 74
昭和 35 年 3 月 1 日,载《刑集》第 14 卷第 3 号,第 209 页 ……………… 230
昭和 35 年 7 月 26 日,载《民集》第 14 卷第 10 号,第 1846 页 …………… 261
昭和 36 年 3 月 28 日,载《民集》第 15 卷第 3 号,第 595 页 …………… 269—
昭和 37 年 4 月 10 日,载《民集》第 16 卷第 4 号,第 699 页 …………… 338
昭和 37 年 5 月 30 日(大),载《刑集》第 16 卷第 5 号,第 577 页(《大阪市
 卖淫防止条例》违反案件)…………………………………………… 157
昭和 38 年 3 月 12 日,载《民集》第 17 卷第 2 号,第 318 页 …………… 186
昭和 38 年 3 月 15 日,载《刑集》第 17 卷第 2 号,第 23 页 ……………… 280
昭和 38 年 3 月 27 日(大),载《刑集》第 17 卷第 2 号,第 121 页(特别区区长
 公选案件)………………………………………………………… 130,131
昭和 38 年 6 月 26 日(大),载《刑集》第 17 卷第 5 号,第 521 页(奈良县蓄水池
 条例案件)…………………………………………………………… 156
昭和 39 年 1 月 16 日,载《民集》第 18 卷第 1 号,第 1 页 ……………… 340
昭和 41 年 10 月 26 日(大),载《刑集》第 20 卷第 8 号,第 901 页[全递(东京)
 中邮案件]…………………………………………………………… 280
昭和 42 年 4 月 28 日,载《民集》第 21 卷第 3 号,第 759 页 …………… 235
昭和 44 年 4 月 2 日(大),载《刑集》第 23 卷第 5 号,第 305 页(都教组案件)………… 280

---

* 日期后面附有"(大)"字样的,表示是最高法院大法庭判决;日期后面附有"(决)"字样
的,表示是最高法院决定。——译者注

昭和 44 年 4 月 2 日(大),载《刑集》第 23 卷第 5 号,第 685 页(全司法仙台
　　案件) ………………………………………………………………… 280
昭和 44 年 12 月 4 日,载《民集》第 23 卷第 12 号,第 2407 页 ………… 322—
昭和 46 年 1 月 22 日,载《民集》第 25 卷第 1 号,第 45 页 ……………… 74
昭和 48 年 4 月 25 日(大),载《刑集》第 27 卷第 4 号,第 547 页(全农林
　　警职法案件)……………………………………………… 240,268,280
昭和 48 年 9 月 14 日,载《民集》第 27 卷第 8 号,第 925 页 …………… 261
昭和 48 年 12 月 12 日(大),载《民集》第 27 卷第 11 号,第 1536 页(三菱树脂
　　案件) ………………………………………………………………… 268
昭和 49 年 5 月 30 日,载《民集》第 28 卷第 4 号,第 594 页 …………… 219
昭和 49 年 7 月 19 日,载《民集》第 28 卷第 5 号,第 897 页 …………… 245
昭和 49 年 11 月 6 日(大),载《刑集》第 28 卷第 9 号,第 393 页(猿払
　　案件) ……………………………………………………………… 244,283—
昭和 50 年 5 月 29 日,载《民集》第 29 卷第 5 号,第 662 页(群马中央公共汽车
　　案件) ………………………………………………………………… 74
昭和 50 年 9 月 10 日(大),载《刑集》第 29 卷第 8 号,第 489 页(德岛市
　　公安条例案件) ……………………………………………………… 159—
昭和 51 年 5 月 6 日,载《刑集》第 30 卷第 4 号,第 591 页(有印公文件等伪造
　　案件) ………………………………………………………… 29—,31
昭和 51 年 5 月 21 日(大),载《刑集》第 30 卷第 5 号,第 1178 页(岩手县
　　教组案件) …………………………………………………………… 280
昭和 51 年 12 月 24 日,载《民集》第 30 卷第 11 号,第 1104 页 ………… 319
昭和 52 年 5 月 4 日(大),载《刑集》第 31 卷第 3 号,第 182 页[全递(名古屋)中邮
　　案件] ………………………………………………………………… 280
昭和 52 年 12 月 13 日,载《民集》第 31 卷第 7 号,第 974 页 …………… 273
昭和 52 年 12 月 19 日(决),载《刑集》第 31 卷第 7 号,第 1053 页 …… 285
昭和 52 年 12 月 20 日,载《民集》第 31 卷第 7 号,第 1101 页(神户海关案件) … 292
昭和 53 年 2 月 23 日,载《民集》第 32 卷第 1 号,第 11 页 ……………… 266
昭和 53 年 3 月 28 日,载《民集》第 32 卷第 2 号,第 259 页 …………… 281
昭和 53 年 3 月 30 日,载《民集》第 32 卷第 2 号,第 485 页 ……… 186,187
昭和 53 年 12 月 8 日,载《民集》第 32 卷第 9 号,第 1617 页(成田新干线诉讼)
　　 ………………………………………………………………………… 102
昭和 53 年 12 月 21 日,载《民集》第 32 卷第 9 号,第 1723 页 …… 162,307,315
昭和 54 年 7 月 5 日,载《判例时报》第 945 号,第 45 页 ………………… 196
昭和 54 年 7 月 20 日,载《判例时报》第 943 号,第 46 页 ……………… 28

昭和55年12月23日,载《民集》第34卷第7号,第959页 …………………… 282
昭和57年5月27日,载《民集》第36卷第5号,第777页 …………………… 249
昭和57年10月7日,载《民集》第36卷第10号,第2091页 ……………… 308
昭和60年10月23日(大),载《刑集》第39卷第6号,第413页 ………… 158,162
昭和61年2月27日,载《民集》第40卷第1号,第88页 ……………………… 295
昭和61年12月16日,载《民集》第40卷第7号,第1236页 ………………… 318
昭和62年4月10日,载《民集》第41卷第3号,第239页 …………………… 34
平成元年3月8日(大),载《民集》第43卷第2号,第89页 ………………… 334
平成元年12月18日,载《民集》第43卷第12号,第2139页 ………………… 171
平成2年4月17日,载《刑集》第44卷第3号,第1页 ……………………… 281
平成2年6月5日,载《民集》第44卷第4号,第719页 ……………………… 188
平成3年3月8日,载《民集》第45卷第3号,第164页 …………………… 336—
平成3年12月20日,载《民集》第45卷第9号,第1455页 ………………… 30
平成5年2月16日,载《民集》第47卷第3号,第1687页 …………………… 34
平成5年3月2日,载《判例时报》1457号,第148页 ……………………… 281
平成5年9月7日,载《民集》第47卷第7号,第4755页(织田之滨诉讼)……… 188
平成5年11月2日,载《判例时代》第870号,第94页 ……………………… 264
平成6年2月8日,载《民集》第48卷第2号,第123页 …………………… 102
平成7年2月22日(大),载《刑集》第49卷第2号,第1页(洛基路德
    案件) ………………………………………………………………… 15,51,52
平成7年2月28日,载《民集》第49卷第2号,第639页 ……………………… 181
平成7年3月7日,载《民集》第49卷第3号,第687页 ……………………… 334
平成7年4月17日,载《民集》第49卷第4号,第1119页 …………………… 265
平成8年3月8日,载《民集》第50卷第3号,第469页 …………………… 85
平成8年3月15日,载《民集》第50卷第3号,第549页 …………………… 196
平成10年4月24日,载《判例时报》第1640号,第115页 ………………… 255
平成10年12月18日,载《民集》第52卷第9号,第2039页 ………………… 188
平成11年7月15日,载《判例时报》第1692号,第140页 ………………… 257
平成12年3月17日,载《判例时报》第1708号,第62页 ………………… 163
平成12年4月21日,载《判例时报》第1713号,第44页 ………………… 171
平成13年7月13日,载《判例地方自治》第223号,第22页 ……………… 219
平成14年7月9日,载《民集》第56卷第6号,第1134页 ………………… 150,219
平成14年9月27日,载《判例时报》第1802号,第45页 ………………… 182
平成15年1月17日,载《民集》第57卷第1号(参加棒球大会的旅费等返还请求
    案件),第1页 …………………………………………………………… 275

平成 16 年 3 月 25 日,载《判例时报》第 1871 号,第 22 页 …………… 260
平成 17 年 1 月 26 日(大),载《民集》第 59 卷第 1 号,第 128 页 ……… 250
平成 17 年 6 月 24 日(决),载《判例时报》第 1904 号,第 69 页………… 140
平成 17 年 11 月 10 日,载《判例时报》第 1921 号,第 36 页 …………… 154
平成 17 年 12 月 16 日,载《民集》第 59 卷第 10 号,第 2931 页 ……… 318—
平成 18 年 1 月 19 日,载《判例时报》第 1925 号,第 79 页 …………… 154
平成 18 年 2 月 7 日,载《民集》第 60 卷第 2 号,第 401 页 …………… 345
平成 18 年 2 月 21 日,载《民集》第 60 卷第 2 号,第 508 页 …………… 335
平成 18 年 7 月 14 日,载《民集》第 60 卷第 6 号,第 2369 页 ………… 195
平成 19 年 12 月 7 日,载《民集》第 61 卷第 9 号,第 3290 页 ………… 345
平成 19 年 12 月 13 日,载《判例时报》第 1995 号,第 157 页 ………… 256
平成 20 年 3 月 3 日(决),载《刑集》第 62 卷第 4 号,第 567 页(药害艾滋厚生
  省路径案件) …………………………………………………………… 297
平成 22 年 9 月 10 日,载《民集》第 64 卷第 6 号,第 1515 页 ………… 265
平成 23 年 10 月 27 日,载《判例时报》第 2133 号,第 3 页 …………… 154
平成 24 年 1 月 16 日,载《判例时报》第 2147 号,第 127 页 …………… 292
平成 24 年 1 月 16 日,载《判例时报》第 2147 号,第 139 页 …………… 292
平成 24 年 2 月 9 日,载《民集》第 66 卷第 2 号,第 183 页 …………… 277
平成 24 年 4 月 20 日,载《民集》第 66 卷第 6 号,第 2583 页 ……… 189,255
平成 24 年 4 月 20 日,载《判例时报》第 2168 号,第 45 页 …………… 189
平成 24 年 4 月 23 日,载《民集》第 66 卷第 6 号,第 2789 页 ………… 189
平成 24 年 12 月 7 日,载《刑集》第 66 卷第 12 号,第 1337 页 ………… 283—
平成 24 年 12 月 7 日,载《刑集》第 66 卷第 12 号,第 1722 页 ………… 283—
平成 25 年 3 月 21 日,载《民集》第 67 卷第 3 号,第 438 页(企业税条例案件) …… 160—
平成 27 年 11 月 17 日,载《判例地方自治》第 403 号,第 33 页 ……… 233
平成 28 年 12 月 20 日,载《民集》第 70 卷第 9 号,第 2281 页 ………… 217
平成 30 年 7 月 19 日,载《判例时报》第 2396 号,第 55 页 …………… 293
令和 2 年 6 月 30 日,载《民集》第 74 卷第 4 号,第 800 页(泉佐野市故乡纳税
  案件) ……………………………………………………………… 210,216

● **高等法院**

仙台高等法院判决,昭和 32 年 7 月 15 日,载《行裁例集》第 8 卷第 7 号,
  第 1375 页 ………………………………………………………………… 266
仙台高等法院判决,昭和 36 年 2 月 25 日,载《行裁例集》第 12 卷第 2 号,
  第 344 页 ………………………………………………………………… 293

东京高等法院判决,昭和49年8月28日,载《行裁例集》第25卷第8·9号,
  第1079页 ··· 185
大阪高等法院判决,昭和51年1月30日,载《劳民集》第27卷第1号,第18页 ······ 273
高松高等法院判决,昭和54年8月30日,载《行裁例集》第30卷第8号,
  第1444页 ·· 339
名古屋高等法院判决,昭和55年5月1日,载《劳民集》第31卷第3号,
  第571页 ··· 249
东京高等法院判决,昭和56年5月20日,载《判例时报》第1006号,第40页 ······ 339
名古屋高等法院判决,昭和56年10月28日,载《判例时报》第1038号,
  第302页 ··· 230
福冈高等法院判决,昭和58年3月7日,载《行裁例集》第34卷第3号,
  第394页 ··· 160
大阪高等法院判决,昭和62年4月28日,载《行裁例集》第38卷第4·5号,
  第382页 ··· 339
大阪高等法院判决,平成元年3月22日,载《行裁例集》第40卷第3号,
  第264页 ··· 123
福冈高等法院那霸支局判决,平成2年5月29日,载《判例时报》第1376号,
  第55页 ·· 321
东京高等法院判决,平成5年9月28日,载《行裁例集》第44卷第8·9号,
  第826页 ··· 310
东京高等法院判决,平成11年3月31日,载《判例时报》第1680号,第63页 ······· 95
东京高等法院判决,平成13年3月27日,载《判例时报》第1786号,第62页 ······ 195
东京高等法院判决,平成17年3月25日,载《刑集》第62卷第4号,
  第1187页(药害艾滋厚生省路径案件) ······································· 297
东京高等法院判决,平成19年3月29日,载《判例时报》第1979号,第70页 ······· 86
东京高等法院判决,平成20年7月15日,载《判例时报》第2028号,
  第145页(三菱扶桑案件) ·· 31
东京高等法院判决,平成22年2月25日,载《判例时报》第2074号,
  第32页(企业税条例案件) ·· 160
大阪高等法院判决,令和元年10月29日,载《工资与社会保障》第1751号,
  第25页 ··· 30

- 地方法院

东京地方法院判决,昭和37年6月1日,载《行裁例集》第13卷第6号,
  第1201页 ·· 235

东京地方法院决定,昭和 40 年 4 月 22 日,载《行裁例集》第 16 卷第 4 号,
第 708 页 ··· 73
东京地方法院判决,昭和 49 年 5 月 27 日,载《判例时报》第 752 号,第 93 页 ·········· 253
京都地方法院判决,昭和 51 年 2 月 17 日,载《行裁例集》第 27 卷第 2 号,
第 177 页 ·· 291
松山地方法院判决,昭和 53 年 5 月 29 日,载《行裁例集》第 29 卷第 5 号,
第 1081 页(进入海滨权诉讼) ·· 339
松山地方法院判决,昭和 53 年 5 月 30 日,载《行裁例集》第 29 卷第 5 号,
第 1095 页 ··· 339
名古屋地方法院判决,昭和 54 年 3 月 26 日,载《劳民集》第 30 卷第 2 号,
第 478 页 ·· 249
福冈地方法院判决,昭和 55 年 6 月 5 日,载《判例时报》第 966 号,第 3 页
(大牟田诉讼) ·· 151
东京地方法院判决,昭和 57 年 3 月 29 日,载《判例时报》第 1044 号,第 407 页 ········ 333
京都地方法院判决,昭和 61 年 5 月 8 日,载《行裁例集》第 37 卷第 4·5 号,
第 667 页 ·· 339
千叶地方法院判决,平成 3 年 9 月 13 日,载《行裁例集》第 42 卷第 8·9 号,
第 1496 页 ··· 346
宫崎地方法院判决,平成 6 年 5 月 30 日,载《判例时报》第 1532 号,第 61 页 ·········· 346
东京地方法院判决,平成 11 年 5 月 25 日,载《劳动判例》第 776 号,第 69 页 ·········· 235
东京地方法院判决,平成 13 年 9 月 28 日,载《判例时报》第 1799 号,
第 21 页(药害艾滋厚生省路径案件) ······································ 297
大分地方法院判决,平成 15 年 1 月 28 日,载《判例时报》第 1139 号,第 83 页 ········· 219
横滨地方法院判决,平成 20 年 3 月 19 日,载《判例时报》第 2020 号,
第 29 页(企业税条例案件) ·· 160
东京地方法院判决,平成 21 年 3 月 24 日,载《判例时报》第 2041 号,第 64 页 ·········· 86
东京地方法院判决,平成 22 年 4 月 16 日,载《判例时报》第 2079 号,第 25 页 ········· 163
名古屋地方法院判决,平成 24 年 1 月 19 日,D1-Law.com 判例体系 ID28180256,
法院网站 ·· 178
东京地方法院判决,平成 26 年 5 月 28 日,载《判例时报》第 2227 号,第 37 页 ·········· 322

事 项 索 引

A

安全保障会议 53
案件处理型审议会 72,74

B

Beamte 233
罢免(リコール) 175
保守秘密义务 272,284
保障请求权 259
必置规制 177
必置机关 177
并任 254
并行权限的行使 207
补完性的原则(原理) 200
补职 246
补助金 152
不动产公物 314
不服审查型审议会 71,75
不利处分的审查 270
不信任议决 179
不作为的违法确认 217

C

财产管理 316,335
财产区 134
财务省 55
裁定性介入 212,218
参与(权) 166,192—

参与机关 74
常勤职员 234
撤销和停止权 33
撤销权 33
惩戒 291
惩戒处分 293
惩戒罚 292
惩戒免职 256
惩戒责任 291
敕任官 246
处分事由说明书 271
处理基准 209,212
传来说 111—
创制权(イニシアティブ) 184

D

domaine public(公产) 303
大臣政务官 62
大学自治 89
代决 26
代理 26,34
代理官厅 34
代执行权 33
道州制论 132
地方独立行政法人 98,347
地方分权总括法 118
地方公共团体的经济活动 149
地方公共团体的组合 133
地方公社 98

地方公务员的赔偿责任　295
地方开发事业团　133
地方自治的本来宗旨　115,203
地方自治的事项保护制度　202
地方自治的制度保障　113
地方自治的制度保障理论　113
《地所名称区别》　315
地下水　313
地域的自己决定　192
地域特别立法　118
地域中的事务　137
地域主权　119
地域自治区　135—
第八条机关　36,75
第三部门　157
第三条机关　61
电波　312
动产公物　314
动议权　50
都(制)　128
都道府县　128
都道府县条例与市町村条例　164
独立行政法人　79—,252,343—,347

E

恩给　224
二层制(都道府县、市町村)　130
二级河川　314,329
二元(性)代表制　167

F

发行地方债　152
法定代理　26
法定受托事务　138,170,328
法定外公共用物　314,327,341

法规　155
法令及上司命令服从义务　274
法令遵守义务　274,276
法庭警察权　334
防御性功能(自主权保障的)　116,202,213
放射性机关概念　17
放学处分　85
非常勤职员　234
分担管理　56—
分担金　151
服从命令义务　274
服务的宣誓　272
辅助机关　17,35,175
附款　342
附任期的短时间勤务职员　274
附任期的录用　262
附属机关　70,176
附属机关条例主义　176
复兴厅　55
副大臣　62,231

G

概括性机关概念　17—,64,69
干部职员　257,258
港湾　320,329
高等官　246
高速汽车国道　328
告诫　291
根据规范　6
更新　342
工资　264
工资法定主义　265—
工资请求权　266
工资请求权的放弃　266

工资请求权的让渡 266
公法和私法 78
公法和私法的区别 295
公法人、私法人 77,78
公法上的契约 248
公共设施 134,194—,306
公共事务 140
公共信托的理论 303
公共用财产 309
公共用物 313,338—,341—
公共组合 97—
公立大学法人 99
公吏 131,224
公平委员会 243—
公私协动 337
公所事务组合 133
公所有权说 323—
公务员关系＝劳动契约关系说 245
公务员就任能力 250
公务员伦理 288
公务灾害补偿 268
公物管理法 306—
公物管理规则 307—
公物管理权 323—
公物警察 324,332—
公物使用权的特许 338
公用财产 309
公用废止 321—,334,339
公用开始 321—,334
公用物 306,313,334,344,347
公有财产 309
公有公物 314,327
公正交易委员会 66
功绩主义 260
功能分担论 144

功能管理 310,316,335
功能性瑕疵 332
共助关系 40
供用废止 321
供用开始 321
固有权（说） 111—
固有事务 139,148
关于重要政策的会议 59
官吏 167,223—,229,246,265
官吏服务纪律 223,286
官吏任命行为 247
官制大权 7
管理 68—
管理关系 38,44
管理委托 107,310,327,329
广域的地方公共团体 128—
广域联合 133
规则 166—
规制行政 165
国家地方系争处理委员会 57,214—
《国家公务员法》和《地方公务员法》上的公务员 230
国家公务员伦理审查会 289
《国家公务员制度改革基本法》 226
国家和地方协议的场所 167,205
国家介入 205
《国家赔偿法》上的公务员 230
国立大学法人 84,347
国有公物 314,327

H

海 316,318,326
海岸 316
海面下的土地 326
合并特例区 134

河川之用地 325,328
横溢条例(「横出し条例」,超出法令的条例) 160
环境 350—

J

机关诉讼 218
机关委任事务 139,144,328
基础自治体 132
基于地缘的团体 135
给付行政 165
监视权 33
减薪 291
建议、劝告 207
降任 253
降薪 260
交付税 152
交流派遣职员 255
解散权(议会的) 168
解职请求(权) 175,183
介入 81,88,206—
晋升 246
经济财政咨询会议 60
警察厅 68
警察作用 332
纠正的劝告 208
纠正的要求 208,211,214,217
纠正的指示 208,212,216,217
就业内定 249
居民 122,133
居民参与 191—
居民的义务 197
居民的责任和义务 197
居民监查请求 185—,187
居民票 123

居民诉讼 185—,188
居民投票(referendum) 184
居民投票罢免制(リコール) 175
居民投票条例(制度) 192
居民自治 110,115,180
拒绝权(首长的) 178
郡 128

K

科学的人事管理 240
科学的人事行政 225
课税权 150
课税自主权 151,160
会计管理者 296
会计检查院 44,46,67
会计年度任用职员 234
框架法 121,160

L

劳动基本权 227,268—,281
劳动契约关系 245
劳动协约缔结权 228,279,282
离职 256
里道 315,316,339
吏员 233
联携协约 220
临时调职 256—
流水 313,318,325
录用 247—
录用内定 249
律师联合会 105

M

秘密指定 285
免职 257,291

民间资金活用(PFI, Private Finance Initiative) 99,197,327
民间资金活用(PFI)方式 197
民间资金活用(PFI)事业(者) 108,197
默示的公用废止 319
目的外使用 344—

N

纳税者诉讼 186
男女共同参与策划会议 60
内部部局 69,71
内阁 48—
内阁法制局 54
内阁府 54,58—
内阁辅助部局 53—,58
内阁官房 53
内阁会议 50—,53
内阁总理大臣 50—
内阁总理大臣的职务权限 50—,243
能力主义(功绩主义)原则 252

O

Öffentliche Sache(公物) 303—

P

PFI(Private Finance Initiative) 99,197,327
public domain(公产) 303
派遣 254
判任官 246
赔偿责任 293—
配置转换 253—
评价和监察关系 44
普通财产 309,311
普通地方公共团体 127

普通河川 307,315—

Q

期限 342
欠格条款 252
强制加入 97—
侵害保留 6
亲任官 246
勤务时间 273
勤务条件的措施要求权 269
勤务条件法定主义 242,259
勤务形态的多样化 274
区域(市町村) 123
权限赋予功能(自治权保障的) 115
权限赋予条款 202
全部事务组合 133
全体国民的服务员 228,236,271

R

人工公物 306,314,321—
人事官 241
人事管理 240,246
人事交流 254
人事评价制度 247
人事委员会、公平委员会 240,243
人事院 54,67,241—
人事院规则 237,241
认定道路 315
认可法人 92—,101
任官大权 9

S

三位一体的改革 153
丧失信用行为 272,286
丧失信用行为的禁止 272,286

上乘条例(「上乗せ条例」,严于法令的
　　条例)　159,203
设施等机关　70
身份保障　260
身份处分　260,293
身份犯　296
身份免职　256
审议会　71—
升任　253
省　61—
失职　256
实施功能　68
实施厅　68
实质性证据法则　73
市经纪人　147—
市町村(ゲマインデ)　146
市町村境界　124
事务的共同处理　219—
事务的监查请求权　183
事务的委托　108
事务分配性机关概念　18,20—,37—,44
事务局　11
事业团体　126
室　10,11
手续费　151
首长的规则制定权　122
首长制定的规则　166
首长主义　146—,167
寿普(shoup)劝告　143
受委任官厅　28,34
授权代理　27—
司法文书师联合会　105
私道　312
私人咨询机关　76
私有公物　314,318

随意事务　202
所掌管事务　6

T

他有公物　314,318
特别地方公共团体　126—,132—
特别行政主体　78—,99—
特别行政主体论　103
特别机关　68,69
特别拒绝权　178
特别区　129,132
特别权力关系　244—
特别职　231,235—
特定地方独立行政法人　279
特例区　171
特例市　127
特命担当大臣　59—
特殊法人　90—,101,235
特殊公司　91
特许使用　338,340—
特许使用(公物使用权的特许)　338
条例　120,155—,162—
条例的制定改废请求(权)　183—
调整关系　40
厅　61,67
厅舍(政府办公大楼)管理规则　308
停职　291
町民投票　192
统制条例　164
统治团体　126
团体事务　139
团体委任事务　139,144
团体协约缔结权　281
团体自治　111,114,180
退休　262—

退学处分 85
退职管理 287
退职金 267
退职津贴 267
退职派遣 255
退职养老(恩给)金 266

W

外国人 123,181
外国人的公务员就任能力 250—
外国人的选举权 182
《外国人登录法》 142
外局 38,61—
违法之抗辩 278
委任 28—,34,104—,328
委任、代理关系 34
委任官厅 28
委任立法 12
委任条例 162—
委任行政 141,196
委托 107
委员会 63,64—,75

X

细目规范 11—
先占 157—,204,307
宪法上的地方公共团体 130
宪法上的公务员 235
相关阁僚会议 43
效率性、公正性的原则 225
协动 191—
薪金请求权的放弃 266
薪金请求权的让渡 266
信息提供 37
刑法上的公务员 236

刑事责任 296
行政财产 309—
行政罚 300
行政官厅 17—,25—,63
行政官厅的机关概念 18—
行政官厅法理 63
行政机关 16—
行政权限的不行使 299
行政审判 270
行政事务 139
行政手段论 1
行政委员会 63—,168
行政委员会的法定主义 176
行政行为的撤回 257,342
行政执行法人 80,279
行政指导 297
行政主体 4—,77—
行政主体论 101
休业、部分休业 263
休职 260
许可认可权 33
许可使用 338,340—
选举权 181—
学长 87
训诫 291
训令 275—
训令权 33—

Y

研修(制度) 263—
养老保险金(恩给) 224
药害艾滋案件 296
业务上过失致死(伤) 296—
一般拒绝权 178
一般使用 338

一般职 231—,235
一部分事务组合 133
一级河川 314
医师会 97—
依申请休职 261
义务赋课、框架设置 148,205
义务性事务 202
议会 170
议会基本条例 172
议会解散请求权 183
议决机关 168
议决事项 170
意见陈述 278
营造物 86,195,348
营造物法人 87
与私企业的隔离 272,287
预定公物 317
原子能规制委员会 64,67
运营权制度(concession 制度) 108—,343

Z

占用费 342
争议行为 279—,281
争议行为的禁止 272
政策建议型审议会 60,71
政策评价 44
政策性事务分配论 143
政府关系特殊法人 91
政官接触 284
政治任用(制度) 231
政治性行为 282—
政治性行为的限制 272
政治中立性 240,284
政治中立性的原则 224
执行机关 17,36,173

执行机关的多元主义 167—
直接请求 182—
职 20,69
职阶制 246—
职权行使的独立性 65
职务工资 265
职务命令 275,277
职务命令的公定力 275
职务推行权 259
职务行使的独立性 65
职务执行命令诉讼 215
职务专念义务 272,273—
指定都市 127
指定都市的区 136
指定法人 96—,105—
指定管理者(制度) 105,196,327
指定确认检查机关 140—
指挥监督关系 33,38
指挥(监督)权 33—
制度性保障 113
中心市 127
中央防灾会议 60
中央人事行政机关 240,242
中央省厅等改革基本法 47—,63,226
主任大臣 55
住所 122
专决、代决 29—,32
专决处分 179
转任 253—
准公务员 230
准立法性职能 241
准司法性程序 242,270
准司法性职能 241
准用河川 314
准则 161—

准则法　160
咨询机关　17,35,76
资料提出的要求　206
资源　314,350
自己决定权　112
自力救济　336
自然公物　306,314,320,323
自由使用　338—,340—
自有公物　314,319
自治财政权　150
自治纷争处理委员　215,221—
自治基本条例　120,193
自治监督　211

自治立法权　155,168
自治事务　138—
自治行政权　148
自治组织权　146
综合科学技术革新会议　59
综合调整　41
总务省　54
奏任官　246
组合（工会）　132
组织规范　6—,14—
作用法的机关概念　17—
作用分担　143—,199—,204
作用分担的原则　158

合订本中文版译后记

经过整整一年的艰苦努力，终于将《行政法》翻译完毕，并最终付梓，我如释重负。

本书是当代日本著名行政法学者盐野宏先生的力作《行政法》第一册、《行政法》第二册和《行政法》第三册的中文全译本。盐野宏先生立足于其长期以来所主张的行政过程论，通过行政过程论、行政救济论和行政手段论这三部曲，完成了行政法教科书的体系架构，与传统行政法学体系（行政组织法、行政作用法和行政救济法）相比，呈现出较为鲜明的特色。其中第一册已被翻译成繁体中文在我国台湾地区出版，并被翻译成韩文在韩国出版；第二册也已被翻译成韩文在韩国出版。可见本书不仅具有很高的学术价值，而且其影响甚广。

客观、冷静、理性，重视引述他人的研究成果并加以吸收，同时加以检证，展开剖析，使自己在他人研究成果的基础上取得更大的突破。这是大多数日本行政法学者的共通特点，当然也是盐野宏先生治学态度的真实写照。通过翻译《行政法》，我深深地敬佩盐野宏先生在著书立说方面所表现出的那种严谨。例如，为了展开行政过程论的体系架构，他详细列举了各种不同观点，并逐一予以分析。列举不同观点，不局限于"有人认为"，而是进一步标明出处。又如，在列举参考文献时，除列明编者外，还在括号中具体表明撰稿人［南编：《逐条解释行政事件诉讼法》，第526页以下（春日伟知郎）］。这样，既是对撰稿人的尊重，又责任分明……总之，我认为，目前我国学界应借鉴日本法学者的实证研究方法，尽快建立起严谨、科学的学术研究规范。仅从这层意义上讲，《行政法》的翻译出版也具有重大意义。

有幸参与"早稻田大学·日本法学丛书"的翻译工作，我首先要感谢本丛书发起人、早稻田大学教授大须贺明先生。大须贺先生热心于中日两国法学文化交流，为使本丛书出版计划付诸实施，不仅在日本国内奔走筹资，而且不辞辛苦数次访问中国，其精神令人钦佩。同时，我也要向本丛书的实际组织者林浩先生表示衷心感谢,感谢他为本丛书出版计划得以实现所做的许多重要的工作,为中日法学交流做出了贡献。北京大学教授姜明安先生在百忙之中抽时间对本书译文进行了审阅和校对,提出了许多宝贵意见,并逐字逐句地加以修改,使本书中的理论术语和习惯用语更加准确、规范,在此表示衷心感谢。在《行政法》的翻译过程中,法律出版社蒋浩先生经常给予督促,并及时给予必要的技术性指导,确保了本书能够如期和读者见面,衷心感谢蒋浩先生的大力支持。最后,我还要感谢我的夫人陈衍珠女士,在我翻译本书期间,她不仅承担了全部家务,而且作为本书译稿的第一位读者,对全书译文进行了初步校对,付出了辛勤劳动。

翻译,是一项极其艰辛的劳动。尤其是翻译较有影响的专著,更是如此。只要以认真、负责的态度,而不是以沽名钓誉的态度进行翻译,那么,翻译专著便可称为一项严谨、科学的学术研究。然而,目前国内著述却表现出一种倾向,即在引用文献时省略译者。仿佛外国学者直接用中文著述,又仿佛引用者直接引用外国原版文献,导致责任不明。我认为应该学习日本法学者的做法,采取客观、冷静、理性的态度:标明原作者的同时,也应标明译者。这样,责任分明,也是对译者的起码尊重。

由于翻译专著是一项严谨、科学的学术研究,因而存在一个不断发展、不断完善的过程。由于时间的限制,更重要的是由于译者素质方面的制约,尽管从主观上尽了十二分的努力,也难免存在不尽如人意的处理。若书中翻译有不妥乃至错译或漏译之处,还望读者批评,有待今后改正。若本书简体中文版对中国学者了解当代日本行政法及行政法学,乃至促进我国行政法及行政法学的发展有所帮助,我将感到十分欣慰。

杨建顺
1998 年 8 月 1 日于中国人民大学静园

三分册中文版译后记

2008年8月5日,这是一个值得纪念的日子。

这一天,我终于为最新版"盐野宏行政法教科书三部曲"的中文翻译工作画上了句号。当我点击"发送"键,将全部校对完毕的翻译书稿传给杨剑虹编辑时,全身心充满了无比的舒畅之感。

1998年,拙著《日本行政法通论》由中国法制出版社出版。转眼间将满十周年,一直没有修订。这期间,日本行政法的制度和理论研究皆发生了巨大的变化,并且,最近数年一直在变化着。我一直致力于拙著《日本行政法通论》的修订,并试图将这种变化反映于修订版之中。虽然已经拟定了从诸多意义上都值得纪念的2008年出版《日本行政法通论》修订版的计划,但是,相关工作却处于缓慢进行之中。

1999年,盐野宏先生的力作、被称为"盐野宏行政法教科书三部曲"的《行政法Ⅰ》(第二版)、《行政法Ⅱ》(第二版)和《行政法Ⅲ》(初版)由我翻译,由法律出版社以中文全译合订本的形式出版。之后,这三册书一直处在补订和改版的状态之中,经过多次补订印刷,内容或者形式的变化累积到一定程度之后,才是改版。与此相比较,拙著十年未改,真是汗颜!

先于拙著改版而推出"盐野宏行政法教科书三部曲"的三分册中文版,是我经过仔细考虑和斟酌之后才作出的决定。首先,根据我的判断,在目前中国行政法学界,尚没有能够与这套书比肩的成果。无论是从体系的完整性和科学性的角度,还是从内容的广泛性和深刻性的角度,抑或从学术研究的规范性和扎实性的角度,这套书都堪称力作。正如我曾经在自己的博客中给予该套书的评价——三册在手,融会贯通,行政法学,行家里手。这么好的著作,当然应尽快介绍给中国的同仁。其次,我在拙著修订过程中借鉴了该著作的许多内容,希望在注释中标注出可供中国同仁查阅的出处,而不是日文原版的出处。这样,可以为读者提供更多比较思考的便利,有助于形成更为客观的学术评价和批评的氛围,助推中国行政法学研究的发展。再次,我觉得在拙著修订之前,应该全面、系统而深入地追踪学习近年来日本行政法的制度和理论,而经过对诸多日本行政法学者的研究成果的追踪和比较,更使我确信,通读、精读并有重点地阅读该著作具有极其重要的意义。翻译该著作,恰好是我强迫自己做到"通读、精读并有重点地阅读"的最佳方式。最后,我认为再度翻译该著作是作为译者的责任和荣誉。1999年有幸参与"早稻田大学·日本法学丛书"的翻译工作,我被大须贺先生热心于中日学术交流的热情和激情深深感动,为自己有机会翻译盐野宏先生的力作而感到无比的荣幸和自豪。然而,数年来,日本行政法的制度和理论不断变化和发展着,自己却很少有时间对这些变化和发展进行跟踪研究。翻译"盐野宏行政法教科书三部曲"的最新版,尽快将其介绍给中国学界,可以弥补自己在这方面的欠缺,也是我心中一直期盼且引以为荣的事情。基于上述考虑,我选择了先完成这项翻译工作,然后再致力于拙著的修订工作。

然而,正如我在合订本中文版的"译后记"中所说的:"翻译,是一项极其艰辛的劳动。"合订本中文版的翻译工作,我用了一年的时间,而此次翻译工作我用了两年的时间。当然,我必须对其间因诸种事情而分心的"缺乏定力"进行检讨和反思。不过,我也为此次翻译过程中的"读书"而欣慰。

很长时间了,我在"读书"方面处于"选择阅读"的状态,很少能通读,更谈不上精读一本专业书籍。而此次翻译,迫使我对日文版"盐野宏行政法教科书三部曲"通读了三次(三个版本),精读了一次(翻译过程),有重点地阅读了两次(根据盐野先生的手写修订稿);对中文翻译稿精读了数次(翻译过程),通读了一次(校对),有重点地阅读了一次(根据责任编辑和诸位校对者的校对意见)。此外,我根据该书中的注释和参考文献,参考比较阅读了大量新的日文版文献资料。真的是受益匪浅。

从确定翻译到完成翻译,我共使用了三个版本,准确地说是四个版本(加上未正式出版的盐野宏先生的手写修订稿的话)。

2005年秋,在日本访学的我的学生王丹红发来邮件,告诉我盐野宏老师的《行政法Ⅰ》和《行政法Ⅱ》出了第四版,《行政法Ⅲ》出了第二版,并为我购买了一套。当时我正在致力于拙著《行政规制与权利保障》的写作,该书拖了很长时间,迟迟不能交稿,甚是苦恼。盐野宏先生的力作有新版面世,这实在令我兴奋不已,为我最终完成拙著提供了巨大的动力。2006年年初,丹红回国,带回了我期盼已久的这套书。于是,我在撰写拙著的同时,开始了第一次通读。

2006年3月,和北京大学出版社第五图书事业部主任蒋浩先生就翻译出版该套书的事宜达成意向性共识,并于同年6月中旬正式确立了翻译出版计划。于是,我于6月18日给盐野宏先生去信,谈了有关翻译授权事宜。7月10日,收到了盐野宏先生热情洋溢的回信,他不仅非常高兴由我再度翻译"盐野宏行政法教科书",而且告诉我《行政法Ⅲ》已出了第三版,《行政法Ⅰ》和《行政法Ⅱ》也将进行第四版的修订印刷,他已在相关部分用红笔标识出来了。他希望我用最新版来翻译,且按照相关修订标识来翻译,中文翻译版可以先于日文补订版出版发行。多么令人感动啊!之后不久,我收到了盐野宏先生委托有斐阁奥贯清先生寄来的、添加了修订标识的《行政法Ⅰ》和《行政法Ⅱ》的第四版、《行政法Ⅲ》的第三版,以及《行政法判例百选Ⅰ》和《行政法判例百选Ⅱ》的第五版。于是,我又开始了"盐野宏行政法教科书"的通读。随着时间的推移,我陆续收到了奥贯清先生寄来的数封航空信,里面装的是盐野宏先生再度作了修订标识的书页的复印件。这些都是我重点阅读的重要依托。

2008年春节前,《行政法Ⅰ(第四版)行政法总论》翻译、校对完毕,提交给了出版社。5月初,《行政法Ⅱ(第四版)行政救济法》和《行政法Ⅲ(第三版)行政组织法》也都翻译完毕,然而,由于之后的两个月忙于学生论文的指导、评阅、答辩等事宜,再也没有余暇来校对书稿,以至于这项工作不得不拖至暑假了。恰好在此期间,5月中旬,我又收到了盐野宏先生委托有斐阁寄来的2008年最新补订版"盐野宏行政法教科书"。于是,暑假期间,在对后两册翻译书稿进行校对的同时,我通读了最新补订版"盐野宏行政法教科书"日文版三分册。

盐野宏先生对于中日学术交流的热忱,对待自己作品的认真负责,几次无偿地邮寄赠书,都令我感佩至深。一次次书信往来,一次次电话交谈,还有传真、Email交流,盐野宏先生总是不厌其烦地给予我热情的支持和鼓励。此次翻译过程中的交流,让我在学术研究之外充分感受到了盐野宏先生高尚的人格魅力。衷心感谢您,盐野宏先生!

其实,在再度翻译"盐野宏行政法教科书三部曲"的过程中,除作者盐野宏先生之外,还有许多人曾给予我慷慨的帮助。

前面提到的有斐阁的奥贯清先生,一次又一次地给我寄来书籍及有关修订的复印件,来信询问翻译出版的进展情况;有斐阁的编辑总务伊东晋先生,为出版合同事宜亲自进行协调,并在百忙之中发来热情洋溢的邮件,给予我诸多支持和鼓励。我和两位先生都未曾谋面,但是,和他们的交流,总能够感受到似曾相识的亲切。

我的学生王丹红博士,不仅为我购买并从日本带回新版"盐野宏行政法教科书三部曲",而且还对照我的中文全译合订本查找新版的相关修订部分,列出了《行政法Ⅰ》和《行政法Ⅱ》的修订对照表,为我提供了诸多便利。

我的学生张步峰博士,博士生刘亚凡、栾志红、白贵秀、高卫明、何倩,硕士生梁瑞辉、唐莹祺、王拓,他(她)们分别承担了部分书稿的文字校对工作,并提出了许多有益的建议。

在此,我必须特别提到蒋浩主任和本书的责任编辑杨剑虹女士。是他(她)们的果敢判断和鼎力支持,促成了最新版"盐野宏行政法教科书三部曲"三分册中文版的出版,而他(她)们对我迟延交稿总是表示理解,为我用更加充分的时间对翻译书稿进行斟酌和完善提供了支持。

对于前面提到的诸位的支持和帮助,借此写"译后记"的机会,表示我最诚挚的谢意!

此外,著名行政法学者姜明安先生对合订本中文版的审校,为该书翻译行文更加流畅,反映的专业知识更加准确,阅读起来更少困难,提供了重要的支持。此次翻译,由于时间等诸方面的原因,没有再度劳烦姜明安先生审校。但是,先生前次的审校同样也为三分册中文版提供了重要的基础。再次感谢姜明安先生的鼎力支持!

最后,还是要对我的妻子陈衍珠女士说声"感谢"!她从一开始就劝我先放下拙著的修订工作,优先完成最新版"盐野宏行政法教科书三部曲"的翻译工作,并在最后的翻译书稿完善阶段给了我巨大的帮助,承担了三册书最后的事项索引和判例索引的核对、排序工作。这项工作很烦琐,费时间却成就感很少。但是,有了准确的排序,才能确保该套书更好地发挥其"行政法百科全书或行政法学专业词典的功用"。

杨建顺

2008 年 8 月 14 日

于中国人民大学明德法学楼研究室

2025年三分册中文版译后记

"盐野宏行政法教科书三部曲"2025年三分册中文版的翻译工作全部完成了。想到这套书即将付梓,我实在不知道该用什么语言来表达自己内心的激动。衷心感谢诸位的关注、鼓励和鞭策!同心协力一路走来,满是收获,满是感谢!继续奋楫前行,才能更好体悟幸福。

之所以承担这套书的翻译工作,除诸多偶然的因素外,更具决定性的因素在于这套书本身具有里程碑式的地位和灯塔般的价值。这套书对于行政法学(包括日本行政法学、中国行政法学乃至比较行政法学)研究具有极其重要而深远的意义,这使得我真心觉得能够翻译这套书实在是我的荣幸。的确是这样,数十年来,我一直将自己有此荣幸引以为豪;这种自豪,也化作我不断努力向上的巨大动力,催我奋进,不断去遇见更好的自己。

盐野先生在《写给中国读者的话》中提及南博方著行政法教科书《行政法》(第六版)由我翻译并在中国出版,他认为"盐野宏行政法教科书三部曲""是作为展示其后日本行政法及行政法学之展开的一例而被选中的"。诚如盐野先生所言,这套书的翻译出版的确具有这方面的意义。不过,也不完全是这样,或者说,主要的并不是这样。前后三次全译"盐野宏行政法教科书三部曲",除展示其后的发展情况之意义外,还有更为重要、更为深远的无可置疑的意义。

这套书的特点,除我在之前的两次"译后记"中所阐述的那些外,还可以追加归纳为如下几点:(1)内容浩瀚,180多万字的鸿篇巨制,篇章结构安排科学,条理清晰,逻辑严密,说理透彻;(2)旁征博引,资料翔实,有不胜枚举的注释,又注重扎实检证,以内链接增强互相印证;(3)体系宏大,囊括现代行政法学体系的所有领域、阶段和层次,辑各家主张,集各派成果,评实务案例之利弊得失,守正出新,全面展开又细致入微。作者盐野先生做到了这几点,完成了其"行政法教科书三部曲",并不断加以修订完善、改版扩容,与时俱进,笔耕不辍,这着实令人钦佩至极。这套书第一册、第二册已经出了第六版,第三册也出了第五版,这是盐野先生扎实治学精神的生动写照。我有幸第三次全译"盐野宏行政法教科书三部曲",感觉自己也随之成长了许多,怎能不为之自豪!

盐野先生于2015年推出《行政法Ⅰ(第六版)行政法总论》后,我便跟北京大学出版社学科副总编辑蒋浩先生联系"盐野宏行政法教科书三部曲"最新版的翻译出版事宜,得到蒋先生的理解和支持。当时的最新版即《行政法Ⅰ(第六版)行政法总论》《行政法Ⅱ(第五版补订版)行政救济法》和《行政法Ⅲ(第四版)行政组织法》。2016年1月7日,盐野先生回信,非常高兴地表示同意"盐野宏行政法教科书三部曲"最新版的翻译出版计划,并且给予温馨提示:目前正准备对《行政法Ⅱ(第五版补订版)行政救济法》进行修订改版,至于是对目前版本进行翻译,还是等出了新版再翻译,请自行定夺。我跟蒋先生商量决定,先翻译《行政法Ⅱ(第五版补订版)行政救济法》,待第六版出版后再对照修改完善即可。与盐野先生的修订工作同步,我的翻译工作扎实推进。盐野先生于2019年推出《行政法Ⅱ(第六版)行政救济法》,我在这之前已完成了第五版补订版的翻译工作。于是,按照既定计划,在已有翻译的基础上,又展开了查漏补缺的翻译完善工作。

2021年1月,三册书的翻译工作基本完成,进入全面校稿阶段,不出意外的话,当年8月便可出版。1月7日,我向盐野先生汇报了这个情况,并邀请他为"盐野宏行政法教科书三部曲"最新版翻译出版写序。盐野先生欣然答应,同时,先生告诉我一个好消息:《行政法Ⅲ(第五版)行政组织法》很快就要刊行了。四个月后的5月15日,我收到盐野先生亲自填写寄送信息的国际航空邮包,真的是非常感动。德高望重的盐野先生赠书,而且是通过国际航空邮包的形式邮寄赠书,这对于作为晚辈和译者的我来说,真的是莫大的鼓舞和鞭策。于是,我开始了《行政法Ⅲ(第五版)行政组织法》的翻译工作。

本以为会像《行政法Ⅱ(第五版补订版)行政救济法》到《行政法Ⅱ(第六版)行政救济法》那样进行查漏补缺,很快就可以完成翻译工作。然而,《行政法Ⅲ(第五版)行政组织法》的修订幅度之大,已远超对照第四版进行查漏补缺所能应对的范畴,必须扎实开展全面翻译工作。这样一来,既定的许多计划便不得不推迟了。

2021年6月,盐野先生完成了《写给中国读者的话》,遗憾的是我却未能在短时间内完成翻译任务,再加上由于各种主客观原因,三分册中文版的出版工作未能按照原计划推进。

从"盐野宏行政法教科书三部曲"最新版翻译出版计划正式启动到现在,转瞬过去了九年。这期间,如前所述,盐野先生推出了《行政法Ⅱ(第六版)行政救济法》和《行政法Ⅲ(第五版)行政组织法》,我对这两册书则是分别翻译了两个版本,最后呈现在读者面前的当然是其真正的"最新版"。这期间,这套书最新版的翻译工作一直得到诸多朋友的关注、鼓励和鞭策。有的在微信朋友圈点赞、留言,有的发微信、短信或者邮件等,一次次问询,一声声鼓励,路径不同,形式各异,都助力我及早完成翻译任务,让我倍感亲切、温暖。在"盐野宏行政法教科书三部曲"合订本中文版出版发行二十六年后,三分册中文版出版发行十七年后,能够推出2025年三分册中文版,我感到非常高兴和无比幸福!借此机会,再次对盐野先生及有斐阁的信任表示衷心的谢意!对蒋浩先生及北京大学出版社的鼎力支持表示衷心的谢意!对王建君、焦春玲、关依琳、陈晓洁四位编辑的辛劳付出和专业建议表示衷心的谢意!对姜明安教授百忙之中拨冗审读书稿、给予莫大支持表示衷心的谢意!还要感谢我指导的博士生叶益均、张天翔和田一博对书稿的读校!对诸位朋友一直给予我关注、鼓励和鞭策表示衷心的谢意!

在这里,要特别感谢我的妻子陈衍珠女士一如既往地给予鼎力支持!陈衍珠女士承担了日文版最新版本跟2025年三分册中文版内容的比对标记工作。她认真对照日文原版和中文版,逐字逐句审读,列出原版和中文版的内容对照表,发现问题,提出修改完善建议,为我顺利开展查漏补缺工作提供了便利,为确保翻译用词的前后呼应、协调一致提供了重要参考。为进一步提升"盐野宏行政法教科书三部曲"中文版的翻译质量,2025年三分册中文版在各分册之间的"内链接"及判例索引、事项索引等页码处理上,一如既往地从方便读者查对的角度出发,尽可能以每册的最新版为基准,以中译本页码进行准确比对标示。对应较早出版的书中的注释,查找较晚出版的书中的页码,往往存在较大难度。这样处理的工作量增大了许多,相关工作一如既往地得到陈衍珠女士的全程相助。再次表示衷心感谢!

我一直认为,"盐野宏行政法教科书三部曲"值得反复研读。这套书对于研究探索中国自主行政法学知识体系和助力中国式现代化与法治,具有重要的参考和借鉴价值。我虽然前后三次翻译了这套书,但是,离达到对其切实掌握、深入理解的程度,依然存在很远的距离。数十年来,我反反复复地翻阅该书,而且和我的硕士生、博士生弟子们一起研析这套书,逐步加深对这套书的内容和体系的理解,因而敬佩之情更真、更深。翻译过程中,对"盐野宏行政法教科书三部曲"的高水准,对盐野先生精益求精的治学态度,更是无比敬佩。

最后,衷心祝愿盐野先生健康快乐,福如东海,寿比南山!衷心祝愿这套书为中国自主行政法学知识体系的构建提供更多参考和借鉴!

杨建顺

2025 年元旦

于北京海淀世纪城